U0781357

芷蘭齋書跋五集

Zhilanzhai Shuba Wuji

韦力 撰

国家图书馆出版社

图书在版编目（CIP）数据

芷兰斋书跋五集 / 韦力撰. — 北京 : 国家图书馆出版社, 2018.7（2020.5重印）
ISBN 978-7-5013-6380-3

Ⅰ.①芷…　Ⅱ.①韦…　Ⅲ.①题跋—作品集—中国—当代　Ⅳ.①I267

中国版本图书馆CIP数据核字（2018）第050374号

书　　名　芷兰斋书跋五集

著　　者　韦力　撰
责任编辑　王燕来
特约审校　艾俊川
特约校对　王若舟
封面设计　奇文云海
内文设计　爱图工作室

出　　版　国家图书馆出版社（100034 北京市西城区文津街7号）
（原书目文献出版社　北京图书馆出版社）
发　　行　010-66114536　66126153　66151313　66175620
66121706（传真）　66126156（门市部）
E-mail　nlcpress@nlc. cn（邮购）
Website　www.nlcpress.com→投稿中心
经　　销　新华书店
印　　装　北京联兴盛业印刷股份有限公司
版　　次　2018年7月第1版　2020年5月第2次印刷

开　　本　880×1230毫米　1/16
印　　张　18
字　　数　300千字
印　　数　1-2000册

书　　号　ISBN 978-7-5013-6380-3
定　　价　128.00元

目　录

鲍廷博批校《宋林和靖先生诗集》三卷

《宋林和靖先生诗集》三卷　（宋）林逋撰

清乾隆十年（1745）陈梓深柳读书堂刻本　（清）鲍廷博批校　一函二册

钤：沙子荣图记（朱方）、知不足斋鲍以文藏书（朱方）、盐官吴氏宝云楼珍藏书画印（朱方）、百衲馆主（朱方）、穆微书屋主人藏书记（朱方）

清代知不足斋主人鲍廷博尝刻《林和靖先生诗集》四卷，并撰跋语："宋刻诗不分体，曾于顾抱冲家见之，惜未借校，今以正统八年陈挚刊本校。按刘后村《诗话》：逋一生苦吟，自摘出五言十三联，今惟五联见集中。如'隐非唐甲子，病有鲁春秋''水天云黑白，霜野树青红''风回时带笛，烟远忽藏村'及郭索、钩辀之联，皆不在焉。七言十七联，集逸其三，使非有《摘句图》旁证，则皆成逸诗矣。"此本为单刻本，未入鲍氏所刻丛书系列。

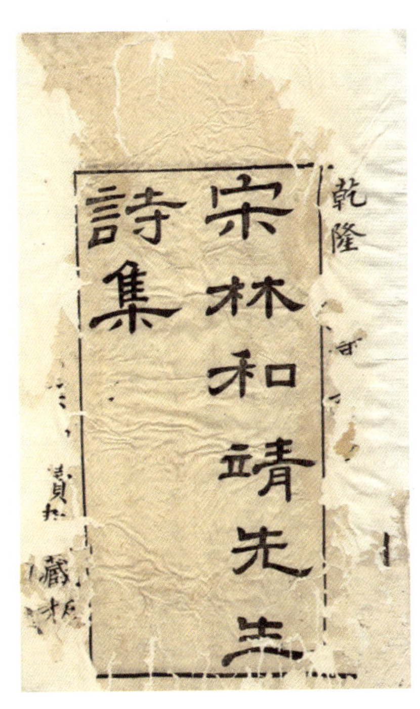

清乾隆十年陈梓深柳读书堂刻本《宋林和靖先生诗集》书牌

林逋（967—1028）为北宋著名隐士，二十年足迹不入市廛，避居杭州孤山，一生未曾娶妻，唯喜植梅养鹤，世称"梅妻鹤子"，去世后名声闻于朝廷，得宋仁宗赐谥"和靖先生"。其诗多咏隐逸之闲趣，用词澄浃峭特，尤写梅花传神入髓，诸多奇句。然而林逋对于己作并不措意，随写辄弃，自谓："吾方晦迹林壑，且不欲以诗名一时，况后世乎！"故其诗生前未有结集行世，然好事者往往窃记之，今存诗三百余首，词三首，凡四卷，皆后人所辑。

林逋诗集最早刻本，目前已知者为南宋绍熙三年（1192）浙西转运使司本，有皇祐五年（1053）梅尧臣序，称该集为林逋诸孙林大年所拾掇，并请为序。林集未见元代刻本传世，明、清两代曾多次刊刻。在鲍廷博刊刻单行本之前，明刻本主要有正统八年（1443）陈挚刻本，正德十二年（1517）韩士英、喻智刻本，万历四十一年（1613）何养纯、诸时宝刻本，清刻本主要有康熙四十七年（1708）吴调元刻本，汪氏古香楼刻本，乾隆十年（1745）陈梓深柳读书堂刻本。

鲍廷博撰此跋语时，乃是以明正统八年（1443）陈挚刻本校清康熙四十七年（1708）吴调元刻本，所跋之本曾经丁丙《善本书室藏书志》著录，今存南京图书馆。据《善本书室藏书志》，鲍廷博旧藏林逋诗集尚有明正德十二年（1517）韩士英、喻智刻本，然此本未有鲍氏校跋，仅钤"歙西长塘鲍氏知不足斋藏书"。无独有偶，寒斋亦有幸收得鲍廷博批校《林和靖诗集》一部，书牌页题"宋林和靖先生诗集"，卷首首行题"林和靖诗集"，版心上刻"林处士集"，乃清乾隆十年（1745）陈梓深柳读书堂刻本，惜牌记处年久残损，仅余"乾隆"二字可睹，卷首钤有"知不足斋鲍以文藏书""盐官吴氏宝云楼藏书画印""百衲馆主"及"穆微书屋主人藏书记"等印。

该书卷前有陈梓自序，详述辑刻此书之始末，虽书口处有所残损，仍大略可读："宋处士林和靖先生，吾杭高士也，余重其人，并爱其诗。先生行云流水，志本不以诗传，诗之遗亡散失者多矣。余每于历朝选本中遇之，即随笔录出，朝夕讽咏，以想其高风。事未竣，适鼓棹岭南，属研友桂堂潘子毕乃事。历二十八年，余始以先慈营葬归里门，复与桂堂话旧。桂堂手一编示余曰，此君之未完诗□也。因述处士□□，搜罗成集，为吴□吴君锓木□□……□□艰。阅二十八年，成毁无常，犹幸与桂堂始终其事，□后世读其诗，益想见其人，则先生又未必不以诗传，是或先生所乐与也。爰付枣梨，以志相需而成，良非易易。若先生之行与交，详载本传及原序，兹故不具。至《省心录》，先生理学名言也，应另编以昭来许。钱塘后学陈梓敬识。乾隆乙丑春二月书于岭南之深柳读书堂。"

陈梓字桐友，钱塘人。由其序可知曾寓岭南二十八载，斋名深柳读书堂，余外生平无所知之。今略检桐友其人，仅知其为钱塘诸生，能诗，著有《毛诗正本》，

林和靖詩集

錢唐陳梓桐友氏纂輯

五言古詩

閔師見寫陋容以詩奉答

顧我邱壑人。煩師與之寫。北山終日懸。風調一何野。林僧忽焉至。欲揖頃方罷。復有條上猿。驚窺未遑下。

監郡太博惠酒及詩

塵事久謝絕。園廬方晏陰。鏗然郢中唱。伸玩清人心。況復對樽酒。百慮安能侵。何以比交情。松桂寒蕭森。

林處士集　五古　一

清乾隆十年陈梓深柳读书堂刻本《宋林和靖先生诗集》卷首

《宋林和靖先生诗集》卷前林逋画像

乾隆九年（1744）深柳读书堂刻本亦其所刻也。陈梓似乎未曾出仕，吾未检得相关记载，唯有一番猜测。书生鼓棹岭南，多为营口之役，既然为口驱驰，家境或不富裕，购书有限，所阅亦有限。其实《省心录》并非林逋所著，作者乃宋人李邦献，早在宋嘉定五年（1212），李邦献之孙李耆冈即撰《省心杂言跋》，为祖父正名。此外朱熹在《朱子语类》中又称《省心录》并非林逋所作，实为沈道原所撰。尽管朱子此说亦误，但是因其盛名而被后人纷纷延用，明代多位学者皆称《省心录》作者为沈道原。然朱子之说亦并非人人信从，入清后雍正辑《悦心集》，仍然称该书为林逋所作，直到修《四库全书》时，四库馆臣始据《永乐大典》，确定作者为李邦献。《省心录》虽得以正名，却是陈梓刻书之后的事，而李耆冈所撰跋语，想来陈梓未曾得见。

陈梓为辑此集，颇为用心，此本自序后为元钱塘叶森《林和靖墓堂记》，次为太常博士梅尧臣《林和靖诗集序》，次为《宋史林和靖本传》，次为林和靖小像及赞，次为诸家诗话，次为目次。全书三卷，卷首署“钱唐陈梓桐友氏纂辑”，卷一为五古、五律，卷二为七律，卷三为五绝、七绝及诗余。是书刊刻颇精，乃典型清初写刻本，其序中尚言及锓木之吴君，惜关键处笔画残损，无以知之更多。又该书彼时刷印或许非多，《中国古籍善本总目》未见著录，寒斋之外，仅知海宁市图书馆有管庭芬批校本，浙江图书馆亦有藏该书，他日

搭咸淳臨安志作掩
要作處

滄洲白鳥飛山影落晴暉映竹犬初吠弄船人合歸水波隨月動林翠帶煙微寺近疏鐘起蕭然還掩扉

湖山小隱

猿鳥分清絕林蘿擁翠微步穿僧徑出肩搭道衣歸水墅香醅熟烟崖早笋肥功名無一點何要更忘機

園井夾蕭森紅芳墮翠陰晝岩松鼠靜春塹竹雞深歲課非無术家藏獨有琴顔原遺事在千古壯閑心

衡門鄰晚島環堵背寒岡片月通蘿徑幽雲在石床客遊拋郭杜漁事擬滄浪管樂非吾尚昂頭肯自方

《宋林和靖先生诗集》卷中有鲍廷博朱墨二色批校

或有机缘得睹，以补寒斋所藏本残损之处。

鲍廷博于此本有朱墨二色批校，虽无知不足斋主人署名及年款，仅见钤章，然寒斋收有其批校本多部，其笔体及批校方式如出一辙，故知此二色批校皆出其手，且为刊刻林集单行本之前所施。卷中有补刻、空格等标记，皆刻书家特有之校书方式，又有笔画漏刻、误刻处，皆以朱笔添补是正，此亦惯常诵诗文者鲜见之批校方式。

细阅此卷，可知鲍廷博曾以多部不同刻本来校此本，其中又以明正统八年（1443）陈挚刻本及《咸淳临安志》为主，凡与陈挚刻本不同者，皆以朱笔注于内文右侧，如陈梓刻本卷一第二页五言律诗《湖楼晚望》，鲍廷博于“望”字旁边以朱笔注“陈刻‘写’”；该诗“秋净雁行高”句，鲍氏于“雁”字侧注“陈刻‘鸟’”。检今时通行本林逋诗集，该处皆作“鸟”字，然以吾度之，或许此处仍以“雁”字为宜。又如此页《西湖舟中值雪》中“温炉摊薄薰”句，鲍氏于“摊”

林和靖处士之墓

辭景林容情畏乃知爾棲多事
漏吾而機忌旨孤鶩休鶴與飛
山高水深無成無虧

宋安撫臨安府尹袁韶贊

野人雲卧。孤山蒼蒼。梅侑逸興。香滿詩囊。湖邊竹户。猿鶴徜徉。寒泉秋菊。千載耿光。

魯齋王柏賛

《宋林和靖先生诗集》内页

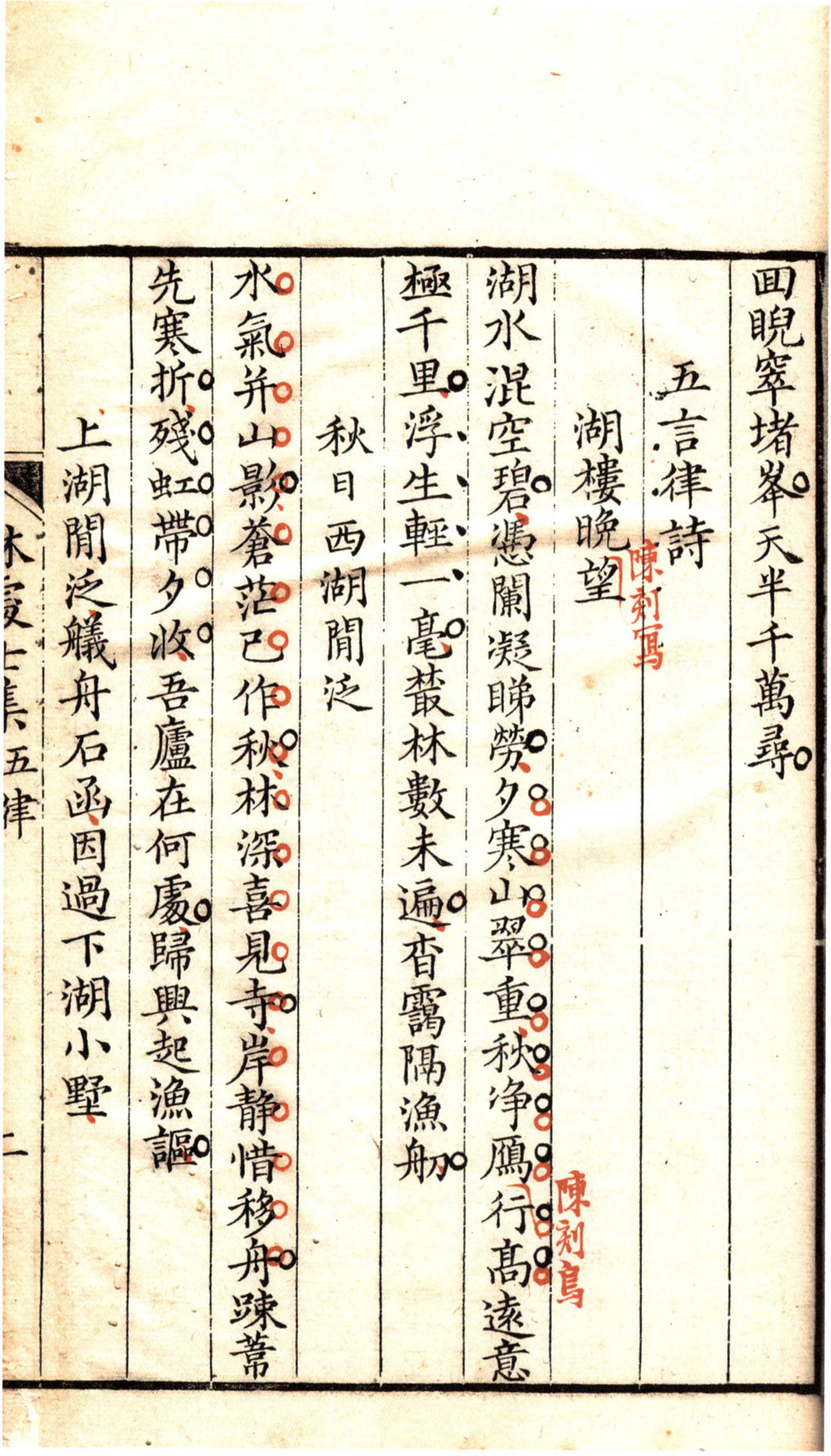

囬睨窣堵峯。天半千萬尋。

五言律詩

湖樓晚望（陳刻寫）

湖水混空碧。憑闌凝睇勞。夕寒山翠重。秋淨鴈行高。（陳刻鳥）遠意極千里。浮生輕一毫。蘋林數未遍。杳靄隔漁舠。

秋日西湖閒泛

水氣并山影。蒼茫已作秋。林深喜見寺。岸靜惜移舟。踈葦先寒折。殘虹帶夕收。吾廬在何處。歸興起漁謳。

上湖閒泛艤舟石函因過下湖小墅

五律　二

《宋林和靖先生诗集》鲍廷博批校

鲍廷博藏书印“知不足斋鲍以文藏书”

字侧以朱笔注“陈刻‘接’”；《西村晚泊》中“白鸟归飞远”句，鲍氏以朱笔注“陈刻‘飞归’”。

凡与《咸淳临安志》不同者，鲍氏则以墨笔注于天头处。仍以卷一为例，第三页《湖山小隐》，该诗有“肩搭道衣归”及“何要更忘机”句，鲍氏以墨笔注云：“‘搭’，《咸淳临安志》作‘掩’，‘要’作‘处’。”此页又有《小隐》，诗中末句为“应合署闲仙”，鲍氏于天头注云：“《咸淳临安志》‘置’。”如是者卷中多处可睹，足知鲍廷博校书之心细。

而卷二首页《湖上隐居》中，有“过客时惊白鸟飞”句，鲍氏于此句天头处同时施以朱墨二色批语，墨笔为：“《咸淳志》‘过’作‘来’”，朱笔为：“考旧刻俱作‘来客’。”此“旧刻”二字，当指陈挚刻本与《咸淳临安志》之外旧籍。此外，卷二有七律《春阴》，鲍氏于题下以朱笔注：“《中州集》作刘彧诗。”卷三有七绝《晚泊》，诗末有陈梓双行小注：“此首见吴园茨绮《诗永》，云是林作。”鲍廷博于小注下以朱笔批：“《诗永》无此诗。”凡此种种，足见鲍氏为刊刻《林和靖诗集》，不仅在字句讹误上参校过陈挚刻本、《咸淳临安志》，以及丁丙著录之吴调元刻本，还在篇目真伪上参考过元好问《中州集》、吴绮《宋金元诗永》等诗歌总集。知不足斋主人之所以能够成为一代大藏书家与刻书家，自有其外人不曾见之的用力与精细之处。

韩诵裳题记王守恂稿本《待终草》等六种

民国稿本《待终草》等六种　（民国）王守恂撰

民国手稿本　韩诵裳题记　一函七册

钤：诵裳珍藏（白方）、王力存书（朱方）

王守恂（1865 — 1938）字仁安，原名守恬，因避清帝载湉讳，改名守恂，号阮南，别署讱庵、罗浮山下人，晚号拙老人，天津人。清光绪二十四年（1898）进士，曾官清河南巡警道、民国浙江会稽道道尹等职，擅书法，喜作诗，与严范孙、赵幼梅并称近代天津诗坛三杰，汪辟疆在《近代诗人小传稿》中称其："诗学致力甚深，得力于（范）肯堂较多，其用力之作亦复健举。"

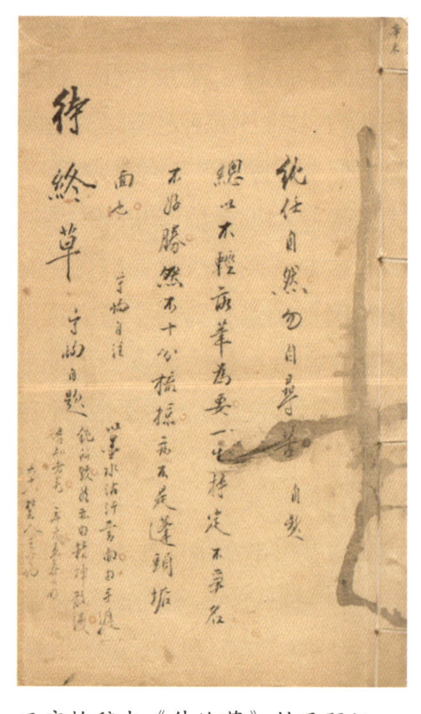

王守恂稿本《待终草》封面题识

以上资料乃吾自网上检索而来，盖因近日自架上检得其诗文稿本六种七册，翻阅一过，感触颇多，遂欲知其更多信息。此稿本六种，分别为《阮南诗再存》《集外杂存》《海天集》《拙老人余话》《任自然斋剩稿》及《待终草》，其中《拙老人余话》厘为两册。七册稿本或诗，或文，或笔记，每册封面及封二皆有拙老人自题集名及题记，兼有年款，

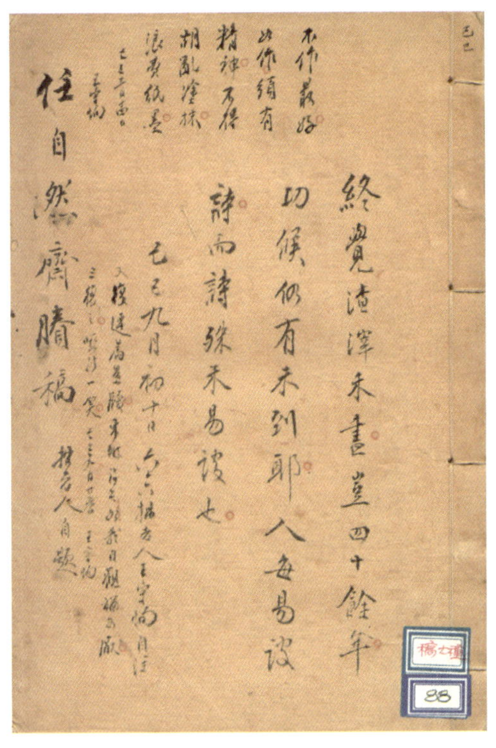

王守恂稿本《任自然斋剩稿》封面题识

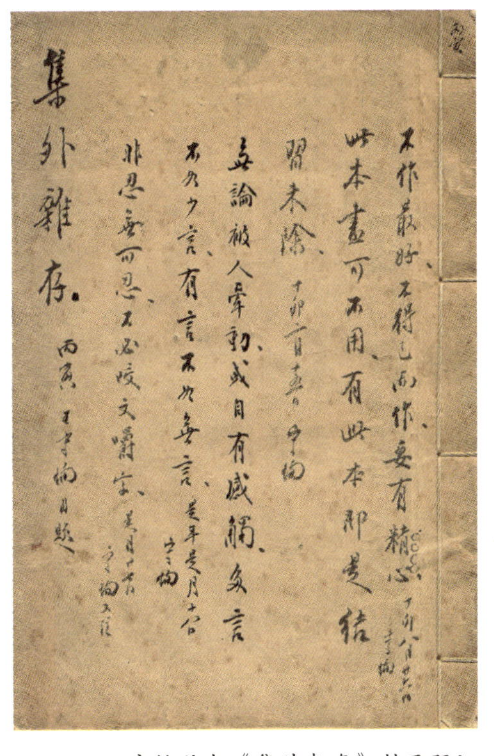

王守恂稿本《集外杂存》封面题识

其中《阮南诗再存》封面尚有韩诵裳题记一则，细读所言，知稿本自王守恂后，先为韩诵裳所得，又一度归王力所有，最后始由芷兰斋自拍场携归。然此王力非主编《古代汉语》之语言学家王力，而是时任中央“文革”小组成员王力，原名王光宾，江苏淮安人，二十年前于北京去世。此稿每册卷末皆钤“王力存书”朱方，其印殊不雅观。

王守恂于《阮南诗再存》封面题记为：“此本写未满，此人想已死矣。从前有一本自丙申至乙酉方写满，此本再阅十年，此人应亦业满归寂。此人寂后，此本亦将作还魂纸也。（吾乡有买破旧残书，重浸湿作纸料，谓之还魂纸。）”① 该题记未署年款，其下又有韩诵裳小字题：“幸未作还魂纸也，且由金氏屏庐刻入集中。册内夹有子瀹禀三件，先岳在开封巡警道任内之通信，述德章儿时事，历历如绘。爱女钧儿亦尚在人间，今一并保存之，去今四十三年矣。辛卯五月，病叟诵裳识。”末钤“诵裳珍藏”白方。封面右侧又题：“附德配刘太夫人诗稿于后。诵裳谨识，时年六十有八。”

初未知韩诵裳所谓“先岳”所指何人，后读稿中诗文，始知“先岳”即稿本

① 此语中“乙”字被点去，然并未补入正确的字，翻检内页，卷首次行题“庚戌”因知此处当为“己酉”年。

主人王守恂，而韩诵裳正是王守恂东床。吾初始未审字体异同，见题记有云“此人想已死矣”，想当然以为稿本一度流落无名氏之手，然后才归韩诵裳处，而此段题记正为无名氏所写。然经艾俊川兄提醒，此段题记字体墨色与其他诸本无异，艾兄认为此段题记亦出自王守恂之手，此举乃是老人与自己开个玩笑，不讳生死，正是其豁达之处。得艾兄所言，再审此本，不由膺服艾兄目光如炬也。

韩诵裳（1885 — 1963）名振华，诵裳其字也。1932 年入盐业银行，曾任北京分行经理，1951 年因病辞职。韩诵裳题记之“辛卯”为 1951 年，所云“去今四十三年”，按旧时算法，乃是宣统元年（1909），《河南省志》称宣统元年设立河南巡警道，恰与此合。关于韩诵裳，吾检得资料不多，仅知其有子韩德章曾任清华大学农学院农学系主任，其女韩德常毕业于燕京大学音乐系。《海天集》中有王守恂七言《喜韩德章至自北京》，诗云：“终年埋首在尘埃，一岁稀逢笑

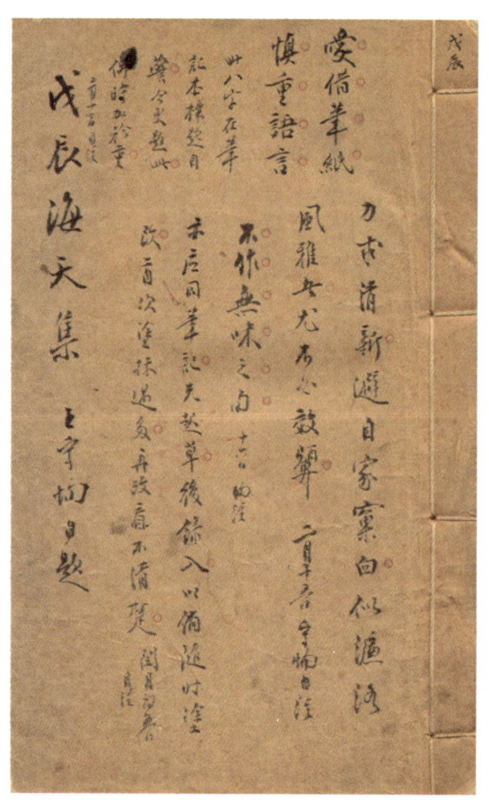

王守恂稿本《戊辰海天集》封面题识

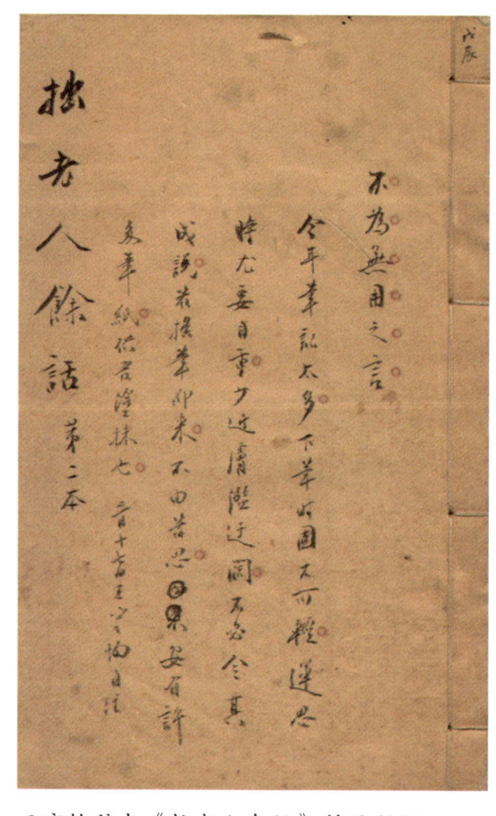

王守恂稿本《拙老人余话》封面题识

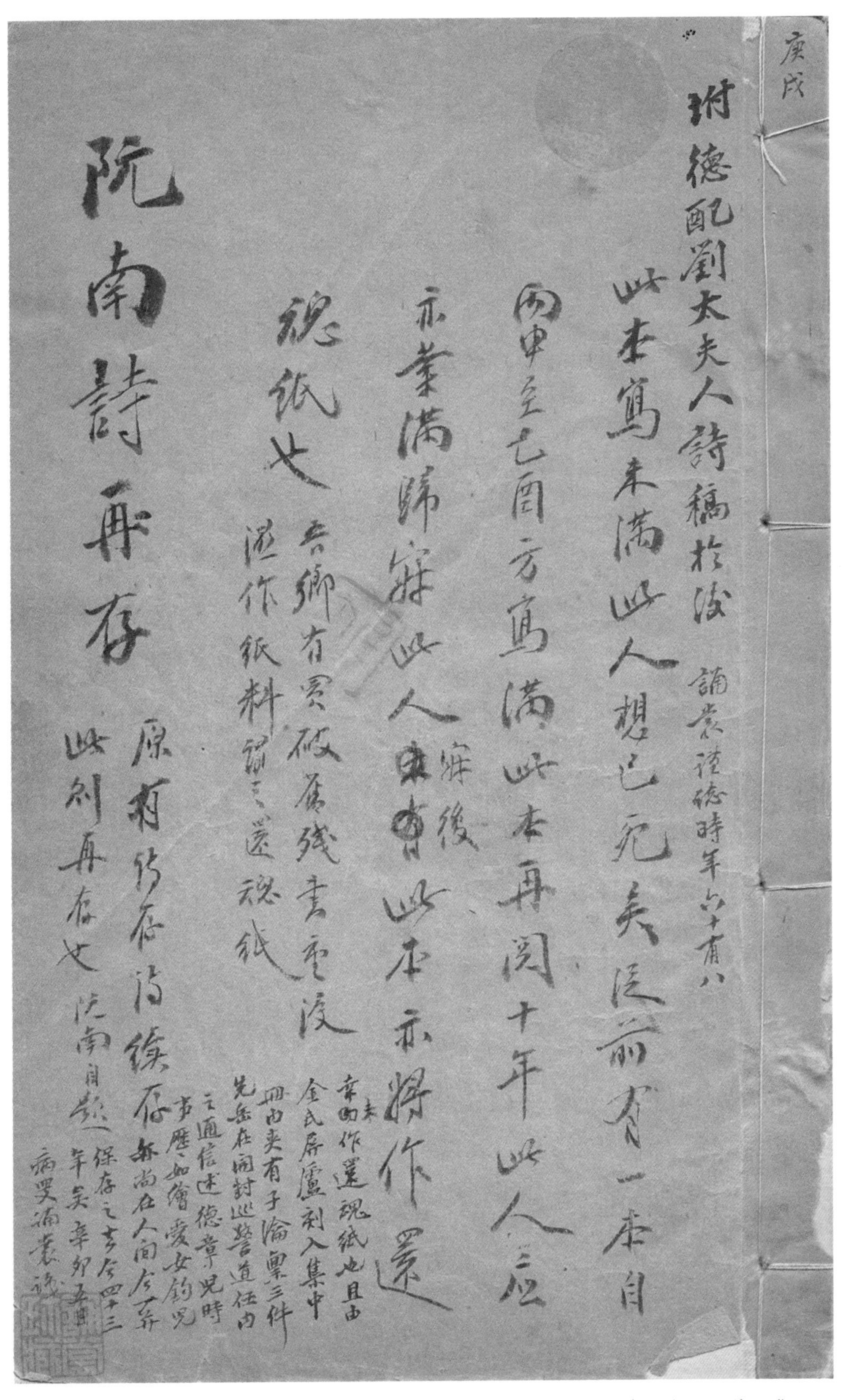

王守恂稿本《阮南诗再存》封面有王守恂、韩诵裳题识

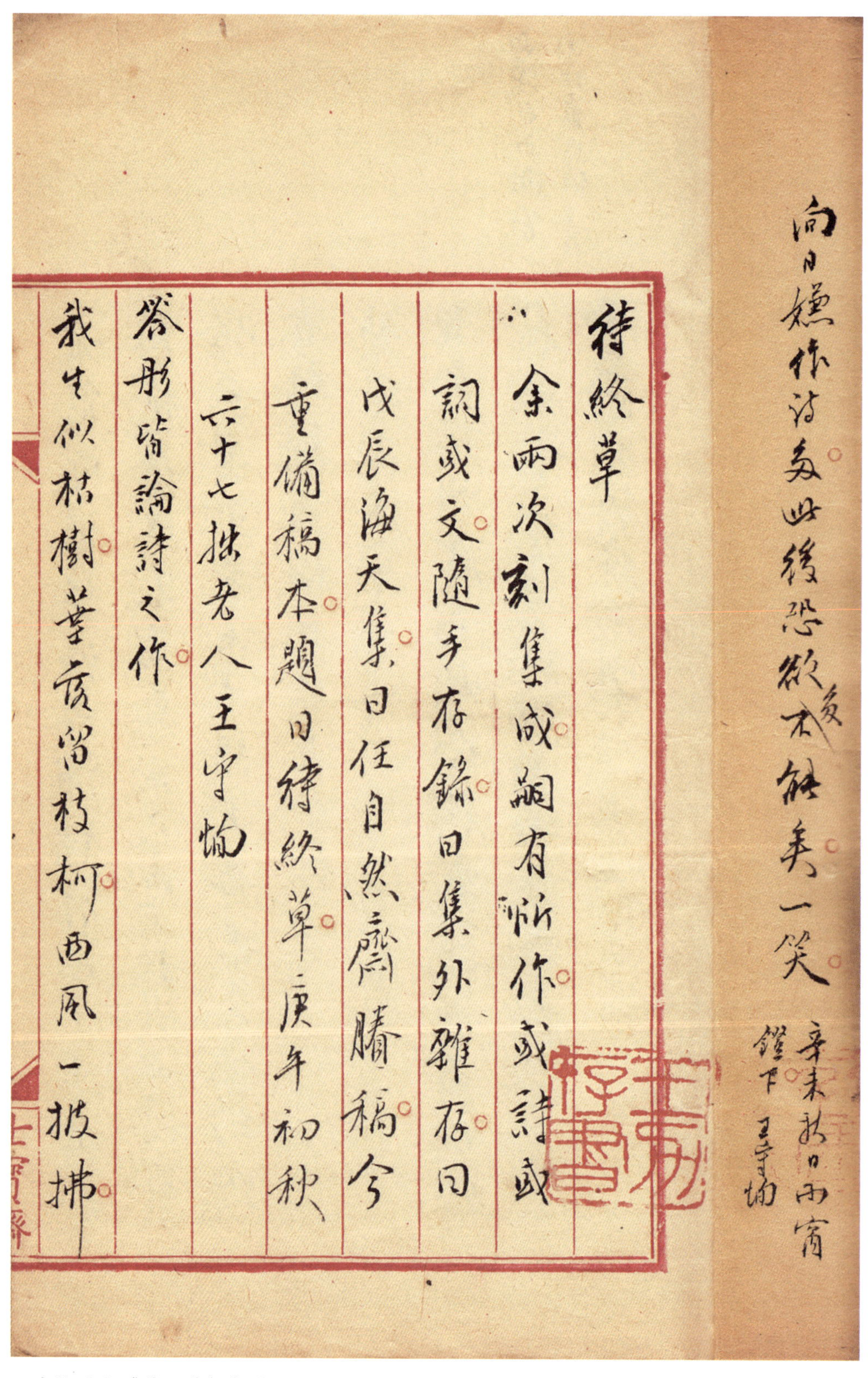
待終草

余兩次刻集咸嗣有所作或詩或詞或文隨手存錄曰集外雜存曰戊辰海天集曰任自然齋賸稿今重備稿本題曰待終草庚午初秋

六十七拙老人王守恂

答形皆論詩之作

我生似枯樹葉盡留枝柯西風一披拂

向日標作詩多此後恐欲太難矣一笑

辛未秋日雨窗

鎧下 王守恂

王守恂稿本《待終草》卷首

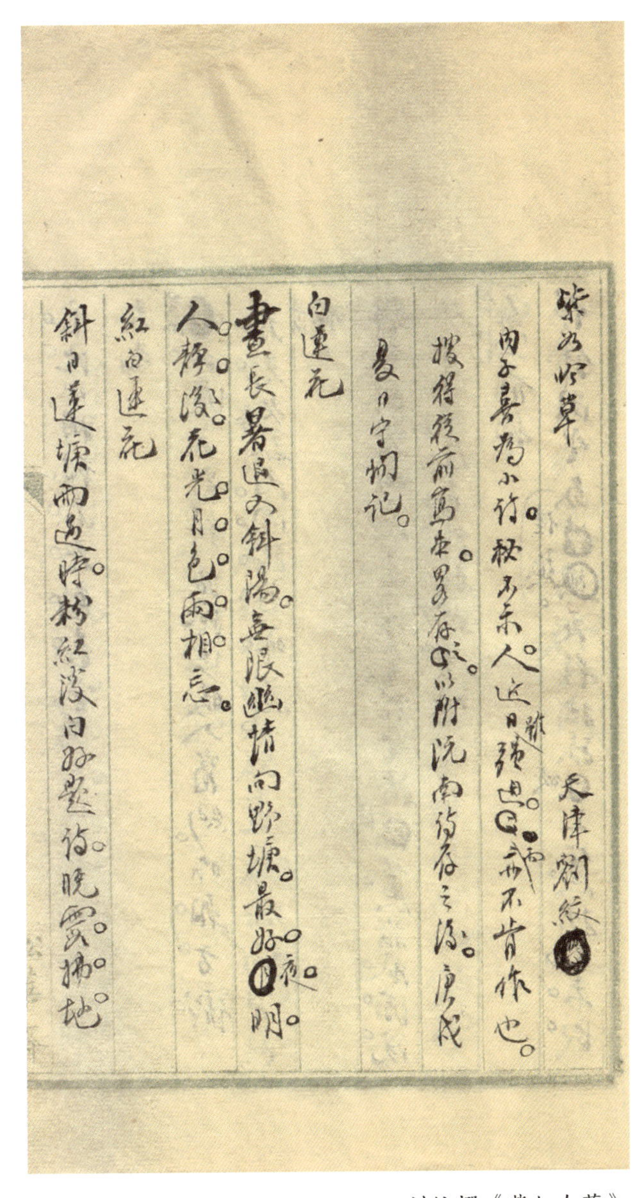
紫如吟草　天津劉紋

內子喜為小詩，秘不示人，近日雖強迫，而亦不肯作也。搜得從前寫本，略存之，以附阮南詩存之後。庚戌夏日守恂記。

白蓮花

晝長暑退又斜陽，無限幽情向野塘。最好[illegible]明人靜後，花光月色兩相忘。

紅白蓮花

斜日蓮塘雨過時，粉紅淺白[illegible]。晚霞[illegible]地[illegible]

刘纹撰《紫如吟草》

口开。怪底眉间添喜色，雪天得见外孙来。”足以说明三代人之关系。

《阮南诗再存》前半部分为王守恂诗稿，中间为数通家书，署款“敏”，信中多有言及大雄、大钧两孩童，尤言大雄趣事为多，两兄妹似为诵裳儿女。因诵裳题识称“述德章儿时事”，故大雄或为韩德章乳名，而大钧在诵裳题识时已故去。卷末又有王守恂录《紫如吟草》，作者署“天津刘纹”，序称：“内子喜为小诗，秘不示人，近日虽强迫，而亦不肯作也。搜得从前写本，略存之，以附阮南诗存之后。庚戌夏日守恂记。”所咏多为花卉、春光，末为《附为外题小照》：“我誉汝，则无可誉焉。我毁汝，则无可毁焉。不誉不毁，我以汝为可怜。”伉俪情深，可见一斑。检胡文楷辑《历代妇女著作考》，其中并无刘纹一人，而今研究天津文献者，则可又添一笔。

言及天津文献，此稿本七册或于天津近代史料有助者多矣。每册皆署年款，最早者为《阮南诗再存》，写于宣统二年（1910），最迟者为《待终草》，写于民国二十年（1931），且每册眉端多有自注，释及当时人物事件及日期，此20年恰为中国近代史上风云际会之时，王守恂虽然官职并不高，然往来者亦多当时名士，如俞樾、范当世、姚华、徐坊、金钺、赵元礼、李金藻等，而所有历史事

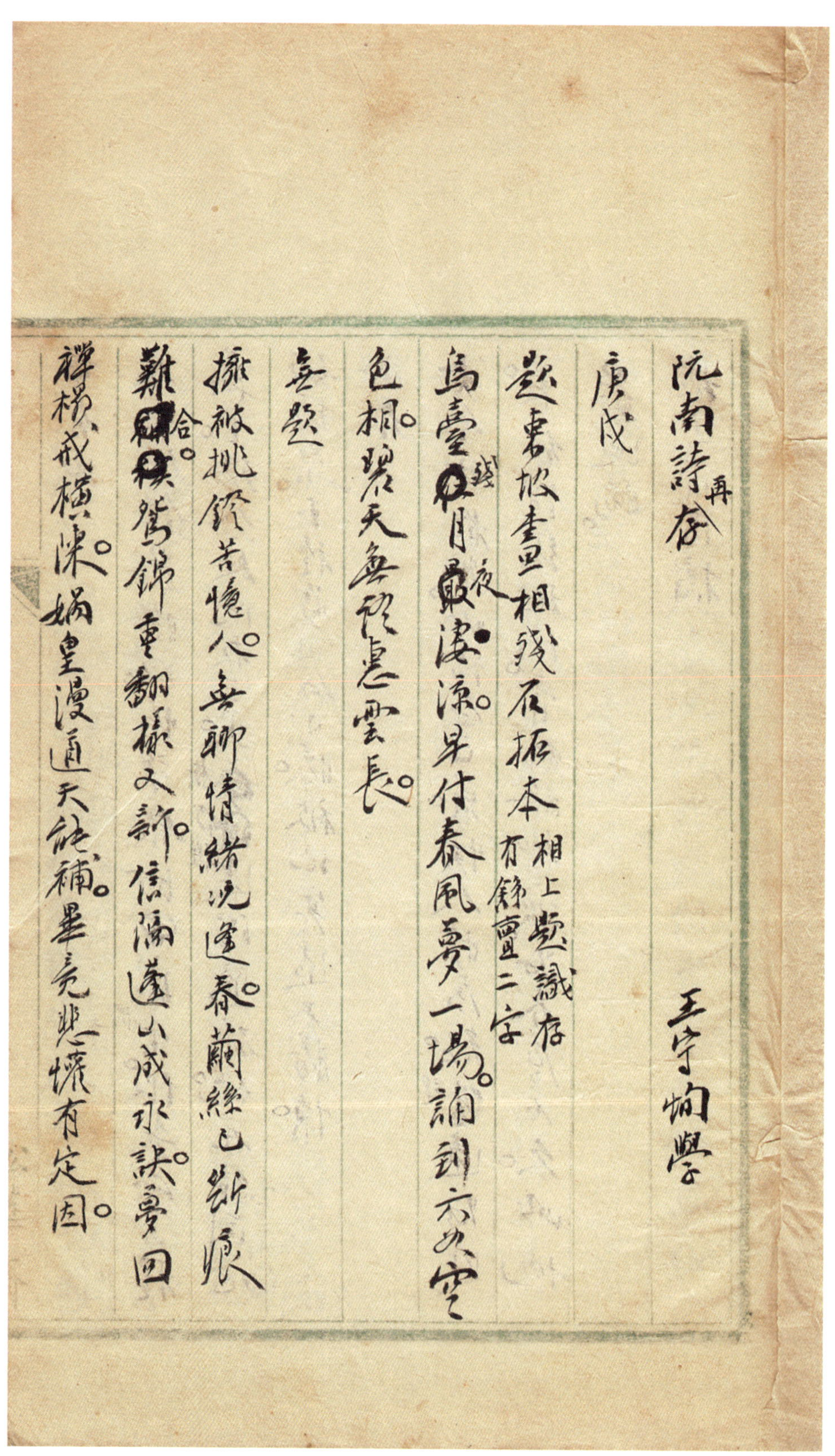

王守恂稿本《阮南诗再存》卷首

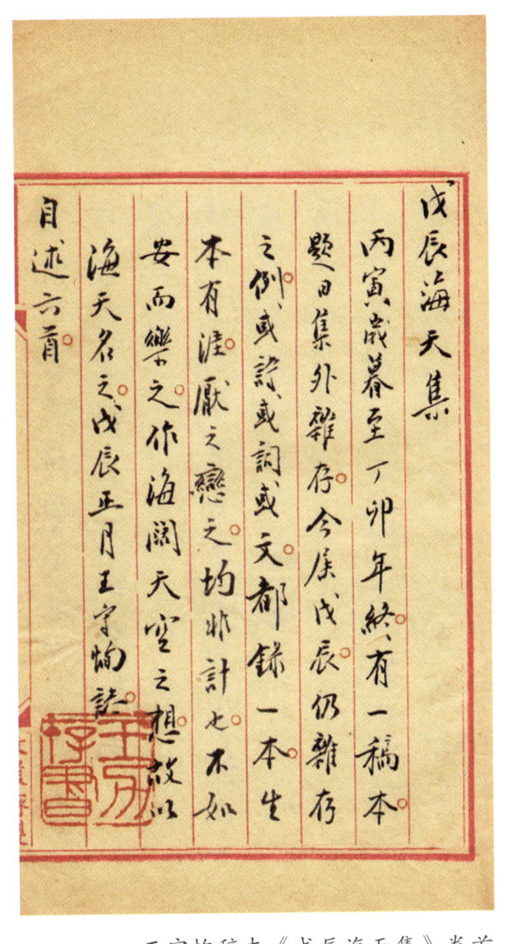

王守恂稿本《戊辰海天集》卷首

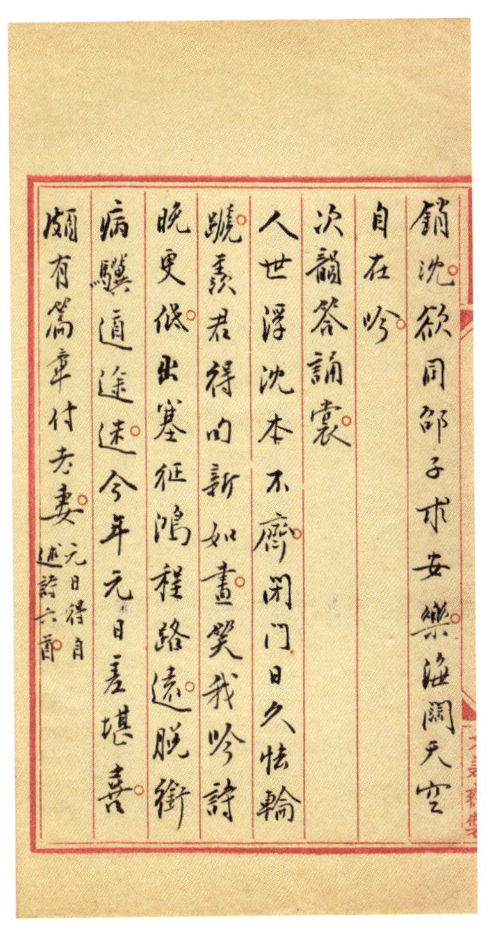

王守恂稿本《次韵答诵裳》

件无非系于人事，睹此册，则见彼时晴雨风云时时浸入笔端。其往来者中，又多有藏书之家，此吾最为关注者。《任自然斋剩稿》中有《题仲莹编味古堂书目后》，诗云：

天惜斯文不忍亡，私家卷轴妙收藏。
而今非地干戈里，百丈光辉味古堂。
编排目录有专家，派别源流判不差。
能校能藏能记诵，羡君今作晋张华。

检仲莹即马钟琇，此前寡闻，未知有《味古堂书目》，故此记一笔。

天津藏书家中以刻书为事业者，有金钺其人，字浚宣，号屏庐，先后辑刻有《金氏家集》《屏庐丛刻》《天津诗人小集》《天津文钞》及《许学四种》等等。又如诵裳封面题记所云，金浚宣曾将王守恂著作付梓。此稿本中亦有多处言及金浚宣刻书事，《拙老人余话》载："金浚宣为余刻前后集，计共诗稿二十五卷，词稿三卷，文稿七卷，文乙稿二卷，笔记六卷，杂著五卷，说诗五卷，通共五十三卷。"又有："金浚宣为余刻续集成，将稿本粗阅一过，比较初集，谨严过之，其疏宕则不及也。"又有："生平著述已付刻者，金浚宣又刷印全部，以备存储。"

金钺所刻《王仁安集》寒斋备有多部复本，惜杂事忙乱，终无暇检出比勘此稿中付梓者如何，未付梓者又如何。今就稿本略翻一过，据各册封面所记日期，《阮南诗再存》作于清宣统二年（1910），《集外杂存》作于民国十五年（1926），《海天集》和《拙老人余话》作于民国十七年（1928），《任自然斋剩稿》作于民国十八年（1929），《待终草》作于民国二十年（1931）。依次读来，大略可知王守恂心路，又目睹一诗人由壮及老，由赏花赴宴而日闻薤露，由屡屡计划如何写作而至感叹老眼昏花，自知老之已至。然读罢老人之作，感悟生如朝露者，又岂一老诗人耶。

《阮南诗再存》为七册稿本中最早创作者，封面题记颇简单："原有诗存、诗续存，此则再存也。阮南自题。"封二题："才华消谢，结习难忘，自写性情，无所谓格调也，有则存之，不复删别。庚戌自记。"王守恂作此诗集时，年约四十岁，正值壮年，故诗歌极富生气，所咏颇多闲情，春愁、归鸟、逃禅、幽居，还有戏作艳体，笔底时见义山、摩诘身影，持卷可睹斯人无柴米琐屑之忧，多友朋酬唱之乐，若不将其放入时代大环境，足可当太平盛世之写照。

《集外杂存》封面自题四则，其中有"不作最好，不得已而作，要有精心"，以及"无论被人牵动，或自有感触，多言不如少言，有言不如无言"。卷首有自序："拙集编定后，又成续集十二卷，再有所作，恐亦陈陈相因，故不欲多费语言也。惟此生未死，人事应酬，必不能免，此后不得已时，或诗，或词，或文，都录一册，题曰《集外杂存》。"此册为诗文合集，一如前序所言，多人事应酬之文，如贺嫁娶、修禊分韵以及为友人文集撰序等，较为突出者，寿序及悼文颇多。是年王守恂已是花甲之年，同游者若非寿，即为鬼，而人生大事，又无非生死嫁娶，都此一册，如观津门《上河图》，市廛深处，人声鼎沸，往来巷陌，衣影匆匆，拙老人时喜时忧，寿序写罢，忙撰哀文。

此集中虽已出现多篇悼文，但全集气氛尚属平和，拙老人忙于应酬之间，并无过多感慨。其实是年应该也发生过大事，有《赠姬妾黄贵英》诗，序称："家计为人牵累，势将不支。昼夜焦思，形神俱瘁。姬谓余曰：妾事主人，将来作穷

之牲之物不傷性快而已矣烏有所謂病耶

金浚宣為余刻前後集計共詩稿四十二五卷詞稿三卷文稿七卷文乙稿二卷筆記六卷雜著五卷說詩五卷通共五十三卷皆自已語言此後又有詩文筆記若干首方繼續為之當落筆時不可以輕心出之非有益於己有益於人不

王守恂稿本《拙老人余话》载金浚宣刻书事

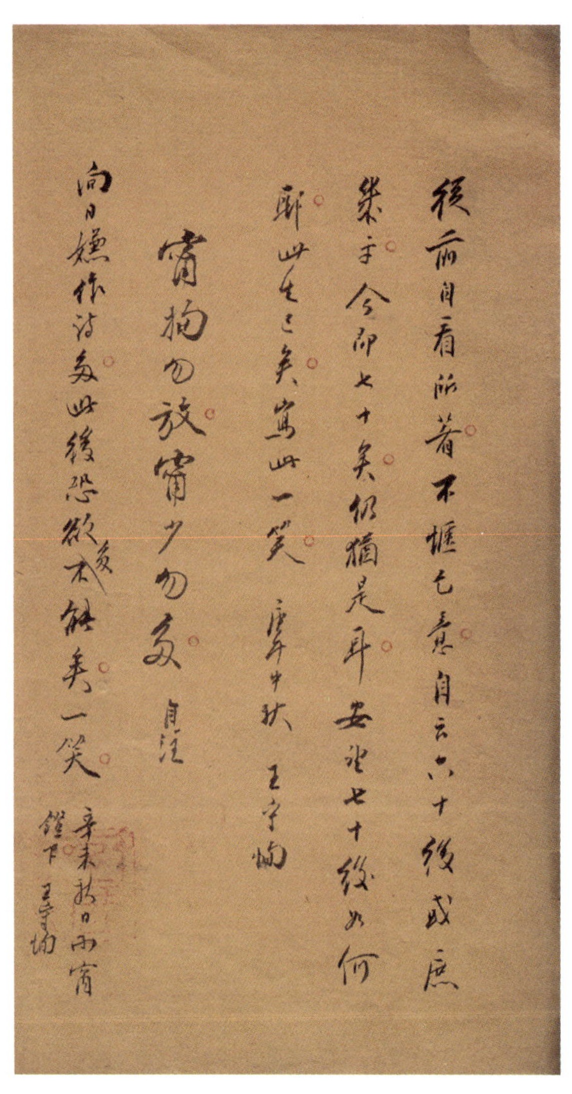

王守恂题识“向日嫌作诗多，此后恐欲多不能矣”

人生活，或犹不致冻馁也，何须苦虑，自损天年。”及至两年后，王守恂撰《拙老人余话》时，全稿气色已明显不同，其中一则云：“近日友人相继死亡，大都六十岁人也。余今年六十五矣，即此形神未离，心手尚为我用，作一二句称心之诗，吟咏时可以快意；多说一二言惬心之语，玩味时可以移情，未至长眠不起，永夜不明。”然而未过多久，又见其写道：“近为人写屏幅册页，多是近诗，句中每有老死等字，在我自观，亦生厌恶，是宜检点。或谓生死常事，安得言醒不言睡，言昼不言夜。”看来虽无刻意，但此时的王守恂为人撰文时，“老”“死”等字仍然是下意识地频频出现，好在拙老人颇擅自省，时常提点自己。

然而生命之光并不是经常提点，就能永明不夜。越三年，拙老人撰《待终草》时，不慎将墨水沾污封面，事毕在已经弄污的封面上自题：“以墨水沾污书面，因手迟钝所致，然亦由精神散漫，吾知老矣。辛未孟春下旬。六十八拙老人王守恂。”老人心思尚且清明，然而手脚似乎大不似从前。是年秋，老人又在封二上题：“向日嫌作诗多，此后恐欲多不能矣。”自此后，拙老人愈写愈哀，数则挽词之后，待作《岁朝感赋》时，正是原配过世七十日：“曩日哀歌传薤露，今宵幽梦隔重泉。”赋《元日》诗，亦不避孤清之句，“推枕开窗孤坐久”，并于眉端自注：“辛未余年六十八，自亡室故后，觉人生朝露，无日不可死，真可坦然相待。”紧接着，又开始思虑身后事：“卜得先茔圮有余，不用清明饭一盂。”

阅至此，死、亡、哀、挽、吊等字已是频频入目，在吾几乎不忍再读，然此册仅写一半遂停，后半册皆为空白书笺。数年前王守恂已自觉句中每有老、死等字，并自生厌恶，以吾揣测，宁愿是其更深厌恶，不愿频繁写下此等字句，就此搁笔，而不是突然患疾难以执笔。《待终草》作于民国二十年（1931），王守恂于五年之后始去世，此五年中，清醒如斯的拙老人，又是如何消磨这惨淡人生！

韩诵裳藏书印“诵裳珍藏”

顾翰批跋、刘嗣绾题识徐宝善稿本《三十六峰草堂诗钞》一卷

《三十六峰草堂诗钞》一卷　（清）徐宝善撰

清嘉庆年间稿本　（清）顾翰批跋　（清）刘嗣绾题识　一函一册

钤：里堂（朱方）、嗣绾（联珠印）

此徐宝善诗稿，卷首首行原题“三十六峰草堂诗钞”，后以墨笔勾去，改题“如园诗钞”。次行原署“天都徐三宝莲峰著”，复改为“歙徐宝善莲峰著”，下钤“王阮亭藏”，此印非王渔洋也，盖徐宝善所活动年代在王渔洋之后百余年，故或另一同名嗜书者。书纸为蓝格稿纸，版心上刻“三十六峰草堂诗钞”，卷中“玄”字避讳。徐宝善（1790 — 1838）号廉峰，安徽歙县人。清嘉庆二十五年（1820）进士，选翰林院庶吉士，授编修，晋山西道监察御史，典试浙江。生平于书无所不读，谙熟诸史，同辈中以著作之才显，作官以经世为务，著有《壶园集》四卷。此皆检钱仲联主编《中国文学家大辞典》所得，然以此稿本卷首题署可知，徐宝善曾用名徐三宝，亦字莲峰，室名

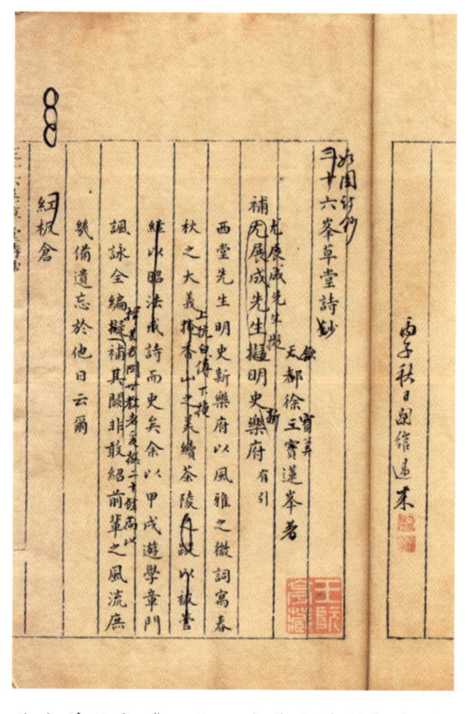
徐宝善稿本《三十六峰草堂诗钞》卷首

通神靈噫嚱厰臣威烈烈天子不聞坐宣室善人盡
矣國云亡加親斧椎弄髹漆
王紹徽編東林一百八人繫以宋時淮南盜宋
江諸名目為點將録獻之忠賢俾按名黜汰忠
賢黨有五虎五彪十狗之目相率稱義兒監生
陸萬齡請以忠賢配孔子忠賢父配啓聖公浙
江巡撫潘汝楨疏請建忠賢生祠於西湖山東
秦產麒麟大學士黃立極等票旨言厰臣修德
故仁獸至帝性好親斧椎髹漆之事

徐宝善稿本《三十六峰草堂诗钞》刘嗣绾批校

三十六峰草堂、如园，“如”“壶”读音相近，或二为一也。

《晚晴簃诗汇》收有徐宝善诗作五首，前有简介及诗话：“有《壶园诗钞》。廉峰诗，自汉、魏以迄唐、宋，皆浸淫深入，后乃专力韩、杜，故性情、格律无偏重之病。同时鲍觉生、张南山、吴兰雪、顾南雅、黄树斋定其集。廉峰语人，诗必刚柔交济，柔莫如白，而刚在骨；刚莫如韩，而柔在骨。学韩、白者两失之。尝作《五代新乐府》，论者谓疏朴不及西涯，而峭炼过之，远在尤西堂《明史乐府》之上。”

《清人别集总目》载徐宝善号壶园，歙县人，迁居昆山，著述有《壶园诗钞》《壶园试帖》《壶园赋抄》《壶园全集》及《五代新乐府》等，皆刻本，又有《如园诗抄》不分卷，稿本，有清吴嵩梁、鲍桂星评，熊方受题诗，陈用光题款，现藏江西省图书馆。未知该馆所藏《如园诗抄》与寒斋原题《三十六峰草堂诗钞》者，是否为同一书。此本正文前又有小题《补尤展成先生〈拟明史新乐府〉》，前有小引：“西堂先生《明史新乐府》，以风雅之微词，寓春秋之大义，上抗白傅，下掩茶陵，诗而史矣。余以甲戌游学章门，讽咏全编，择其有关世教者，爰撰二十余篇，以补其阙。非敢绍前辈之风流，庶几备遗忘于他日云尔。”因知此诗集乃徐宝善为补尤侗《明史新乐府》而作。

尤侗（1618－1704），字同人，更字展成，号悔庵、艮斋，晚号西堂老人，江苏长洲人。清顺治五年（1648）拔贡，康熙十八年（1679）举博学鸿词，授翰林院检讨，参修《明史》，分撰列传三百余篇，以及《艺文志》五卷，平生博学多才，诗文词曲皆名重一时，著有《西堂全集》《西堂曲腋》《西堂乐府》《鹤栖堂集》《百末词》及《明史乐府》等。尤侗《明史乐府》撰于康熙二十年（1681），凡一百首，皆以乐府诗写明史事，乃仿明代李东阳以二十一史拟古乐府百篇而作，前有自序：“予承乏纂修《明史》，讨论之暇，间采其遗事可备鉴戒者，断为韵语，亦拟乐府百首，虽未敢窃比西涯，庶几存咏史之一体。”

徐宝善所称“西堂先生《明史新乐府》”即《明史乐府》，亦有称《拟明史乐府》者。王渔洋《池北偶谈》尝记该书：“长洲尤展成侗，晚以博学宏词入史馆，在局中，仿李西涯体作《明史乐府》百篇，佳处殆不减李。”沈德潜《清诗别裁集》收有尤侗诗作二十五首，前有归愚短评：“（尤侗）咏《明史乐府》一卷，尤为神来之作。今选中所收，皆铮铮有声者，使艺苑人见之，共识西堂面目。”

徐宝善所补诗作凡二十四首，分别为：《红板仓》《求直言》《奸党录》《东角门》《瓜蔓抄》《哈立麻》《置东厂》《榆木川》《内书堂》《开银场》《匠官》《呼万岁》《刑部吏》《大庆法王》《步虚词》《桃松寨》《内府营》《张先生》《争矿税》《天鼓鸣》《点将录》《白杆兵》《福禄酒》《史督师》，每诗后皆有小注，略述史事。读其所赋，可知徐宝善关注者甚广，明代重要历史事件几乎皆有着墨，如东厂、东林党、景清刺王等。

其中又有谈论矿事者两首，其一为《开银场》："封矿盗日滋，开矿民益戚。民穷转滋盗，利害互根伏。官家著令设税租，朝出长官暮吏胥。吏胥怒如虎，小民伏如鼠。视眈眈，众怚怚，索敝赋，罄囊贮。下者肥身家，上者奉官府。室人笑，路人苦，官家强半私家取。弊政岂独一银场，成法慎莫轻改张，实乃民之殃。"

另一首为《争矿税》："天地塞，君臣绝；馈饷竭，矿峒出。天子急聚敛，中珰贿赂溢。民困不聊生，骚动势奔烈。皇帝病，革弊政，翼日瘳，悔前令。中使立敦促，惟恐外廷执成命。呜呼司礼犹力争，相公导敕已罢行。"诗后小注为："帝久不视朝，上下否隔甚。二十三年二月，帝忽有疾，召见沈一贯，论以罢矿税及织造、陶器诸弊政。翼日帝瘳悔之，速遣中使十余辈追还前谕。一贯遑遽缴入，时司礼太监田义力争，帝怒欲手刃之，义言愈力，而中使已持前谕至。后义见一贯，唾曰：相公稍持，矿税撤矣，何怯也。"

明代矿政之乱，几可祸国，清人赵翼《廿二史劄记·万历中矿税之害》谓："通都大邑增设税监，故矿税两监遍天下……是时廷臣章疏悉不省，而诸税监有所奏，朝上夕报可，所劾无不曲护之。以故诸税监益骄，所至肆虐，民不聊生，随地激变。迨帝崩，始用遗诏罢之，而毒痡已遍天下矣。论者谓明之亡，不亡于崇祯，而亡于万历云。"今人研究明代经济，多有从税制入手者，录此两首，或供方家以用。

卷中尚有两诗涉及女性，然皆非绣楼韵事，读来剑光刀影满纸，如临沙场。一为《白杆兵》，赋巾帼英雄秦良玉，有"一骑桃花宝刀掣，不信蛾眉能杀贼。"另一为《桃松寨》，述嘉靖间蒙古女子桃松寨事。桃松寨为俺答汗之子辛爱妾室，因与他人有私，事败后投奔明朝，大同总督为邀功请赏，将其送往京城，未久辛爱以武力相加，来索桃松寨不得，大开杀戒。《明史》载此事："辛爱来索不得，乃纵掠大同诸墩堡，围右卫数匝。"

徐宝善赋《桃松寨》诗有句云："一骑红妆塞上来，边城流血三千里。女子何关虏轻重，七十余堡新鬼恸。"注称："辛爱来索不得，寇应朔，毁七十余堡，围大同。明年，寇滦河，驻内地五日，京师大震。"该诗天头处有墨笔眉批："恸哭六军俱缟素，冲冠一怒为红颜。此诗亦何感吴祭酒耶！”略思之，桃松寨与陈圆圆二事确有几分相似。

墨笔批校者，顾翰也。顾翰（1783—1860），字木天，号蒹塘，江苏无锡人。清嘉庆十五年（1810）举人，曾官宣城、泾县知县，晚归无锡，主讲东林书院，死于太平天国之乱，有《拜石山房词》四卷，谭献尝为之序：“蒹塘先生，吾友许君迈孙少从受诗学者也。先生偃蹇乙科，沉沦下僚，卒以简书中吏议，憔悴于晚岁，慬而得归，竟死于寇，有识哀之。”

钱仲联主编《清诗纪事》引侯学愈《续梁溪诗抄》：“（宝善）少承家学，工诗古文词。与顾翰、顾翃、赵函、杨夔生齐名，以诗文相唱和，号‘同岑五子’。”“同岑”此指无锡，此五人或为无锡籍，或其先籍为无锡，或寄籍于无锡，故称“同岑五子”。道光九年（1829），江西曾燠将五人诗作辑为《同岑五家诗钞》付梓，分别为徐宝善《壶园集》四卷、顾翰《拜石山房集》四卷、顾翃《金粟萮集》二卷、杨夔生《真松阁集》二卷、赵函《乐潜堂集》二卷。

顾翰于此诗稿尚有多处批语，如前《开银场》处，眉批：“名论千古，令人一读一击节。”又于卷末跋：“论史极有断制，笔亦通健，足为西崖、西堂两家劲敌。丙子初冬读于京师寓斋。顾翰识。”此“西崖、西堂两家”即指李东阳《拟古乐府》及尤侗《明史新乐府》，徐宝善是集即此一脉而来。该段跋语末钤“里堂”朱方，因知顾翰尚有“里堂”之号。

然顾翰批读此诗稿之前，此稿尝经人删改，卷中多处有删去标记，其中《红板仓》与《张先生》两首由诗至注尽数勾去，未知何故。《红板仓》诗述积粮供养太学生家人事，《张先生》述张居正持法甚严，不便者多怨之。除此二首为全删外，余诗及注亦有部分删改者，其删改意图顾翰亦有不明处，如《瓜蔓抄》诗前三字“景大夫”被勾去，顾批云：“去此三字为何？”

吾初亦不知晓删改者何人，虽首页之前尚有墨笔题识一行：“丙子秋日嗣绾过来。”并钤有“嗣绾”联珠小印，然据此并不能确定删改者即嗣绾也。及至《点将录》一诗末端得睹小字一行：“删末二语较健。绾。”始知删改者即嗣绾。

刘嗣绾（1762—1820），字醇甫，一字柬之、简之，号芙初、扶初，江苏阳湖人。清嘉庆十三年（1808）进士，授翰林院编修。少颖慧，早游京师，得名当时，著有《尚䌹堂集》。刘嗣绾一生起伏颇大，令人唏嘘。《国朝诗人征略》载：“芙初以相门子稽古绩学，绮岁能文，乃青衫落魄，破砚依人，可谓穷矣。然卒以礼闱榜首，

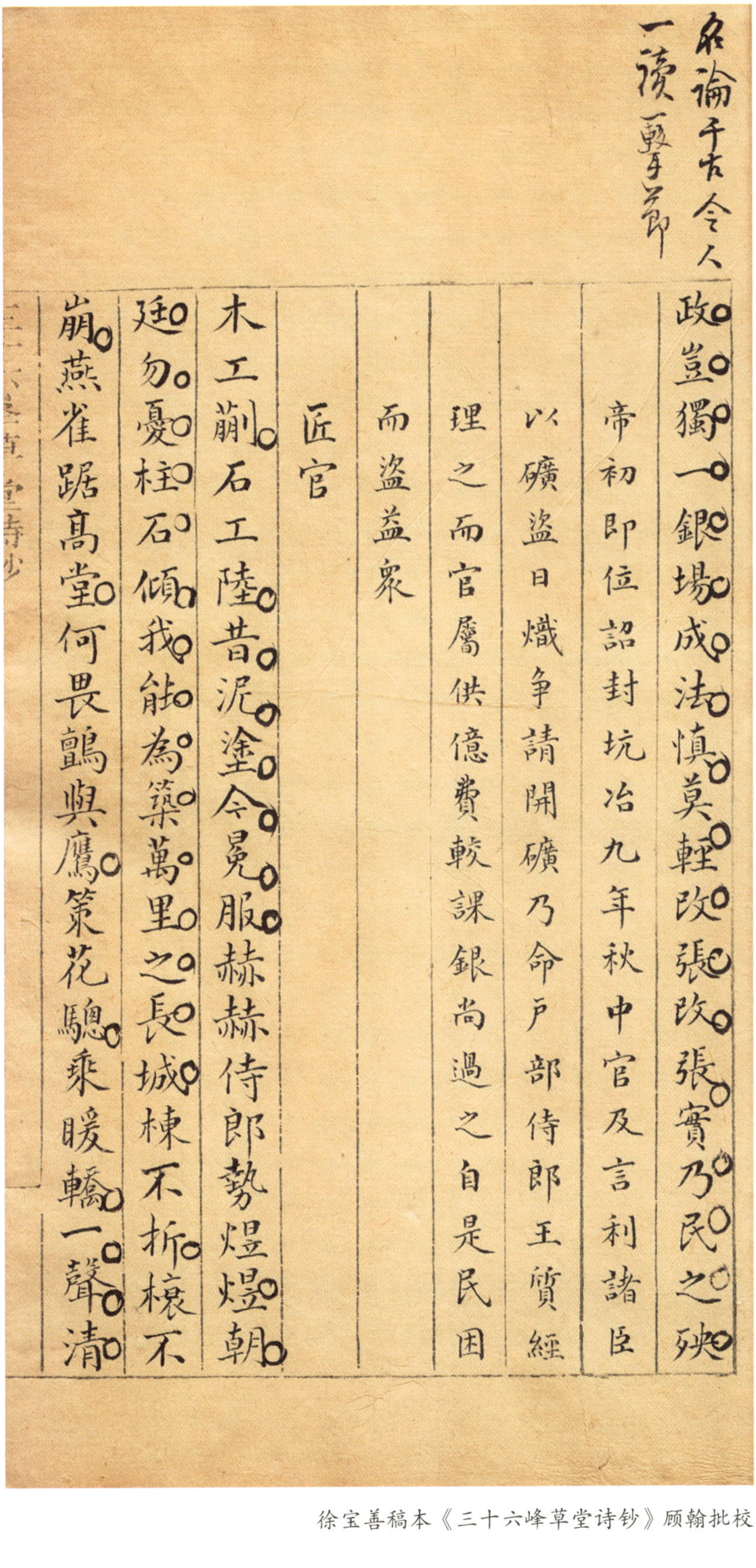

名论千古令人一读一击节

政豈獨一銀場成法慎莫輕改張改張實乃民之殃

帝初即位詔封坑冶九年秋中官及言利諸臣

以礦盗日熾爭請開礦乃命户部侍郎王質經

理之而官屬供億費較課銀尚過之自是民困

而盗益衆

匠官

木工蒯石工陸昔泥塗今冕服赫赫侍郎勢煜煜朝

廷勿憂柱石傾我能爲築萬里之長城棟不折榱不

崩燕雀踞高堂何畏鶚與鷹策花驄乘暖轎一聲清

三十六峰草堂詩鈔

徐宝善稿本《三十六峰草堂诗钞》顾翰批校

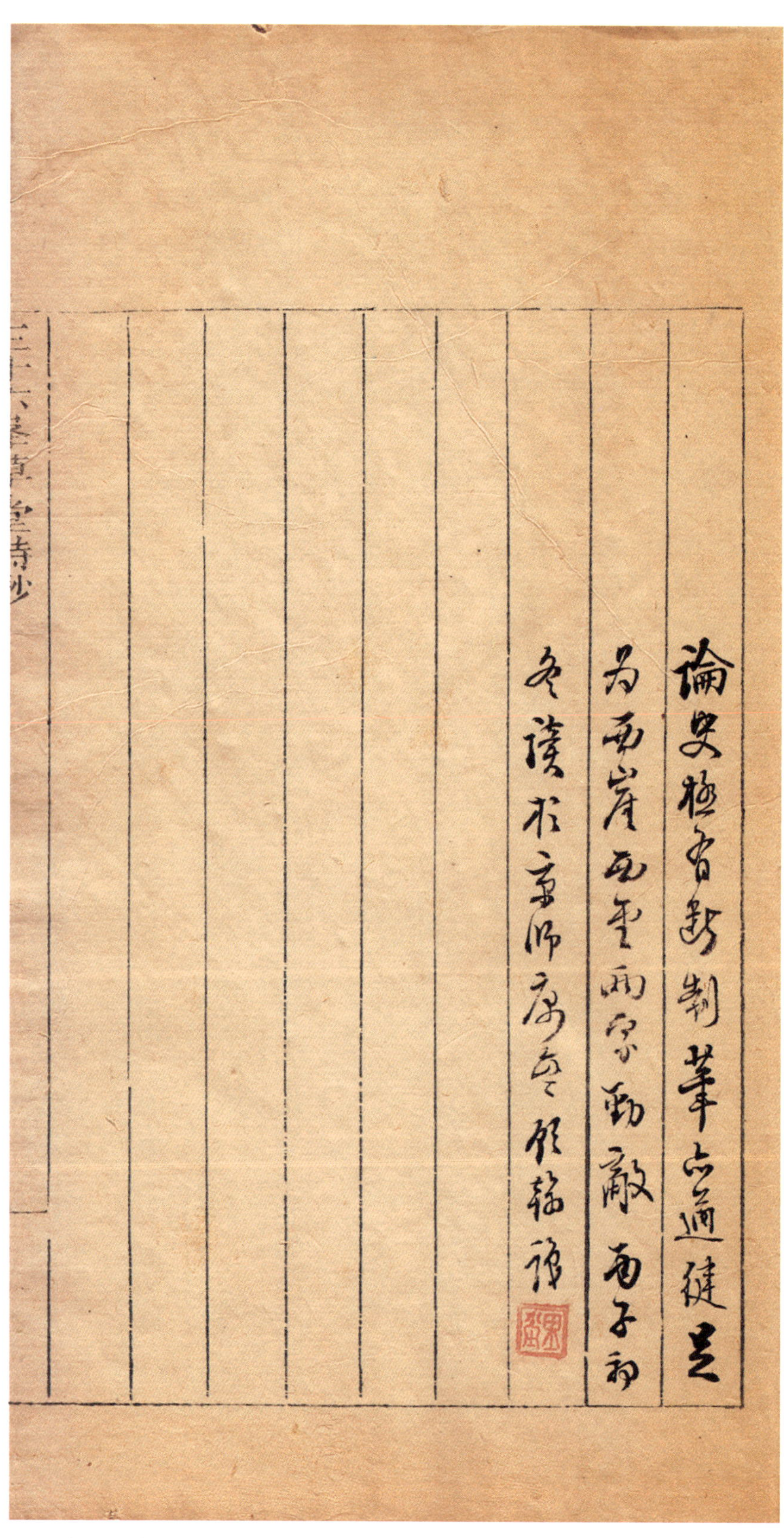
論史極有斟酌筆亦遒健足
為西崖先生兩家勁敵丙子初
冬讀於京師寓齋顧翰識

徐宝善稿本《三十六峰草堂诗钞》顾翰跋语

簪笔木天，不可谓非达也。顾中年以后心力就衰，又以不工小楷，未获奉使衡文。身居京国，心系家园，归咏《循陔》，出仍负米。迹其生平，盖穷而达，达而穷者也。”梁章钜《浪迹丛谈》亦有记刘嗣绾事，读来更见凄凉：“忆在京师与芙初结宣南诗社，芙初本惊才绝艳，而近作大不如前，同人比之江郎才尽。芙初以病出京，家居尤贫瘁，晚患风痹，闻每饭尚烦其母太夫人手哺之。才人末路至此，甚可伤也。”

宣南诗社为活动于嘉庆、道光年间的北京诗社，因结社地点多在宣武门南，故名宣南诗社，社中最著名者有龚自珍、魏源、林则徐等，当时梁章钜、刘嗣绾及徐宝善等皆为宣南诗社成员，今检《龚自珍年谱》，其中多有记载徐宝善招饮及赋诗事，足见当时徐宝善、顾翰、刘嗣绾等在京师文坛上颇为活跃。顾翰不仅与徐宝善等有《同岑五家诗钞》，又与刘嗣绾、汪度、杨夔生等有《七家词钞》之刻，可见当时往来颇为频密。顾翰、刘嗣绾两人题识皆书于丙子年，是为嘉庆二十一年（1816），此年徐宝善二十六岁，顾翰三十三岁，刘嗣绾五十四岁，就彼时而言，可谓老中青三代手泽，同聚一书。于今而言，则此集不仅可为研究宣南诗社之佐料，亦可为学界研究咏史乐府聊备一格。

顾翰藏书印“里堂”

刘嗣绾藏书印“嗣绾”

沈炳垣过录朱琰批点《重订唐诗别裁集》二十卷

《重订唐诗别裁集》二十卷　（清）沈德潜撰

清乾隆二十八年（1763）教忠堂刻本　沈炳垣过录朱琰批语　一函八册

钤：宋氏漫堂审定（白方）、筠清馆印（朱方）、毗陵庄炎借读（白方）

清代唐诗选本有300余种之多，存世者近200种，足见清人对于唐诗之看重。诸多选本中，有依时代来选者，有从体裁分类者，亦有据题材或作者入手者，此外又有单纯的诗选、笺注之选、评点之选等多种方式，沈德潜《唐诗别裁集》则是分体编排之评注本。沈德潜（1673－1769）字确士，四十岁后更字归愚，江苏长洲（今吴县）人。乾隆四年（1739）进士，其时已是年过花甲之翁，官至内阁学士兼礼部侍郎，七十七岁辞官归里，未久出任紫阳书院山长，著有《归愚诗钞》《说诗晬语》《杜诗偶评》等，选编之书则有《唐诗别裁集》《古诗源》《明诗别裁集》《清诗别裁集》及《宋金三家诗选》等。

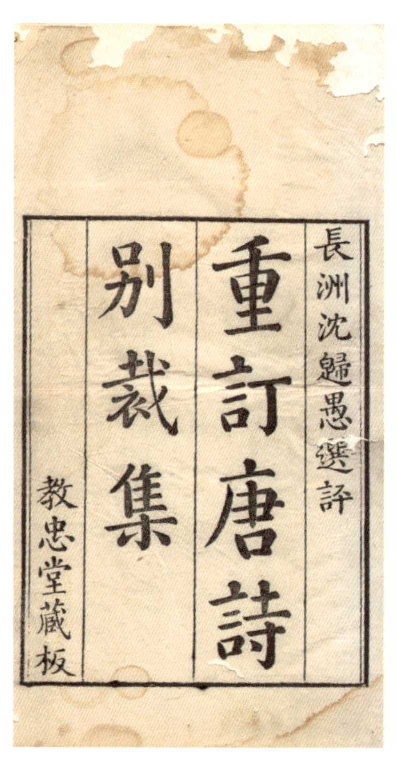

清乾隆二十八年教忠堂刻本《重订唐诗别裁集》书牌

沈德潜的诗学观点提倡格调说，强调诗教，认为“温柔敦厚”才是诗教之本原，此观念一直贯穿于其系列选本之中，并对其后

唐初沿陳隋餘習魏公此詩格局氣雄實爲陳正字先聲同時虞永興從軍行亦作健語然未能及

秦失其鹿天下共逐之鹿喻帝位。瑯琊王陽至九折阪嘆曰奉先人遺體奈何乘此險及王尊至阪叱其馭曰驅之王陽爲孝子王尊爲忠臣

重訂唐詩別裁集卷一

長洲沈德潛歸愚選

五言古詩

魏　徵　字元成鉅鹿人初事隱太子繼事太宗直言極諫參預朝政後封鄭國公謚文貞

述懷 樂府作出關

中原還逐鹿，投筆事戎軒。縱橫計不就，慷慨志猶存。杖策謁天子，驅馬出關門。請纓繫南越，憑軾下東藩。鬱紆陟高岫，出沒望平原。古木鳴寒鳥，空山啼夜猿。既傷千里目，還驚九折魂。豈不憚艱險，深懷國士恩。季布無二諾，侯嬴重一言。人生感意氣

Red margin notes: 終軍事 · 酈食其 · 事 · 二字曲盡登望之景 · 在蜀郡 · 一諾千金 · 見信陵君傳

重訂唐詩別裁集　卷一　一　教忠堂

清乾隆二十八年教忠堂刻本《重订唐诗别裁集》卷首

的诸多诗歌选本产生过极大影响。《唐诗别裁集》是沈德潜系列选本中最早的一部，初名《唐诗宗》，孙琴安《唐诗选本提要》谓："《唐诗宗》，清沈德潜、陈培脉撰。培脉，字树滋，长洲……人，与沈德潜同时。此书为稿本，共十卷，封题'沈确士钞本唐诗宗'，扉页题'唐诗别裁'。……诗间或有眉批、总批，有的诗上注有'删'字，盖为《唐诗别裁》之初选稿本。"《沈归愚自订年谱》中亦有相关记载："(康熙)五十四年，乙未，年四十三。是岁……予批选唐诗十卷，名《别裁》。"又有："五十五年，丙申，年四十四。……陈子树滋借所选唐诗去。"以及："五十六年，丁酉。年四十五。……十月，唐诗选本树滋从广南刻成，寄来，嘱予补序。"

该书之初刻，为康熙五十六年（1717）十卷本，题《唐诗别裁集》，书名出自杜甫《戏为六绝句》中"别裁伪体亲风雅"，意指剔除"伪体"，归于"风雅"。沈德潜序称："因偕树滋陈子，取向时所录五十余卷，删而存之，复于唐诗全帙中网罗佳什，补所未备，日月既久，卷帙遂定。"由此可知，在此之前沈德潜尚有过五十卷之选本，而此十卷本即是在五十卷本基础上选编而成。此本有沈德潜及陈培脉序言各一，以及沈德潜所撰《凡例》。沈序述其大旨："既审其宗旨，复观其体裁，徐讽其音节，未尝立异，不求苟同，大约去淫滥以归雅正，于古人所云微而婉、和而庄者，庶几一合焉。此微意所存也。"陈培脉序则略释书名、选诗标准及选书始末："选唐诗成集，题曰'别裁'，以其近乎风雅也。诗体至唐极备，诗格至唐渐衰，视风雅或远矣。曷为近？决择者近之也。先论格，次论气，次论辞，而要之以情。诗不同而情同，事不同而情之正归于同。凡足以感人心、端世教者取焉，其余逶迤陵颓、流靡忘返者，概略也。起癸巳，迄丙申，予与沈子始之，予中之，沈子终之，成诗十卷，得一千六百余首。诗虽未备，要藉以扶掖雅道者，或由乎此。"

该书初刻本行世40余年后，至乾隆二十八年（1763），耄耋之龄的沈德潜又对该书予以全面修订及增补，由十卷扩充至二十卷，收录唐诗1928首，作者270余人，分为五古、七古、五律、七律、五言长律、五绝及七绝，乐府诗杂录于各体中，个别四言、六言及骚体则附于七古之中。初刻时作者名下未立小传，诗作后未录诗话，仅有简单评释，重订本则悉数补入，评释亦较前本更为详明。该书重订后，沈德潜于是年以教忠堂名号将书付之剞劂，题《重订唐诗别裁集》，前附康熙五十六年（1717）沈德潜原序，以及乾隆二十八年（1763）《〈重订唐诗别裁集〉序》和《凡例》。沈于新序中解释重订原因："当时采录未竟，同学

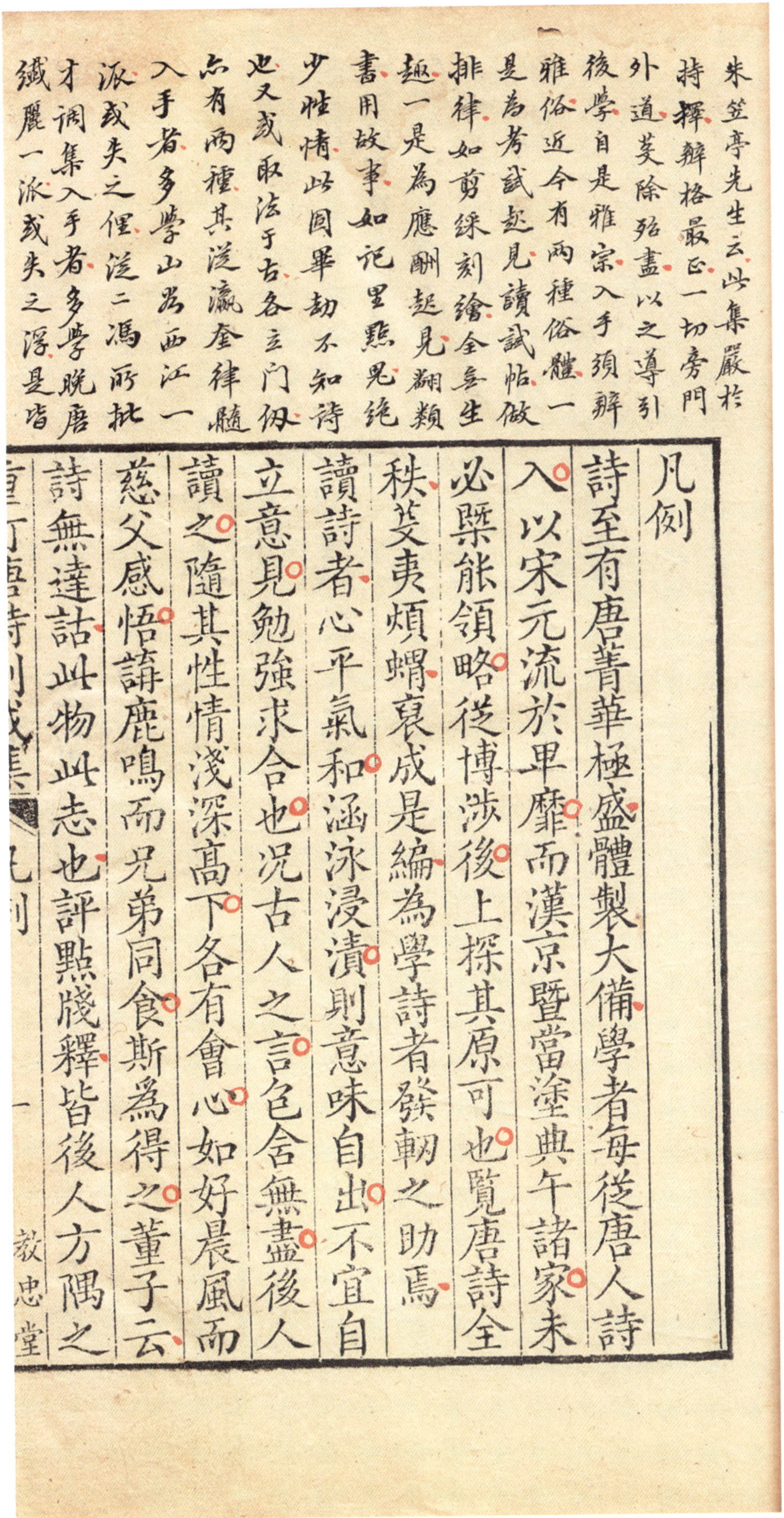

朱笠亭先生云此集嚴於持擇辨格最正一切旁門外道芟除殆盡以之導引後學自是雅宗入手須辨雅俗近今有兩種俗體一是為考試起見讀試帖做排律如剪綵刻繪全無生趣一是為應酬起見翻類書用故事如記里鼓兒絕少性情此固畢劫不知詩也又或取法于古各立门仭亦有兩種其從瀛奎律髓入手者多學山谷西江一派或失之俚從二馮所批才調集入手者多學晚唐纖麗一派或失之浮是皆

凡例

詩至有唐菁華極盛體製大備學者每從唐人詩入以宋元流於卑靡而漢京暨當塗典午諸家未必槩能領略從博涉後上探其原可也覽唐詩全秩芟夷煩蝟裒成是編為學詩者發軔之助焉

讀詩者心平氣和涵泳浸漬則意味自出不宜自立意見勉強求合也況古人之言包含無盡後人讀之隨其性情淺深高下各有會心如好晨風而慈父感悟諷鹿鳴而兄弟同食斯為得之董子云詩無達詁此物此志也評點箋釋皆後人方隅之

重訂唐詩別裁集　凡例　一　教忠堂

《重订唐诗别裁集》沈炳垣过录朱琰评语

沈德潜

陈子树滋携至广南镌就，体格有遗，倘学诗者性情所喜，欲奉为步趋，而选中偏未之及，恐不免如望洋而返也。因而增入诸家。”

寒斋先后收得《唐诗别裁集》若干部，此为乾隆二十八年（1763）教忠堂刻《重订唐诗别裁集》，一函八册，版心下刻“教忠堂”三字，卷中有朱墨二色批校，首页钤“宋氏漫堂审定”白方及“筠清馆印”朱方，卷末钤“毗陵庄炎借读”白方。因“宋氏漫堂审定”之印，初误以为卷中朱墨二色批校皆宋荦所施。宋荦（1634—1713）字牧仲，号漫堂、西陂，别署绵津山人，河南商丘人。官至吏部尚书，诗与王士禛齐名，著有《漫堂说诗》《西陂类稿》及《筠廊偶笔》等。此前尝读沈德潜《清诗别裁集》，其中选有宋荦诗作，归愚论其人其诗曰：“尝选江左十五子诗，以提唱后学，固风雅之总持也。所作诗，古体主奔放，近体主生新，意在规仿东坡。时宗之者，非苏不学矣。”今手持此卷，一时好奇，归愚视牧仲如此，则牧仲视归愚又当如何？遂细读此卷批校，欲观二人于空中论战。

然略读数语，忽觉其中有误。此《重订唐诗别裁集》为乾隆二十八年（1763）教忠堂刻本，而宋荦早在康熙五十二年（1713）即已辞世，如何能在身故五十年之后又遍施丹青？遂又细审卷前“宋氏漫堂审定”之印，钤于“筠清馆印”之前，

吴荣光藏书印“筠清馆印”

宋荦藏书印“宋氏漫堂审定”

且颇不似伪物。

“筠清馆印”为嘉庆道光年间吴荣光（1773 — 1843）之印。吴氏原名燎光，字殿垣，一字伯荣，号荷屋、石云山人，广东南海人。嘉庆四年（1799）进士，历任编修、监察御史、刑部郎中、陕西按察史、湖广总督等，著有《石云山人集》《筠清馆诗余》《筠清馆金文》《筠清馆钟鼎款识》及《辛丑销夏记》等。吴荣光为清中期岭南重要藏书家，藏书处有赐书楼、筠清馆、石云山房、友多闻斋及岘樵山房等，其于《赐书楼藏书记》中自述：“余性好书籍，官京师二十年，聚至七八千卷。……道光乙酉冬，在黔藩任内告归省亲，除寄杭州方芑田孝廉家外，检箧中金石简册将及二万卷，悉携以归。……因以建立家庙余工，于宅后购西邻区氏屋地作楼，楼中敬贮先帝所赐上方善本。余则仿方渐增壁为阁故事，将二万卷尽列两旁阁上，却霉蟫，登爽垲，统名曰‘赐书楼’，纪恩及也。”又忆其早年散去之书：“最惓惓不忘者，宋拓化度寺碑，范氏书楼原石本；宋板《史记》及《陈后山集》也。”

此记足见吴荣光藏书之既富且珍，邺架不乏宋元之本，其藏书眼界之高亦可想见。今审该书卷首所钤两印，宋荦之印在书页版框之右下角，吴荣光之印则钤于宋荦藏印之上，可知该书到吴荣光架上时，卷中已钤有宋荦之印，且宋印印泥颜色较吴印而言为浅。既非伪印，却在时间上无法吻合，然而此种情况，坊间却也并不稀见。一般而言，藏书家故去之后，所藏之本渐渐散出，而书以人贵，藏书家旧藏之本较无名辈之本，其价往往略高，尤其卷中有题跋者，当能得高值。若无题跋，则需有钤章，以证此本出自名家。然藏书之家多有并非每本皆钤印章者，书贾为证此本出自名

吴荣光

家，多有要求藏书家后人将前辈藏章，一一钤于空白之本上，此亦为增值法之一也。

曩昔尝闻琉璃厂老先生们言，有些后人卖出先辈旧藏时，亦将所有藏章一并售出，而旧书店得到藏章之后，则会遍钤店内其他书籍，以达鸡犬升天之效。故藏章之不可靠，由此可见一斑。还有另一种情形，则是某家藏书散出之后，其他未得之书商因为眼红，伪刻一枚近似之藏章，钤在店中之书上，借某大家之书散出之东风，号称本店亦分得一勺羹，此类藏章乃属假中之假，极易辨识，然出自藏家后人之真章，则不易分清，正如业界所称“人死章不烂”。

从墨色看，寒斋此本所钤“宋氏漫堂审定”一印，虽印色较浅，然非新近钤盖者，细审此页背面，可见其朱色吃透痕迹。如此推论起来，此印当属某书商通过特殊渠道得到真印后，钤盖其上者。卷中批校既不可能为宋荦所写，或为吴荣光所施，然一时难以定论。

因卷末有“毗陵庄炎借读”白方印，遂检庄炎其人，所得甚少，仅知其字炳汉，江苏常熟人。宣统年间曾任广西苍梧知县，民国十四年（1925）曾任常熟县长。幸而柳暗花明，忽见卷一第十四页“车徒望不见，时见起行尘”处，卷端朱批为：“‘车徒’二句原本《别赋》。炳垣按下‘见’字别本为‘时’字，较浑。”见此心中顿时一喜，遂逐页细审，果然又于数处见有“炳垣按”字样，皆朱笔。然凡“炳垣按”处，所批皆“某字别本作某”，此乃典型藏书家批校风格，盖藏书家、诗家、考据家批校各有面貌也，始悟此乃桐乡沈炳垣所施。

沈炳垣（约 1784 — 1855）原名潮，字鱼门，号晓沧，浙江桐乡人。曾官松江海防同知，传世有《斫研山房诗抄》《祥止室诗抄》等。沈炳垣藏书处有斫研山房、祥止室，与钱泰吉为姻亲，钱氏《曝书杂记》中多处记其藏书事迹：“亲家沈晓沧赠余上海郁泰峰松年《宜稼堂丛书》，藏之数年矣。……数年前，泰峰得宋刻魏鹤山《诗经要义》，属晓沧助校勘，将授之梓。”又有：“假亲家沈晓沧同知所藏江都秦氏刻《列子》唐卢重元注八卷……晓沧从上海郁氏得之。”可知沈炳垣与郁松年往来颇密。钱吉泰亦有诗纪其事，尤其注明其校书之举：“沈侯嗜好别流俗，休沐逍遥辞剧务。好事近得郁与徐，异书校勘为点注。”自注云：“上海郁松年泰峰所刻《宜稼堂丛书》若干种，晓沧亦曾相赠。……郁、徐两君所刻书，皆晓沧精心为之校定。”

既知此为沈晓沧批校，再读则若见其人，然读久仍又生疑，凡有“炳垣按”处，皆“某字某本作某”，无“炳垣按”者，则于诗体、诗意、诗技娓娓道来，多有

當字下得挺帶字有画意老杜暝色帶遠客以暝色烘托出之此以遠樹烘托出之真堪匹敵

曲曲傳寫都從觀字着筆○文到至真處便是古今絕唱

車徒二句原本別賦○炳垣

望下見字別本作時字較渾

薇既至金門遠孰云吾道非江淮渡寒食京洛縫春衣置酒長安道同心與我違行當浮桂棹未幾拂荊扉遠樹帶行客孤城當落暉吾謀適不用勿謂知音稀反復曲折使落第人絕無怨尤

（旁批：本作感慨語令人感慨不盡　上寫落第此寫還鄉　寫送知画　結落第）

觀別者

青青楊柳陌陌上別離人愛子遊燕趙高堂有老親不行無可養行去百憂新切切委兄弟依依向四鄰都門帳飲畢從此謝親賓揮淚逐前侶含悽動征輪車徒望不見時見起行塵余亦辭家久看之淚滿巾只寫別者之情觀字只末二句一點自足

（旁批：上二句情真此併神色俱傳　將作都門之游故設供帳以餞之　反從去後描寫）

重訂唐詩別裁集　卷一　　教忠堂

《重订唐诗别裁集》沈炳垣批校

提纲挈领之言，俨然大家，如开卷评魏徵五古："唐初沿陈隋余习，魏公此诗格老气雄，实为陈正字先声，同时虞永兴《从军行》亦作健语，然未能及。"卷二首页月旦李杜："人谓太白天才纵恣，子美精深律切，余谓不然。太白宪章古人，言必有本，子美开辟性灵，戛戛独造，古今分界在此。太白是汉魏六朝之后劲，子美是宋金元明之前茅。"二者虽笔体一致，气象却绝不相类，遂疑此为沈炳垣过录他人所批者，故仅于自己校字处署以"炳垣案"。然若果真为过录者，又录自何人哉？读书若此，虽疑问频生，却别是一种快活，渐入佳境耳。

为解此惑，吾又从首页逐行看过。《凡例》处卷端有长文一篇，开篇为："朱笠亭先生云，此集严于持择，辨格最正，一切旁门外道，芟除殆尽，以之导引后学，自是雅宗。"文末为："潮案：笠亭先生所评《别裁》系初刻本，故如王、杨、卢、骆及元、白诸公名作，俱未加评语。"沈炳垣原名沈潮，此条案语当为沈炳垣所自出，非过录。又，沈谓笠亭所评《别裁》为初刻本，孙琴安《唐诗选本提要》载"有的诗上注有'删'字，盖为《唐诗别裁集》之初选稿本"，今审此本，确有部分诗作题下注有"删"字，因知沈炳垣过录者，乃朱笠亭所批初刻本，而沈炳垣过录朱笠亭所批同时，亦有参考《唐诗宗》稿本（或钞本），故将二书信息一并移入此本。

朱笠亭即朱琰，字桐川，号笠亭，浙江海盐人。乾隆三十一年（1766）进士，曾官直隶阜平知县，后入江西巡抚吴绍诗幕。《晚晴簃诗汇》谓："有《笠亭诗集》。陈曼生曰：'笠亭先生为嘉禾七子之一，宰阜平，以文术饰吏治，著述甚夥，有《金华诗录》及《陶说》，已刊行。'"汪启淑《续印人传》亦有载："见异书手恒钞写，较勘再三，丹黄满卷。又以世俗少习小学，至遇古碑法帖，则茫然如盲人，究心始一终亥之义，遂工摹印。宗师何主臣而规模汉印，颇苍劲古雅。"然而有趣者，朱琰虽有如此诗才印艺，最为后人乐道者，却是与二者无关之《陶说》，该书为中国历史上首部关于陶瓷史之专著，今人研究陶瓷发展史者，无不引用此书。而朱琰所批《唐诗别裁集》向未付梓，仅以钞本流传。

一番寻索至此，该书面目渐清，卷中二色批校并非吾初以为之宋荦，更非吴荣光，亦非沈炳垣，乃沈炳垣过录朱琰批康熙五十六年（1717）《唐诗别裁集》，得此结果吾大为欢喜，诚如前贤言，读书之趣趣无穷也。然此惑虽解，他惑又生，该书之批校源头已悉，递传脉络却不甚明了，此本在钤过"宋氏漫堂审定"印章之后，归为寒斋之前，究竟是先到吴荣光筠清馆，还是先到沈炳垣斫研山

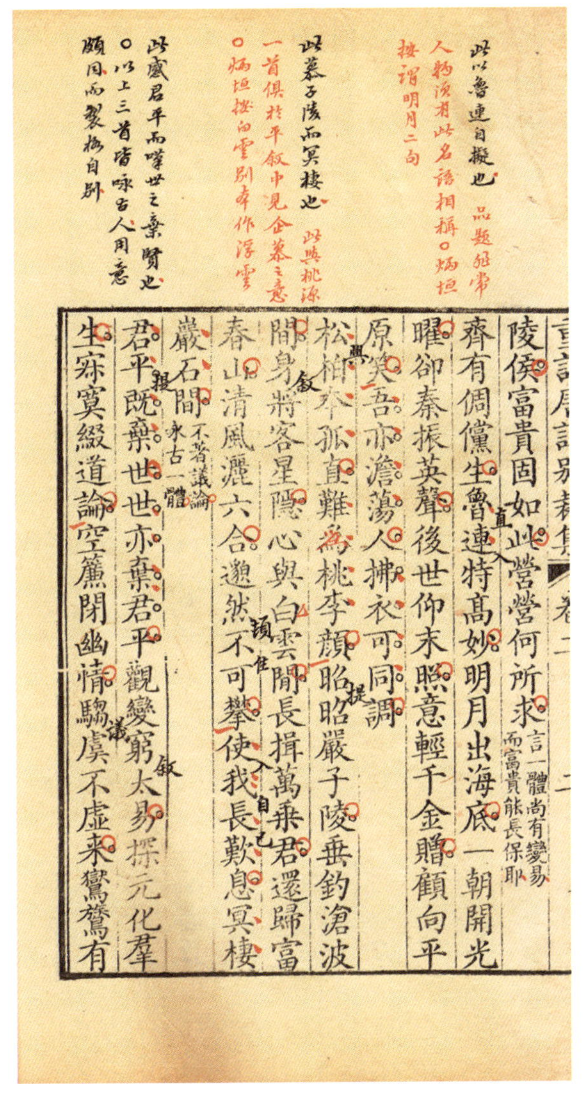

《重订唐诗别裁集》沈炳垣批语

房，吾未敢下断语，盖二人虽地处南北，活动年代却几乎同时。而曙色渐明，此惑不解也罢，留待方家指教，且附朱笠亭全书批校结语于此，因其向未付梓，存此或备研究者参考：

唐人选唐诗，多不过五卷，少一卷，唯顾陶《类选》二十卷，然亦不传。五代而后，全选愈多，裁择不精，又各持己见，出入互异，求无遗憾者实难。是集持格甚严，虽此集外，名作尚夥，而入选者，未尝稍有夹杂，正风雅之门户，定初学之识趣，竹啸翁有功焉。诗人之情，变动不居，随在求之，皆可自得，遇有难解处，诠次一二语，亦一时伫兴之言，善读者筌蹄弃之可也。董子曰：“诗无达诂。”旨哉言矣。

佚名题记袁昶稿本《水明楼集》一卷

《水明楼集》一卷　（清）袁昶撰

清末稿本　佚名题识　一函一册

钤：祖同豪气小未除（朱方）、花脸官儿（朱方）

袁昶（1846–1900），原名振蟾，字爽秋，一字重黎，号沤簃、渐西村人、芳郭钝叟、西溪老沤、钝椎等，浙江桐庐人。郭则沄《寒碧簃琐谈》尝记袁昶更名事："未遇时，方应省试，祈梦于忠肃祠。梦有冠服长髯者，所言皆天下事。袁急叩科名，于公曰：'尔异日即我，何患不达？'且教以更名重黎。嗣复叩未来大局，曰：'重黎之后，大局休矣。'太常耻更名，遂以重黎为字。"其早年从刘熙载游，同治八年（1869）聘为杭州书院总校，光绪二年（1876）举进士，授户部主事，历任总理衙门章京、江宁布政使、光禄寺卿、太常寺卿。其人博通经史，工诗善书，著有《于湖小集》《渐西村人集》《春闱杂咏》《参军蛮语》《止斋杂著》及《水明楼集》等，又曾纂辑农、桑、兵、医、舆地、治术诸书，编为《渐西村舍丛刻》。

袁昶

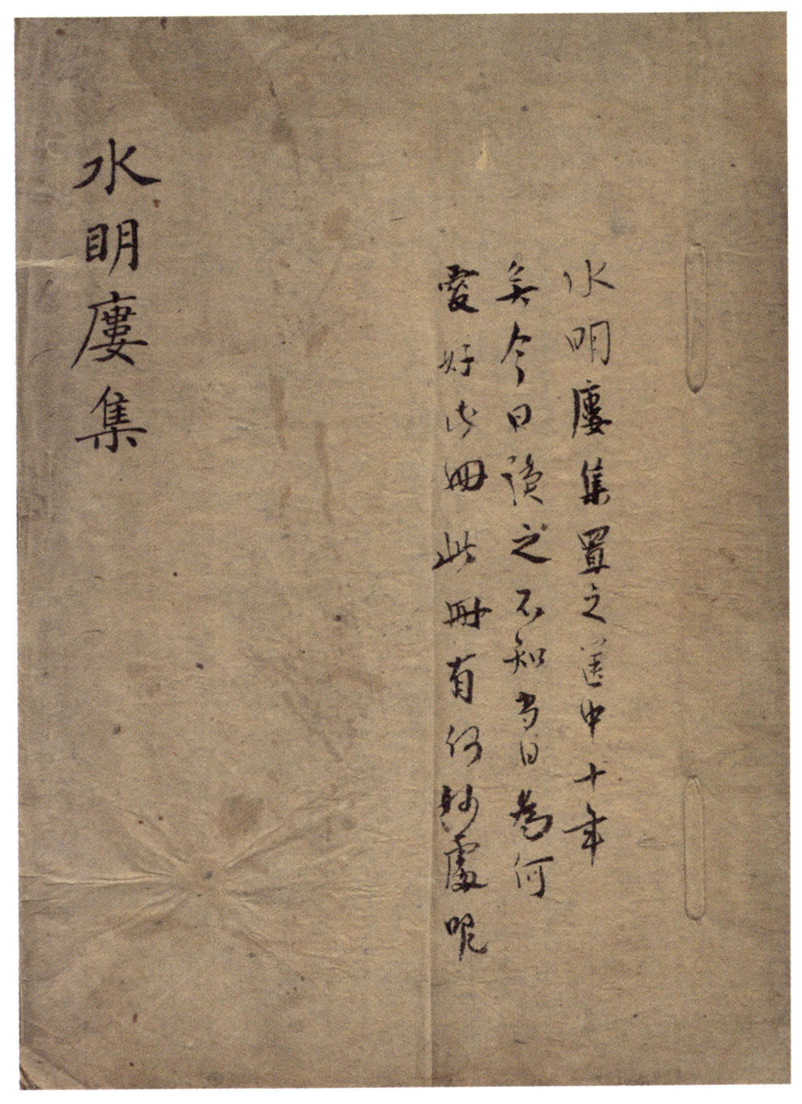

清末稿本《水明楼集》封面佚名题记

袁昶为清末“庚子五大臣”之一。光绪二十六年（1900），义和团在北方迅速扩张，慈禧等欲借义和团之力以对付洋人挑衅，袁昶对此竭力反对，力主镇压义和团，阻止各国调兵来华，接连上疏，强调“拳术不可恃，外衅必不可开”，认为一旦义和团杀死外国公使，局面将不可收拾，并向慈禧建议，眼下当固本培元增强国力，慎重邦交，待国力强盛，洋人纵有虎狼之心，亦奈何不得。时兵部尚书徐用仪、吏部侍郎许景澄、户部尚书立山、内阁学士联元，皆附议袁昶，然慈禧并未采纳袁昶之奏。未久天津沦陷，八国联军犯京，袁昶愤不可遏，联合许景澄再度上疏，随即被慈禧治以“大不敬”之罪，于菜市口行刑，许景澄等四人亦一同获罪，史称“庚子五大臣”。

《清史稿》载此事："义和团起山东，屠戮外国教士。昶与许景澄相善，廷询时，陈奏皆慷慨，上执景澄手而泣。昶连上二疏，力言奸民不可纵，使臣不宜杀，皆不报。复与景澄合上第三疏，严劾酿乱大臣，未及奏，已被祸，疏稿为世称诵。追谥忠节，江南人祠之芜湖。"袁昶被杀后仅隔半月，八国联军即攻陷京师，慈禧携帝仓皇出逃。是年底，朝廷下诏将袁昶官复原职，次年录用其子嗣一人，以示安抚。至宣统元年（1909），袁昶又被追谥为"忠节"，并于西湖孤山为之建三忠祠，祠中祭祀袁昶、许景澄、徐用仪三人，又称"浙江三忠"。

菜市口行刑之后，文坛上多有悼诗吊袁昶，张之洞过芜湖时亦曾赋诗数首，其中一首咏其死于忠谏事："七国联兵竟叩关，知君却敌补青天。千秋人痛晁家令，曾为君王策万全。"另一首则咏其诗文："西江魔派不堪吟，北宋新奇是雅音。双井半山君一手，伤哉斜日广陵琴。"其中"双井"指黄庭坚，"半山"为王安石。该诗直接点明袁昶诗作的西江诗派风格。汪辟疆则在《光宣诗坛点将录》中将其比喻为"马军五虎将五员"之一——天勇星大刀关胜："太常忠义世所许，诗歌乃摩黄陈垒。渺绵声响独所探，光莹奥缓相依倚。"又称："渐西村人诗，硬语盘空，遣词命意，不作犹人语。或有议其僻涩者，要非定论。句如'大千人为物之盗，十二辰虫如是观'，知为训母猴，则不嫌生造也。"

此《水明楼集》乃袁昶稿本，毛订一册，以绿格稿纸书就，书纸版心上刻"渐西村舍"，下镌"陈郡袁氏"。此本乃誊清写本，卷中偶见笔误是正，并无较大删改或批校，卷首撰者署"西溪老沤"，此页钤有"祖同豪气小未除"朱方，未知何人，卷末钤"花脸官儿"朱方，亦未知钤者何人。卷中诗、文兼收，随意排序，不设目录，观之不似付梓底稿，而是誊清自存而已。略读一过，大略知其交游，有缪荃孙、王先谦、黎庶昌、易顺鼎、张之洞、黄体芳等，皆晚清政坛名人，亦皆吾所属意者。

其中《悼黎纯斋》诗云：

叹息吕虔垂赠我，宝刀犹在匣中鸣。
感君郁郁空眷愤，顾我萧萧华发生。
方丈仙人持汉节，竹王游女奏云英。
如何风起青萍末，顿使沉薶玉树惊。

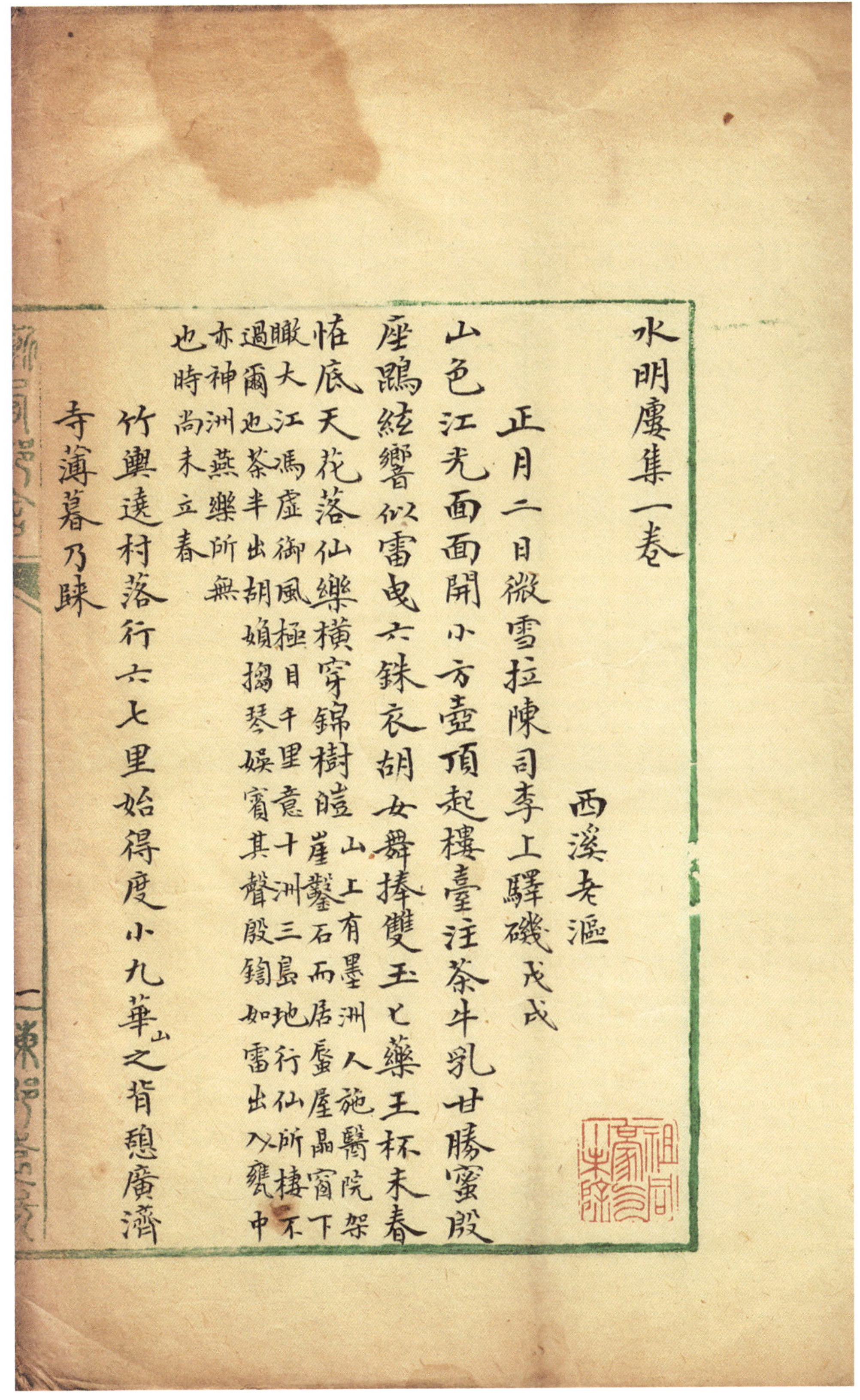

水明廔集一卷

西溪老漚

正月二日微雪拉陳司李上驛磯 戊戌

山色江光面面開小方壺頂起樓臺注茶牛乳甘勝蜜殷座鷗絃響似雷电六銖衣胡女舞捧雙玉匕藥王杯未春恬底天花落仙樂橫穿錦樹皚山上有墨洲人施醫院架崖鑿石而居層屋晶窗下瞰大江馮虛御風極目千里意十洲三島地行仙所棲不過爾也茶半出胡娟搊琴娛賓其聲殷鍧如雷出入甕中亦神洲燕樂所無也時尚未立春

竹輿遠村落行六七里始得度小九華山之背憩廣濟寺薄暮乃睐

清末稿本《水明楼集》卷首

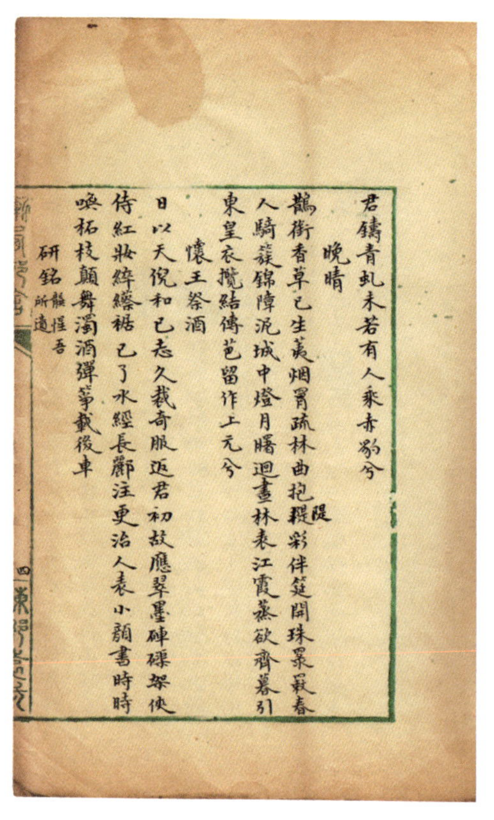
君鑄青虬未若有人乘赤豹兮
晚晴
鸐銜香草已生蕤烟冒疏林曲抱隄彩伴筵開珠累最春
人騎薠錦障泥城中燈月瞻迴畫林表江霞蒸欲齊暮引
東皇衣攬結儔芭留作上元兮
懷王祭酒
日以天倪和已志久裁奇服返君初故應翠墨砗磲架使
侍紅妝綷縩裾已了水經長酈注更治人表小顏書時時
喚柘枝顛舞濁酒彈箏載後車
研銘龢怪吾所遺

清末稿本《水明楼集》内页

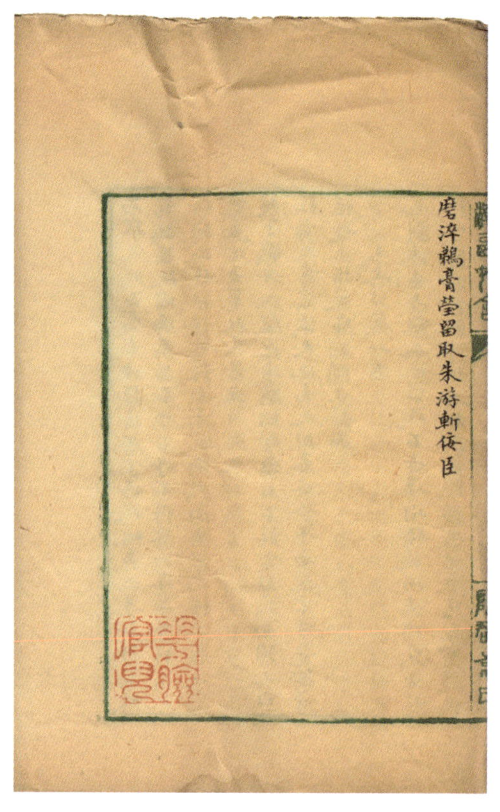
磨淬鶺膏瑩留取朱游斬佞臣

《水明楼集》所用书纸上刻“渐西村舍”

黎庶昌去世于光绪二十四年（1898），而袁昶死于光绪二十六年（1900），因知该稿本当为此两年之间写就。黎庶昌为曾国藩“曾门四弟子”之一，曾出使欧洲各国，又两度担任驻日本国大臣，故袁昶诗中有“持汉节”。甲午战争之后，黎庶昌每闻战事失利，或痛哭不止，或终日不言，甚至一病不起，故袁昶又有“感君郁郁空眷愤”之句。黎庶昌固忠臣也，然于吾而言，其捐俸刻印《古逸丛书》之事，更令人感慨。

卷中又有《怀王祭酒》：

日以天倪和己志，久裁奇服返君初。
故应翠墨砗磲架，侠侍红妆绰缭裾。
已了水经长郦注，更治人表小颜书。
时时唤柘枝颠舞，浊酒弹筝载后车。

王祭酒当指王先谦（1842 — 1917），字益吾，号葵园，湖南长沙人。曾任国子监祭酒、江苏学政，先后主持思贤讲舍、岳麓书院等处讲席。王先谦尝集各家校本而成《合校水经注》，故诗中有“已了水经长郦注”句。与黎庶昌一样，王先谦亦曾辑刻大量书籍，如《续古文辞类纂》《荀子集解》《汉书补注》及《骈文类纂》等，而最负盛名者，则为其任南菁书院山长时所汇刻之《皇清经解续编》。

通卷读来，可知袁昶于时局颇为关心，彼时清廷已摇摇欲坠，割地赔款条约一签再签，袁昶身处其中，哀其不幸，怒其不争，愤懑之气尽凝笔底。《水明楼集》戋戋小册，仅二十余页，然“汉弃珠厓”之典却一用再用，可见割地之事于袁昶心底而言，实为难遣之耻。卷中最末一首诗题为《吴县张司马廷骧游台峤之恒春县得一异石色赮赤而冈峦略具状甚倔奇载之归寘东园篱门今台亡而石仅存其事有足发人忠愤之气鼓鼙之思者因为作歌》，该诗颇长，末附《又代次公题一首》：

已割珠厓予敌人，只留残石赤嶙峋。
错疑岣嵝碑砆古，移植穹隆物态新。
净相安知王氏腊，轻装不厌陆家贫。
还供磨淬鹈膏莹，留取朱游斩佞臣。

袁昶咏异石之诗，毕竟是以物寄思，有所转折。卷中又有《寄愤》一首，无遮无挡直抒胸臆：

尝胆薪边击壤翁，剑头炊米且融融。
不平最是弹棋局，拣败曾无洴澼工。
四序毒地催井底，一行钝鸟宿芦中。
已闻左角蜗来国，复见南柯蚁待攻。

读罢此诗，袁昶于慈禧面前抗命直言之状，可以想见矣。

20世纪美国旅行家威廉·埃德加在《中国十八省府》中曾记录袁昶身后之事：“当然，慈禧太后不能容忍这样的叛逆行为，因而下令将他处以腰斩极刑，而他的尸体被随意装殓在一个简陋的木箱里。后来他的先见得到了证明，民众对他的感情也起了180度的变化。那个木箱被放入一个沉重而华贵的棺材，并由皇帝下诏令为其举行了国葬。送葬的队伍抬着众多的祭品经过了很长一段御街，而袁昶的名字也被写入了忠烈祠。”

然而如斯忠烈，其诗稿却在很长一段时间里并未被人珍视。封面有佚名墨笔题识：“《水明楼集》置之箧中十年矣，今日读之不知当日为何爱好此册，此册有何妙处呢？”虽为墨笔手书，语气却似近人。以吾私揣，书此语者或为民国时期新文学人物，书写方式尚为毛笔竖行繁体，然将语气词掺入题跋中，却已是近人气象，而世转星移，此稿今日归来寒斋，当为彼此之小确幸也。

祖同豪气小未除

周大烈题记、高燮过录方苞点评《柳河东集》四十三卷《别集》二卷《外集》二卷《附录》一卷

《柳河东集》四十三卷《别集》二卷《外集》二卷《附录》一卷　（唐）柳宗元撰

清杨季鸾刻同治五年（1866）重校再印本　（民国）高吹万过录诸家题跋　周迪前题记　一函六册

钤：吹万（朱方）、高燮（朱方）、大烈（朱方）、述庐（白方）、卷叟长寿（白方）、半叶斋（朱方）、承梁藏书（朱方）、格簃劫后藏书（朱方）、胡世桢印（白方）、高燮读书之记（白方）、偶归周大烈家（白方）、小书种堂（朱方）、胡承梁印（圆朱方）、胡承梁（朱方）、书友（朱方）、一室团今古（圆朱方）、斡生（朱方）、胡德滆印（白方）、醧梁（朱方）、胡汝诞（朱方）

不久前至西安少陵原司马村寻访杜牧墓，无意间访得柳宗元墓亦在司马村，大喜过望，因唐宋八大家之遗迹仅柳宗元未曾找到，归来整理图片，仍沉浸于喜悦之中，又忆起十年前自上海敬华拍得《柳河东集》一部，一函六册，卷中钤印累累，遂于架上检出该书，重翻一过。

柳集版本颇多，此清杨季鸾刻本同治五年（1866）重校再印本，书牌页左侧刻有"同治丙寅小春月临桂龚南金书"。杨季鸾（1799—1856）字紫卿，湖南宁远人。清咸丰元年（1851）举孝廉方正，以军功授翰林院待诏。博学工诗，负盛名于时，与何绍基、邓显鹤、魏源等相友善。晚归永州，应知府黄文琛聘为濂溪书院山长，于书院东侧建清课草堂，左右罗列图籍，又捐资重修书院，并校刊《柳河东集》及《雪矶丛稿》，所著有《春星阁诗钞》，时人论其诗为："大抵以意运才，以情辅意，胚胎太白，树帜湘南。"

唐永贞元年（805），柳宗元因参与改革失败，被贬为邵州刺史，未及到任，又贬为永州司马，在此贬谪十年，先后写下《捕蛇者说》《童区寄传》及《蝜蝂》等名篇，以及至今仍为永州引以为傲的"永州八记"。元和十年（815），柳宗

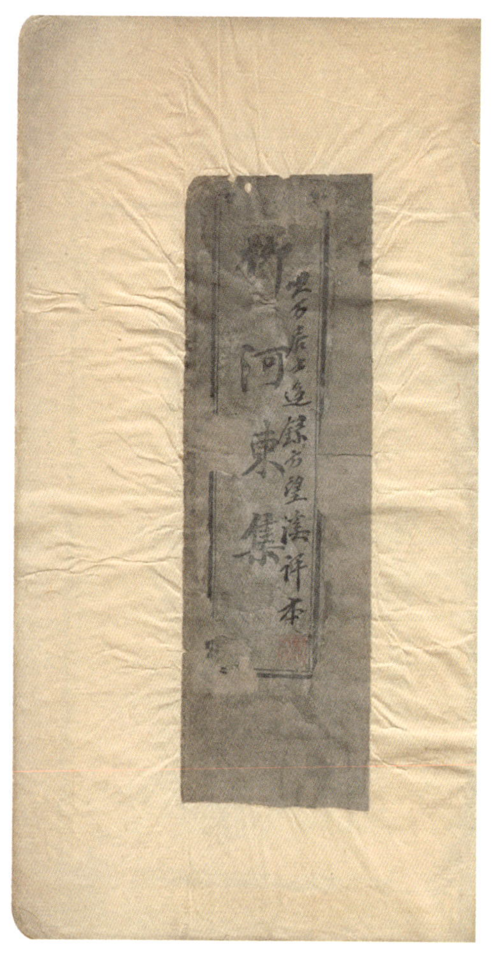

清杨季鸾刻同治五年重校再印本《柳河东集》原书签

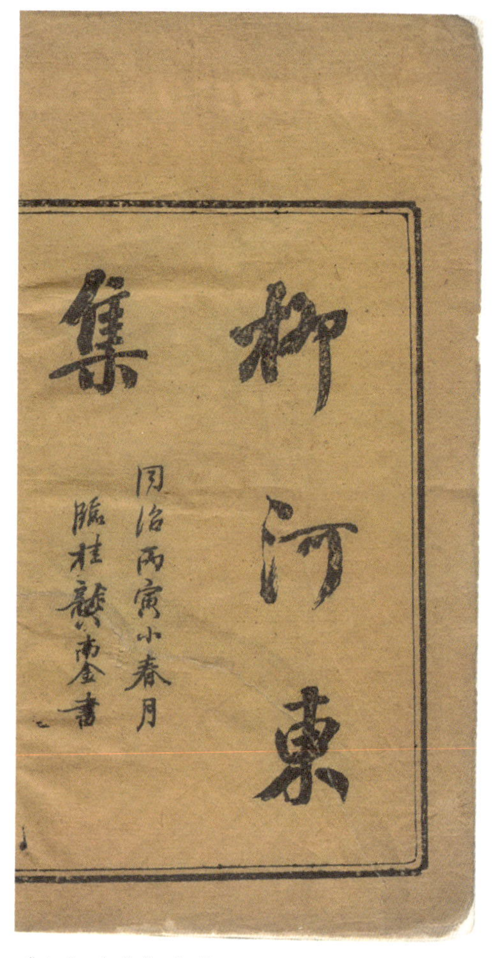

《柳河东集》书牌

元又被贬至距离京城更远的柳州，四年后病逝于此。又过数年，柳州百姓为之建起柳侯祠，成为历代文人墨客怀古之所。

杨季鸾老来归居永州，对于曾经谪居永州的柳宗元十分推崇，主讲濂溪书院期间，亲自校审柳文，为之重刻《柳河东集》，至今永州柳子庙与柳州柳侯祠仍悬有杨季鸾为柳宗元所撰对联："才与福难兼，贾傅以来，文字潮儋同万里；地因人始重，河东而外，江山永柳各千秋。"可知杨季鸾此联颇为推崇柳宗元者所喜，然该联最初究竟是为永州柳子庙所撰，还是为柳州柳侯祠而拟，吾未见相关记载。

寒斋所收《柳河东集》为杨季鸾所刻之再印本，惜无杨季鸾重刊序言，无以知当时刻书始末。杨季鸾书版刻成未久，永州即遭兵燹，书版流出为书贾所得，并欲携往江西。永州厘局局绅善化李泽春闻知此事，不忍书版离开永州，遂出资购下，并重新刷印若干部，此其一也。该书卷末有李泽春识语一页，略述兹事："（柳文）佳本自宋元明后传世者绝少，宁远杨紫卿博雅工诗文，尝刻《柳河东集》，

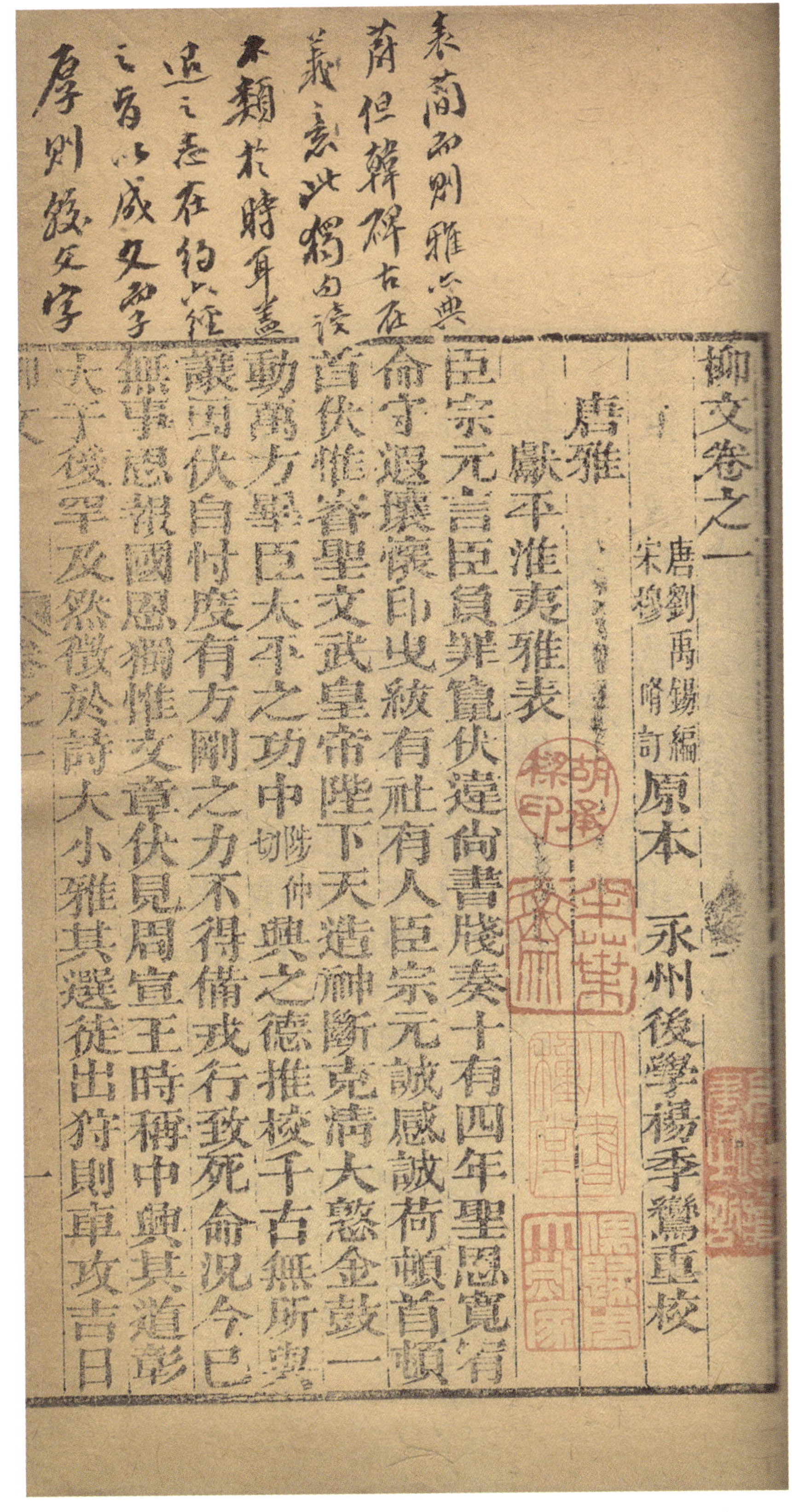

清杨季鸾刻同治五年重校再印本《柳河东集》卷首

版藏于家。兵燹后为书贾得之，将携之江右。余尝读柳文，无佳本，杨君此刻尚精，不忍竟为书贾携之远去，遂出赀三十缗为值归诸贾，而留之，并重印若干部，公诸同好。”李泽春识语署款为“同治丙寅重九”，是年杨季鸾已去世十年。

该书卷前又有时任永州知府廷桂序，略述书版后事：“知集刊于宁远杨紫卿征士，旋为书贾所有，赖局绅李君笠帆赎而存。余甚韪之。明年，李君旋省门，归集板于公祠。”廷桂为旗人，亦道光十九年（1839）举人，著有《仿玉局黄楼诗稿》。同治七年（1868），廷桂又以杨季鸾本为底本，增以年谱等补刊该书行世，

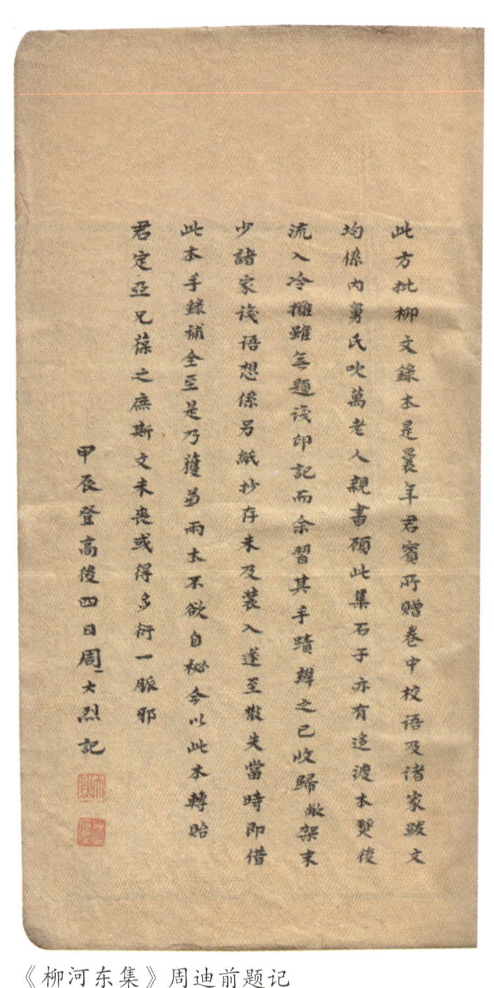

《柳河东集》周迪前题记

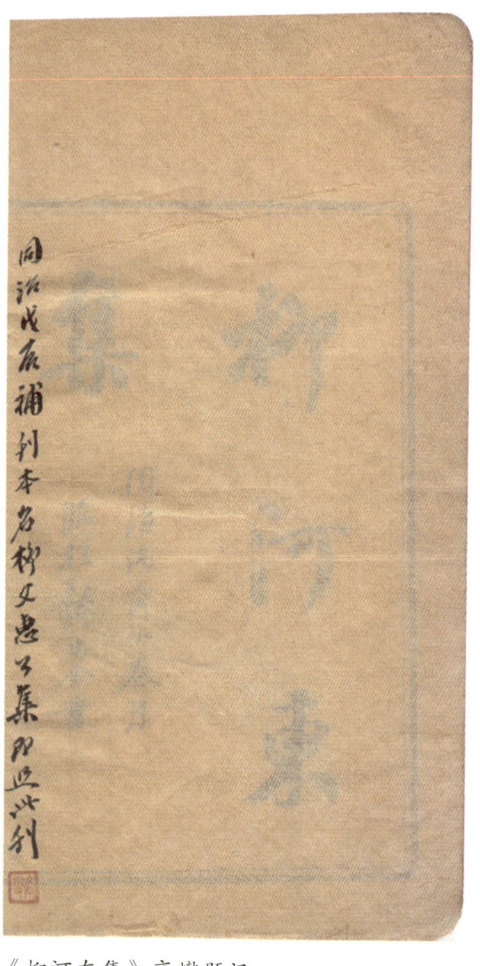

《柳河东集》高燮题记

高燮藏书印“高燮”

题《柳文惠公集》。

寒斋所藏该书，所贵者不仅在于此乃柳宗元谪居之地永州刻本，更在于该书递藏有序，兼有高燮过录方苞批校及各家题跋，或可补史阙也。高燮（1879—1958）字时若，号吹万，别署寒隐、志攘、葩叟、黄天等，上海金山人。南社耆宿，与常州钱名山、昆山胡石亭合称“江南三名士”，清末曾与柳亚子、田桐等创办《复报》月刊，又主持国学商兑会及寒隐社，刊行《国学丛选》，所著有《吹万楼诗集》《吹万楼文集》《拜鹃室词》及《吹万楼所藏诗经目录》等。

高燮藏书处有可读斋、闲闲山庄、葩经室、葩庐、吹万楼、格簃、梅花阁、湖楼及方寸铁斋，尝撰对联：“世间唯有读书好，天下无如吃饭难”，可见其将读书视为与吃饭同等重要之大事。《吹万楼文集》卷首载：“（1937）十月初，而乱亦随至，余仓皇逃难，不携一物。……而吾藏书数十万卷并诗词、拙稿之未及收拾者，俱荡然无复存矣。”其楼中所藏，尤以《诗经》类为多，金山沦陷时，高燮虽然仓皇出逃，却幸在出逃前已将《诗经》各类版本数十箱先行运出，得以逃过此劫。1958年高燮病逝于上海，所藏悉数捐公，其中《诗经》部分现归复旦大学图书馆，余归上海图书馆。

伦明《辛亥以来藏书纪事诗》咏钱学霈诗中附有高燮、姚光二人，诗后小注云：“金山高燮字吹万，姚光字石子，余亦未识其人，但南北诸书店，咸啧啧称之，盖二君俱知学而又好积书者。高君藏《毛诗》注本最多，又留意乡人著作，近见其摄印《明二何集》，亦罕见本也。”姚光（1891—1945）字石子，号凤石、复庐，亦南社社友。藏书处有自在室、怀旧楼、倚剑吹箫楼、松韵草堂、秋棠馆等，所藏多金石碑版，曾出资刊刻《南社丛刻》，著有《浮梅草》等诗集。高、姚两家世代姻亲，姚光为高燮外甥，其无兄弟行，仅有三妹，分别嫁于高燮侄子高基、周大烈及高燮第四子高埏。

寒斋所得《柳河东集》，即高埏赠于周迪前，嗣后又由周迪前转赠高基之本，三人皆姚石子妹婿。高埏字君宾，早年毕业于上海交通大学铁道管理专业。周大烈字迪前，亦上海金山人，多有藏书。高基字君定，曾与姚石子等共同发起创办张堰图书馆。该书曾经重作装池，卷前裱有高吹万所题旧签：“吹万居士移录方望溪评本”，下钤“吹万”朱方，又有高燮墨笔题识一行：“同治戊辰补刊本名《柳文惠公集》即照此刊。”序言页前有周迪前墨笔题识，详述该书递传经过：“此方批柳文录本是曩年君宾所赠。卷中校语及诸家跋文，均系内舅氏吹万老人亲书。

顾此集石子亦有移渡本，燹后流入冷摊，虽无题识印记，而余习其手迹，辨之，已收归敝架。末少诸家识语，想系另纸抄存，未及装入，遂至散失。当时即借此本手录补全，至是乃获兼两本，不欲自秘，今以此本转贻君定亚兄葆之，庶斯文未丧，或得多衍一脉邪。甲辰登高后四日，周大烈记。”末钤“大烈”朱方及“述庐”白方。

周大烈所题“甲辰”为1964年，距今仅半个多世纪而已，就该书版本及题跋者而言，似乎皆不足以为拱璧。该书之真正可贵者，实在于卷中高夔过录之方苞批语。方苞（1668—1749）字凤九，号灵皋，晚号望溪，安徽桐城人。康熙四十五年（1706）进士，康熙五十年因戴名世“《南山集》案”牵连下狱，后因李光地营救，以戴罪之身行走于南书房，后充武英殿修书总裁，雍正间官至礼部侍郎。著有《周官集注》《周官析疑》《考工记析疑》《仪礼析疑》《礼记析疑》及《方望溪先生全集》等。

方苞为桐城派创始人之一。桐城派是清代文坛影响最大的古文流派，其影响之深远，早已超出地域之限，遍及全国，影响文坛时间由康熙直至清末，延绵之久，亦为文学史所罕见。晚清重臣曾国藩及翻译家林纾皆为桐城派之重要人物，直到民国新文化运动前夕，北京大学国文系教师仍然以桐城派传人为主，晚近白话文兴起之后，桐城派始逐渐退出文坛。方苞首创有“义法”之说，提倡“道”“文”统一，其在《又书货殖传后》中详析“义法”二字：“义即《易》之所谓言有物也，法即《易》之所谓言有序也。以义为经，而法纬之，然后为成体之文。”此说即后来桐城派散文理论之基础。

雍正十一年（1733），和硕果亲王命方苞为八旗子弟选编古文读本，方苞遂按“义法”之说，选录两汉至唐宋历代古文，编成《古文约选》。该书以两汉作者和唐宋八大家之散文为主，前有署名“和硕果亲王”序例，实则出方苞之手。该序例因更为详细全面阐述“义法”之说，成为后世研究桐城派文法之重要资料，而该文又因语言雅洁，取舍精当，结构谨严，同时成为著名的散文批评文论及方苞代表作之一。在该序例中，方苞对于柳宗元之评为：“子厚文笔古隽，而义法多疵，欧、苏、曾、王亦间有不合，故略指其瑕，俾瑜者不为掩耳。”可见方苞对于柳宗元之文评价为“瑕不掩瑜”。

方苞对于柳宗元文章之评点，更于寒斋所藏之本中班班可见。如卷首首篇《献平淮夷雅表》，眉端有高夔过录之语：“表简而则，雅亦典蔚，但韩碑古在意义，

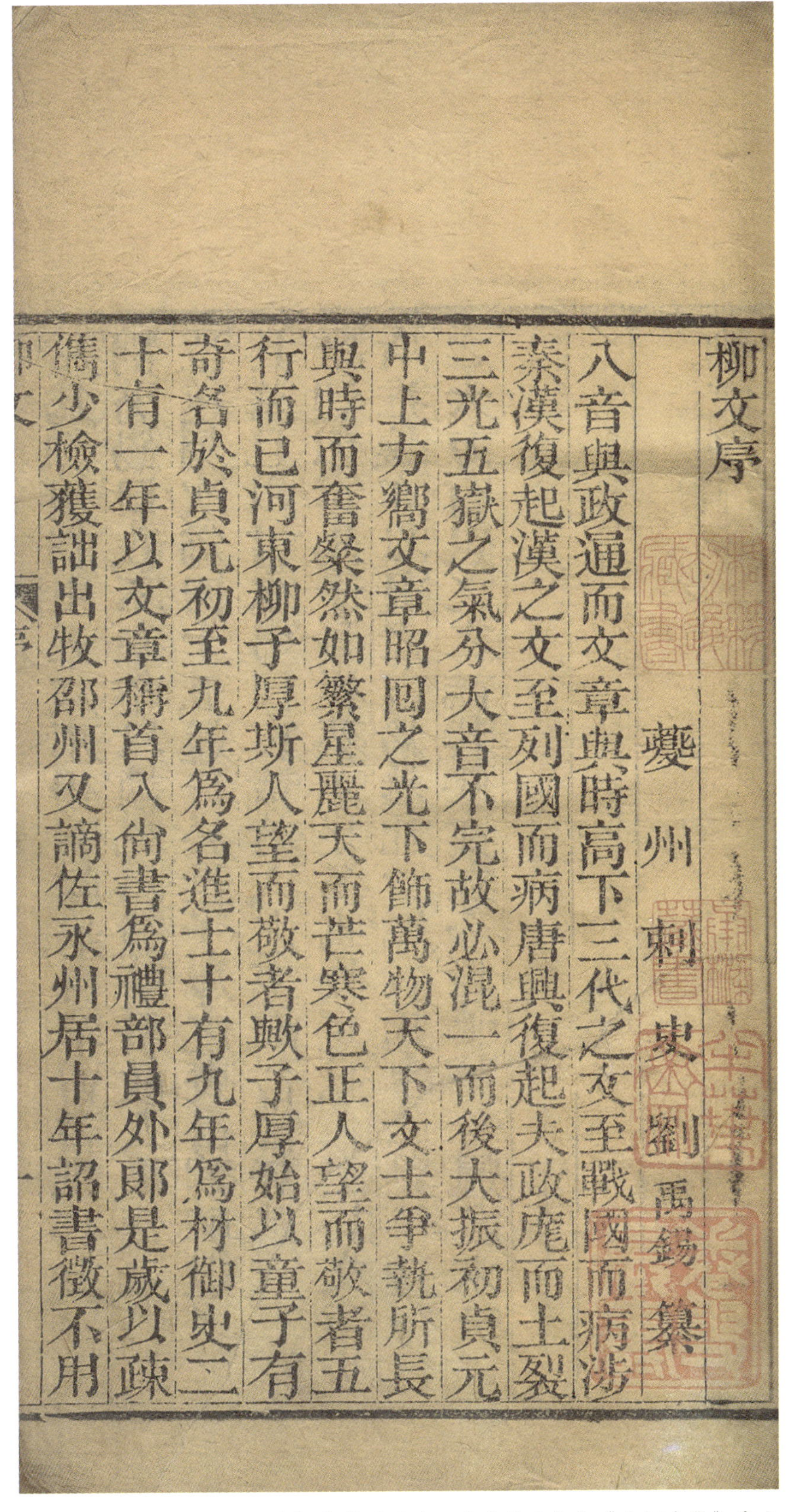

柳文序

夔州刺史劉禹錫纂

八音與政通而文章與時高下三代之文至戰國而病涉秦漢復起漢之文至列國而病唐興復起夫政厖而土裂三光五嶽之氣分大音不完故必混一而後大振初貞元中上方嚮文章昭回之光下飾萬物天下文士爭執所長與時而奮粲然如繁星麗天而芒寒色正人望而敬者五行而已河東柳子厚斯人望而敬者歟子厚始以童子有奇名於貞元初至九年爲名進士十有九年爲材御史二十有一年以文章稱首入尚書爲禮部員外郎是歲以疎儁少檢獲訕出牧邵州又謫佐永州居十年詔書徵不用

柳文 序 一

清杨季鸾刻同治五年重校再印本《柳河东集》序言

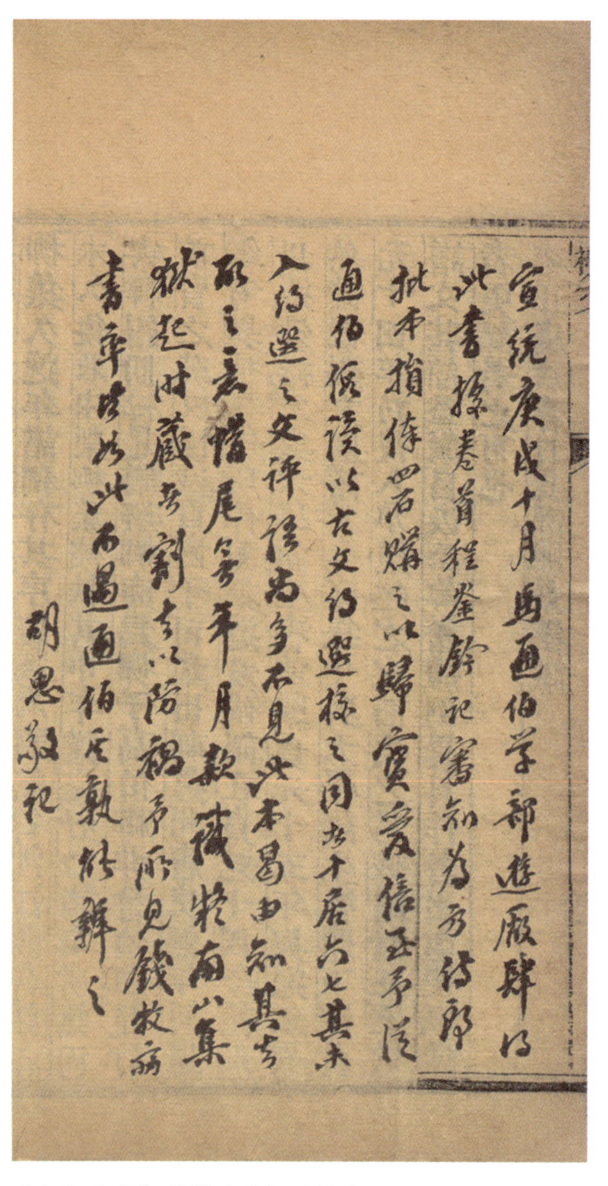

宣統庚戌十月馬通伯學部遊廠肆得此書，據卷首程鲞舲記，審知為方侍郎批本，損俸四百購之以歸，寶愛甚至。予從通伯假讀，以古文約選校之，同者才居六七，其未入約選之文評語尤多不見，此本曷由知其出，取之最精。尾署年月款識，於南山集獄起時藏弆者剷去以防禍，予所見錢牧齋書率皆如此，不遇通伯，其孰能辨之。

胡思敬記

《柳河东集》高燮过录胡思敬跋语

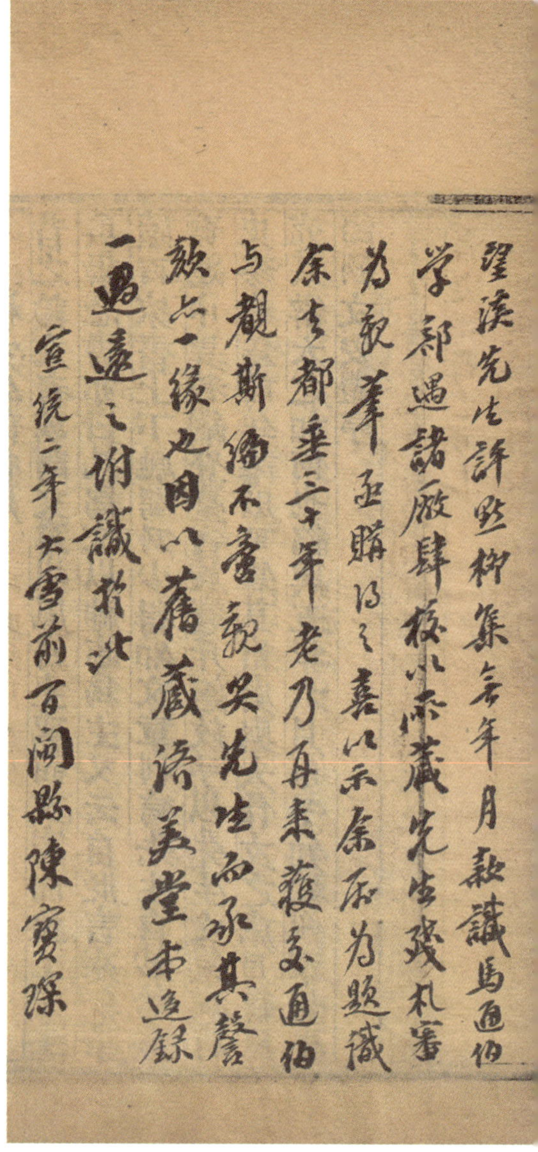

望溪先生評點柳集，無年月款識，馬通伯學部遇諸廠肆，按以所藏先生殘札，審為親筆，亟購得之，喜以示余，屬為題識。余去都垂三十年，老乃再來，獲交通伯，與觀斯編，不啻親炙先生而承其謦欬，亦一緣也。因以舊藏滋美堂本過錄一過，遂之附識於此。

宣統二年大雪前日閩縣陳寶琛

《柳河东集》高燮过录陈宝琛跋语

此独句读不类于时耳。盖退之志在约六经之旨以成文，而子厚则较文字之工于毫厘分寸间也。”观之全书，方苞时将柳、韩二人相并而提，且其对韩愈评价明显高于柳宗元。如《驳复雠议》一篇，方苞评曰：“《谤誉》《段太尉逸事状》《乞巧文》，皆思与退之比长而相去甚远，惟此文可肩随。”又有《论语辨》二篇，题下注曰：“此二篇几可与退之并驱争先。”虽为赞誉，实则先将韩愈抬高一线。该篇下篇眉端又有批语：“子厚谪官后，始知慕效退之之文，为此二篇，意绪风规，则退之之所未尝有，乃苦心深造，忽然而得此境，惜其年不永，此类竟不多得耳。”

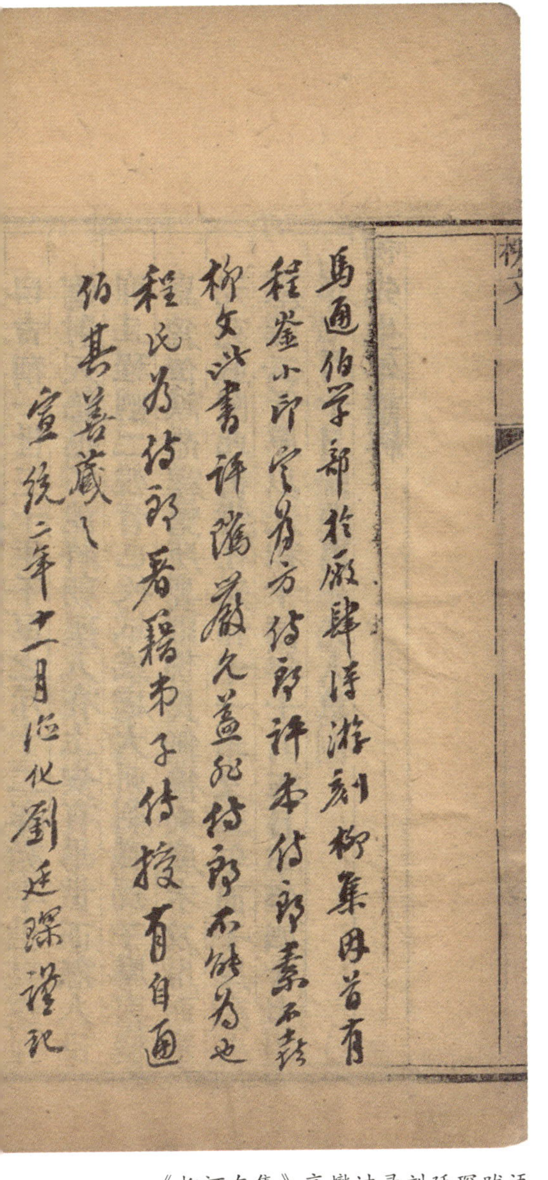
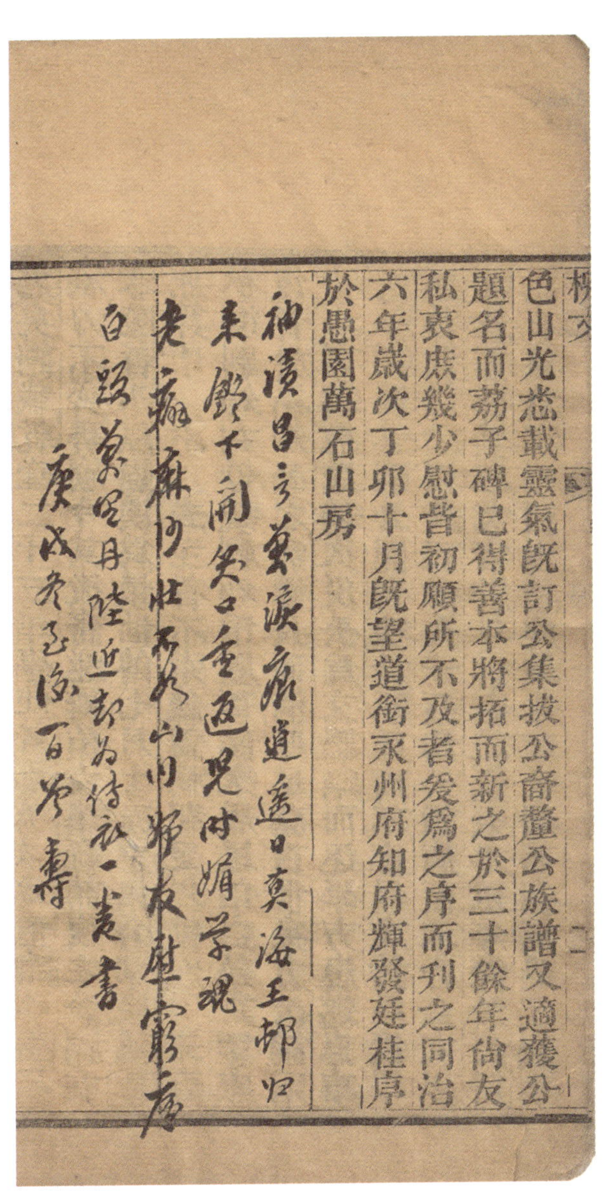

《柳河东集》高燮过录刘廷琛跋语

《柳河东集》高燮过录陈曾寿跋语

诸评或长或短，计百余条。

高燮过录之底本，亦即方望溪亲批柳文，于清宣统间流出厂肆，为桐城后学马其昶于冷摊得见，审为桐城始祖方苞手泽之后，大为惊喜。且幸书贾目不识宝，既未审书为明刻，亦不知卷中批校出自名家，索价并不昂贵。马其昶当即将刚刚领回之冬季俸米四石，粜而换书。马其昶（1855 — 1930）字通伯，晚号抱润翁，亦安徽桐城人。自幼受桐城派家学熏陶，从同里吴汝纶同学，宣统二年（1910）授学部主事，充京师大学堂教习，入民国后任清史馆总纂，撰写《清史稿》之《文

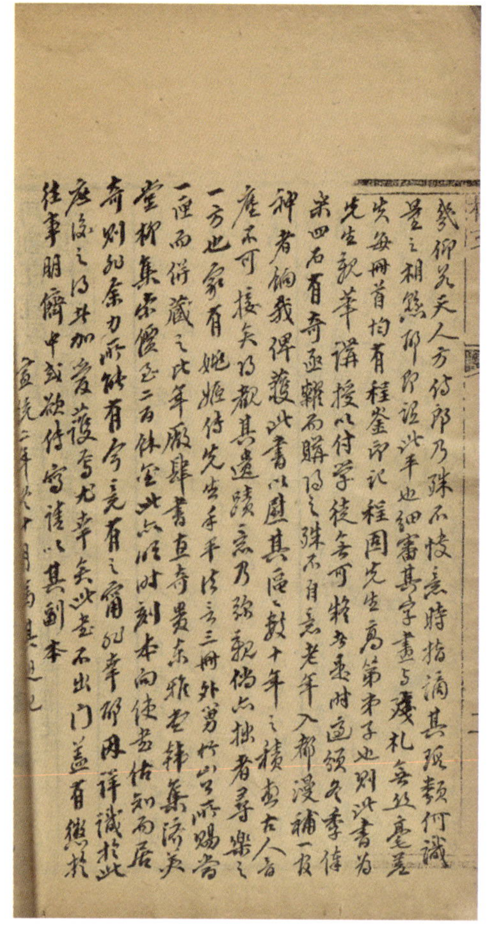
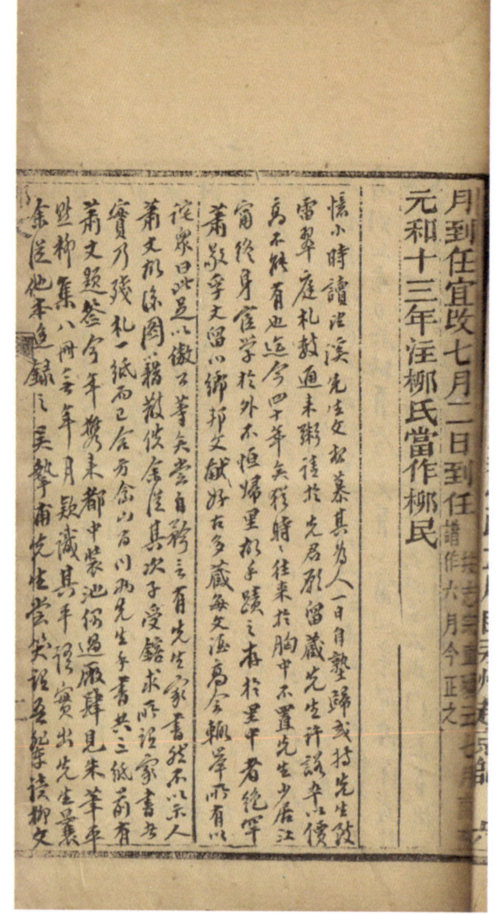

《柳河东集》高夔过录马其昶跋语

苑传》等，著有《抱润轩文集》。马其昶与姚永概、林纾等皆为桐城派末期代表人物，晚年更被视为桐城派“殿军”，得此桐城始祖方苞手泽，归来喜不自胜，遍请名家题咏，该书卷前有高夔过录马其昶得书及审辨经过，颇为详细：

忆小时读望溪先生文，想慕其为人。一日，自塾归，或持先生致雷翠庭札数通来鬻，请于先君，愿留藏。先生许诺，卒以价高不能有也。迄今四十年矣，犹时时往来于胸中不置。先生少居江宁，终身宦学于外，不恒归里，故手迹之存于里中者绝罕。萧敬孚丈留心乡邦文献，好古多藏，每文酒高会，辄举所有以诧众曰：此足以傲公等矣。尝自矜言有先生家书，然不以示人。萧丈故后，图籍散佚。余从其次子受镕求所谓家书者，实乃残札一纸而已，合方畬山、百川两先生手书共三纸，前有萧丈题签。今年携来都中装池，偶过厂肆，见朱笔平点柳集八册，无年月款识，其平语实出先生。曩余从他本移录之，吴挚甫先生尝笑谓：吾辈读柳

周迪前藏书印“偶归周大烈家”

文几仰若天人，方侍郎乃殊不快意，时指摘其瑕类，何识量之相悬邪？即谓此平也。细审其字画，与残札无丝毫差失。每册首均有“程崟”印记。程固先生高第弟子也，则此书为先生亲笔讲授，以付学徒，无可疑者。是时，适颁冬季俸米四石有奇，亟粜而购得之。殊不自意老年入都，漫补一官，神者饷我，俾获此书，以慰其区区数十年之积想。古人音尘，不可接矣，得睹其遗迹，意乃弥亲，倘亦拙者寻乐之一方也。家有姚姬传先生手平《法言》三册，外舅竹山公所赐，当一匣而并藏之。比年厂肆书直奇贵，东雅堂《韩集》，济美堂《柳集》，索价至二百余金。此亦

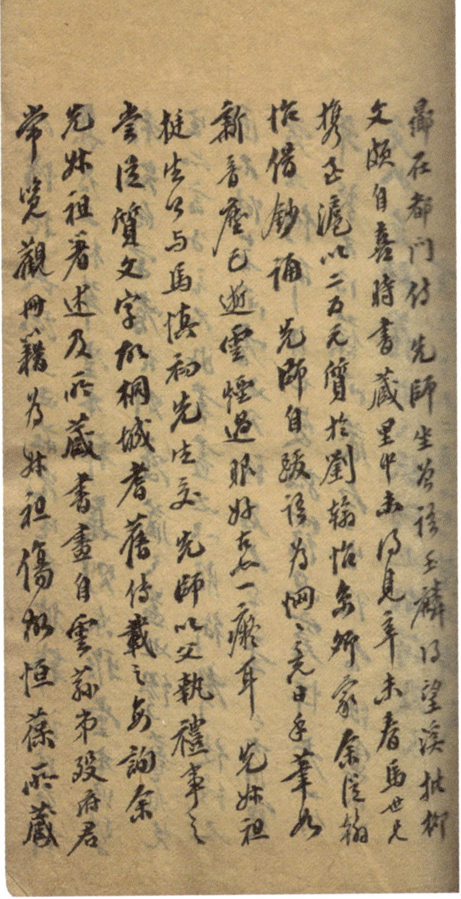

歸在都門付 先師生前語 玉麟以望溪批柳
文頗自喜時書藏里中未得見 辛未春為世兄
携至滬以二百元質於劉翰怡京卿家余往翰
怡借鈔補 先師自跋謂為[illegible] 先日手筆也
新[illegible]已逝雲煙過眼好友一[illegible]耳 先外祖
挺生公與馬慎初先生交 先師以父執禮事之
嘗從質文字於桐城耆舊傳載之矣詢余
先外祖著述及所藏書畫自[illegible]市[illegible]府君
常覽觀冊籍為外祖[illegible][illegible]恒[illegible]所藏

如惜抱真跡王西莊先生手批韓詩往在柳
集為三經草堂本韓集則東雅堂本見學
稍知向學嗜古則度藏之蓋也繆藝風先
生亦言子云不好書畫必以服御[illegible][illegible]終人
固不能無所嗜也乃謂君人手筆六字同寶
愛友何所自世變[illegible][illegible]且窘悴者廿餘
年幾不得葆所藏今生理[illegible][illegible]此意不於
先如 先師舊物之流轉也故併及之
宣統辛未七月十七日葉玉麟識

《柳河东集》高夔过录叶玉麟跋语

明时刻本，向使书估知而居奇，则非余力所能有，今竟有之，宁非幸邪？因详识于此，庶后之得者加爱护焉，尤幸矣。此书不出门，盖有惩于往事。朋侪中或欲传写，请以其副本。宣统二年冬十月马其昶记。

马其昶所请诸家题跋，高燮亦一一过录，其中有陈宝琛、陈曾寿、刘廷琛、胡思敬、叶玉麟、劳乃宣、赵熙及林纾等，或为赋诗，或题长跋，不一而足。其中胡思敬跋语略不同于众人，其跋称：“宣统庚戌十月，马通伯学部游厂肆得此书，据卷首程鉴钤记，审知为方侍郎批本。损俸四石购之以归，宝爱倍至。予从通伯假读，以《古文约选》校之，同者十居六七，其未入《约选》之文，评语尚多。不见此本，曷由知其去取之意。惜尾无年月款识。疑《南山集》狱起时，藏者割去以防祸。予所见钱牧斋书，率皆如此，不遇通伯，其孰能辨之。”胡思敬（1870—1922）字漱唐，晚号退庐居士，江西新昌（今宜丰）人。曾任吏部主事，辛亥后退居专心研究宋学，著有《退庐疏稿》《戊戌履霜录》及《国闻备乘》等，有问影楼，藏书数十万卷。胡思敬不仅校出该书方苞所评与《古文约选》之异同，又指出方苞之误。卷三十有《寄许京兆孟容书》，方苞评曰：“子厚贬后寄诸公书，前辈谓自太史公《报任安书》出，非也。

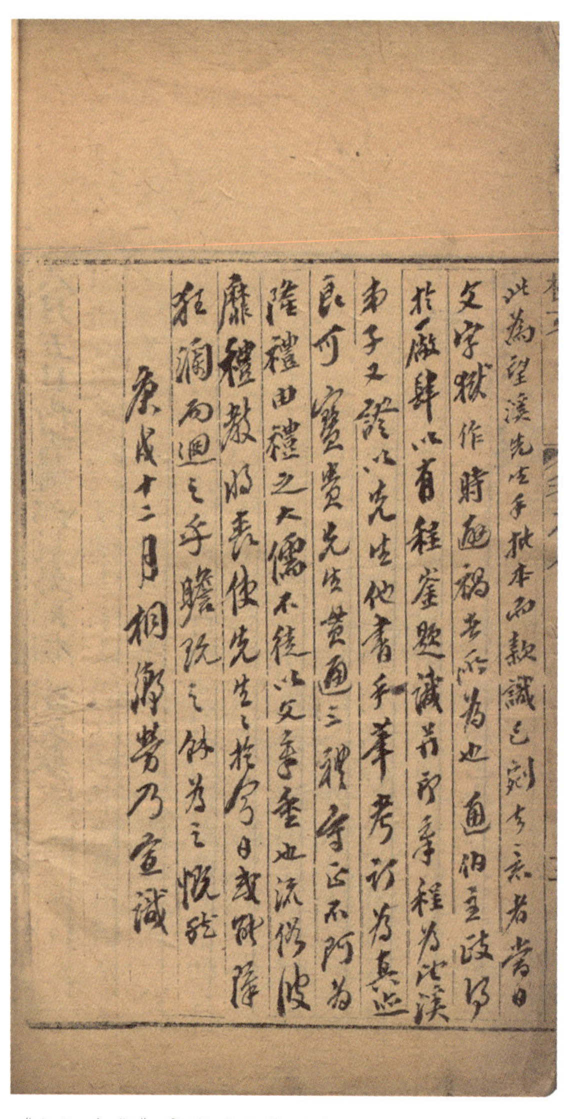

《柳河东集》高燮过录劳乃宣跋语

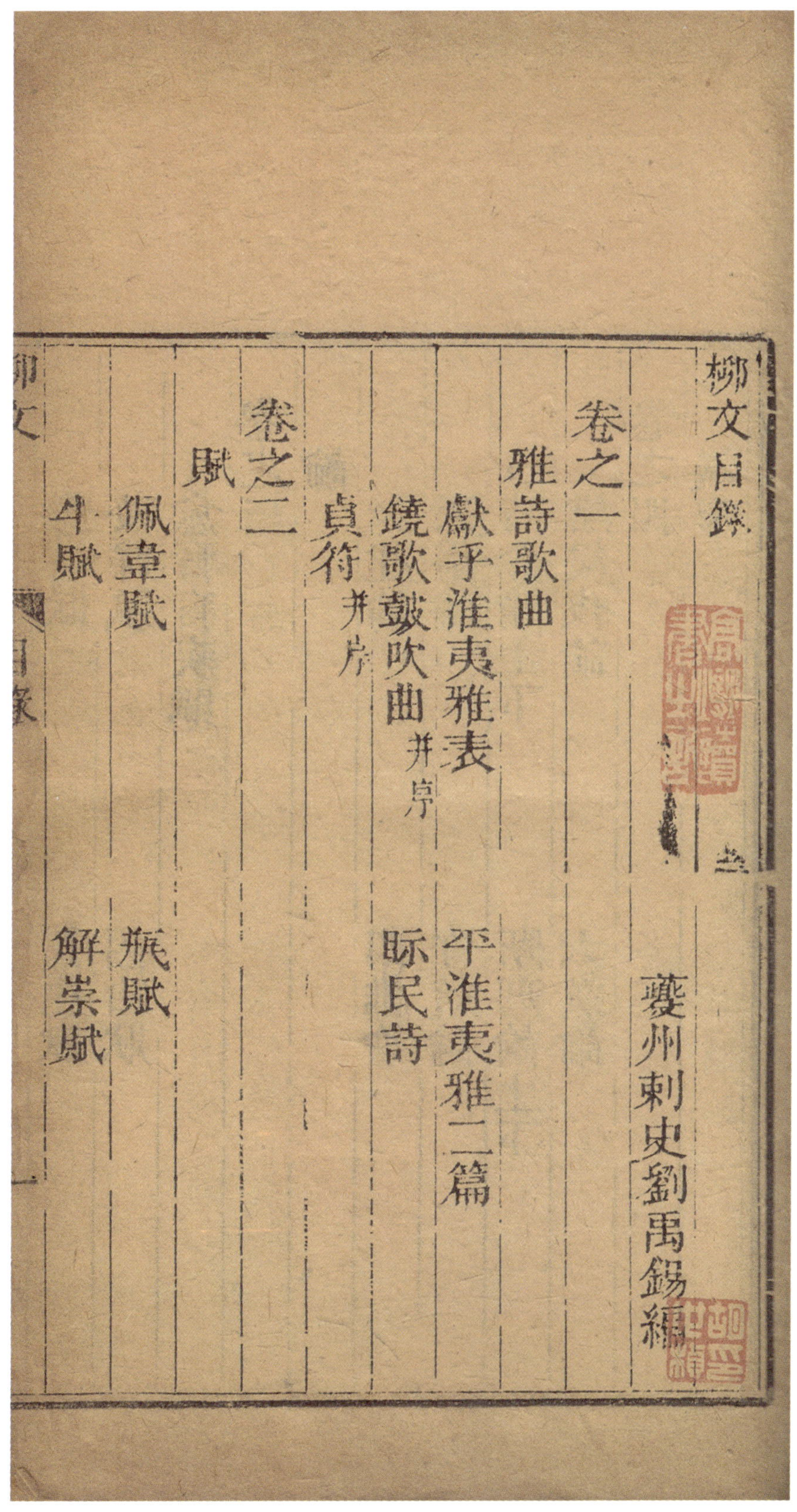

柳文目錄　　　夔州刺史劉禹錫編

卷之一

雅詩歌曲

獻平淮夷雅表　　平淮夷雅二篇

鐃歌鼓吹曲并序　　眎民詩

貞符并序

卷之二

賦

佩韋賦　　瓶賦

牛賦　　解祟賦

清杨季鸾刻同治五年重校再印本《柳河东集》目录

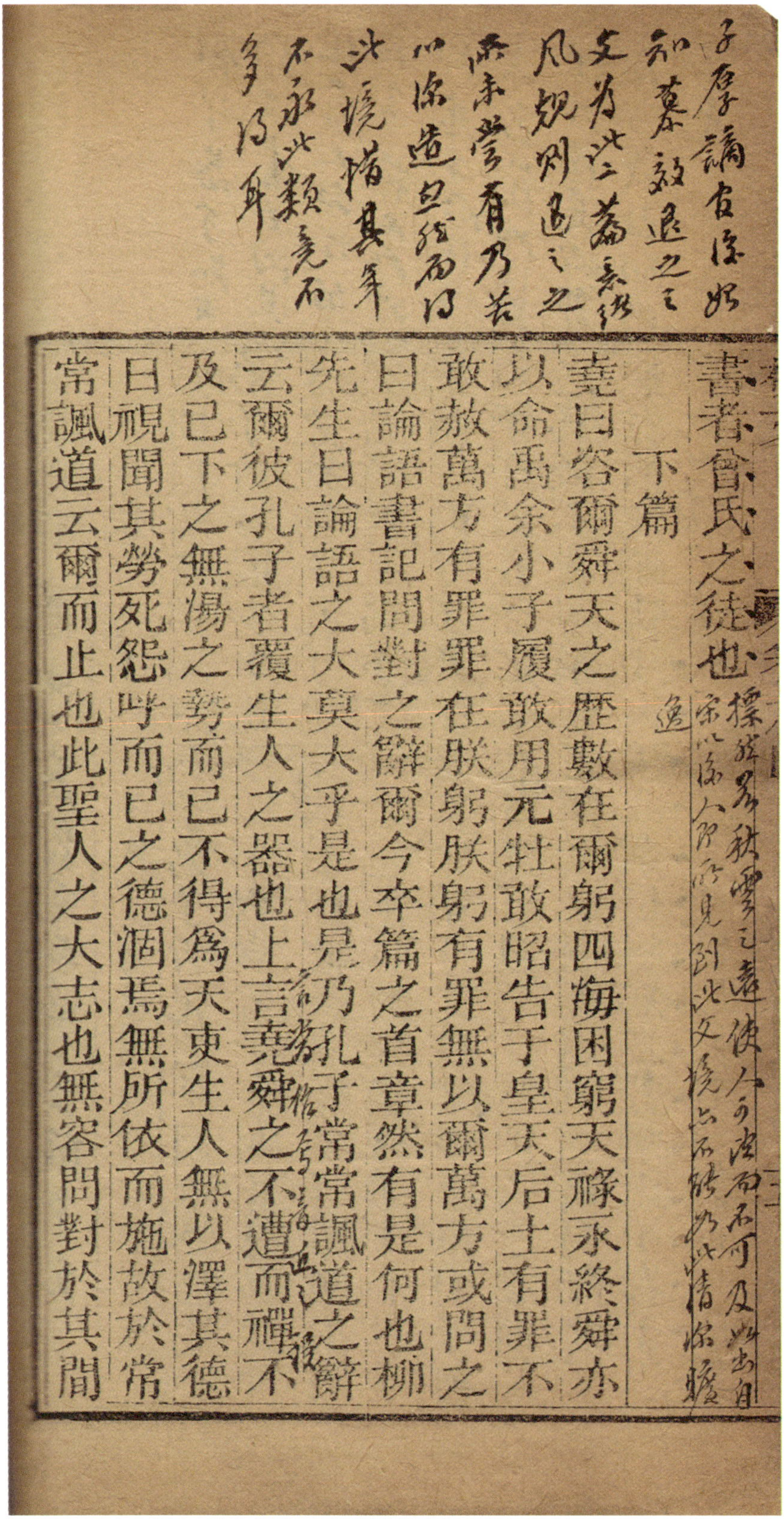

書者曾氏之徒也

下篇

堯曰咨爾舜天之歷數在爾躬四海困窮天祿永終舜亦以命禹余小子履敢用元牡敢昭告于皇天后土有罪不敢赦萬方有罪罪在朕躬朕躬有罪無以爾萬方或問之曰論語書記問對之辭爾今卒篇之首章然有是何也柳先生曰論語之大莫大乎是也是乃孔子常常諷道之辭云爾彼孔子者覆生人之器也上言堯舜之不遭而禪不及已下之無湯之勢而已不得爲天吏生人無以澤其德曰視聞其勞死怨呼而已之德涸焉無所依而施故於常常諷道云爾而止也此聖人之大志也無容問對於其間

《柳河东集》高燮过录方苞评语

周迪前藏书印“大烈”

周迪前藏书印“述庐”

其意绪格调殆与魏晋人为近。”篇中又有墨笔删去部分字句痕迹，文末“所有世嗣”四字亦删，胡思敬于此处眉批：“‘所有世嗣’句，‘所’字系‘使’字之讹，方侍郎未暇检校别本，故误删之。”胡思敬可谓善读书者也。

叶葱奇亦于卷中留有一批语，见于卷五《碑阴文》处：“生人不宜称讳。生人称讳，汉碑多有之……等，均是。子厚实有所本，方侍郎何未之见耳。辛未秋叶葱奇识。”叶葱奇乃叶玉麟之子，于唐诗颇有研究。叶玉麟（1876 — 1958）字浦孙（一作浦荪），为马其昶入室弟子，曾代马其昶撰写应酬文字。据卷中过录叶玉麟跋语可知，马其昶过世后，方批柳文原本归于其子，其子又将该书以二百元质于刘承幹，叶玉麟当年在京师侍其师时，无缘得见该书，直至书归刘承幹处始得以借钞。叶玉麟跋署款为“宣统辛未七月十七日”，然宣统并无辛未之年，是年实为民国二十年（1931），由此可知叶玉麟之遗民心态，与刘承幹毫无二致。今方苞所批原本自刘承幹后，又流落何方，吾不得而知，惟幸此册得以归来寒斋，诚如周迪前所云：“庶斯文未丧，得多衍一脉邪。”

附高燮过录各家题跋：

其一：陈曾寿题诗

袖渍昌言万泪痕，逍遥日莫海王村。归来灯下开笑口，重返儿时媚学魂。老癖麻沙壮不如，山川师友慰穷庐。白头万里丹陛近，却为传衣一卷书。庚戌冬至后一日，曾寿。

其二：刘廷琛题记

马通伯学部于厂肆得游刻柳集，因首有程崟小印，定为方侍郎评本。侍郎素不喜柳文，此书评骘严允，盖非侍郎不能为也。程氏为侍郎著籍弟子，传授有自，通伯其善藏之。宣统二年十一月德化刘廷琛谨记。

其三：陈宝琛题记

望溪先生评点柳集，无年月款识，马通伯学部遇诸厂肆，校以所藏先生残札，审为亲笔，亟购得之，喜以示余，属为题识。余去都垂三十年，老乃再来，获交通伯，与睹斯编，不啻亲与先生而承其謦欬，亦一缘也。因以旧藏济美堂本移录一过，

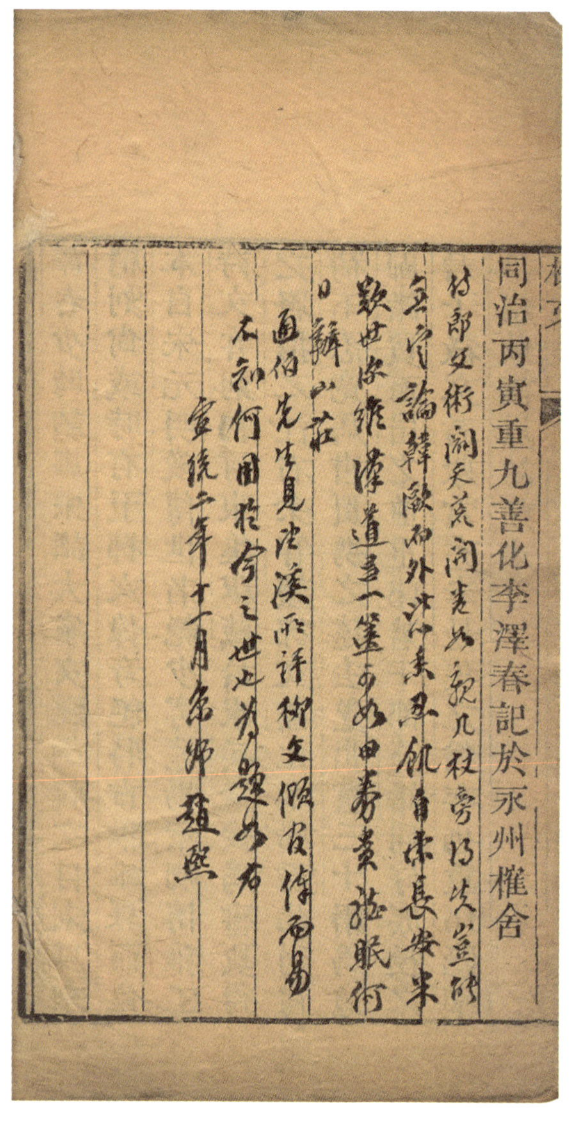
同治丙寅重九善化李澤春記於永州榷舍

《柳河东集》高燮过录赵熙跋语（一）

还之。附识于此。宣统二年大雪前一日闽县陈宝琛。

其四：胡思敬题记

宣统庚戌十月，马通伯学部游厂肆得此书，据卷首程崟钤记，审知为方侍郎批本。损俸四石购之以归，宝爱倍至。予从通伯假读，以《古文约选》校之，同者十居六七，其未入《约选》之文，评语尚多。不见此本，曷由知其去取之意。惜尾无年月款识，疑《南山集》狱起时，藏者割去以防祸。予所见钱牧斋书，率皆如此，不遇通伯，其孰能辨之。胡思敬记。

其五：劳乃宣题记

此为望溪先生手批本，而款识已剜去。意者当日文字狱作时，避祸者所为也。通伯主政得于厂肆，以有程崟题识并印章，程为望溪弟子，又证以先生他书手笔，考订为真迹，良可宝贵。先生贯通三礼，守正不阿，为隆礼由礼之大儒，不徒以文笔重也。流俗波靡，礼教将丧，使先生生于今日，或能障狂澜而回之乎？瞻玩之余为之慨然。庚戌十二月桐乡劳乃宣识。

其六：林纾题记

柳子居柳，于文曰邃，乃不善柳者，则力摹其陗险之语，自以为柳行，且流为龚定盦矣。柳盖发源于骚经，其《囚山》诸赋，六朝人不能过也。记近冶山水诸作，刻划状态，即昌黎有所不逮。望溪先生以道自任，文所醇厚，乃多不足于柳。先辈见解，有非后进所能妄度者。此帙经吾友马通伯审定，为望溪评本。望溪遗墨，通伯固有藏者，既检对无讹，则此册可宝也。通伯广征题咏，顾余亦寝馈于柳者，既无望溪之学，胡敢议其得失。书此归之通伯，聊存余名于卷末足矣。庚戌嘉平闽县后学林纾敬识。

其七：赵熙题诗之一

侍郎文术辟天荒，开卷如亲几杖旁。得失岂能无定论，韩欧而外此心香。忍饥自索长安米，叹世深维汉道昌。一箧可如田券贵，龙眠何日办山庄。通伯先生见望溪所评柳文，倾官俸而易，不知何用于今之世也，为题如右。宣统二年十一月京师赵熙。

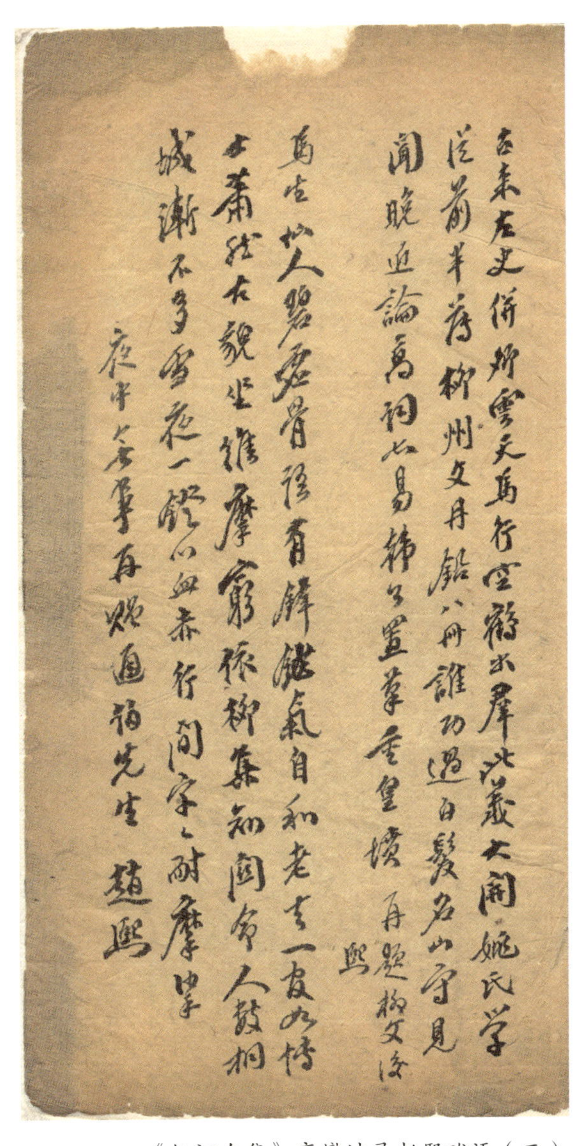
古来左史并卿云天马行空鹤出群此义大开姚氏学
从前半薄柳州文丹铅八册谁功过白发名山守见
闻晚近论高词亦易韩公置笔重皇坟 再题柳文后
熙
马生仙人碧虚骨语有锋铓气自和老去一官如博
士萧然古貌坐维摩穷依柳集知关命人数桐
城渐不多雪夜一灯心血赤行间字字耐摩挲
夜中无事再赠通伯先生 赵熙

《柳河东集》高燮过录赵熙跋语（二）

其八：赵熙题诗之二

古来《左》《史》并卿云，天马行空鹤出群。此义大开姚氏学，从前半薄柳州文。丹铅八册谁功过，白发名山守见闻，晚近论高词亦易，韩公置笔重皇坟。再题柳文后。熙。

其九：赵熙题记

马生仙人碧虚骨，语有锋铓气自和。老去一官如博士，萧然古貌坐维摩。穷依柳集知关命，人数桐城渐不多。雪夜一灯心血赤，行间字字耐摩挲。夜中无事再赠通伯先生。赵熙。

其十：叶玉麟题记

𨙸在都门侍先师坐，曾语玉麟得望溪批柳文，颇自喜。时书藏里中，未得见。辛未春马世兄携至沪，以二百元质于刘翰怡京卿家。余从翰怡借钞，诵先师自跋语，为惘惘竟日，手笔如新，音尘已逝，云烟过眼。好古亦一痴耳。先叔祖挺生公与马慎初先生交，先师以父执礼事之，尝从质文字，故《桐城耆旧传》载之，每询余先叔祖著述及所藏书画。自云荪弟殁，府君常览观册籍，为叔祖伤，故恒葆所藏，如惜抱真迹、王西庄先生手批韩诗皆在。柳集为三径草堂本，韩集则东雅堂本，儿辈稍知向学嗜古，则庋藏之益也。缪艺风先生亦言，子意不好书画，必以服御声伎终。人固不能无所嗜也，乃谓名人手笔无用宝爱者，何耶？自世变孤露，忍窘悴者廿余年，几不得葆所藏，今生理愈绌，虑不能免如先师旧物之流转也，故并及之。宣统辛未七月十七日叶玉麟识。

谢肇淛小草斋钞本《寇忠愍公诗》三卷

《寇忠愍公诗》三卷　（宋）寇準撰

明谢肇淛小草斋钞本　一函一册

钤：晋安谢氏家藏图书（朱方）、乌程蒋祖诒藏书（朱方）、周元亮钞本（白方）、周雪客家藏书（朱方）

此谢肇淛小草斋钞本《寇忠愍公诗》三卷。撰者寇準（961 — 1023）为宋代名臣，字平仲，华州下邽（今陕西渭南北）人。太平兴国五年（980）登进士第，先后出任大理评事、枢密院直学士、左谏议大夫、枢密副使、参知政事、宰相等。景德元年（1004）辽军大举南侵时，身为宰相的寇準力主抗辽，促宋真宗前往澶州（今河南濮阳）督战，大获全胜，而后签订澶渊之盟，得保边境数十年和平。宋仁宗乾兴元年（1022）刘太后把持朝政后，寇準被贬为道州司马，再贬为雷州司户参军，于天圣元年（1023）病逝于雷州寓所。明道二年（1033），宋仁宗为之昭雪，敕令恢复太子太傅、莱国公，赠中书令，谥“忠愍”。皇祐元年（1049），又令翰林学士孙抃撰《莱国寇忠愍公旌忠之碑》，并亲为碑首篆书“旌忠”二字。

周亮工

寇凖生前尝自编诗集，因刊于巴东，故题《巴东集》。南宋赵希弁《读书附识·拾遗》载赵氏自藏《巴东集》一卷本云：“乃公自编而为之序，凡一百五十有六篇。”嗣后河阳守范雍复辑其诗二百余篇，合《巴东集》所收，编为《寇忠愍集》，序称：“雍顷为公倅，常从游谳，多闻其得意之句，情思闲雅，听之忘倦，随录简牍，才数十篇。今守三城，会监军赵侯临，即公之中表也，日与游接，时道公诗，因请于公家，尽录昔所存纪，得二百余篇，并前之所录不在此数者，及谪官后赵公所记，共二百四十首，类而第之，分为上、中、下三卷。”陈振孙《直斋书录解题》亦载此事：“《巴东集》三卷：丞相莱国忠愍公下邽寇准平仲撰。初，以将作监丞知巴东县，自择其诗百余首，且为之序，今刻于巴东。”以及：“《忠愍公集》三卷：河阳守范雍得寇公诗二百首，为三卷，今刻板道州。”

范雍所刻之本未署年月，无以知究竟刻于何年，嗣后该书多有重刻。北宋宣和五年（1123），济南王次翁守道州，取范雍所辑之本，校正讹错，重新镂版，刻于郡斋。南宋隆兴元年（1163），长乐辛敦复据王次翁所刻重刊，并撰后序。然而寇准诗集在宋代虽然前后曾有三刻，惜今皆已无存。《中国古籍善本总目》著录最早者为明嘉靖十四年（1535）蒋鏊刻本，此本于清道光十八年（1838）有递修本，增以《文集》一卷。清康熙间，吴调元亦曾刻过该书，是为辨义堂本。清代又有圣香楼刻本，具体刊刻年月未知。据张元济《〈郘亭知见传本书目〉批注》载，该书尚有“民国十一年七月，在北京孔群书社见一弘治本。给价一百元”。然弘治本他处均未见著录，张元济于《四部丛刊三编》《明本〈忠愍公诗集〉跋》中略述该书版本时，亦未再提及弘治本。吾颇疑此“弘治本”实为嘉靖十四年蒋鏊刻本，此本有王承裕弘治十三年（1500）诗集引，书贾或为误导也。

寒斋藏有《寇忠愍公诗》两部，此为谢肇淛小草斋钞本，另一为吴调元辨义堂刻本。谢肇淛（1567 — 1624）字在杭，号武林、小草斋主人，晚号山水劳人，福建长乐人。明万历二十年（1592）进士，历官湖州推官，南京刑部主事、兵部郎中、云南参政、广西按察使、广西左布政使。于河道治理颇有研究，所著《北河纪略》为明代水利学重要著述。他著尚有《滇略》《五杂俎》《长溪琐语》《小草斋诗话》及《文海披沙》等。谢肇淛为明代闽地藏书大家，与徐𤊹、曹学佺并有“鼎足三家”之称，而三人又互为姻亲。

谢肇淛尝于《文海披沙》中自述藏书之癖：“宋晏叔原，聚书甚多，每有迁徙，其妻厌之，谓之‘乞儿搬漆碗’。余壮年从仕，亦有此癖，聚书常数万卷，每有

萊國寇忠愍公旌忠之碑

參知政事孫抃奉　勅撰

上祀合宮之明年夏四月召兩府臣諭之曰故太子
太傅萊國公寇準方嚴鯁亮有文武偉才在太宗真
宗朝建大功立大節輸謀納忠誠貫白日不幸以讒
終朕甚歎嘉之其敕史氏譔揚勲烈具誌于石用垂
示來世遂以命臣抃翌日又下詔賜旌忠之額且親
篆以賁寵焉臣承命恐悸謹拜手稽首書其事公諱
準字平仲其先出上谷昌平蓋春秋時司寇蘇公有
勞於王室因官以命氏後世率多聞人若東漢恂子

小草齋鈔本

《寇忠愍公诗》版心下刻有“小草斋钞本”

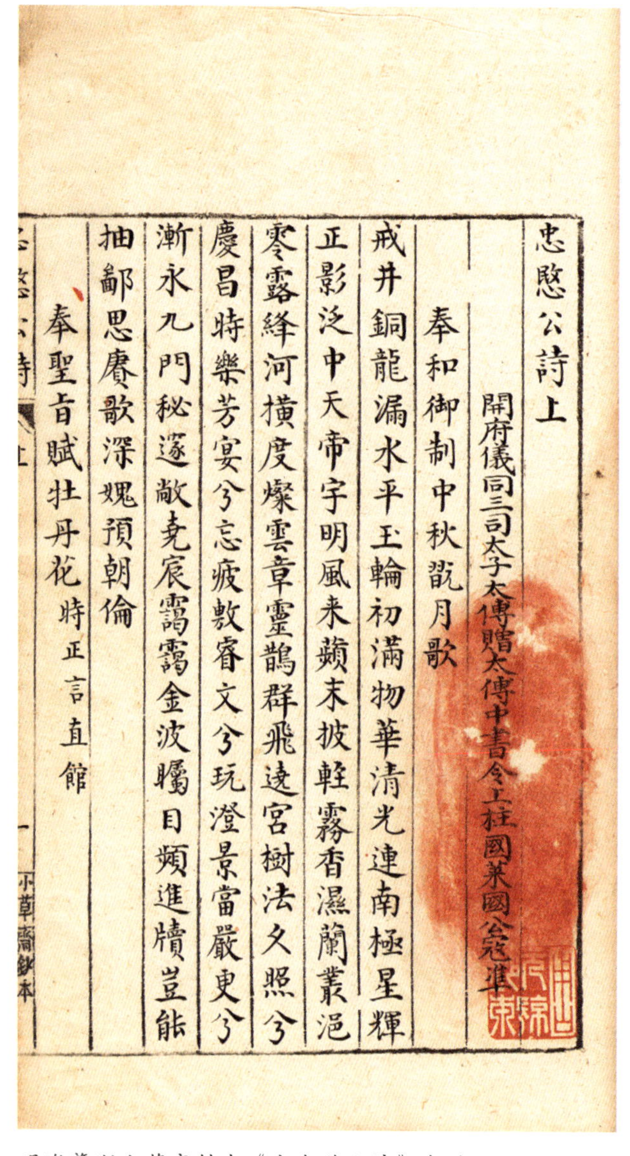
忠愍公詩上

開府儀同三司太子太傅贈太傅中書令上柱國萊國公寇準

奉和御制中秋翫月歌

戒井銅龍漏水平玉輪初滿物華清光連南極星輝正影泛中天帝宇明風來蘋末披輕霧香濕蘭叢浥零露絳河横度燦雲章靈鵲群飛遶宮樹法久照兮慶昌特樂芳宴兮忘疲敷睿文兮玩澄景富嚴更兮漸永九門秘邃敞堯宸靄靄金波矚目頻進牘豈能抽鄙思賡歌深愧預朝倫

奉聖旨賦牡丹花時正言直館

忠愍公詩 上　一　小草齋鈔本

明谢肇淛小草斋钞本《寇忠愍公诗》卷首

移徙，载必兼两，且怀薏苡之惧。”其藏书处为小草斋，因家资非富，罗致有限，故斋中尤多钞本，其在《谢幼槃文集跋》中尝记抄某书之事：“此本从内府借出，时方冱寒，京师佣书甚贵，需铨旅邸，资用不赡，乃自为钞写。每清霜呵冻，十指如槌，几二十日，始克竣帙。藏之于家，亦足诧一段奇事也。”首辅叶向高亦为之感叹，在为《小草斋集》作序时，极力称之：“余在纶扉，公方郎水部，日从予借秘书抄录，录竟即读，读竟复借。不浃岁，而几尽吾木天之储，昔人所谓‘书淫’，公殆似之。”

谢肇淛所抄之底本，因同乡叶向高之故，多有自内府秘阁借出者，《五杂俎》载：“内府秘阁所藏书甚寥寥，然宋人诸集，十九皆宋板也。……吾乡叶进卿先生当国时，余为曹郎，获借钞得一二种，但苦无佣书之资，又在长安之日浅，不能尽窥东观之藏，殊为恨恨耳！”

此《寇忠愍公诗》亦宋人集，即当日谢肇淛自秘阁宋本抄出者也。沈祖牟《谢钞考》有云：“明以来抄本书，最为藏书家所秘宝者，吾闽谢肇淛抄本其一也。世亦称为‘谢钞’，版心有‘小草斋钞本’五字，墨格，或绿格，每半页九行，行十八字。但亦有每页二十行，行二十字者，则其影宋钞本也。”沈祖牟为民国间新月派诗人，出身名门，于乡贤著述素有研究。然吾对其此语却有商榷。所谓

忠愍公詩序

金紫光祿大夫行尚書戶部侍郎知河陽軍州事上柱國范雍述

混茫之始判而異焉騰為輕清降作重濁著之顯者從其類矣是故三辰晶明委照萬寓風雲縹緲周流八極附於天也培塿成垤因之原隰潢汙積派隨其窪窳從其地也其閒萬物悉由稟焉若稟之清者飛則為鸞鳳鵰鶚走則為麒麟駏駮茂則為芝蘭茝芷植則為松桂筠篁引而伸之不可勝數人為物之靈也是以得乎輕清則為賢為聖為明為哲為君仁而睿為臣正而肅為父慈而溫為子恭而順發為事業

忠愍公詩　序　上　小草齋鈔本

《寇忠愍公诗》序言页钤有周在浚藏书印

蒋祖诒藏书印“乌程蒋祖诒藏书”

周亮工藏书印“周元亮钞本”

“影宋钞本”，当指行格、字迹完全依照宋刻底本原样描摹而来，若行格有所变动，则不可称之为“影宋”。然宋刻之书众多，不可能每书皆每页二十行，行二十字，故以“每页二十行，行二十字”定为“影宋钞本”，当有不妥。是故吾私下揣测，沈祖牟所云，当指小草斋钞本中凡“每页二十行，行二十字”者，其内容底本为抄自宋本而来者。然而巧合者，寒斋所藏此本，的确为每半页十行，行二十字，版心下刻“小草斋钞本”五字。

此本前有孙抃序，次为王次翁序，次为范雍序，次为《赠谥诰》，末有辛敩后序，惟“王次翁”三字误抄为“王汝翁”。卷中钤有“晋安谢氏家藏图书”朱方、“乌程蒋祖诒藏书”朱方、“周雪客家藏书”朱方及“周元亮钞本”白方，因知此本流出谢肇淛家后，曾经周亮工及周在浚父子收藏，嗣后又归蒋祖诒邺架。蒋祖诒之后，该书一度流落海外，直至戊子年由嘉德自海外征回，吾始有缘与之相逢，所幸是年经济危机，拍场上前所未有之冷清，令吾以底价收之。

周亮工（1612—1672）字元亮，一字伯安，号栎园、减斋、陶庵，别署栎老、谅工、笠僧等，学者多称为“栎园先生”，祥符（今河南开封）人。明崇祯十三年（1640）进士，入清后任两淮盐运使，顺治四年（1647）升福建布政使，在闽八年，后官户部右侍郎总督钱法，有赖古堂藏书，平生著述百余卷，今存《赖古堂诗文集》《书影》《印人传》及《闽小记》等。其子周在浚字雪客，号梨庄，一号苍谷、耐龛，著有《南唐书注》《云烟过眼录》《晋稗》《梨庄集》和《秋水轩集》等，周亮工赖古堂藏书多由其继承。

明清嬗递之际，民间藏书多有毁于兵燹者，令嗜书者扼腕长叹。有鉴于此，周在浚与黄虞稷遂于家藏珍罕传本中各选若干，合计96种，编成《征刻唐宋秘本书目》，冀有力者能从中刊刻一二或数种，假以时日，诸书便能化身千百，嘉惠后学。朱彝尊所撰《征刻唐宋秘本书例》中记有周氏父子收得小草斋旧藏之事：“大梁周子梨庄，栎园司农长公。司农世以书为业，嘉、隆以来，雕板行世，周氏实始其事。游宦所至，访求不遗余力。闽谢在杭先生，万历中抄书秘阁，后尽归司农。两遭患难，数世所积，化为乌有，独此缮写秘本二百余种，梨庄极力珍护，岿然独存，大抵皆今世所不数见者。”叶德辉《〈重刊征刻唐宋秘本书目〉序》亦云：“闽谢在杭先生肇淛，万历中抄书秘阁，中多希本，散出尽归亮工。”

周、黄二人苦心颇为后世所感，目中所收96种秘本，陆续为后世刻书家付梓行世，至光绪三十四年（1908）叶德辉重刊《征刻唐宋秘本书目》时，纳兰成

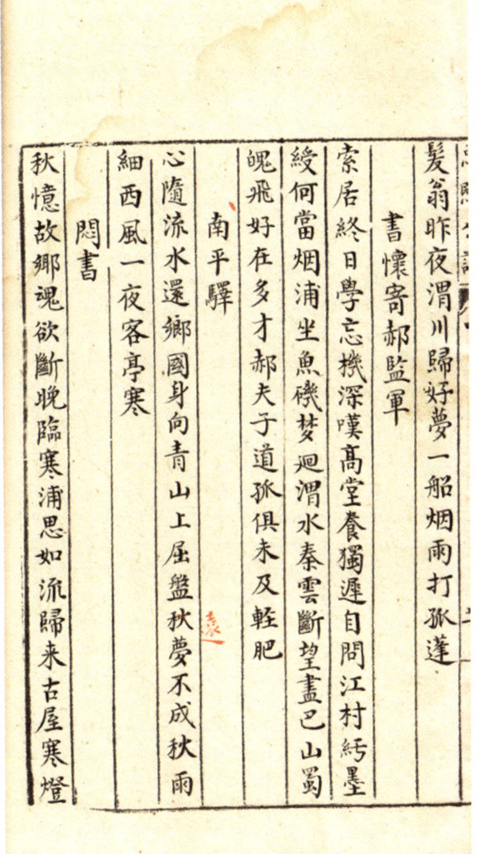

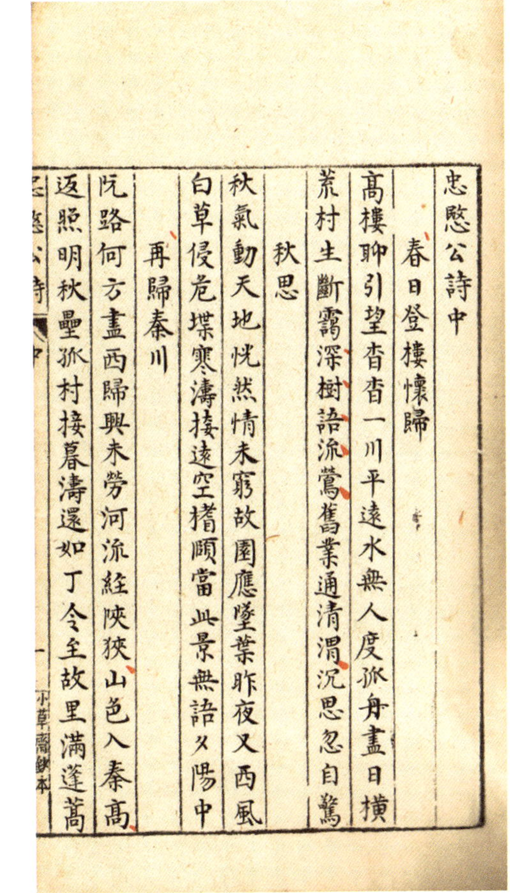

明谢肇淛小草斋钞本《寇忠愍公诗》内页

德所刻《通志堂经解》几乎将目中经部全数刻之，《武英殿聚珍版丛书》《知不足斋丛书》又陆续刊行目中若干种，叶德辉序称："其史子各种，按目求之，所未刻者，仅杂史小帙及宋元人集部数种已耳。然杂史一二种，藏书家多有钞本，集部亦多明人校刊，虽未刊行，而两人之心亦可慰矣！"今检《征刻唐宋秘本书目》，《寇忠愍公诗》三卷赫然在焉，因知谢肇淛所抄底本缘自秘阁宋本无疑，唯不知卷中朱笔点定及偶为校字，是否出自周在浚亲笔。

四百年间，小草斋钞本《寇忠愍公诗》于寰宇间在历代藏书家手中递藏，辗转海外复归入寒斋，犹面目如新，可知诸家对该书之宝爱，而此中经手者，当不仅仅是卷中钤有印记之周氏父子和蒋祖诒。王文进《文禄堂访书记》卷四著录有"《忠愍公诗》三卷：明谢在杭钞本。半叶十行，行二十字。黑格。板心下刊'小草斋钞本'五字。首赠谥诰、孙抃奉敕撰碑文。宣和五年王汝翁序、范雍序，隆兴改元辛敦后序。有'晋安谢氏家藏图书''周雪客家藏书'印。"王文进著录者，正是吾今陈案之物，王次翁之名亦据原钞本沿误为“王汝翁”。王文进字晋卿，为民国时期著名书贾，于琉璃厂开设文禄堂旧书店，三十年间经眼宋元佳椠无数，择其精者编为《文禄堂访书记》。

就时代而言，王文进与蒋祖诒为同时人。蒋祖诒为藏书家蒋汝藻之子，《寇忠愍公诗》若非得自家藏，则颇有可能通过王文进作筏，始得归于乌程蒋氏。蒋祖诒 1949 年后去台，任职于台湾大学，该书或由蒋祖诒携往海外，亦未可知。今拓晓堂兄负责嘉德古籍部二十余年，经眼秘籍无数，自海外回征善本亦夥，可谓功德无量，他日若撰经眼录，必琳琅满目，如入宝山。届时吾当知悉该书被其征集归来本末，可谓本文之续篇矣。

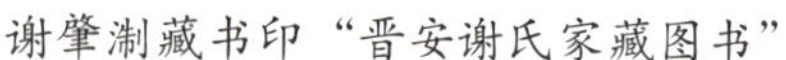

谢肇淛藏书印“晋安谢氏家藏图书”

周在浚藏书印“周雪客家藏书”

郑文焯题记《白石道人诗集》六卷

《白石道人诗集》六卷　（宋）姜夔撰

清乾隆八年（1743）陆钟辉水云渔屋刻本　（清）郑文焯题跋批校　一函二册

钤：鹤记（朱方）、高密（朱方）、郑记（白方）、嘉兴陈其荣珍藏物（朱方）、叔问校定（朱方）、嘉宾藏书（朱方）、冷红簃侍儿可可掌记（朱方）、曾藏玉环万松楼中（朱方）、邵裴子（白方）、石木斋藏书（朱方）、吴兴刘氏嘉业堂藏书印（朱方）、刘承幹字贞一号翰怡（白方）、江南词客（白方）、荄盦曼士鉴藏（朱方）、冷红词客（白方）、瘦碧堪收藏经籍善本记（朱方）、冷红词人（朱方）、石芝（朱方）、减衣省食为收书（椭圆朱方朱文）、叔问眼学（朱方）、郑读（朱方）、鹤公得来（白方）、琴西老屋（朱方）、桂青珍玩（朱方）、双溪陈氏（白方）、郑文焯（白方）、陈东暂存（白方）

郑文焯（1856－1918）字俊臣，号小坡，又号叔问、大鹤山人、鹤道人、冷红词客、老芝、樵风园客等，奉天铁岭（今属辽宁）人。隶汉军正黄旗，清光绪元年（1875）举人，官内阁中书，七应会试不第后，遂绝意科场，客居苏州三十余年，为人作幕。其人博学多才，凡训诂考据辞章之学，以及音律、医经、谶纬及金石书画鉴赏等，无一不精，其中尤以词名为盛，叶德辉尝将其与柳永并提，于《大鹤山人遗书序》中称："盖君久以词名，著称大江南北，几于有井水处即有柳词，而不知君固百学皆通，特为词名掩耳。"其一生著述颇富，有《大鹤山房全集》《汉魏六

郑文焯

朝书体考》《草隶辨》《大鹤山房谈碑记》《说文引群说故》《扬雄说故》《高丽永乐好大王碑释文纂考》《医故》《词原斠律》《冷红词》《樵风乐府》《比竹余音》《苕雅余集》及《绝妙好词校释》等，尚有数种未曾刊行，多有散佚。

郑文焯与况周颐、王鹏运、朱祖谋并有“晚清四大词人”之称，其中唯有郑为旗人，施蛰存尝谓：“满洲词家以成德始，以叔问终，二百六十年汉化，成此二俊，胜金元矣。”其词精丽婉约，句妍韵美，叶恭绰曾极力称之：“叔问先生沈酣百家，撷芳漱润，一寓于词，故格调独高，声采超异，卓然为一代作家。”然郑文焯虽然名列晚清四大词人之一，却是人至中年才始学绮声，尝自谓：“为词实自丙戌岁始，入手即爱白石骚雅，勤学十年，乃悟清真之高妙，进求花间，据宋刻制令曲，往往似张舍人，其哀艳不数小晏风流也。”

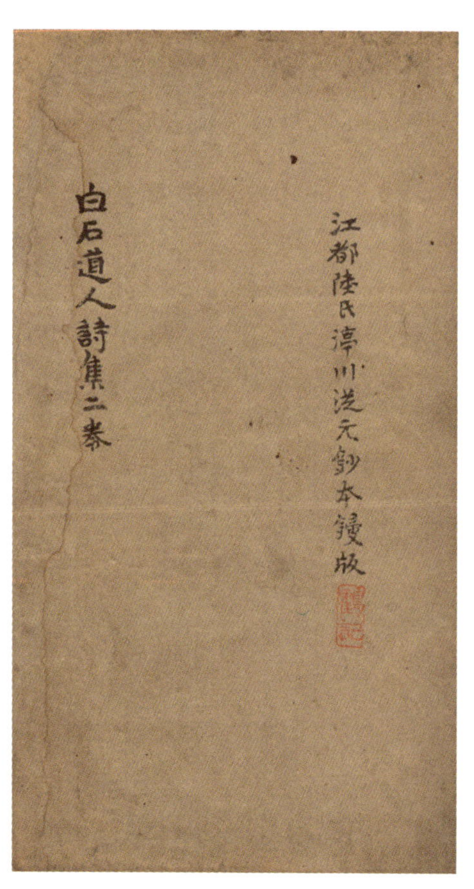

《白石道人诗集》封面郑文焯题识

丙戌为光绪十二年（1886），时年郑文焯已三十岁，入手即喜姜夔词作，此好终生未渝。姜夔（约1155—1209）字尧章，号白石道人，又号石帚，饶州鄱阳（今江西鄱阳）人。布衣终生，精通音律，擅长书法，诗负盛名，尤以词名。其词以“清空”著称，于后世影响极深，清代常州词派更是奉其为圭臬，有“家白石而户玉田”之谓，传世有《白石道人诗集》《白石道人歌曲》及《诗说》等。郑文焯对于姜夔极为推崇，甚至将姜夔词作为自己学词之准的，《郑大鹤先生论词手简》中有其论张炎、柳永、史达祖、周邦彦诸家词之后结语：“今学者骤语以此境，诚未易谙其细趣，不若细绎白石歌曲，得其雅淡疏宕之致，一洗金钗钿合之尘，取其全词，日和一章，以验孤进。”光绪十四年（1888）郑文焯将词集付梓，题《瘦碧词》，书名亦仿效白石而来，其自叙称：“‘瘦碧’，

白石道人詩集卷上

番陽姜　夔堯章

五言古詩

以長歌意無極好爲老夫聽爲韵奉别沔鄂親友

渞渞沔鄂留有醍三宿桑持鉢了白日事賤丸蛣蟯念當去石友烟席凌江湘爲君試歌商歌短意則長

佳人魯山下謂楊大昌正之日弄清漢波促絃調寶瑟哀思感人多咬哇秦缶擊泠落郢客歌知音良不易如此槩者何

清乾隆八年陆钟辉水云渔屋刻本《白石道人詩集》卷首

桃谿在張渚鎮，古
義興地，今屬荊溪。
考白石詩詞集中
未嘗及游廣陽，義
而君特贈作正稱
石帚，是可異也，
或疑别是一姜

白石道人投贈補遺　三

砌磚花滉小浪魚鱗起霧盎淺障青羅洗湘娥春
膩蕩蘭烟麝馥濃侵醉吹不散繡屋重門閉又怕
便綠減西風泣秋檠燭外

齊天樂

贈姜石帚　又

餘香纔潤鸞綃汗秋風夜來先起霧鏁林深藍浮
野濶一笛漁蓑漚外紅塵萬里就中決銀河冷涵
空翠岸觜沙平水楊陰下晚初艤　桃溪人住最
久浪吟誰得到蘭蕙疏綺研色寒雲籤聲亂葉蘄
竹簟紋如水笙歌醉裏步明月丁東靜傳環佩更
展芳塘種花招燕子

《白石道人诗集》郑文焯眉批

何谓也？余尝梦游石芝崦，所见石上有文也。昔姜尧章客武康，居与白石洞天为邻，因以自号，且以名其词，此其义例也。余生平慕尧章之为人，疏古冲澹，有晋宋间风。又能深于礼乐，以敷文博古自娱。当时名公硕儒贤之遇之者，既众且笃矣！”

大鹤山人对于姜白石之喜爱，不仅仅在于词集命名上。郑文焯一生批校词集甚夥，龙榆生尝记：“凡前人词集，经先生批校者，散在海内藏家，不可指数……各家或一本，或屡经批校至三四本，莫不朱黄满纸，具有精意。”经其批校者，有《花间集》《金荃集》《乐章集》《东坡乐府》《清真集》及《白石道人歌曲》等，其中《白石道人歌曲》正如龙榆生所记“屡经批校至三四本”者也。据南开大学出版社 2009 年出版的《大鹤山人词话》所载，郑文焯对《白石道人歌曲》之批跋及校勘，已知者有八个版本，分别为陶南村校录叶居仲本、《四库全书》本、乾隆写本、张奕枢本、姜忠肃祠堂本、朱彊村旧钞本、沈逊斋本及郑文焯校本。

此清乾隆八年（1743）陆钟辉水云渔屋刻本《白石道人诗集》六卷，亦经大鹤山人批校题跋者也。封面有其墨笔题签：“白石道人诗集二卷”，侧题“江都陆氏渟川从元钞本锓版”，下钤“鹤记”朱方。水云渔屋刻本《白石道人诗集》为清代流传颇广之本，前有陆钟辉自序，略述底本由来：“近云间楼廉使敬思购得元陶南村手钞，则六卷完好无恙，若有神物护持者。余友符户部药林从都下寄示，因并诗集亟为开雕，公之同好。”陆钟辉去世之后，所雕书版归于友人江春，重加审订后，附锓于末。

此本卷前有郑文焯朱笔题跋一篇：“光绪辛巳之秋，予南游江淮，初得白石集，即此本也。此从宋嘉泰壬戌云间钱希武刻本、元陶南村手钞之六卷完帙校定杀青，号称善本。以视洪氏陔华所刊羼敚踳驳，奚啻天壤。惜诗集分体，词体合编，虑失宋椠之旧观耳。盖石帚词题并记年月，事迹可寻，编年足据，予尝为之补传，即取证于此。益以宋元人说部，亦足多焉。予初得之本，无是完好，昨年阅肆，再购致之，前后已二十余年，今衰放无复曩昔精力研究音谱，插架而已，可愧可愧。癸卯二月十日鹤道人记于沤园。”

据此跋可知，大鹤山人初得《白石道人诗集》乃是光绪七年（1881），即此陆钟辉刻本也，是年山人二十五岁。然山人初得之本品相差强人意，故于光绪二十八年（1902）阅肆时，得睹此本初刻初印，欣然罗致。山人尝跋姜忠肃祠堂本，跋语有记：“曩于光绪戊子己丑之间，与同社张君子复同辑白石年谱，专取宋元人说部，及道人词中题记叙所记岁月，切于要实，信而可征，意在重刊其词，

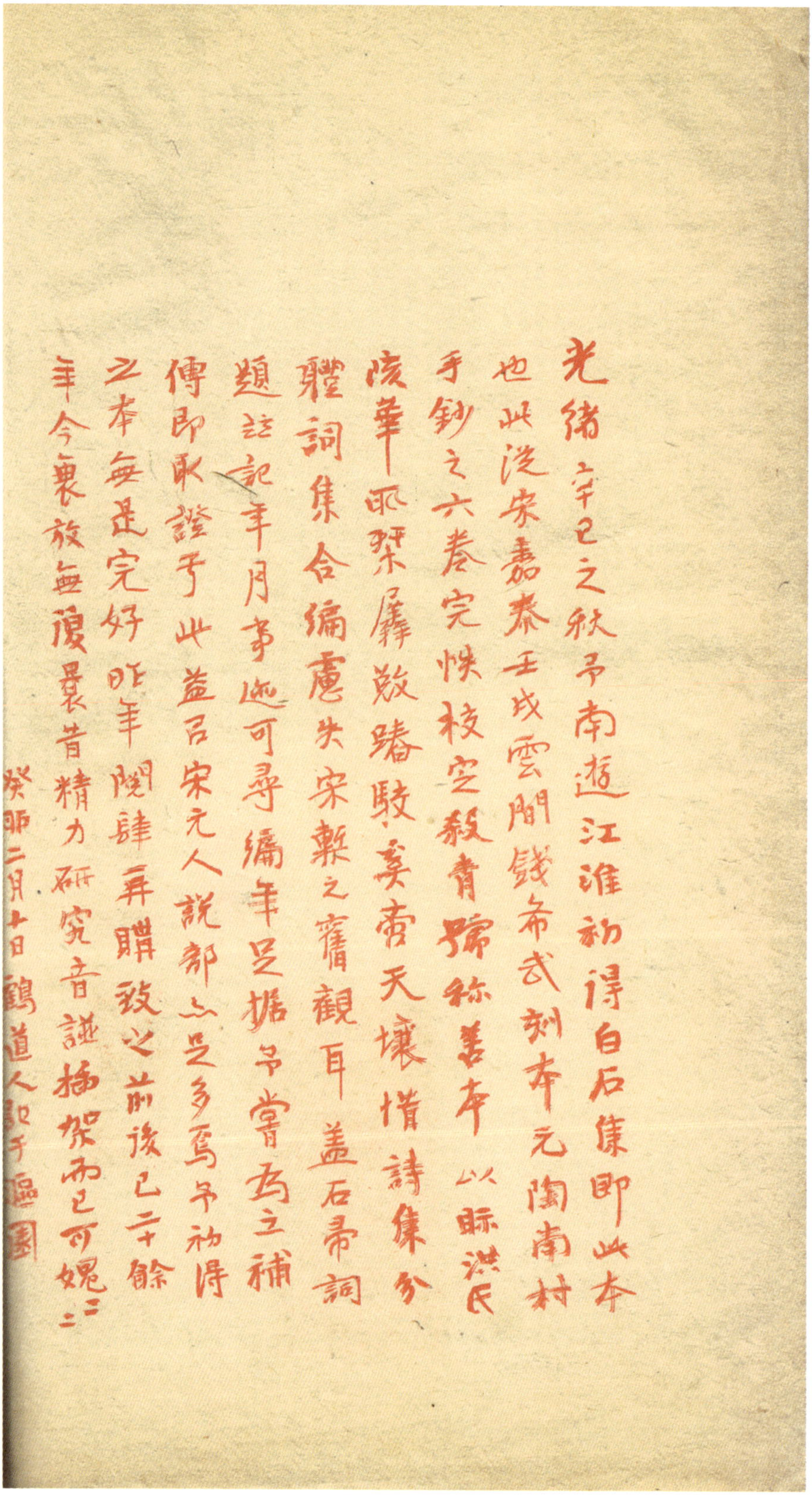

光緒辛巳之秋予南遊江淮初得白石集即此本也此從宋嘉泰壬戌雲間錢希武刻本元陶南村手鈔之六卷完帙校定殺青號稱善本以眎洪氏陔華所栞羼敚踳駁奚啻天壤惜詩集分體詞集合編處失宋槧之舊觀耳蓋石帚詞題註記年月事迹可尋編年足據予嘗為之補傳即取證于此蓋呂宋元人說部亦足多焉予初得之本無是完好昨年閱肆弄購致之前後已二十餘年今衰放無復曩昔精力研究音譜插架而已可媿可媿

癸卯二月十日鶴道人記于滬園

《白石道人诗集》郑文焯题记

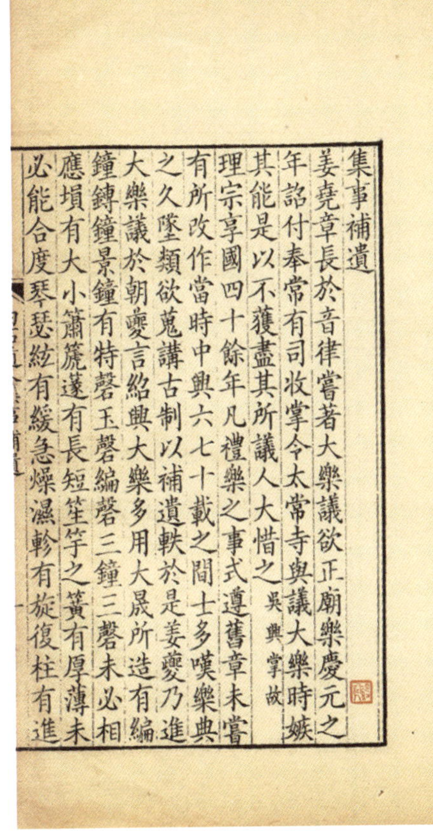

集事補遺
姜堯章長於音律嘗著大樂議欲正廟樂慶元之年詔付奉常有司收掌令太常寺與議大樂時嫉其能是以不獲盡其所議人大惜之吳興掌故
理宗享國四十餘年凡禮樂之事式遵舊章未嘗有所改作當時中興六七十載之間士多嘆樂典之久墜類欲蒐講古制以補遺軼於是姜夔乃進大樂議於朝夔言紹興大樂多用大晟所造有編鐘鎛鐘景鐘有特磬玉磬編磬三鐘三磬未必相應塤有大小簫篪籧有長短笙竽之簧有厚薄未必能合度琴瑟絃有緩急燥濕軫有旋復柱有進

《白石道人诗集》内页

白石道人詩集自敘
詩本無體三百篇皆天籟自鳴下逮黃初迄於今人異韞故所出亦異或者弗省遂艷其各有體也近過梁谿見尤延之先生問余詩自誰氏余對以異時泛閱衆作已而病其駁如也三薰三沐師黃太史氏居數年一語噤不敢吐始大悟學即病顧不若無所學之為得雖黃詩亦偃然高閣矣先生因為余言近世人士喜宗江西溫潤有如范致能者乎痛快有如楊廷秀者乎高古如蕭東夫俊逸如陸務觀是皆自出機軸亶有可觀者又奚以江西為余曰誠齋之説政爾昔聞其歷數作者亦無

《白石道人诗集》自叙

依编年义例，已写定若干卷，行将付锲。”今寒斋藏本题记称尝为白石编年补传，亦曾取证于此本，当为同一事也。然前跋称已写定行将付锲之事，似无下文。

该书凡六卷，计有《诗集》二卷、《集外诗》一卷、《附录》一卷、《投赠补遗》一卷、《诗说》一卷，其中《投赠补遗》部分多有大鹤山人墨笔眉批，此吾措意之处也。山人于白石用力极深，其所批校，自当有深意所在，此亦吾好奇之所在，然细阅一番，却又哑然失笑。吾以为词人读词，大半情真意切，多有感触，寒斋多有陈运彰批校之词集，嬉笑怒骂，不脱词人本色，想来鹤道人读白石词，亦当连连击案才是，没想到鹤道人所批，多是“某字某本作某字”之类，所据者有明嘉靖钞本、汲古阁本等，掩卷思之，或许批校是书时，郑文焯更多是以藏书家及刻书家自视，而非以词人自视也。此卷又有《赠姜石帚》一首，眉端批语为：“考《白石诗词集》中未尝及游寓阳羡，而君特赠作，止称石帚，是可异也。或疑别是一姜。”吾非专家，未知此语确否，故录此以请教方家也。

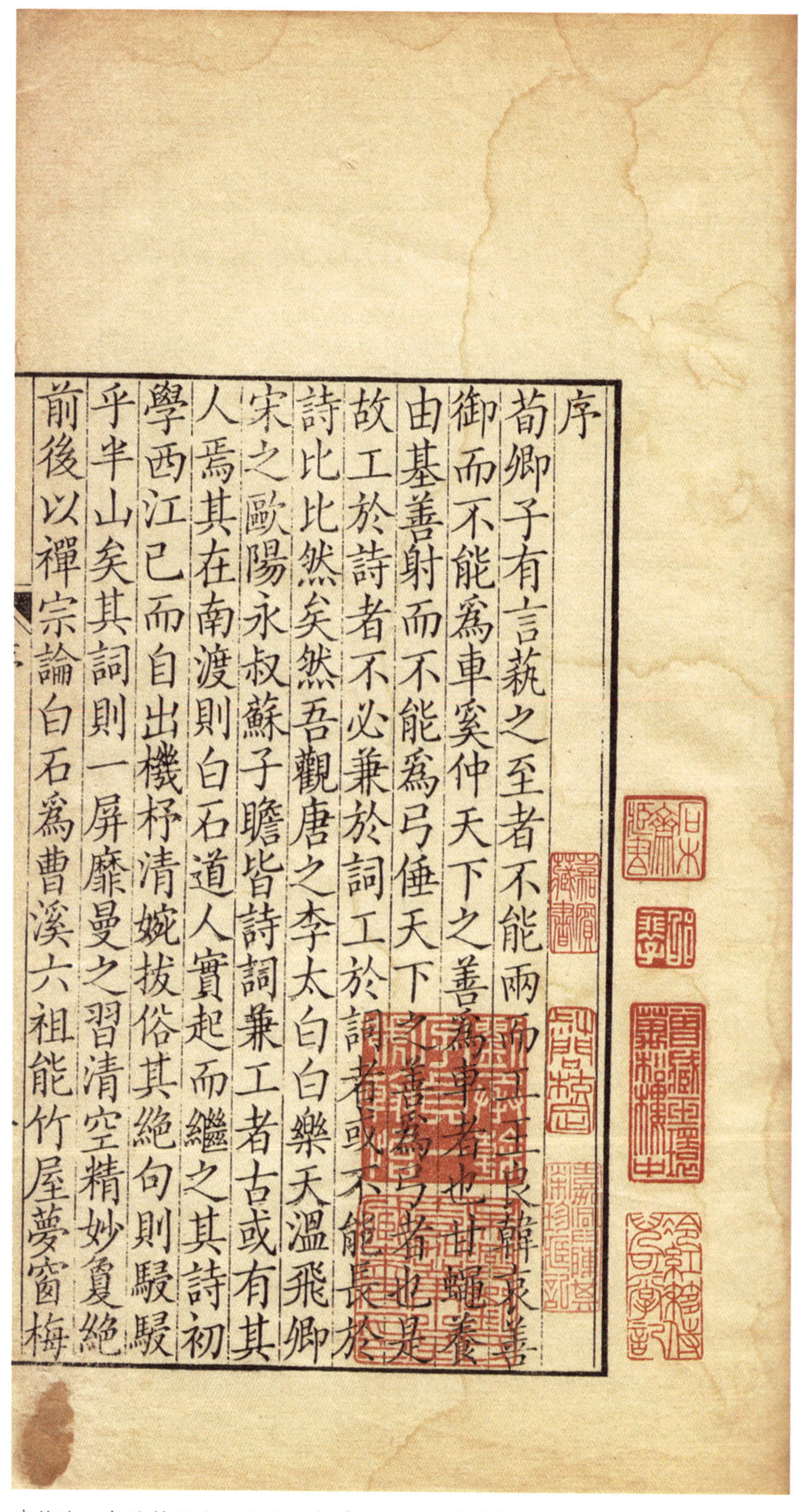

序

荀卿子有言蓺之至者不能兩而工王良韓哀善御而不能爲車奚仲天下之善爲車者也甘蠅養由基善射而不能爲弓倕天下之善爲弓者也是故工於詩者不必兼於詞工於詞者或不能長於詩比比然矣然吾觀唐之李太白白樂天溫飛卿宋之歐陽永叔蘇子瞻皆詩詞兼工者古或有其人焉其在南渡則白石道人實起而繼之其詩初學西江已而自出機杼清婉拔俗其絕句則駸駸乎半山矣其詞則一屏靡曼之習清空精妙戛絕前後以禪宗論白石爲曹溪六祖能竹屋夢窗梅

清乾隆八年陆钟辉水云渔屋刻本《白石道人诗集》序

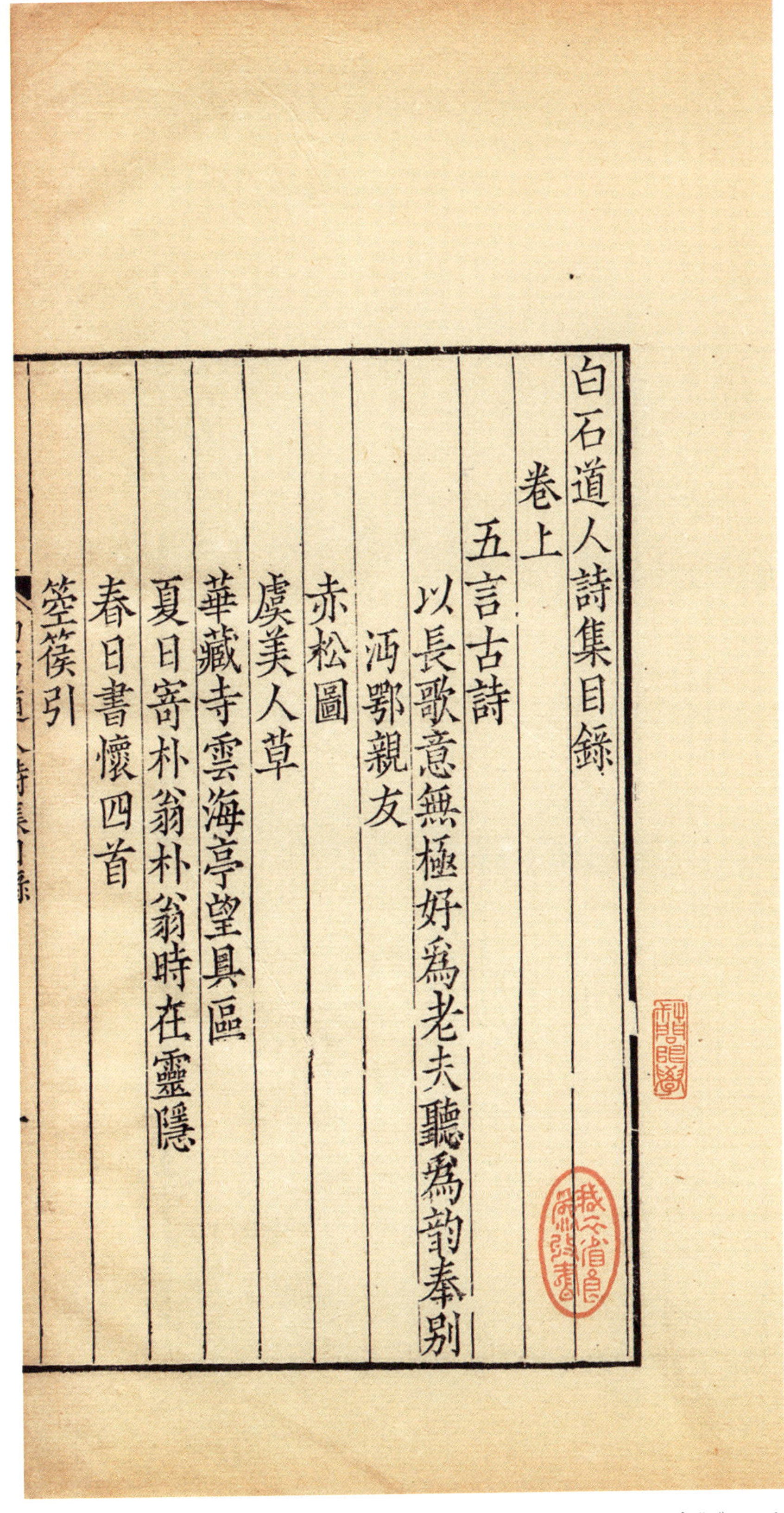

白石道人詩集目錄

卷上

五言古詩

以長歌意無極好爲老夫聽爲韵奉别

沔鄂親友

赤松圖

虞美人草

華藏寺雲海亭望具區

夏日寄朴翁朴翁時在靈隱

春日書懷四首

箜篌引

清乾隆八年陆钟辉水云渔屋刻本《白石道人诗集》目录

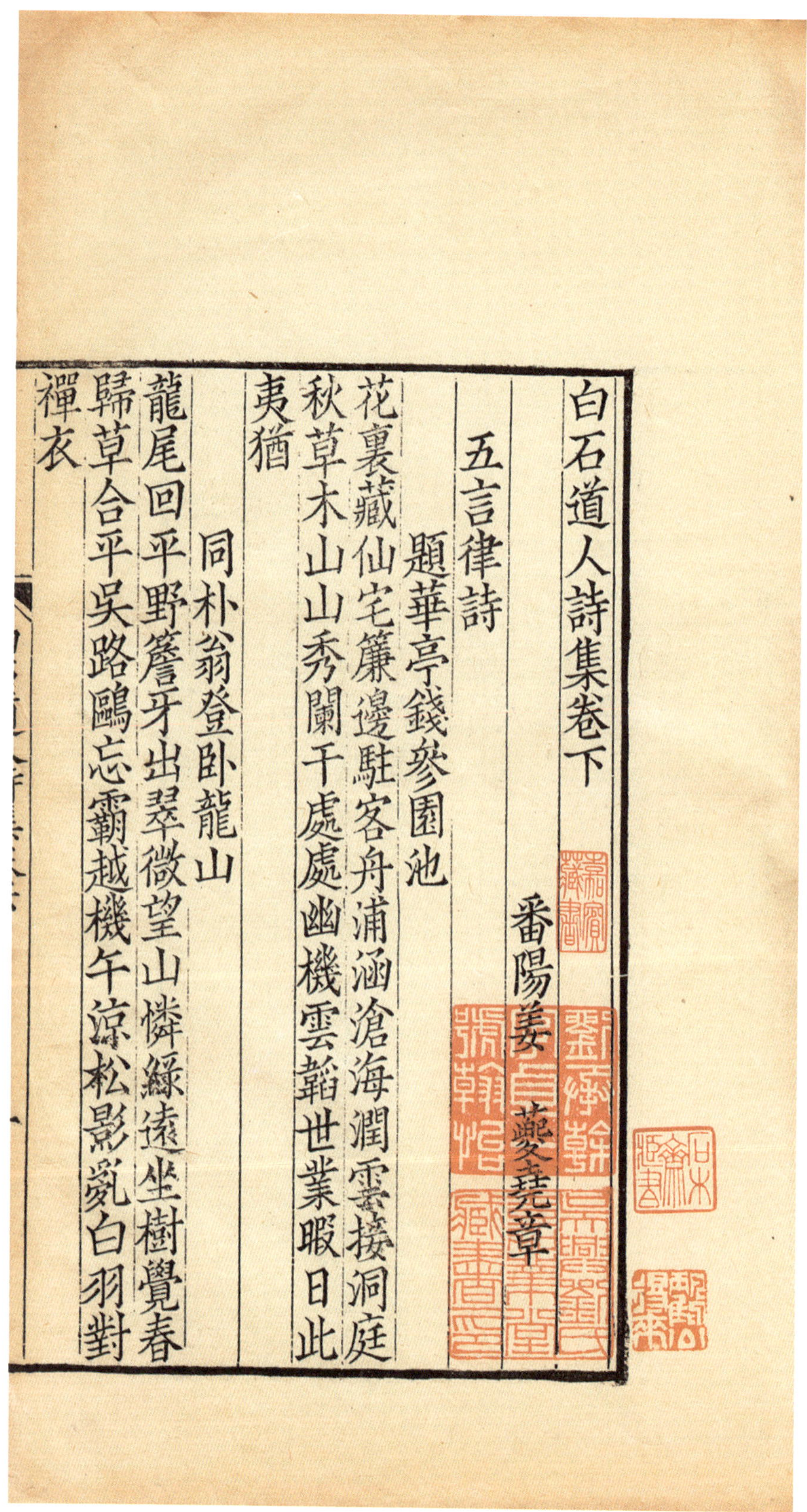

白石道人詩集卷下

番陽姜白夔堯章

五言律詩

題華亭錢參園池

花裏藏仙宅簾邊駐客舟浦涵滄海潤雲接洞庭秋草木山山秀闌干處處幽機雲韜世業暇日此夷猶

同朴翁登卧龍山

龍尾回平野簷牙出翠微望山憐縹遠坐樹覺春歸草合平吴路鷗忘霸越機午涼松影亂白羽對禪衣

清乾隆八年陆钟辉水云渔屋刻本《白石道人诗集》钤印累累

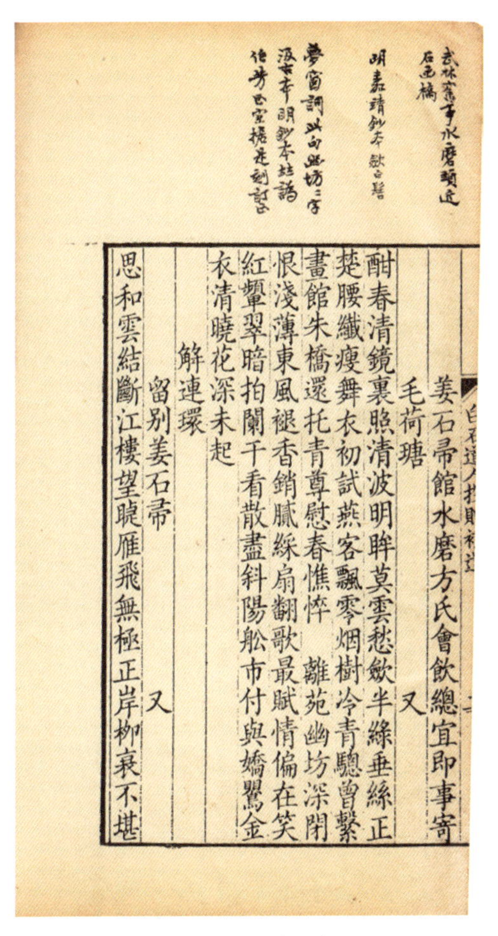

姜石帚館水磨方氏會飲總宜即事寄毛荷塘　又
酣春清鏡裏照清波明眸莫雲愁斂半綠垂絲正楚腰纖瘦舞衣初試燕客飄零烟樹冷青驄曾繫畫館朱橋還托青尊慰春憔悴　離苑幽坊深閉恨淺薄東風褪香銷膩綠扇翻歌最賦情偏在笑紅顰翠暗拍闌干看散盡斜陽船市付與嬌鬟金衣清曉花深未起
解連環
留別姜石帚　又
思和雲結斷江樓望睫雁飛無極正岸柳衰不堪

《白石道人诗集》郑文焯批校

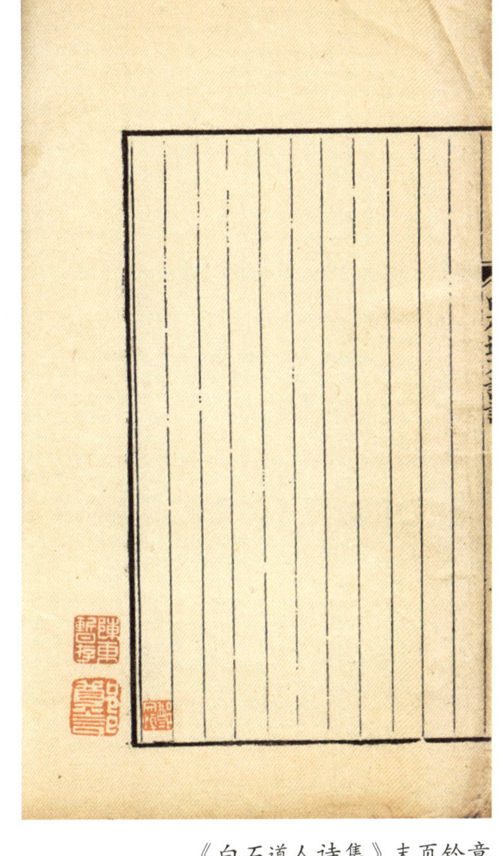

《白石道人诗集》末页钤章

郑文焯跋此本之癸卯年，为光绪二十九年（1903），据戴正诚所编《郑叔问先生年谱》所载，是年补行辛丑会试，山人因七荐不售，绝意进取，虽得亲友敦促，亦未赴试，并刻“江南退士”私印，以示无意作进士。吾得之本虽钤印累累，计得二十余方，其中有“叔问眼学”“叔问校定”“冷红词客”等名章，又有“瘦碧堪收藏经籍善本记”等藏书章，散见于卷中各处，其中却并无“江南退士”之印。然序言首页处钤有“冷红簃侍儿可可掌记”一方，颇清雅宜人。大鹤山人有侍儿红冰吾素知也，其“冷红簃”斋名即因此女而来，《冷红词》集名亦寓意“红冰”二字，据山人自言，红冰能歌其词，两人情意缱绻，颇具当年白石小红之意。张尔田《大鹤山人逸事》载：“光绪甲午，先君子奔官侨吴中，与小坡及张子苾诸君，连举词社。小坡方有‘比红’之赋，即所谓侍儿红冰是也。后遂归于小坡。乃于翦金桥卜西楼以贮之。《冷红词》一卷，大半咏此。”

可可与红冰皆为冷红簃侍儿，未知是否为同一人也。叶德辉《大鹤山人遗书序》

又载："丙辰还吴，君以鬻画寓上海，彼此通声息，而未尝往来。丁巳秋中，余坐茶寮，有白发老儒，褒衣广袖，扶一蓬首婢策杖就余坐。通姓名，道款曲，则君访余论交也。纵谈半日去。去时，余指其婢，戏语同坐曰：'此姜白石小红之流词料也。'一坐莞然。"叶德辉所记之"蓬首婢"未知又是冷红簃中哪一位侍儿，无论是红冰抑或可可，皆有红颜老去一日，虽是美人自古如名将，不许人间见白头，然叶氏戏言何其薄也。

据卷中钤印，复可知大鹤山人购得之本，乃嘉兴藏书家陈其荣旧物，以其卷中有"嘉兴陈其荣珍藏物""荄庵曼士鉴藏""双溪陈氏"及"桂青珍玩"诸印。陈其荣，字桂卿，一字桂庼、桂青，号荄庵。同治六年（1867）举人，曾参与撰修《嘉兴府志》经籍部分，卷中"减衣省食为收书"椭圆朱印亦其所钤。

该书在郑文焯之后，一度栖身嘉业堂刘承幹邺架，未知何年散出。复经若干年，为吾故友所得，此友驰骋拍场二十年，于海内外书界写下传奇无数，未料六年前突然驾鹤西去，如今墓门木已拱，此刻得睹于卷末最后一方藏印为"陈东暂存"，冥冥间或有谶乎？

郑文焯藏书印"叔问校定"

陈其荣藏书印"减衣省食为收书"

"冷红簃侍儿可可掌记"

樊增祥批校杨钟羲稿本《雪桥诗话》存三卷

《雪桥诗话》存三卷　（民国）杨钟羲撰

民国稿本　樊增祥题识　一函三册

杨钟羲（1865—1940）原名钟广，字子勤，又字子琴、芷晴，幎盦，号留垞，又号雪桥、圣遗居士等，晚号南湖鲜民，世居辽阳。清光绪十五年（1889）进士，授翰林院编修，光绪二十五年保送知府，分发浙江，然未授实缺，光绪二十七年入湖北巡抚端方幕，历任两湖文高等学堂提调、仕学院教习、勤成学堂监督兼提调、湖北襄阳知府、安陆知府以及江宁知府等，鼎革后寓居沪上，以遗老自居。民国十二年（1923）与王国维等应溥仪小朝廷之召，任南书房行走，并携家回居京师，民国二十九年病逝于京。所著有《八旗文经作者考》《日知荟说讲义》《弟子职音谊》《骈体文略》《历代五言诗评选》《圣遗诗集》《铁史余习》及《雪桥诗话》等，其中《雪桥诗话》为最负盛名者。

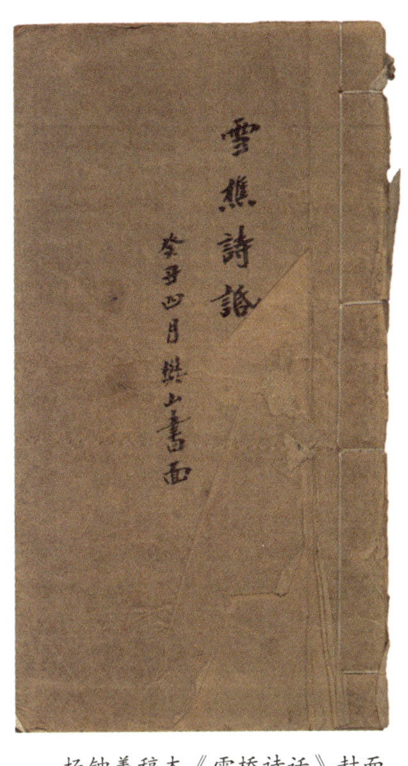

杨钟羲稿本《雪桥诗话》封面

杨钟羲为汉军正黄旗人，亦是近代旗籍

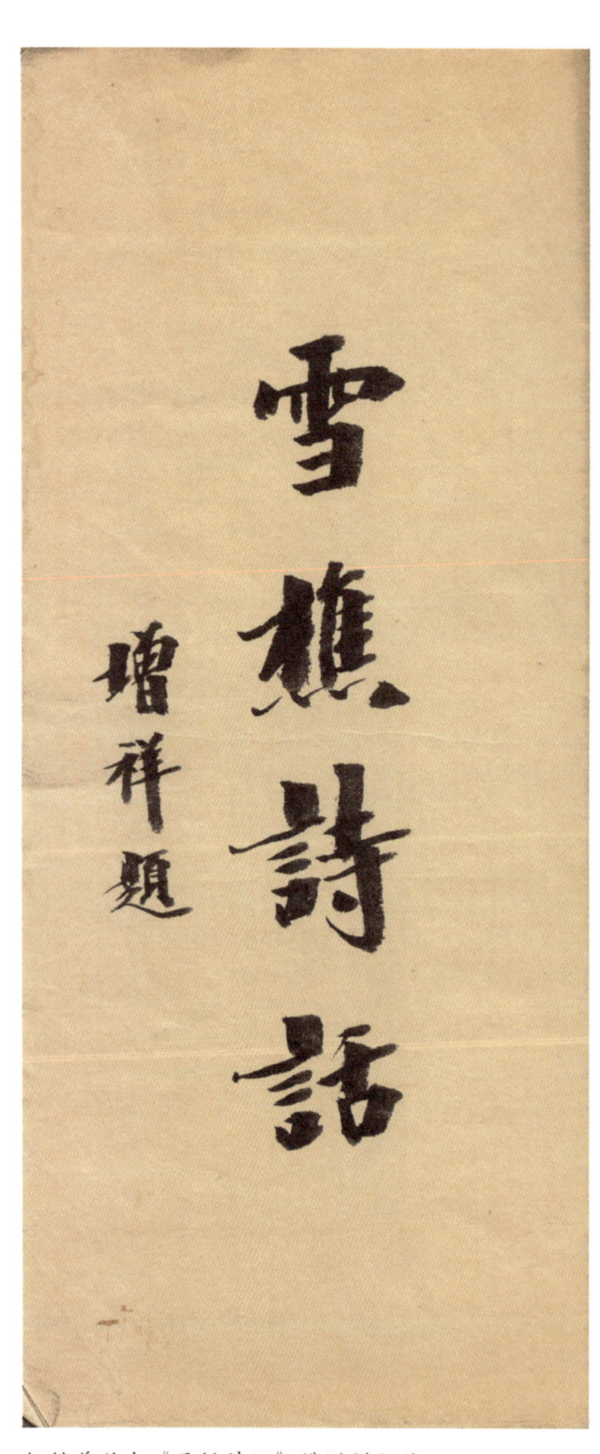

杨钟羲稿本《雪桥诗话》樊增祥题签

著名学者，其自订年谱《来室家乘》载："吾家先世，居辽阳地方。天聪二年，隶满洲都统内务府正黄旗头班管领。"又载："吾家初隶满洲正黄旗。先高祖归自广西，高宗以清语问答，未能娴习，命改汉军，自是始为汉军正黄旗。"杨钟羲颇为在意自己的旗人身份，故于八旗文献甚为留意，尝与清宗室盛昱合编八旗作者总集《八旗文经》，并独自撰写《八旗文经作者考》，又选编校刻有八旗词人总集《白山词介》，"白山"借指满洲，又刻印旗人著述若干，如其高祖虔礼宝《椿荫堂存稿》、蒙古博明《西斋偶得》、汉军姚斌桐《还初堂词钞》、宗室盛昱《意园文略》及《郁华阁遗集》等。

《雪桥诗话》虽名为"诗话"，实则为一部记载清代史实之掌故书，上至朝章国故，下至经济民生，旁及风俗物产、旧闻轶事、学术渊源、艺文源流等，兼收博采，汇为一编。缪荃孙序称："此虽名'诗话'，固国朝之掌故书也。由采诗而及事实，由事实而详制度、详典礼，略于名大家，详于山林隐逸，尤详于满洲，直与刘京叔之《归潜志》、元遗山之《中州集》相埒。”正因为该书所记多有掌故轶闻，故书成之后，不仅喜读诗话者时有翻阅，研究史实、爱好考据者亦多有引用，将该书视为掌故书读者，远较视为诗话而读者为多。陈三立为《续集》作序称：“留垞所为诗话，掇拾所及，比类事迹，甄综本末，一关于政教、学术、风俗，及其人行谊遭遇，网罗放失，彰阐幽隐，俨然垂一代之典，备异日史官之采择。”而杨钟羲自已亦曾在《初集》后跋中称：“大抵论诗者十之二三，因人及诗，因诗及事，居十之七八。其人足纪而无诗，其诗足纪而无事，概未之及焉。为书十二卷，不足括一代之诗之全，而朝章国故，前言往行，学问之渊源，文章之流别，亦略可考见。”

《雪桥诗话》全书四集，凡四十卷，分别为《初集》十二卷、《续集》八卷、《三集》十二卷、《余集》八卷，其中《初集》撰于民国元年（1912）春至民国二年冬，《续集》撰于民国五年夏，《三集》撰于民国八年春，《余集》撰于民国十一年冬，前后历时十一年，篇幅浩繁，内容赡富。因为杨钟羲的旗人及遗民身份，该书在选材上颇为着重于旗人作者及遗民轶事，对于纳兰性德、法式善、常安、李锴及铁保等旗人作者，皆有详细记录，对于一些不为人知却有作品传世之旗人作者，亦存以吉光片羽，故后世多有将该书视为《八旗文经》之姊妹篇者。因其长年居于京师，故该书又多记有北京风土人情，如《京师竹枝词》，以及京师各庙市情形等，今人研究北京风俗者，亦多引此书。

该书刻本仅有民国初年南浔嘉业堂刊本，且由刘承幹任校字之役。该书由嘉业堂付梓，又与刘承幹之高义相关。杨钟羲虽为八旗子弟，一生中大部分时间却于穷苦困顿中度过，除署江宁知府为实缺外，余皆为冷署闲官。避居沪上之后，生计成艰，沈曾植《雪桥诗话序》尝记其窘况：“圣遗居士避世于北江之尾，陋巷湫尘，蓬藋拄径，十笏之室，圭窦彻明。”民国二年（1913），杨钟羲辗转托人向张元济求助，欲往商务印书馆编辑所内谋一职位，《郑孝胥日记》是年正月十三日载：“贻书欲为杨子勤求入印书馆编辑所，余商之菊生，苦于无可位置。”然彼时时局巨变，遗民中困顿者比比皆是，李瑞清、诸宗元皆往商务印书馆谋职，杨钟羲最终失望而返。

叶昌炽《缘督庐日记》民国二年（1913）六月一日所记更为凄楚：“（杨钟羲）辛亥之劫，侨居海滨，宦囊如洗，去年遭母忧，至无以庀丧事。古惟（朱祖谋）、子培（沈曾植）两君为言翰怡，延司校勘，助以四百金，始克携榇归窆。廉吏可敬，宦途之下场亦可叹也。”郑逸梅《逸梅杂札》亦载：“钟羲居官极廉洁，宦囊如洗，遭母丧，至无以归榇，刘翰怡助以四百金，始得告窆。翰怡刻《嘉业堂丛书》，钟羲力为雠校，所以报其德也。”

斯事在刘承幹《求恕斋日记》中亦有载，民国二年（1913）正月二十一日记：“午后朱古微来，与谈良久，伊荐杨子勤太守任余处分校之役。据述系沈子培方伯托伊转荐。每月薪修三十元。子勤向曾相识，其学问博茂，素所钦佩。即与订定。然其人立品甚高，设非革命，则前程未可限量。焉肯就此一席，是则余刻书之举亦眷眷者有以助成也。”杨钟羲母丧无以为葬，又向商务求职未果，幸得朱祖谋与沈曾植荐往嘉业堂校书，始得暂缓生计。

未久，杨钟羲向刘承幹预支十个月薪水以葬其母，刘承幹不仅当即允之，并赠金一百元，以助杨钟羲全其孝道。《求恕斋日记》同年三月二十八日载：“因杨芷姓太守丁艰，而后目击时艰，急拟回鄂葬亲而客囊如洗，特来恳余预借校勘薪俸十月。计洋三百元。兹由子修先生为之说项。余允之，小谈而去。余思芷姓学养沉潜，乃有道之士。孝思不匮，其志可嘉。拟助以赙敬百元，以成其事耳。”刘承幹对杨钟羲如此高义，当与二人皆自认遗民有莫大关系。民国十一年（1922），刘承幹在上海四马路新设当铺，牌匾上依然写着“大清宣统壬戌年”，以致招来横祸；溥仪大婚、生日，其皆送去厚礼，以表忠心。乱世之中，得遇同志，难免生惺惺相惜之情，无怪前日记中，刘承幹称杨钟羲“设非革命，则前程未可限量”。

民国二年（1913），杨钟羲正式进入嘉业堂任校勘。此后五年，杨钟羲与缪荃孙、许子颂等为嘉业堂校刻图籍一百余种，《雪桥诗话初集》亦于是年撰成，并于同年刻入《求恕斋丛书》。该书之付梓过程，在刘承幹《求恕斋日记》中亦有详细记载。是年十月二十九日：“余以刻书事，在家宴客。杨芷姓、章一山、褚礼堂先后至。座谈良久。芷姓以所著《雪桥诗话》见贻。余允为代印行世。谛视其稿，亦非空言，盖于世事亦有关系也。”刘承幹最初计划将该书在西泠印社排印行世，后因活字字钉不够，以及费用等缘故，又改为雕版刷印。

《求恕斋日记》十一月二十二日载：“午后，吴石潜来。先是杨君芷姓以自著《雪桥诗话》十二卷见示。其中非但月旦之评，颇亦言中有物，余极赏之，许其付石印。石潜现办西泠印社，创设仿宋活字版，排印甚精致。余拟将《雪桥诗话》授之印行。乃与计算，约共八百纸，其印例以纸数计算，索价每纸一元，然以九角大洋计算。除纸价外，排印费约须七百余元耳。余未晤，醉愚约伊与芷姓接洽。

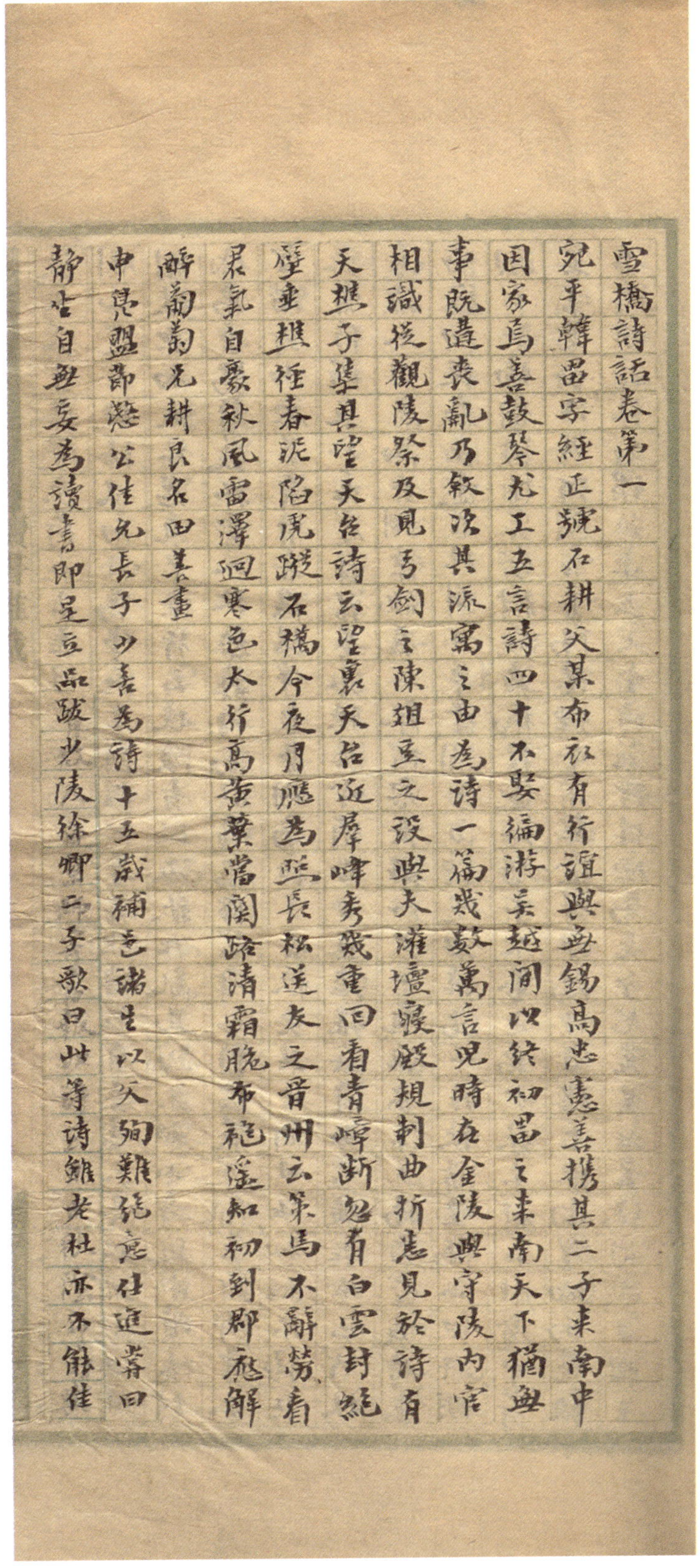
雪橋詩話卷第一
宛平韓畕字經正號石耕父某布衣有行誼與無錫高忠憲善攜其二子來南中
因家焉善鼓琴尤工五言詩四十不娶徧游吳越間以終初畕之來南天下猶無
事既遘喪亂乃斂迹其流寓之由為詩一篇幾數萬言兒時在金陵與守陵内官
相識從觀陵祭及見弓劍之陳俎豆之設與夫灌壇寢殿規制曲折悉見於詩有
天樵子集其望天台詩云望裏天台近摩崖秀幾重回看青嶂斷忽有白雲封絕
壁垂蘿徑春泥陷虎蹤石橋今夜月應為照長松送友之晉州云策馬不辭勞看
君氣自豪秋風雷澤迥寒色太行高黃葉當關路清霜脆布袍遙知初到郡飛解
醉葡萄兄耕良名田善畫
申鳧盟節愍公佳允長子少善為詩十五歲補邑諸生以父殉難絕意仕進嘗曰
靜坐自無妄為讀書即是立品跋少陵徐卿二子歌曰此等詩雖老杜亦不能佳

杨钟羲稿本《雪桥诗话》卷首

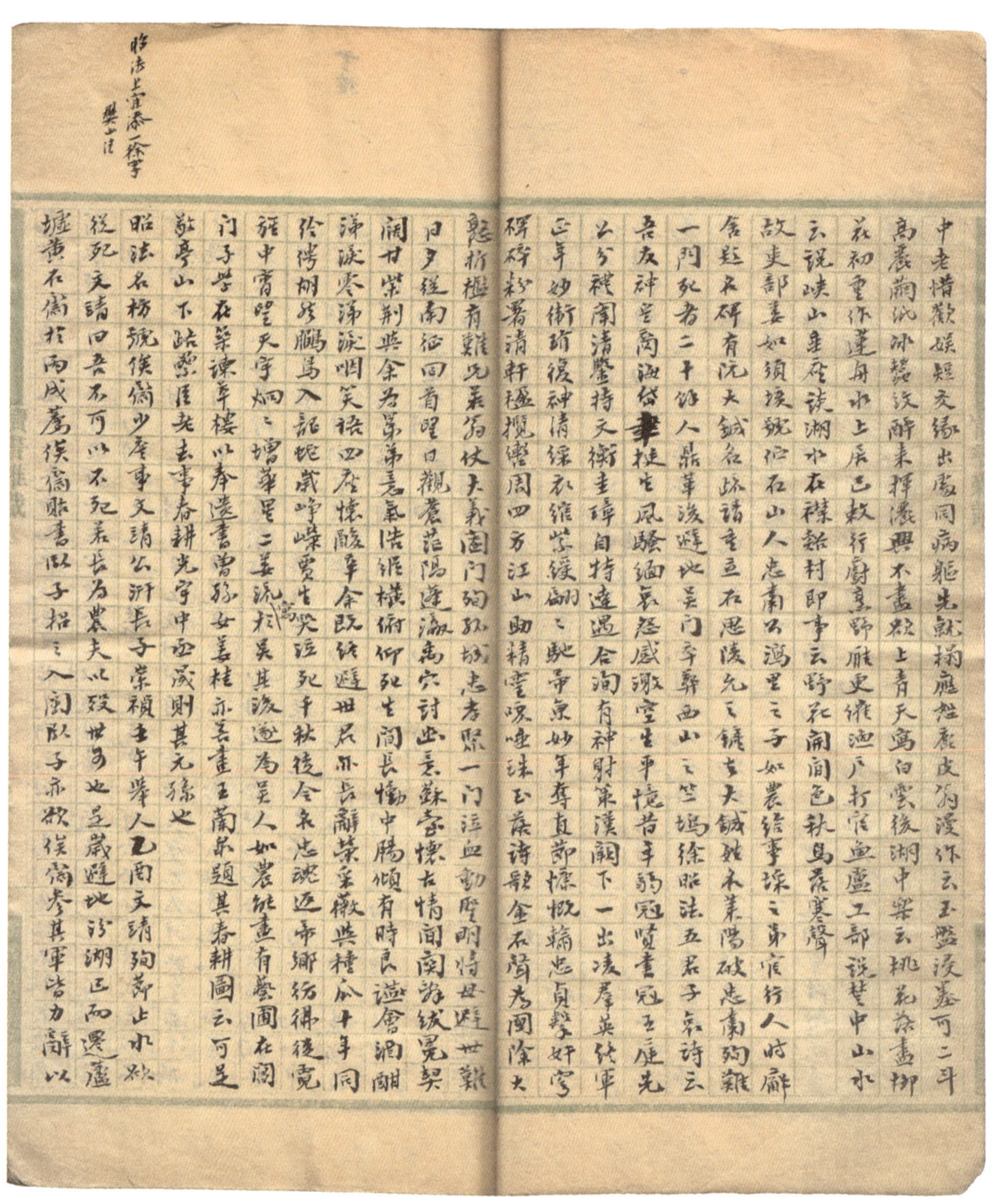

杨钟羲稿本《雪桥诗话》樊增祥批校

后或授梓，或排印，再当磋商。”

是日刘承幹复致信杨钟羲：“弟本拟将《诗话》用铅字印行，嗣晤西泠印社吴君石潜，见所印活字本甚佳，拟托排印，以为精本。今日石潜始来述及，其板以仿宋字太少，不及周转，排印甚迟缓，每日不过三页。其索值自以为极廉，揆之授梓，无甚差也。鄙意以为既难从速，又一印不能再印，核价既与锓板相符，则排印殊不合算。是以又拟付刊。兹奉上石潜来样一页，乞察之。惟弟急欲从事，俾早附名于骥尾。即日与友人酌定或排印或锓木，即当奉闻也。”

该书最终选择锓木出版，于民国三年（1914）蒇事，刘承幹为之序：“留垞先生避地之二年，成《雪桥诗话》十有二卷，承幹为之校刊，甲寅九月工既竣，爰泚笔而为之序曰：是书之作，盖卜子夏所谓‘达于事变而怀其旧俗’者也。……先生是书，纪旧闻，发潜德，具文见意。其说诗以质厚为宗，其述事以有依据为断。自以多识前言往行，于怀旧之蓄念，为加详焉。后之览者，其亦有遇尘雾而振霜雪之思乎！”

寒斋与嘉业堂缘分可谓非浅，陆续收得所刻图籍若干，又幸收有嘉业堂钞本《嘉业堂丛书目录》，目录中即有《求恕斋丛书》。而更有幸者，收有樊增祥题签之杨钟羲稿本《雪桥诗话初集》三册。该稿本以绿格稿纸书就，版心上刻“读书杂识”，首册封面有樊增祥墨笔题“雪樵诗话，癸丑四月樊山书面”，内中副页题“雪樵诗话，增祥题”，惜卷中未见钤印，然樊增祥墨迹寒斋颇富，其笔体个性十足，睹字如见其人，必出其手无疑。此稿或为誊清二稿，既非底稿，亦非最终定稿，誊写颇为整洁，然亦有数页出现大量修改。遗憾者，所录内容仅存《雪桥诗话初集》之一、三、四卷，卷二不知所终。

樊增祥年长杨钟羲十九岁，辛亥后一度同寓沪上，以遗老自居。今时检阅民国诸人日记，时见两人同赴某宴，共咏诗钟之记录。《来室家乘》中收有樊增祥撰《杨子琴六十寿言》一文，详述二人交游过程：“余光绪丁酉荐入都，始相识于日下，见其愔愔琴德，穆然静深，心知为有道之士，不仅为文苑中人也。王孙选《八旗文经》，君实始终其事，一切序例，皆出君手。剞劂既竣，风行海内，而君口不言劳，归美伯熙而已。又著《雪桥诗话》，为《文经》羽翼，八旗之幽光潜德，为阐彰者不知凡几。……及光绪丙午，端忠敏督两江，君奉调入幕府，掌一切机要文字。阅二年，余开藩江宁，同舟欢甚，从政之暇，文燕无虚日。……辛亥国变，与余避地海上，患难相依者又三四年。及余来京，而君留沪，相别垂十年。”此寿序作于民国十三年（1924），而该寿序并非惯常作寿者请而序之，乃是樊增祥主动所写者，文末又称：“散原与君，不乞余文，而必寿之以文者，喜其淡清与我同，匪特寿君，世皆诧吾文博丽，今以淡文写淡人，并以寿吾文也。”

郑逸梅有《杨钟羲反对张季直》一文，述樊增祥调解杨钟羲与张謇误会事：“盖辛亥之变，钟羲脱身出险，藏书被掠，时有嘉兴朱永锡者，稔钟羲有书癖，为之入郡廨搜检劫余，并获得徐固卿护照，钟羲遣旧仆往运来沪。不意张季直误以为钟羲处之藏书，悉为盛意园物，欲攘夺之以归通州图书馆。钟羲知之大怒，谓：‘目今五族共和，凡个人财产，皆应保护，不得侵凌剥夺，何物张謇，竟敢藉词攘窃……’卒由樊樊山、龚心铭为之调解，事始寝。”

郑逸梅此文未记年月，未知事发何时，然杨钟羲感激樊增祥之情可想而知。且樊长于杨十九岁，文坛耆宿，杨钟羲书稿撰成之后，于付梓之前先交由樊山过目，足见其对樊山之敬重。卷中偶见樊山是正，如卷一述徐枋事，杨稿为“昭法名枋，号俟斋”，樊山眉批：“昭法上宜添一徐字。樊山注。”樊山书面题“癸丑四月”，是年为民国二年（1913）春，书稿尚未付梓，今日核对点校本，此处“徐”字已然添上。

杨钟羲藏书印“留垞”

李芝绥过录何焯、孙星衍批《青邱高季迪先生诗集》十八卷首一卷《遗诗》一卷

《青邱高季迪先生诗集》十八卷首一卷《遗诗》一卷　（明）高启撰

清雍正六年（1728）文瑞楼刻墨华池馆重订本　李芝绥过录何焯、孙星衍批语　一函七册

钤：缄翁（朱方）、裘杆老人（朱方）

此《青邱高季迪先生诗集》，丁亥年秋得自海王村拍场，喜其卷中朱墨二色批校满纸，且无人相争，遂以底价得之。高启（1336－1374）字季迪，号槎轩，长洲（治今江苏苏州）人。元末为避张士诚之乱，居吴淞之青邱，故又号青邱、青邱子。明洪武元年（1368）授编修，参修《元史》，故有“太史”之称，累官至户部侍郎，后因苏州知府魏观案连坐而遭腰斩，享年不足四十。

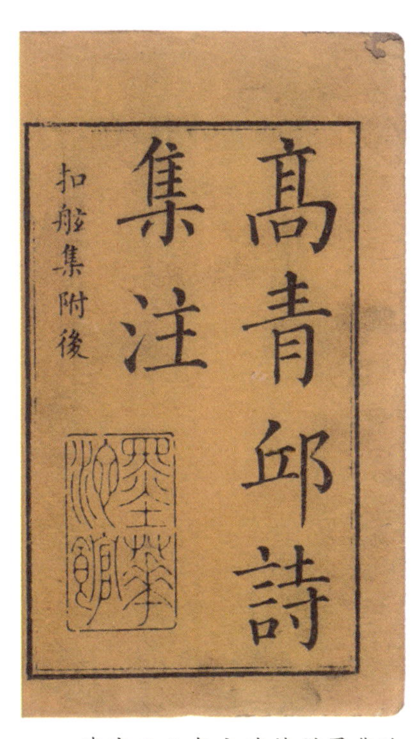

清雍正六年文瑞楼刻墨华池馆重订本《青邱高季迪先生诗集》书牌

高启与杨基、张羽、徐贲并有“吴中四杰”之称，兼擅七言、五言诸律，其诗多为怀古咏史、登山临水以及往来酬赠之作，为明代诗人中成就极高者，其诗才气豪健却含锋纳芒，词句秀逸而不琢字雕句，《四库全书总目提要》评价称：“启天才高逸，实据明一代诗人之上。其于诗拟汉魏似汉魏，拟六朝似六朝，拟唐似唐，拟宋似宋，凡古人之所长，

无不兼之。振元末纤秾缛丽之习，而返之于古，启实为有力。然行世太早，殒折太速，未能镕铸变化，自为一家。”其虽盛年死于非命，所遗诗词等作品却逾两千首之多，是故越缦老人称：“阅《高季迪集》中《避乱》五古数十首，愈觉苍老可爱，昔人于颠沛中不辍所业如此。故青邱死时，年仅三十九，而所作《大全集》诗至一千七百余首，散失者不与焉。人之成名，无不以勤者，书之以志愧也。”

高启生前尝手自编定诗集《姑苏杂咏》，序称：“况幸得为圣朝退吏，居江湖之上，时取一篇，与渔父鼓枻长歌，以乐上赐之深，岂不快哉！因不忍弃去，萃次成帙，名《姑苏杂咏》，合古今诸体凡一百二十三篇云。洪武四年十二月日，前史官高启序。”其生前手自编订者尚有《吹台》《江馆》《青邱》《南楼》《娄江》《凤台》《胜壬》及《缶鸣》等集，然今日所传《缶鸣集》已非高启生前自编之本，而是其内侄周立据原《缶鸣集》有所增益而成。周立所编者，尚有文集《凫藻集》五卷、词集《扣舷集》一卷。明景泰元年（1450），吴县人（一作南昌人）徐庸复掇拾逸篇，以周立所辑《缶鸣集》为基础，增入《江馆》《青邱》《娄江吟稿》以及《姑苏杂咏》等书中逸出《缶鸣集》之外者，成《高太史大全集》十八卷。至成化年间，又有张习将高启诗作辑成《槎轩集》十卷，其中多有徐庸《大全集》所未收者。至清雍正六年（1728），桐乡金檀辑注成《青邱高季迪先生诗集》十八卷，该注本以徐庸《大全集》为基础，按其编次，补入《槎轩集》中徐庸未收者，又从各种方志、选本中搜辑出高启遗诗，并于集后附有《凫藻集》及《扣舷集》，以及年谱等，此本遂为后世公认搜辑高启作品最完备者。

金檀（1660 — 1730）字星轺，先世为安徽休宁望族，后徙居浙江桐乡，遂寄籍于此，康熙四十八年（1709）迁居太仓，晚年又居苏州桃花坞。著有《文瑞楼集》及《消暑偶录》。其藏书处有文瑞楼，民国徐珂《清稗类钞》有“金星轺藏书于文瑞楼”条，文称：“金星轺明经锡鬯自幼嗜古（按金锡鬯乃金檀之兄金樟的曾孙，徐珂误合二人名字为一人），好蓄异书。遇善本，虽重价不吝，或假归手钞，筑文瑞楼以贮之，有书目十二卷，皆其所藏者也。星轺籍隶桐乡，徙宅于太仓，其于桑梓之文献，罔弗留意。康熙己亥，校刊《贝清江集》四十卷、《程巽隐集》四卷，后又访购鲍征士《西溪集》而不得，每以为憾。世所传明《高青邱诗集注》，亦出自明经。以其藏书之富如是，宜注释之甚易，然亦四易寒暑而后成也。”

徐珂此文上半部分出自杨蟠《文瑞楼书目序》，最后一句则出自金檀《高青

列朝詩集小注元季每年孟夏駕幸灤京避暑七月乃還此詩云北巡初避暑紀元事也 按此評已載注中

評宗義門戊申八月從大全本錄出圈點亦仍其舊

青邱高季迪先生詩集卷一

墨筆錄亥仲冬選本戊午八月

金　檀　星軺　輯注

桐鄉　汪　夢齡　與三

汪　安　次遷　重訂

樂府

○上之回〔古今樂錄〕漢鼓吹鐃歌十八曲四曰上之回〔樂府正聲〕漢短簫鐃歌曲〔漢書武帝紀〕元封四年冬十月行幸雍祠五畤通回中道遂北出蕭關歷獨鹿鳴澤自代而還幸河東〔師古注〕回中在安定北通蕭關〔吳兢樂府解題〕漢武通回中道後數出游幸焉〔沈建廣題〕漢曲皆美當時之事

聖主重行幸〔蔡邕獨斷〕天子車駕所至見令長三老官屬親臨軒作樂賜以食帛民爵有級或賜田租故謂之幸　六蚪法乾旋〔續漢書〕天子五輅駕六馬〔揚雄甘泉賦〕四蒼螭兮六素虯　北巡初避暑〔王僧孺詩〕迴鑾避暑宮〔錢謙益列朝詩集〕元世每年孟夏駕幸灤京避暑七月乃還北巡初避暑紀元事也　東祠已祈年〔禮記月令〕天子乃祈來年于天宗　羣官從清塵〔司馬相如諫獵書〕犯屬車

青邱詩集卷一　樂府　一

清雍正六年文瑞楼刻墨华池馆重订本《青邱高季迪先生诗集》卷首

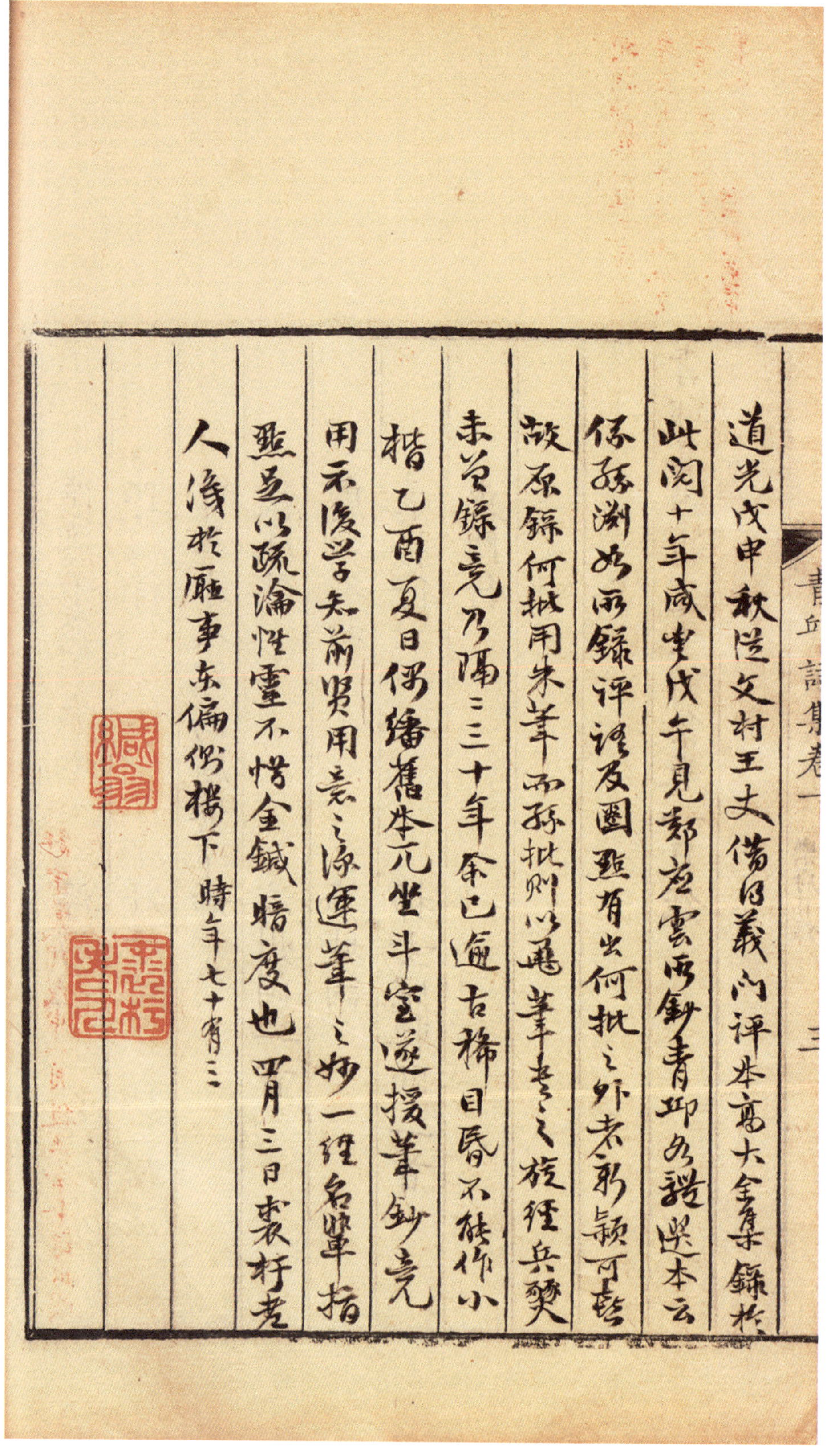
道光戊申秋從文村王丈借得義門評本高太全集錄於
此閱十年咸豐戊午見鄭居雲所鈔青邱名選選本云
係孫淵如所錄評語及圈點有出何批之外者彩穎可喜
故原錄何批用朱筆而孫批則以墨筆書之旋經兵燹
未曾錄竟乃隔二三十年余已逾古稀目昏不能作小
楷乙酉夏日倩繙舊本兀坐斗室遂援筆鈔竟
用示後學知前賢用意之深運筆之妙一經名筆指
點益以疏瀹性靈不惜金鍼暗度也四月三日裘杼老
人識於雁事東偏似樓下　時年七十有三

《青邱高季迪先生诗集》李芝绶跋语

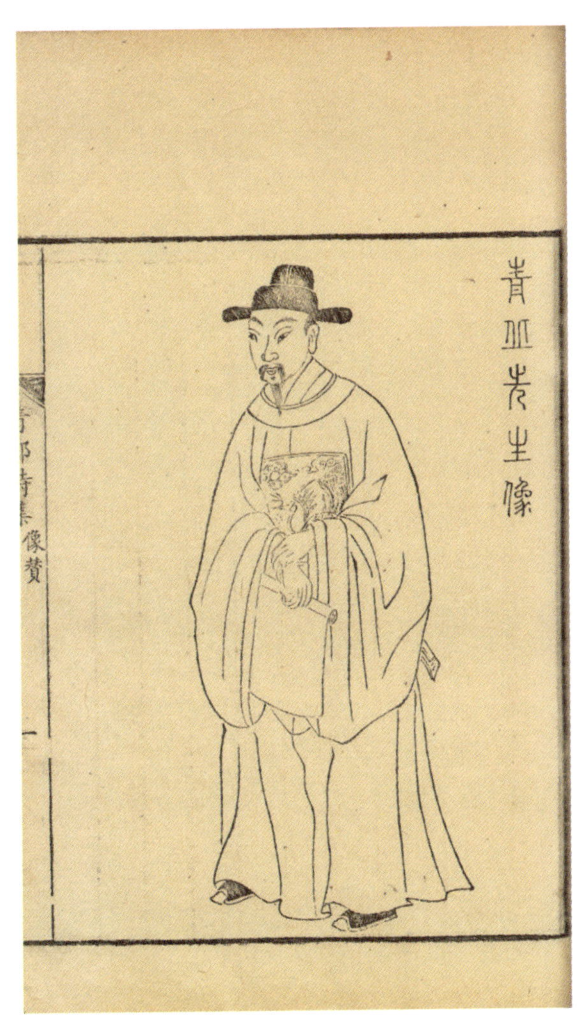

《青邱高季迪先生诗集》卷前高启像

邱诗集注》自序："余雅喜先生诗，又自惟诗学荒芜，不足深味其妙，屡购诸本，校其讹字，因以次注释，发一难，得一解，古人所谓注诗诚难，常心识之，终愧见闻寡陋，鲜就正以决择。凡四易寒暑，始获告竣，不惜较《清江》《巽隐》之订，迟之久而始出者也。"金檀所辑该书有雍正六年（1728）《文瑞楼丛刊》本以及墨华池馆重订本，民国三年（1914），东吴溥浦氏又据此本石印行世。寒斋所得，则为墨华池馆重订本，书牌页题"高青邱诗集注"，左上刻有"扣舷集附后"，左下刻有篆书"墨华池馆"四字，卷首首行题"青邱高季迪先生诗集"，次为"桐乡金檀星轺辑注，汪梦龄与三、汪安次迁重订"。该书卷前有高启全身画像，作明代官吏装束，相貌俊朗，略有髭须，次页像赞小注称："此像于丁未春间得之虎丘书肆，明初吴中贤达数十余图皆有传赞，惜逸作者姓氏。"

此本可喜者，乃卷中有朱墨二色批校，卷前有李芝绥墨笔跋语一篇，详述卷中批校源流："道光戊申秋，从文村王丈借得义门评本《高大全集》，录于此。阅十年，咸丰戊午，见郑应云所钞青邱各体选本，云系孙渊如所录评语及圈点有出何批之外者，新颖可喜，故原录何批用朱笔，而孙批则以墨笔书之。旋经兵燹，未曾录竟，乃隔二三十年，余已逾古稀，目昏不能作小楷。乙酉夏日，偶翻旧本，兀坐斗室，遂援笔钞竟。用示后学，知前贤用意之深、运笔之妙，一经名辈指点，足以疏瀹性灵，不惜金针暗度也。四月三日裘杅老人识于厅事东偏侧楼下。时年七十有三。"末钤"缄翁"及"裘杅老人"二印，皆朱方。该书卷首首行题下则以朱笔注："评宗义门，戊申八月从《大全》本录出，圈点亦仍其旧。"次行上空白以墨笔注："墨笔录黄仲则选本，戊午八月。"

由是可知，该书乃是由李芝绶道光二十八年（1848）以朱笔移录何义门评语，咸丰八年（1858）以墨笔移录黄仲则评语，而黄仲则评语则是据孙星衍过录之本而来。但黄仲则所评尚未录完，即遭遇太平天国之乱，无奈搁笔，事隔二十七年，至光绪十一年（1885），始得重续风雅，将黄仲则批语录完，此时李芝绶已是七十三岁之翁矣。李芝绶（1813－1893），原名蔚宗，字申兰，一作升兰，号缄庵，别署裘杅漫叟，江苏常熟人。道光十九年（1839）举人，有静补斋藏书，与同里铁琴铜剑楼主人时相过从，著有《静补斋集》《静补斋书目》等。叶昌炽《藏书纪事诗》卷七曾记在铁琴铜剑楼中初见李芝绶事："又在瞿濬之丈坐中见李申兰先生，须眉庞古，神观矍铄，玉舟太守之尊甫也。时未识玉舟，不敢贸然造谒，但闻其邃于流略之学，洽熟虞东掌故，颇收藏秘籍。"

何义门即何焯（1661－1722），初字润千，后改字屺瞻，晚字茶仙，别署香案小吏，先世在元代曾以"义门"旌，何焯以此二字颜书斋，故学者多称其"义门先生"。江苏长洲（治今苏州）人。清康熙四十二年（1703）进士，直南书房，侍读八皇子，授编修，后一度坐事罢官，未久复直武英殿修书。其人学问淹博，长于考订，精校勘之学，家有藏书楼赍砚斋，中多宋元精椠，所著有《义门先生集》《语古斋识小录》《道古录》及《义门读书记》等，《清史列传》《清史稿》皆有传。

何焯

何焯一生喜藏书、校书，且校书极有名气，门生全祖望为之作《墓碑铭》，称其："笃志于学，其读书茧丝牛毛，旁推而交通之，必审必核，凡所持论，考之先正。无一语无根据。吴下多书估，公从之访购宋元旧椠及故家抄本，细雠正之，一卷或积数十过，丹黄稠叠。"《清史列传》亦载："是时诸王皆右文，所聚册府，多资焯校之。世宗在潜

前半自寫意趣，却含不盡時俗意，故下半接說世事，本緣求名意亦斷除，而中間意思著實，為自時艱世態源可思

三四以史對史

桑苧翁家次近居（見卷六贈薛相士）人煙沙竹自成墟移門欲就山

當榻補屋唯防雨溉書貧為湖田長半沒拙因世事本多

踈當時亦有求名意自喜年來漸已除　情文並勝

其六

喪亂將家幸得全客中長恥受人憐妻能守道同王霸（見卷

三隱逸）婢不知詩異鄭玄（世說鄭康成家奴婢皆讀書康成嘗使一婢不稱旨怒使人曳著泥中須臾復有一婢來問曰胡為乎泥中荅

曰薄言往愬逢彼之怒　陸游詩奴愛才如蕭穎士婢知詩似鄭康成）借得種蔬傍舍地分來灌菊別池

泉却欣遠跡無相問一櫂秋風笠澤邊

其七

秋塘門掩竹穿沙為客鄰酤未易賒閒裏壯年慚白日愁

中佳節負黃花漁村靄靄緣江暗農徑蕭蕭入圃斜薄俗

《青邱高季迪先生诗集》李芝绶过录何焯批语（一）

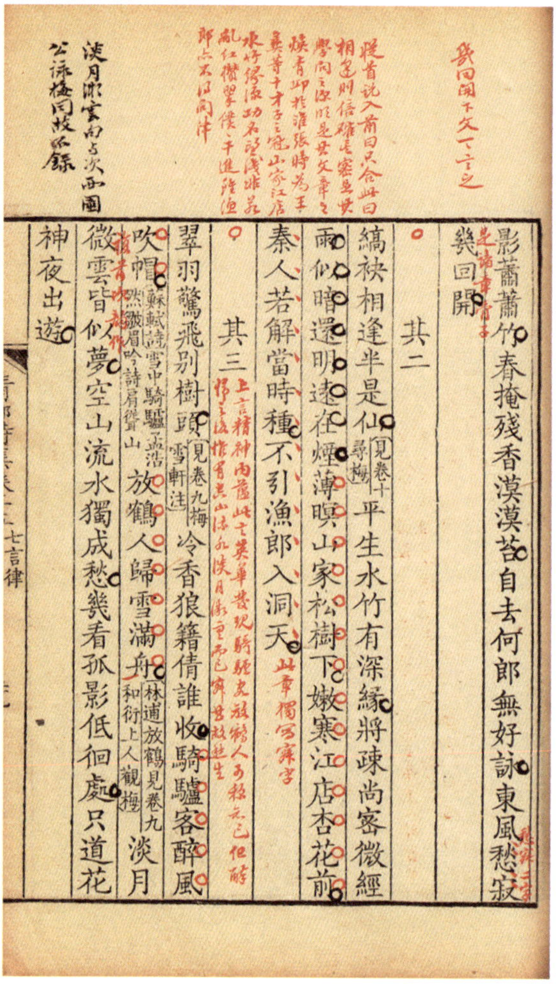
影蕭蕭竹春掩殘香漠漠苔自去何郎無好詠東風愁寂
幾回開
其二
縞袂相逢半是仙（見卷十尋梅）平生水竹有深緣將疎尚密微經
雨似暗還明遠在煙薄暝山家松樹下嫩寒江店杏花前
秦人若解當時種不引漁郎入洞天
其三
翠羽驚飛別樹頭（見卷九梅雪軒注）冷香狼籍倩誰收騎驢客醉風
吹帽（蘇軾詩雪中騎驢孟浩然皺眉吟詩肩聳山）放鶴人歸雪滿舟（林逋放鶴見卷九和衍上人觀梅）淡月
微雲皆似夢空山流水獨成愁幾看孤影低徊處只道花
神夜出遊

《青邱高季迪先生诗集》李芝绶过录何焯批语（二）

藩，亦以《困学纪闻》嘱焯笺疏。焯蓄书数万卷，凡经传、子史、诗文集、杂说、小学，多参稽互证，以得指归。”何焯所校之书，在当时即为学者所重，多以重金求购，坊间造假者亦应时而出。全祖望《墓碑铭》有记：“年来颇有嗜吾师之学者，兼金以购其所阅经史诸本，吴下估人多冒其迹以求售，于是有何氏伪书而人莫之疑，又一恨也。”何焯去世后，其子何云龙与门生沈彤、蒋维钧等整理其素日读书札记、遗稿，又多方搜访佚文，编成《义门读书记》五十八卷，前八卷考论《四书》《诗经》《春秋》三传，中间二十一卷考论前四史与《五代史》，后二十九卷分别考论《昌黎集》《河东集》、欧阳文忠公文、《元丰类稿》《文选》、陶靖节诗、《杜工部诗集》和《李义山诗集》，该书于乾隆三十四年（1769）付梓，书中解析各家诗文，颇有见解独到之处。

应该是何焯一生校书太多之故，所以《义门读书记》并未将何焯毕生校评之书悉数收录，如其所校《华阳国志》《新刊尔雅》《剡源文钞》《南史》以及《高太史大全集》等，皆寒斋有藏者，而吾未寓目者，又不知凡几。此《青邱高季迪先生诗集》中李芝绶过录何焯批语或长或短，有解说诗句者，有点评技法者，亦有抒发己见者。如卷十五《秋日江居写怀》七首，何焯评其一：“江居，客居也。七首皆写漂零之况，然无颓惰哀飒之气，故是哀而不伤。”评其二：“断云残照一联犹承前思兄句，日之夕矣牛羊下来，亦思于役之诗也。”评其三：“芙蓉泽国，禾黍田畴，何等风致，却着‘弥漫雨、奄冉风’六字，可想踪迹沉埋之况。”

评其五："前半自写意趣，却含不露时俗意，故下半指说世事本疏，连求名意亦渐除，而中间意忽着'贫为'句，时艰世态深婉可思。"评其六："凡怜我者，不知我者也，故耻受，则耻干可知。及于妻婢，自信之词也。而借地、分泉已足耻，其却本无知我自得悠然之趣，又反言以志之。"

如是详批者，卷中尚有多处，如卷十五有《梅花九首》，朱批满纸，或议或评或解，足见何焯对高启之欣赏，此摘二段以供同好。其一为："青邱身遭丧乱，当淮张赫焰时，罗致吴雄而出处之际，不得不慎。绡帐非无人施，第施者为谁？此愁之所以深也。乌得多受其辟，不得不遁逃青邱矣。门掩空山，为消愁计。忧则忧外侮之来，信则信白贲之贞。"其二为："诵其诗必先识其世，方见意味。作者一片苦心跃跃纸上，如此九首，其章法、句法、字法大有准绳，不能提，不可移易，九首直如一首。"

除却针对具体诗作的评论外，该书卷中亦有何焯对于诗歌之总论，如卷十七为七言绝句，何焯于该卷首页称："诗须认题。有因题为诗者，意在题中，须句句字字看切题处。有因诗假题者，意在题外，亦并在诗外，须从无句字处领取大要，只将全文反覆吟咏，令意自然跃出，不论古今、长短、五七言皆然。"以及："绝句因题者，意易见；假题者，每难言之。姑以细点着题旁，分识假题之意。"何焯后人及门生虽然搜辑其所批

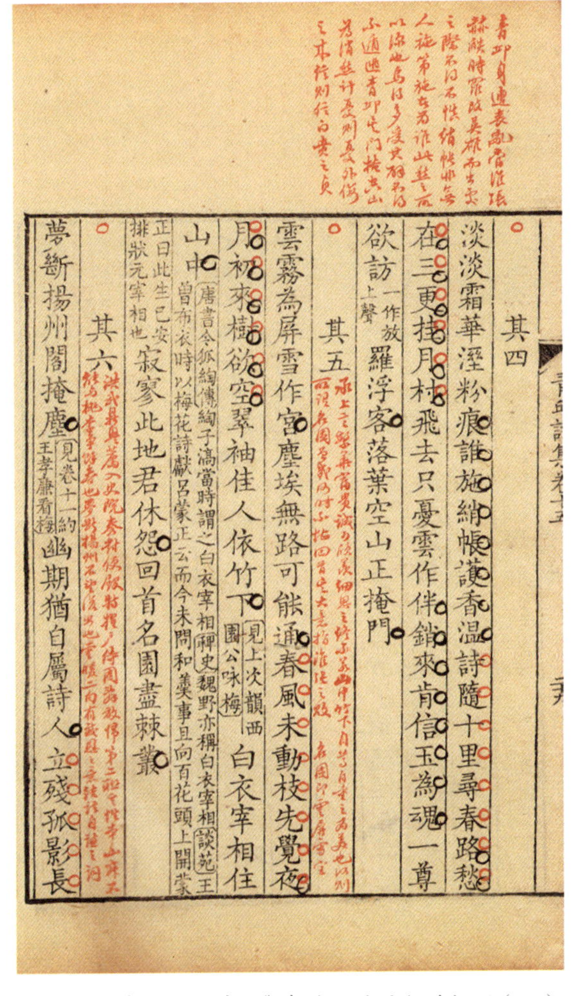

《青邱高季迪先生诗集》李芝绶过录何焯批语（三）

校之书，成《义门读书记》，却未见有人单独辑出何焯论诗之语，而成《义门诗话》。以何焯校书如是之多，辑出数卷诗话或许并不难，还待有志研究何焯者为之。

李芝绶跋称墨笔为“孙渊如所录评语及圈点”，细读之，墨笔圈点及批校既有孙星衍自批，亦有转录黄仲则语和袁枚语。孙星衍（1753 — 1818）字渊如，又字伯渊，号季逑、微隐、芳茂山人，江苏常州人。乾隆五十二年（1787）进士，乾隆六十年简放山东兖沂曹济道，后补山东督粮道，精研经训，旁及子史百家，平生著述极富，有《尚书今古文注疏》《孔子集语》《寰宇访碑录》及《续古文苑》等数十种，又撰有三部体制、风格各异的目录学著述《孙氏祠堂书目》《平津馆鉴藏书籍记》和《廉石居藏书记》。今人论孙星衍，多将其视为乾嘉考据学派的朴学大家，其在诗学方面的影响则较少为人提及，好在严迪昌《清诗史》并未忘记这位常州诗人，在论及常州诗群时，称：“乾隆时期，常州这个‘部落’最称鼎盛，诗、文、词、画、经学、史学莫不名家辈出。即以诗论，先是黄景仁、洪亮吉称‘洪、黄’，后又加上孙星衍，称‘三家’，又添进赵怀玉为‘孙、洪、黄、赵’，最后则有‘毗陵七子’之号。”而“毗陵七子”的另外三人，则是杨伦、吕星垣和徐书受。

黄景仁（1749 — 1783）字汉镛，又字仲则，号鹿菲子，亦江苏常州人。一生贫病交加，壮年客死山西，由洪亮吉千里扶柩归里，事迹见《清史稿》《清史列传》等，所著有《梅存诗钞》《两当轩诗钞》《两当轩集》以及词集《悔存词钞》等。当时黄景仁与孙星衍等常游于袁枚之门，袁枚对此二人亦多有赞誉之词，尝赋《仿元遗山论诗之一》：“常州星象聚文昌，洪顾孙杨各擅场。中有黄滔今李白，看潮七古冠钱唐，”诗中黄滔即喻黄仲则。

对于孙星衍，袁枚更是赞不绝口。乾隆三十九年（1774），孙星衍肄业于钟山书院，怀诗往谒袁枚，袁枚读罢其诗，跋其卷曰：“天下清才多，奇才少。读足下之诗，天下之奇才也。”孙星衍后为经学吸引，转而钻研考据之学，袁枚大为叹惜，《随园诗话》中反复论及此事：“余尝谓孙渊如云：‘天下清才多，奇才少。君，天下之奇才也。’渊如闻之，窃喜自负。”又云：“余向读孙渊如诗，叹为奇才。后见近作，锋芒小颓。询其故，缘逃入考据之学故也。孙知余意，乃见赠云：‘等身书卷著初成，绝地通天写性灵。我觉千秋难第一，避公才笔去研经’。”百余年后，叶德辉读到《芳茂山人诗录》，亦为孙星衍弃诗研经而扼腕：“此《诗录》八卷，多少年之作，才思横溢，无愧奇才。惜乎中道弃捐，不能与洪稚存、黄仲则鼎足而三，拔出毗陵七子之帜，一新壁垒也。”

丙申大暑前两日，京城暴雨连绵，唯读书以销长日。读罢李芝绶所录何焯朱批，再读孙氏所批，时见“袁子才曰”和“黄仲则曰”，更多者，则是孙氏自抒己见，恍惚间如睹袁枚、孙星衍、黄仲则三人同窗共读高季迪诗，时相议论，发表高见。又于卷九《客舍雨中听江卿吹箫》处，见有何焯批“通首无雨中意”，孙星衍于此行朱批侧云：“按，诗中云‘如今忽在他乡外，风雨寒窗两憔悴’，只此点醒已足，何言无雨中意。”则又非三人同读，而是四人共读矣。

李芝绶藏书印“缄翁”

李芝绶藏书印“裘杆老人”

周树模钞本《增广笺注简斋诗集》三十卷附《无住词》一卷

《增广笺注简斋诗集》三十卷附《无住词》一卷　（宋）陈与义撰

民国周树模钞本　一函三册

钤：汉阳周氏藏书（朱方）

此周树模钞本《增广笺注简斋诗集》三十卷附《无住词》一卷，一函三册，以蓝格稿纸书就，每册卷前钤有“汉阳周氏藏书”朱方，丙戌年春得于上海敬华拍场。彼时古书市场日渐火爆，拍场人头攒动，然书价尚未大起，该场艾思仁、胡建强、范景中、姜寻诸君均有参与，吾拍得其中 34 件，计价连佣金，仅 71 万元，此周树模钞本以底价一万元得之，真好时光也。

周树模

周树模（1860 — 1925）字少朴，号沈观、孝甄，晚号泊园老人，湖北天门人。清光绪十五年（1889）进士，江西道监察御史。光绪三十一年（1905），清廷派五大臣出洋考察宪政，其以御史身份随行，归国后，五大臣上立宪疏，皆出周树模笔，旋即调任江苏提学使。光绪三十四年（1908）署黑龙江巡抚，次年实授巡抚，宣统三年（1911）逊位诏下，

增廣箋註簡齋詩集卷第一

竹坡胡穉仲孺箋

覺心畫山水賦

天寧堂中黃面老禪翠巖稱釋迦為黃面老見傳燈錄四海無人碧眼視天東坡書李太白像詩眼高四海空無人揚次公頌古云碧眼胡僧闍點頭有一居士山澤之僊司馬相如大人賦列仙之儒居山澤間形容甚臞結三生之習氣口不停手說山觀普賢經專心修習三生得見維摩經天女散花維摩詰室至菩薩皆落至弟子即着摩詰云結習未盡花著身耳結習

民国周树模钞本《增广笺注简斋诗集》卷首

遂引疾去职。民国初寓居天津、上海，闭门不出，民国五年（1916）一度出任北洋政府平政院院长兼高等文官惩戒委员会委员长，晚年隐居京师，著有《周中丞抚江奏稿》及《沈观斋诗集》等。

今检各书周树模史料，多载其官声政事，尤多述其在黑龙江时，与俄人签订《中俄满洲里界约》事。彼时俄国趁中国辛亥革命之机，乘危要挟，欲将满洲里划为俄国版图，周树模以兼任勘界大臣身份与俄国谈判，广征博引史志文献，据理力争，

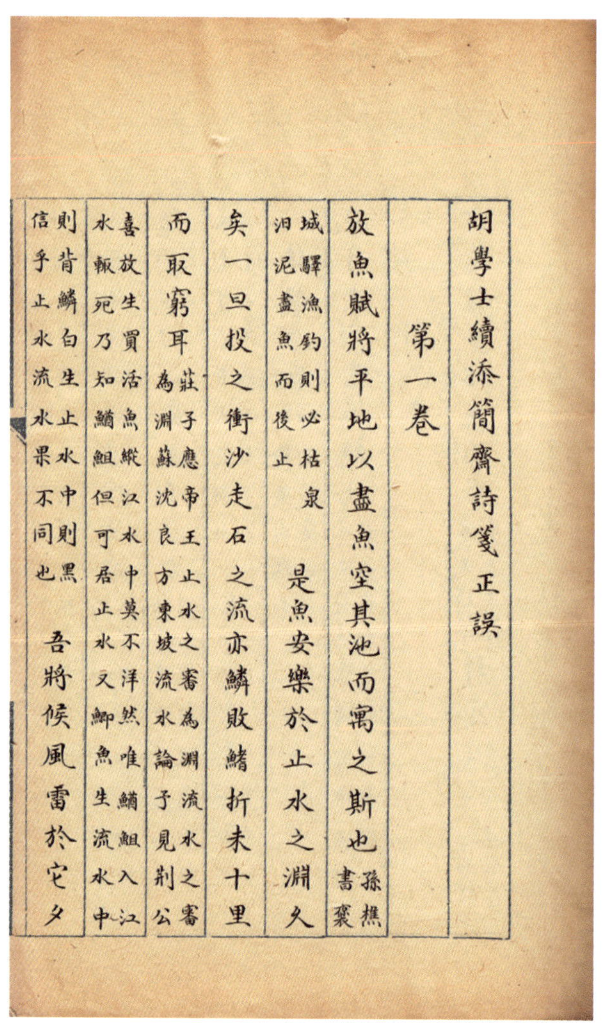
胡學士續添簡齋詩箋正誤

第一卷

放魚賦將平地以盡魚空其池而寓之斯也孫樵書褒城驛漁夠則必枯泉汩泥盡魚而後止是魚安樂於止水之淵久矣一旦投之衝沙走石之流亦鱗敗鰭折未十里而取窮耳莊子應帝王止水之審為淵流水之審為淵蘇沈良方東坡流水論子見荆公喜放生買活魚縱江水中莫不洋然唯鱒鯉入江水輒死乃知鱒鯉但可居止水又鯽魚生流水中則背鱗白生止水中則黑信手止水流水果不同也吾將候風雷於它夕

民国周树模钞本《增广笺注简斋诗集》内页

并引康熙二十八年（1689）旧约，卒定满洲里为中国属地，最终保得金瓯无阙。

有关周树模藏书事，却鲜见记载。吾仅于《湖北文征》中检得《沈观斋书目记》一文，略知其藏书故实："余七龄受书，十二三即喜泛览。兵火之余，藏籍散佚。屋西楼角，庋置故纸一堆，从中董理断烂，率书无完部，部无完帙。每遇书肆及朋好案头，有签古书名者，辄如有物与心相击触，盖嗜书其天性也。弱冠游学四方，迄于通籍，积年搜购，所得遂多，爰仿《提要》并南皮张氏《书目答问》之例，编次如左。其杂厕各丛书内者，仍分四部录入，或丛书所收不隶于四部，及可隶四部而书非精要者，不复赘列，取便依类择读，分门寻检，续有所获，随时补入焉。噫！少日精力壮盛，能读而苦难得书，及今所有殆两万卷，又不能以毕读，即读而亦不能尽记，则亦何为贵多矣乎。光绪二十五年己亥除日天门周树模记。"

惜《沈观斋书目》吾未曾寓目，无以知周树模藏书特点及喜好，该书目似乎亦鲜有人谈及，未知是否尚有流传。意外又检得其曾于民国五年（1916）重刻明代诗人胡承诺《石庄诗集》，胡承诺亦湖北天门人，乃周树模乡贤。既有书目之作，亦有刻书之举，是故视周树模为藏书家，实至名归也。

诸书中关于周树模诗作的记载远较藏书史料为多。陈衍《石遗室诗话》称："沈观近作，颇恣肆放百态妍，然清真闲适处，每使人讽咏不厌，不专恃才气见长也。……近体皆妙于语言，情景曲传得出，古体极似沧趣楼《京寓杂诗》。"高拜石《古春风楼琐记》中亦有载："沈观之作，清真健举，不失雅音，其诗属于同光体。"民国间汪辟疆撰《光宣诗坛点将录》时，则将周树模喻为"天空星急先锋索超"，称其"十荡十决，万人之杰"。为赋诗云："六辔不惊挥翰手，也能恣肆也能闲。泊园诗内知谁似，上溯遗山与半山。"并评价其诗云："达官能诗者……当推泊园老人，其诗于奔放肆恣之中，有冲澹闲远之韵；长篇险韵，尽成伟观，王梅溪评昌黎诗所谓'韵到窘束尤瑰奇'者也。"

王揖唐《今传是楼诗话》中亦有相关论述，其中有《周树模诗气象博大》一篇，称："时贤之诗，其气象最博大者，要以天门周泊园中丞为首屈一指。泊园与樊樊山、左笏卿同称'楚中三老'。余与泊园同官沈阳时，即有文字之雅。"又在《王安石绝句》一篇中论及周树模："周泊园诗宗宋贤，早岁致力简斋，国变后则致力正字、荆公，晚岁自述所得，有'后山吾友半山师'之句。"王揖唐所称"楚中三老"，另二老分别为恩施樊增祥及应山左绍佐，周树模去世后，左绍佐为之撰《清授光禄大夫建威将军黑龙江巡抚周公墓志》，其中有云："君日必早起，庭除洒扫，皆身督之。平生无博弈之好，书橱几砚，位置整严。综理微密，小物克勤，盖精神之赑摄有余也。……君于近人之文，崇伯言而薄才甫，于诗喜称‘二陈’，谓后山、简斋。要君于诗文皆能窥古人深处，非浅尝者所知也。”

王揖唐诗话及左绍佐墓志中，皆谈及周树模喜读简斋诗。简斋为宋代诗人陈与义（1090 — 1138）字去非，号简斋，洛阳人。宋徽宗政和三年（1113）登上舍甲科，授文林郎，累迁太学博士、秘书省著作佐郎等职，以诗名于世。其诗风格遒劲，思力沉挚，能卓然自辟蹊径。元代方回在《瀛奎律髓》中将其与黄庭坚、陈师道并归入江西诗派，称“江西派三宗”，传世有《简斋诗集》及词集《无住词》。

《简斋诗集》已知最早刻本为南宋绍兴十二年（1142）知湖州周葵刻本，晁公武《郡斋读书志》著录有“陈参政《简斋集》二十卷”，其文称：“晚年诗尤工。周葵得其家所藏五百余篇刊行之，号《简斋集》。”元代马端临《文献通考》及清钱谦益《绛云楼书目》亦著录有二十卷本。陈振孙《直斋书录解题》又著录有“《简斋集》十卷”，《宋史・艺文志》亦著录《陈与义诗》十卷，或即陈振孙所著录之本。由是可知南宋时简斋诗即非止一刻，然学界亦有称晁公武所著录之“二十卷”或为“十卷”之误者，如沈曾植《海日楼题跋》称：“今日校朝鲜本《诗注》，得周葵刻诗厘为十卷之说，果与愚之臆测相合，为之一快。”

然而无论周葵所刻为二十卷本，还是十卷本，今皆已无存。因简斋诗往往用意深隐，不露棱角，诸史百子多隐于其间，以致读者常有抚卷茫然之感。据《须溪先生评点简斋诗集》增注所引，南宋时，已有多人为简斋诗作笺注，当时流传者，有胡笺本、武冈本、闽本及简斋手定本等，然今日尚可得见者，则仅存胡穉笺注本，即今所见之《增广笺注简斋诗集》三十卷，嗣后又有刘辰翁对胡穉笺注予以增删，是为《刘须溪评点简斋诗集》十五卷。

胡穉所注《增广笺注简斋诗集》在南宋即有刻本，惜今已不见流传。元刻现存两部，同出一版，皆庋于国家图书馆，其一为黄丕烈、赵宗建旧藏，另一为瞿氏铁琴铜剑楼旧藏，皆曾误为宋刻，《四部丛刊初编》曾据瞿氏所藏影印，亦称宋本。该书明、清未见有刻本著录，至民国九年（1920），方有蒋国榜据瞿氏藏本影刻，是为江宁蒋氏湖上草堂刻本。

寒斋收有该书两部，一为蒋国榜湖上草堂刻本，另一即为周树模钞本，此钞本前有周树模跋语两页，略述颠末：“此本凡三十卷，《无住词》一卷，前有楼钥序及穉仲自序，并所编简斋年谱、续添诗笺正误，与《研经室外集・四库未收

簡齋詩箋敘

少陵東坡詩出入萬卷書中奧篇隱帙無不奔湊筆下固已不易盡知況復隨意模寫曲盡物態非親至其處洞知曲折亦未易得作者之意蜀趙彥材注二詩最詳讀之使人驚嘆然亦有未盡處少陵留花門詩有曰連雲屯左輔百里見積雪彥材略而不言讀者亦謂止言其多爾如此則上句足矣何用積雪之語惟能知回鶻

民国周树模钞本《增广笺注简斋诗集》叙

书目提要》合。卷端钤歙县鲍氏图记，当是知不足斋旧藏，而恽薇孙同年得之巴陵方氏者也。元校据宋、明两刻对雠，颇为精审，予又为之订其讹夺，其有未寤，姑从盖阙。考宋人注宋诗者，李雁湖注荆公，施德初注东坡，任天社注山谷、后山、子京三家，并孺仲注简斋，俱为有名。今任注宋诗无传，胡注亦少刊本，功甫世兄慨然以此本借钞，可以授诸椠人矣。曩居沪上，沈寐叟稔予喜简斋诗，为言瞿氏铁琴铜剑楼有胡注宋刻本，可从借写付镌，今得此，足报寐叟，第不知景文诗注尚有埋藏冢壁者否，庶几旦暮遇之。辛酉长至天门周树模校竟记。”

由周氏跋语可知，其所抄底本缘自鲍廷博知不足斋旧藏。此本由知不足斋散出后，一度归巴陵方功惠碧琳琅馆，嗣后又归阳湖恽毓鼎，即跋中所称“恽薇孙”。恽毓鼎（1863 — 1918）字薇孙，号澄斋，光绪十五年（1889）进士，与周树模

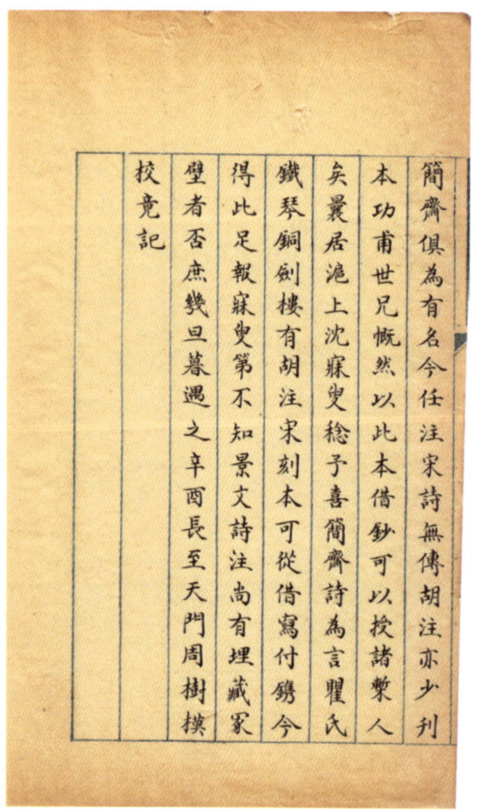
簡齋俱為有名今任注宋詩無傳胡注亦少刊
本功甫世兄慨然以此本借鈔可以授諸槧人
矣曩居滬上沈寐叟稔予喜簡齋詩為言瞿氏
鐵琴銅劍樓有胡注宋刻本可從借寫付鐫今
得此足報寐叟第不知景文詩注尚有埋藏冢
壁者否庶幾旦暮遇之辛酉長至天門周樹模
校竟記

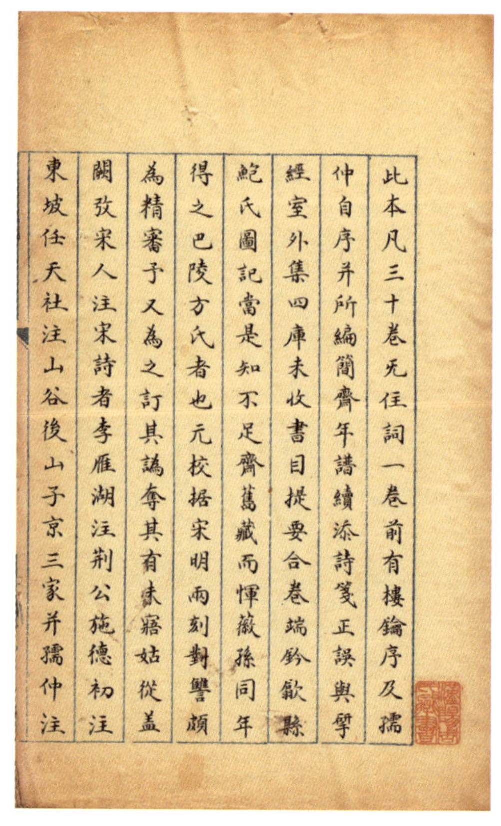
此本凡三十卷無任詞一卷前有樓鑰序及孺
仲自序并所編簡齋年譜續添詩箋正誤與揅
經室外集四庫未收書目提要合卷端鈐歙縣
鮑氏圖記當是知不足齋舊藏而惲薇孫同年
得之巴陵方氏者也元校据宋明兩刻對讐頗
為精審予又為之訂其譌奪其有未寤姑從蓋
闕考宋人注宋詩者李雁湖注荊公施德初注
東坡任天社注山谷後山子京三家并孺仲注

《增广笺注简斋诗集》周树模跋语

为同年，曾任武英殿纂修处总办等职，著有《崇陵传信录》等。惜周树模跋语未记鲍氏旧藏是何版本，以及刻本抑或钞本。检《中国古籍善本总目》，该书著录有鲍廷博校清钞本一部，十行十八字无格，未知是否为周树模所抄底本。据《鲍廷博年谱》载，乾隆三十四年（1769），鲍廷博曾校明钞本《简斋词》一卷，此由丁丙跋语推知。该条虽有作者注称“原跋未署年，故置于此”，但仍可知鲍廷博对于陈与义多有留意，对简斋诗词诸作多有校勘，然未知何故，知不足斋刻书众多，无论丛书还是单刻，皆未见刻有该书。

周氏跋语中又提及沈曾植，知其喜简斋诗，告其瞿氏铁琴铜剑楼中有胡笺宋刻本，可代为商借，然兹事未见有下文。瞿氏藏本后为蒋国榜请徐乃昌从楼中借出，于民国九年（1920）付梓。周树模跋中所称“辛酉长至”，已是民国十年（1921）夏，其或未知该书已有湖上草堂影刻本行世。彼时瞿氏藏本众皆以为宋刻，以周树模如是喜爱简斋诗，倘知有影刻“宋本”行世，定当罗致而后快也。

周树模藏书印“汉阳周氏藏书”

王闿运稿本《唐诗近体略录》一卷《八代诗选杂言》五卷

《唐诗近体略录》一卷《八代诗选杂言》五卷　（清）王闿运撰

清稿本（附齐白石题写书签）　一函三册

钤：湘绮楼印（朱方）、齐白石（白方）

寒斋早年收得清光绪七年（1881）四川尊经书局所刻王闿运《八代诗选》二十卷，颇不以为意，以其晚近刻本也，因寒斋素无此书，故收此聊备一格。对于王闿运其人，早年所知较多者乃八卦诸事，之一为晚年独宠周妈，生活起居，必得此妪朝夕作陪；其二为女儿所嫁非人，写信来哭诉，其回信称：“有婿如此，不如为娼。”八卦之余，略知其在晚清政坛及经学界地位，然对其在诗学方面之研究，未有留意。

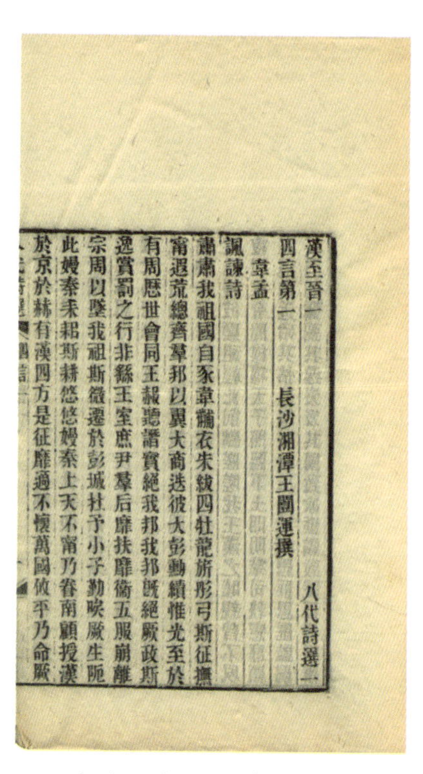

漢至晉一　八代詩選一
四言第一　長沙湘潭王闓運撰
韋孟
諷諫詩
肅肅我祖國自豕韋黼衣朱紱四牡龍旂彤弓斯征撫
寧遐荒總齊羣邦以翼大商迭彼大彭勳績惟光至於
有周歷世會同王赧聽譖實絕我邦我邦既絕厥政斯
逸賞罰之行非繇王室庶尹羣后靡扶靡衛五服崩離
宗周以墜我祖斯微遷於彭城在予小子勤唉厥生阨
此嫚秦耒耜斯耕悠悠嫚秦上天不寧乃眷南顧授漢
於京於赫有漢四方是征靡適不懷萬國攸平乃命厥

光绪七年四川尊经书局刻本《八代诗选》卷首

王闿运（1832 — 1916），初名开运，字壬甫，后更名闿运，晚年取《离骚》“纫秋兰以为佩”之意，更字纫秋，晚年复更字为壬秋，号湘绮楼主人，学者称湘绮先生，湖南湘潭人。咸丰二年（1852）举人，曾入曾国藩幕，清宣统间授翰林检讨，民国间曾任清史馆馆长。著述颇富，有《湘绮楼日记》《湘绮楼文集》《湘绮楼笺启》《湘绮楼诗集》《湘绮楼说诗》《楚辞注》等，以及《诗经补笺》《春秋公羊传笺》《谷梁传笺》及《尔雅集解》等经学著作。其人生于道光间，死于民国，经历道、咸、同、光、宣及民国六个时代，享年八十五岁，可谓寿矣。

王闿运

清代同治、光绪以及宣统时期，诗坛颇为兴盛，汪辟疆尝为之撰《光宣诗坛点将录》，将当时活跃于诗坛的192人逐一点评，或论人，或论事，或论诗，汇为一册。而诸多诗人中，汪辟疆独将王闿运列为第一，喻以“托塔天王晁盖”，并赋诗云：“陶堂老去弥之死，晚主诗盟一世雄。得有斯人力复古，公然高咏启宗风。”复云：“湘绮老人，近代诗坛老宿，举世所推为湖湘派领袖也。享名六十余年，入民国，尚蒲轮入京，出长国史。项城权势倾一时，而湘绮玩之股掌，且称为袁世兄矣。其诗致力于汉魏八代至深，初唐以后，若不甚措意者。学赡才高，一时无偶。门生遍湘蜀，而传其诗者甚寡。迄同光体兴，风斯微矣。”

汪辟疆《点将录》颇为时人及后世看重，当时在报刊上连载时，即引得围观者众，多有抚卷称快者，被评者或喜，或笑，或嗔，或怒，不一而足。袁思亮曾就此评语称：“湘绮为湖湘派领袖，然及身而后，阒乎不闻，而散原私淑遍天下，以湘绮配晁天王，百世莫易矣。”汪辟疆撰《点将录》为民国八年（1919），时湘绮先生已归道山，倘若得知自己名列《点将录》第一，或捋须颔首，深以为然。此前孙雄选道、咸、同、光四朝诗，成《道咸以来所见诗》，后更名为《道咸同光诗史一斑录》，王闿运读后颇以为怪，责问其四朝诗人，缘何无我？

正如袁思亮所言，王闿运为湖湘诗派领袖。晚清诗坛长期以宋诗为主，而湖湘诗派却薄宋诗而宗汉魏六朝，是故汪辟疆诗称其“斯人力复古”。道光二十八年（1848），王闿运与邓辅纶等五人结成“兰林词社”，号称“湘中五子”，光绪十二年（1886），复建成“碧湖诗社”，与社者二十余人，春秋集会，流水飞觞，延之数年，在诗坛影响极大，湖湘诗派由是而闻名天下。民国沈其光《瓶粟斋诗话》

尝记："有清咸同间，湘潭王湘绮闿运诗倾朝野，世所称湖湘诗派者也。"汪辟疆在《近代诗派与地域》中则称："今所传《湘绮楼诗》，刻意之作，辞采巨丽，用意精严，真足上掩鲍谢，下揖阴何，宜其独步一时，尚友千古矣。"

丙戌年夏，京中又增一家拍卖公司，名曰中安太平，场中古书颇不俗，运作亦不俗。吾于此拍场首场拍卖中收得古书二十余部，其中即有王闿运稿本《唐诗近体略录》一卷《八代诗选杂言》五卷，恰好与早年所收《八代诗选》为伴。王闿运著述甚多，此前已知诗歌总集选本有四种，分别为《唐十家诗钞》十六卷、《唐诗选》六卷、《唐诗选》十三卷和《八代诗选》二十卷，其中并无《唐诗近体略录》及《八代诗选杂言》，可知吾之所得为王闿运从未公布之未刊稿本，对于今人研究王闿运诗学以及唐诗选本，无疑又添一重要史料。

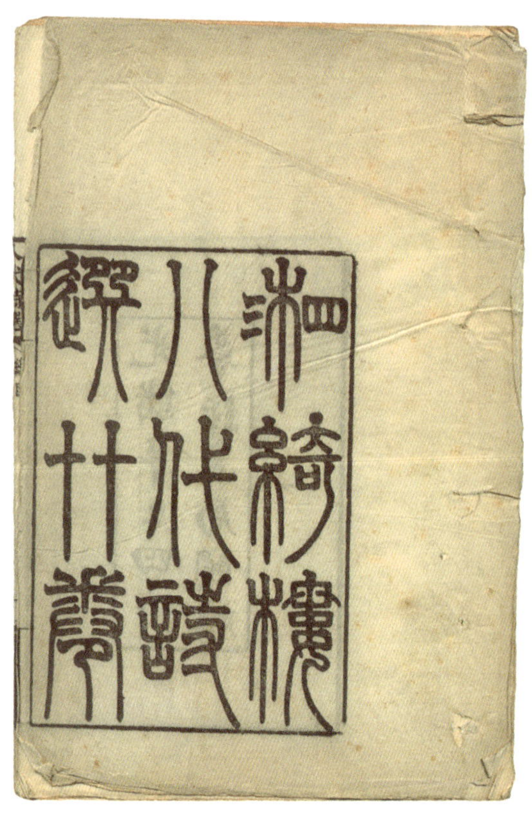

清光绪七年四川尊经书局刻本《八代诗选》书牌

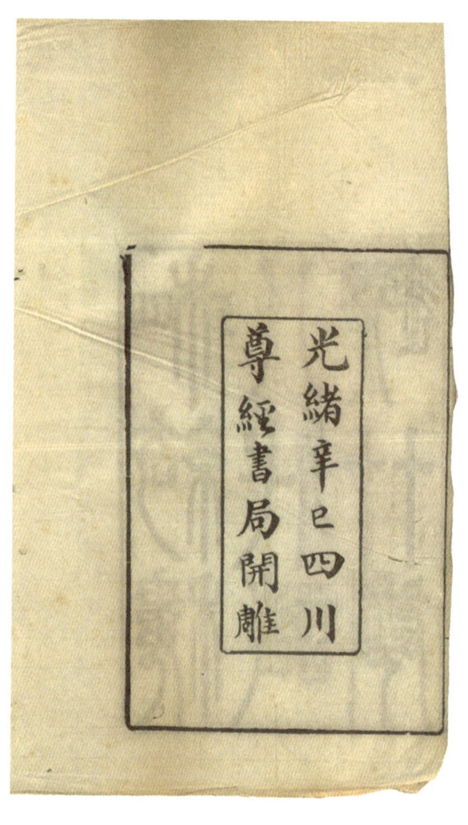

清光绪七年四川尊经书局刻本《八代诗选》牌记

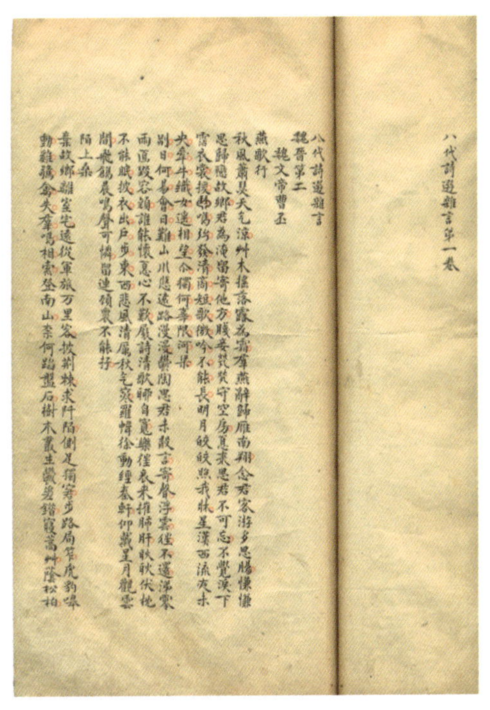

王闿运稿本《八代诗选杂言》卷二首页

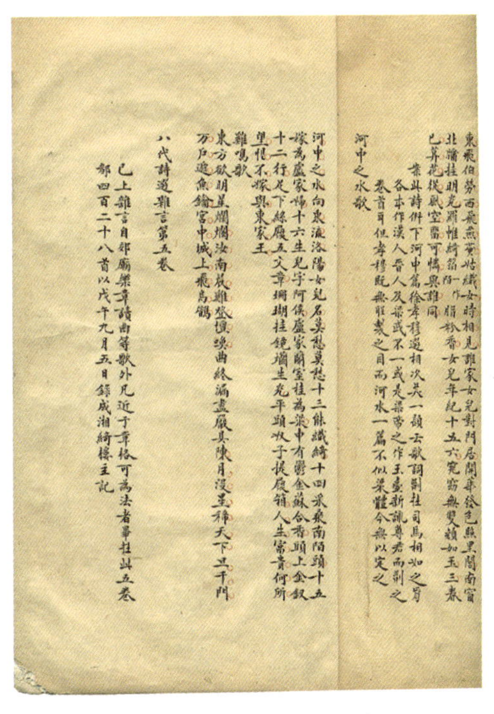

王闿运稿本《八代诗选杂言》卷末题识

该稿本合为三册，其中一册为《唐诗近体略录》不分卷，卷首首行下有墨书“丙辰春二月二十五日录起二月小”及“湘绮楼初本”，卷末有跋语两行：“此卷只因卷叶多少为分，李杜别录，适终次山，非区时代也。于时丙辰三月初八日录竟一卷，仅就吴成仪本选录，多遗名什，续当补之。”下钤“湘绮楼印”朱方。另外两册皆为《八代诗选杂言》，合五卷，惜卷首已佚，未知该页可有湘绮先生所记起始年月，卷末亦有跋语两行：“已上《杂言》，自郊庙、乐章、读曲等歌外，凡近于章格可为法者，毕在此五卷，都四百二十八首，以戊午九月五日录成。湘绮楼士记。”

关于王闿运选唐诗，最早记录见于其长子王代功所撰《湘绮府君年谱》，该年谱于咸丰五年（1855）乙卯记载：“……是岁始治《三礼》，以《礼经》难读，先自《礼经》始，作《仪礼演》十三篇，分章节，正句读，实为注经之始。（是书家有存稿，唯缺《丧服》诸篇。以先祖妣在堂，故未读《丧礼》也。厥后数易稿成《礼经笺》，故废弃之。）又于其时选高、岑、王、孟、李、杜、韦、储、钱、常各体为《唐十家诗钞》，并加圈点评语焉。”《唐十家诗钞》同样未曾刊行，今有手钞二十六卷本存于湖南省图书馆，与年谱所载在卷数、内容上均有不同之处。

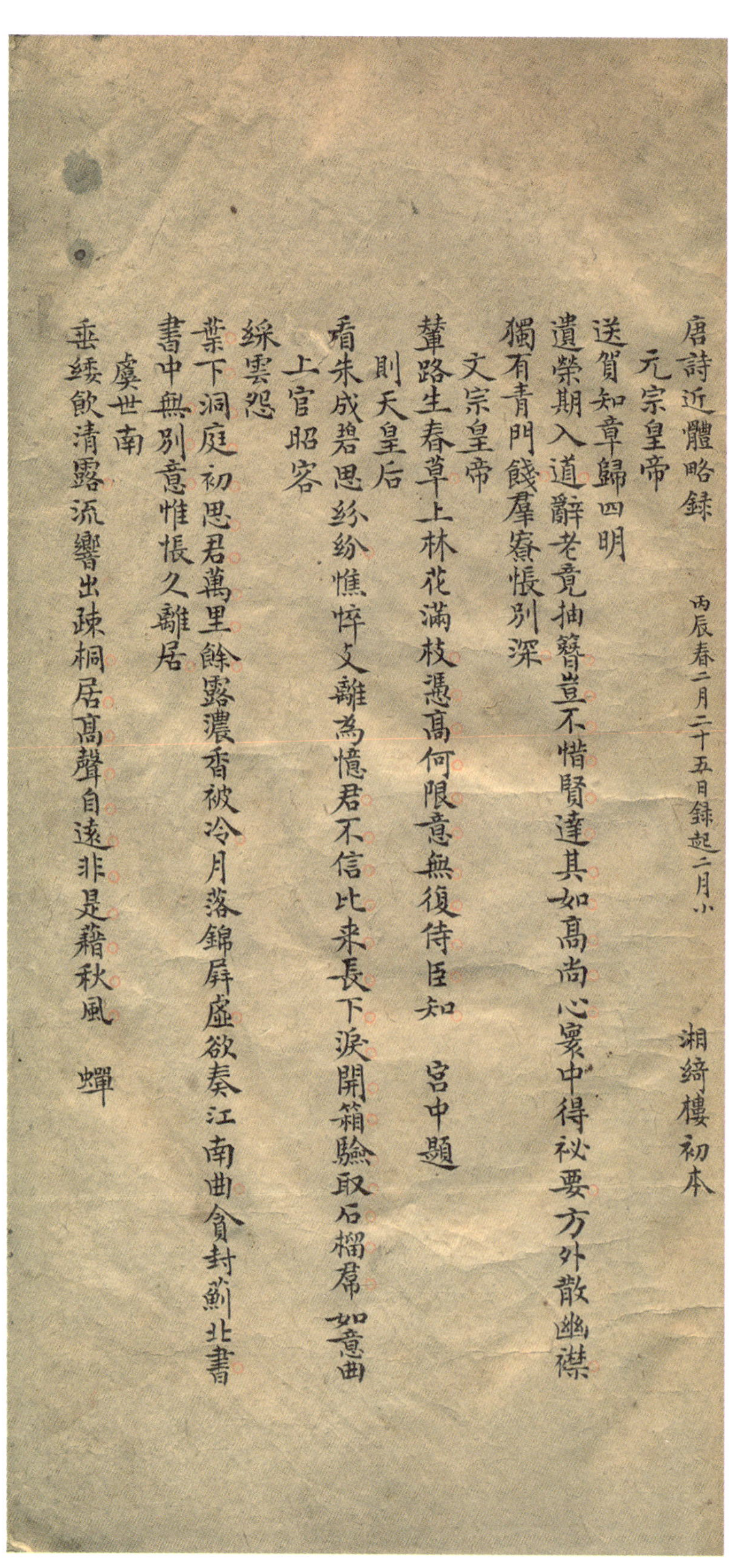

唐詩近體略録　丙辰春二月二十五日録起二月小　湘綺樓初本

元宗皇帝

送賀知章歸四明

遺榮期入道辭老竟抽簪豈不惜賢達其如高尚心寰中得秘要方外散幽襟

獨有青門餞羣僚悵别深

文宗皇帝

輦路生春草上林花滿枝憑高何限意無復侍臣知　宮中題

則天皇后

看朱成碧思紛紛憔悴支離為憶君不信比来長下淚開箱驗取石榴裙　如意曲

上官昭容

綵雲怨

葉下洞庭初思君萬里餘露濃香被冷月落錦屛虛欲奏江南曲貪封薊北書

書中無别意惟悵久離居

虞世南

垂緌飲清露流響出疎桐居高聲自遠非是藉秋風　蟬

王闿运稿本《唐诗近体略录》卷首

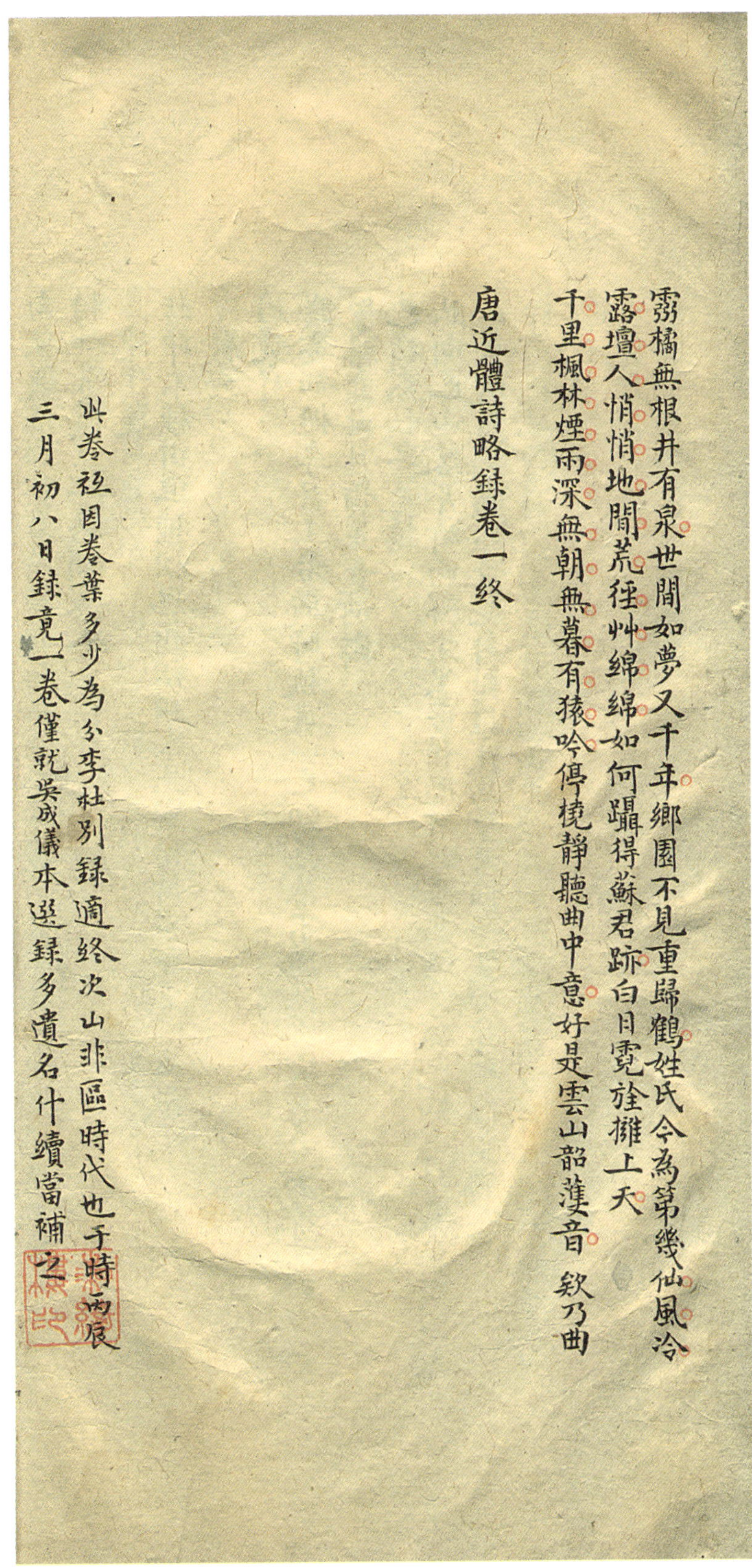

霧橘無根井有泉世間如夢又千年鄉園不見重歸鶴姓氏今為第幾仙風冷
露壇人悄悄地閒荒徑艸綿綿如何蹋得蘇君跡白日霓旌擁上天
千里楓林煙雨深無朝無暮有猿吟停橈靜聽曲中意好是雲山韶濩音 欸乃曲

唐近體詩略錄卷一終

此卷祗因卷葉多少為分李杜別錄適終次山非區時代也于時丙辰
三月初八日錄竟一卷僅就吳成儀本選錄多遺名什續當補之

王闿运稿本《唐诗近体略录》卷末题识

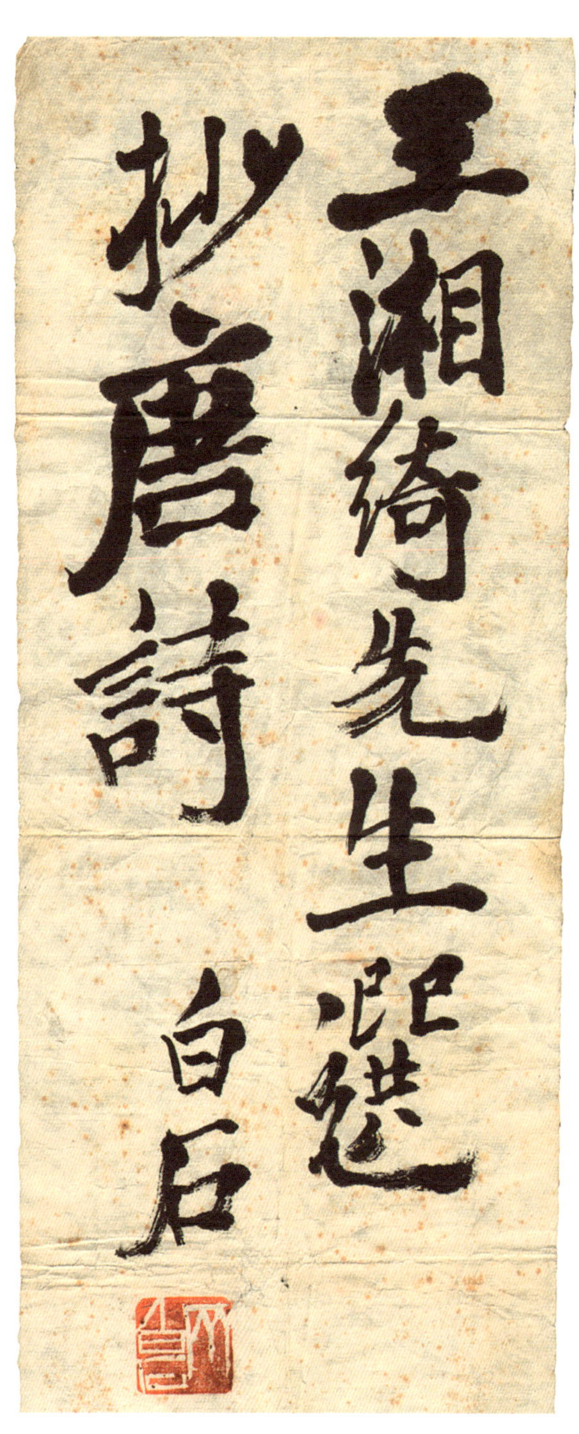

齐白石题签

《唐十家诗钞》选毕次年，即咸丰六年丙辰（1856），王闿运又着手选编《唐诗近体略录》，所称据“吴成仪本”乃指《全唐诗钞》，有乾隆二十四年（1759）璜川书屋刻本。接连选编两部唐诗总集，可见王闿运在二十余岁时就已经对唐诗产生极大兴趣，而《唐诗选》的选编、增删及刊刻，一直到宣统三年（1911）其八十岁时，尚“校唐诗刻本，更阅前五十年手钞本，尚有两卷未加圈点，亦为毕之”（《年谱》）。足以说明王闿运对于唐诗的研究贯穿其一生。而其所选的多部唐诗总集，又各有特点及侧重，此《唐诗近体略录》恰如书名，重点在于近体，所选第一首为玄宗皇帝《送贺知章归四明》，次为文宗皇帝《宫中题》，再次为则天皇后《如意曲》、上官昭容《彩云怨》、虞世南《蝉》，由帝而后、而臣，等级次而下之，此亦古人编辑选集时之惯常作法。

《唐诗近体略录》仅是选录诗作，并无评点，另一稿本《八代诗选杂言》则于部分诗作后面附有案语。光绪七年（1881），

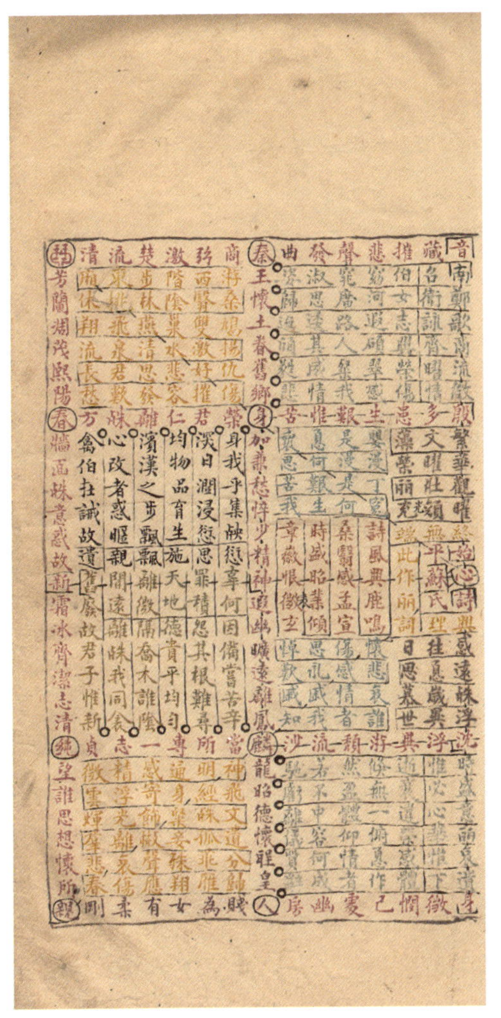

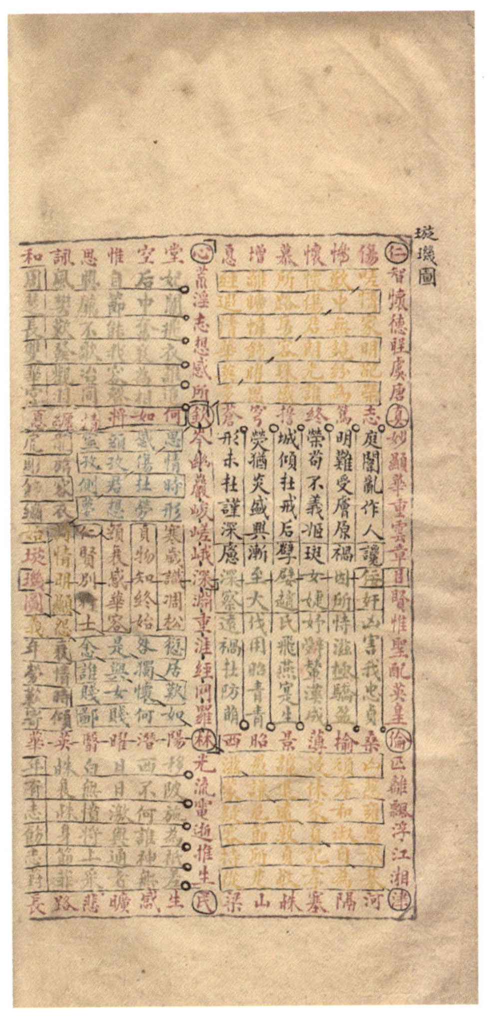

王闿运稿本《八代诗选杂言》内页之璇玑图

王闿运在四川成都尊经书院首次刊刻《八代诗选》，其过程在《重刊〈唐诗选〉序》中有记："年廿余，乃得《古诗纪》《全唐诗》，旅京师，合同人钞选八代诗。还长沙，录选唐诗，皆刻于成都官局，《八代诗选》先成，《唐诗选》未上版，而余送妾丧归，留二百金令弟子私刻之。主者以意去取，讹误甚夥。及刻成印来，盖不可用。《八代诗》则官钱所刻，版固不宜致也。保山刘景韩昔应秋试，在京师见《八代诗选》，便欲任剞劂，及蜀刻成，刘权苏藩，又令官局雕版。同县胡子夷又别有校本。"

此序仅称选编《八代诗选》时"年廿余"，未记具体年岁，《年谱》中咸丰九年（1859）则记："是岁治《诗经》，作《诗演》数卷；又选汉魏六朝诸家诗为《八代诗选》，与同人分写而自加评语焉。"寒斋所得之本虽书名中多出"杂言"

二字，然明显为《八代诗选》之肇始，其跋称“以戊午九月五日录成”，可知王闿运选编《八代诗选》最早始于咸丰八年（1858），初为五卷，后始增为二十卷。

《唐诗选》与《八代诗选》皆首刻于四川成都尊经书院，即跋中所称“成都官局”。尊经书院为光绪元年（1875）张之洞所创，初创伊始，即邀王闿运来任主讲。然彼时王闿运正忙于撰写《湘军志》，无暇兼顾，故辞之未受。光绪四年（1878），丁宝桢任四川总督，数次致函力邀王闿运，王待《湘军志》完稿，遂至成都。《年谱》载：“八月，四川总督丁丈穉璜遣书约往四川，又致书谭丈文卿，属其劝驾。府君答以撰《军志》毕始定行期。……十一月《湘军志》草创毕，始定蜀游。九日登舟，十一日渡湖，二十一日泊枝江。……（十二月）二十七日至成都，寓铁板桥机器局黄丈翰仙处。丁丈穉璜请府君主讲尊经书院。”王闿运来到尊经书院后，整理书院藏书，并于次年五月开设尊经书局，取古书中卷帙少者先行付梓。寒斋早年所得光绪七年（1881）《八代诗选》刻本，其缘由即此也。

丙戌年所得稿本中，令吾意外惊喜者，尚附有齐白石书法一张，长约40厘米，宽约14厘米，所书内容为“王湘绮先生选抄唐诗”，署款“白石”，下钤“齐白石”白方，与之同在者，又有1956年北京华昌照相馆拍摄照片一张，拍摄内容正是齐白石所题书名。齐白石亦湖南

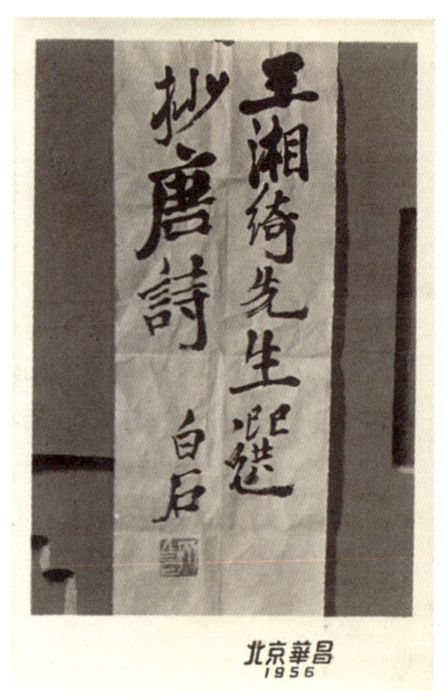

齐白石题签之旧照片

齐白石

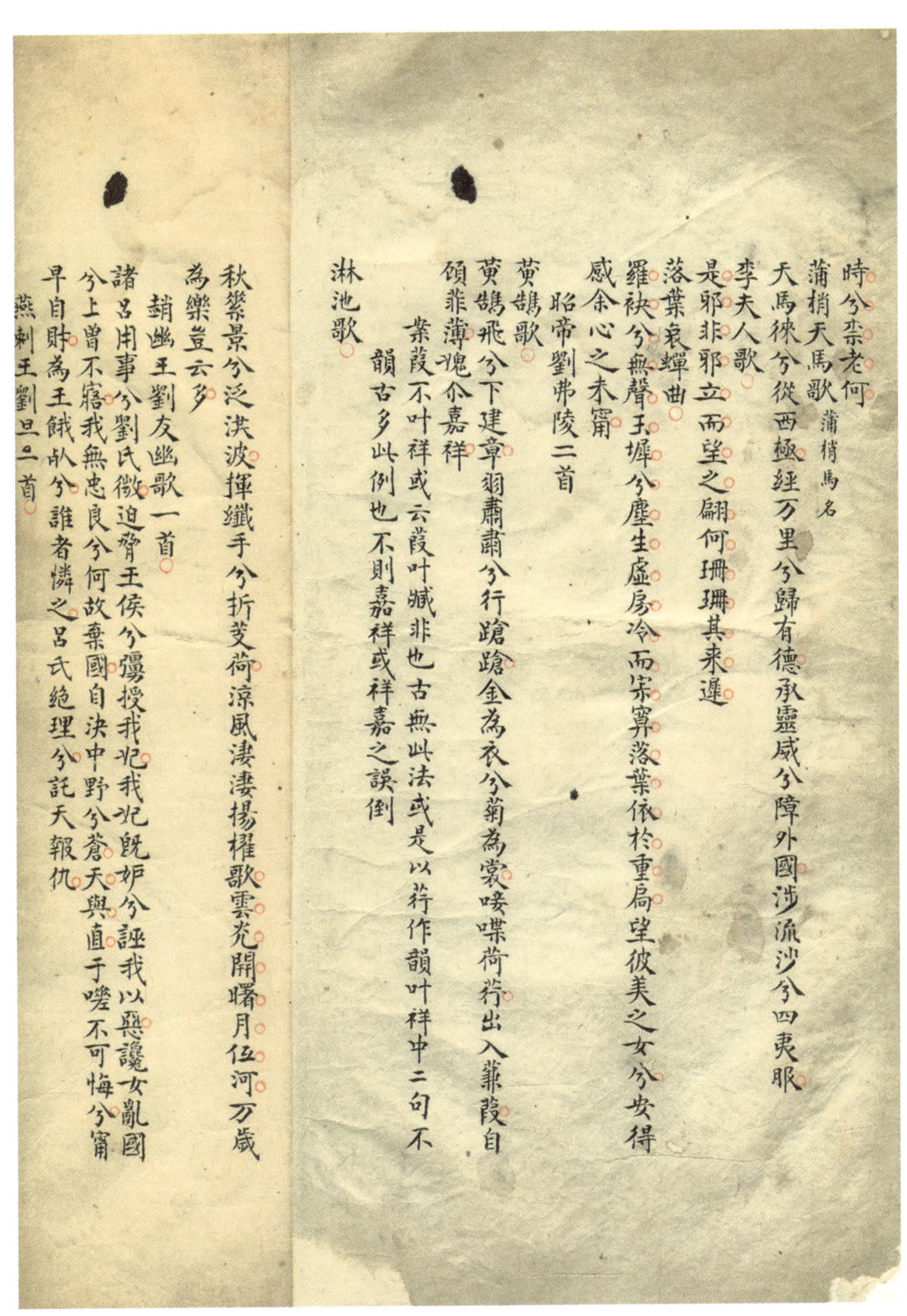
時兮柰老何
蒲梢天馬歌 蒲梢馬名
天馬徠兮從西極經万里兮歸有德承靈威兮障外國涉流沙兮四夷服
李夫人歌
是邪非邪立而望之翩何姍姍其來遲
落葉哀蟬曲
羅袂兮無聲玉墀兮塵生虛房冷而寂寞落葉依於重扃望彼美之女兮安得
感余心之未寧
昭帝劉弗陵二首
黄鵠歌
黄鵠飛兮下建章羽肅肅兮行蹌蹌金為衣兮菊為裳唼喋荷荇出入蒹葭自
頋菲薄愧尒嘉祥
紫葭不叶祥或云葭叶臧非也古無此法或是以荇作韻叶祥中二句不
韻古多此例也不則嘉祥或祥嘉之誤倒
淋池歌
秋素景兮泛洪波揮纖手兮折芰荷涼風淒淒揚棹歌雲光開曙月低河万歲
為樂豈云多
趙幽王劉友幽歌一首
諸呂用事兮劉氏微迫脅王侯兮彊授我妃我妃既妒兮誣我以惡讒女亂國
兮上曽不寤我無忠良兮何故棄國自決中野兮蒼天與直于嗟不可悔兮寧
早自財為王餓死兮誰者憐之呂氏絕理兮託天報仇
燕剌王劉旦二首

王闿运稿本《八代诗选杂言》内言

湘潭人，王闿运弟子之一，尝自评诸艺："诗第一，印第二，字第三，画第四。"然此语王闿运似乎并不认同。光绪二十五年（1899）十月，齐白石正式拜湘绮老人为师，《湘绮楼日记》载："齐璜拜门，以文诗为贽。文尚成章，诗则似薛蟠体。"嗣后齐白石闻知老师如此评价自己，自认："这句话真是说着我的毛病了。我作的诗，完全写我心头里要说的话，没有在字面上修饰过，自己看过，也有点呆霸王那样的味儿哪！"

王闿运藏书印"湘绮楼印"

齐白石印"齐白石"

奕譞稿本《御赐九思堂诗稿》不分卷

《御赐九思堂诗稿》不分卷　（清）奕譞撰

清稿本　一函一册

奕譞

早年曾见一谜语，谜面为“六味地黄丸”，打一皇帝，谜底为唐中宗李显，原因乃其父李治、其母武则天、其弟李旦、其子李重茂、其侄李隆基皆曾称帝，而他自己则两度称帝，故称“六位帝皇丸”。此稿本主人奕譞虽没有当过皇帝，然而身份却也不低，其乃道光皇帝之子、咸丰皇帝之弟、光绪生父及宣统祖父，清朝十一位皇帝，其中四位是其直系亲属，实谓天生贵胄。

爱新觉罗·奕譞（1840—1891）字朴庵，号退潜居士、九思堂主人，道光皇帝第七子，母亲是庄顺皇贵妃乌雅氏，咸丰元年（1851）被封为醇郡王，九年（1859）分府，命在内廷行走，十一年（1861）参与“祺祥政变”，深得慈禧信任。同治三年（1864）加亲王衔，十一年（1872）晋封醇亲王。同治帝去世后，因后继无人，由慈禧选定奕譞次子、四岁的

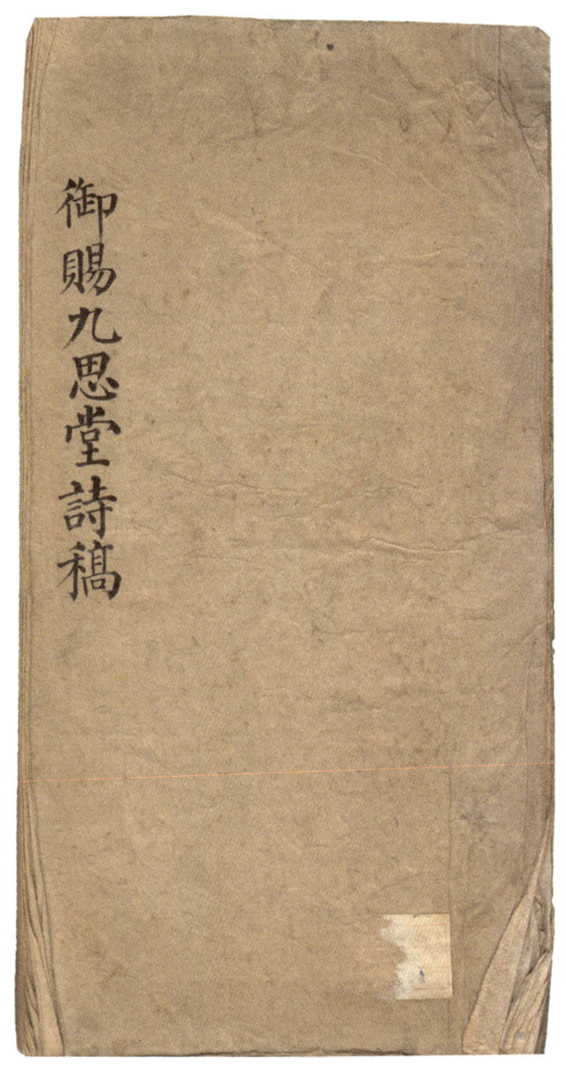

清奕譞稿本《御赐九思堂诗稿》封面

载湉入继帝位，即后来之光绪帝。光绪帝去世后，慈禧又选定奕譞第五子载沣之子溥仪入继大统，即后来之宣统皇帝，因光绪及宣统皇帝之故，奕譞去世后，谥曰“贤”，并特定其号为“皇帝本生祖考醇贤亲王”。

奕譞在晚清政坛上的意义，自有历史学家们考证，此且不赘。今人研究清代满族文学，奕譞亦占一席之地。据《清人别集总目》所载，奕譞所著有《九思堂诗稿》《九思堂诗稿续编》《航海吟草》《差次吟草》《窗课存稿》及《兰阳随笔》，其中多为诗集。奕訢曾在《七弟二十寿辰》诗中盛赞奕譞：“平原笔力能穿纸，小谢诗才更擅场。圣主深恩垂念切，一编花萼许联芳。”奕訢为道光皇帝第六子，作为兄长夸赞幼弟，或有抬高之嫌，民国间由徐世昌主持编纂的《晚晴簃诗汇》则稍为公允，其评价奕譞诗云：“醇贤亲王笃于忠孝。咸丰间，尝被命题画，两首皆用‘扶杖’字，文宗为改定。从游福海赋诗，有句云：‘水树迎皇幄，云山入御筵。’文宗笑曰：‘此唐韦元旦《兴庆池应制》诗语，汝颠倒用之耳。’后编诗稿，以此诸篇列咸丰朝诗之首，备记其事。又补作《纪恩》四章，辞旨悱恻。穆宗鼎湖，尤多攀援哀咽之语。王母庄顺皇贵妃病中索西瓜，以方冬，不敢进。翼明即逝，王引为深憾，祭必设瓜浆，亦见于诗。及光绪纪元，王上疏，请预防邪说，鉴宋、明大礼之议，而定于及身。卓识深虑，倜乎远矣。”

寒斋早年收得奕譞稿本，封面题《御赐九思堂诗稿》，毛装一册，以白棉纸书就，所收诗作起于咸丰二年（1852）春间，终于同治十二年（1873）十二月，卷中多

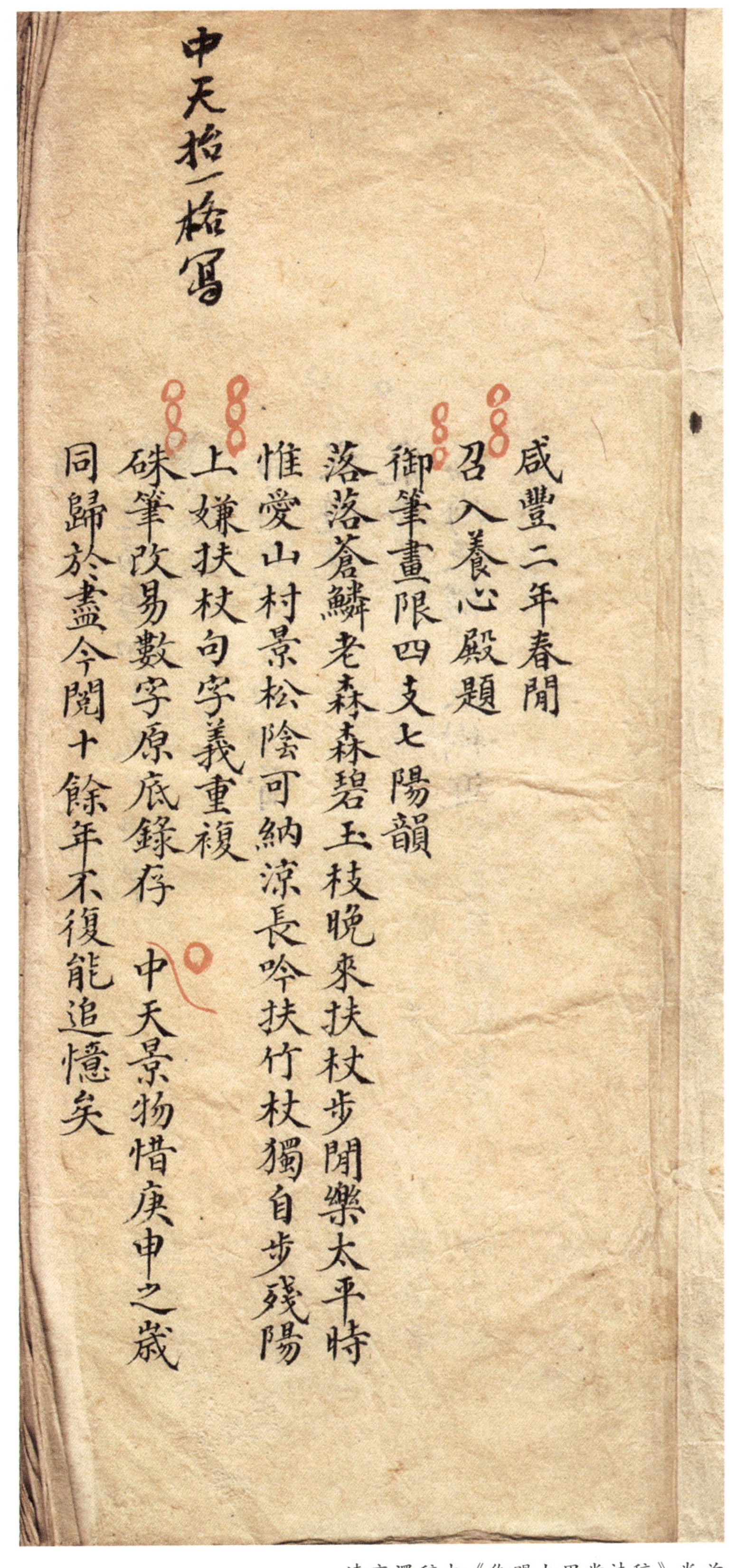

咸豐二年春閒

召入養心殿題

御筆畫限四支七陽韻

落落蒼鱗老森森碧玉枝晚來扶杖步閒樂太平時

惟愛山村景松陰可納涼長吟扶竹杖獨自步殘陽

上嫌扶杖句字義重複

硃筆改易數字原底錄存　中天景物惜庚申之歲

同歸於盡今閱十餘年不復能追憶矣

中天抬一格寫

清奕譞稿本《御赐九思堂诗稿》卷首

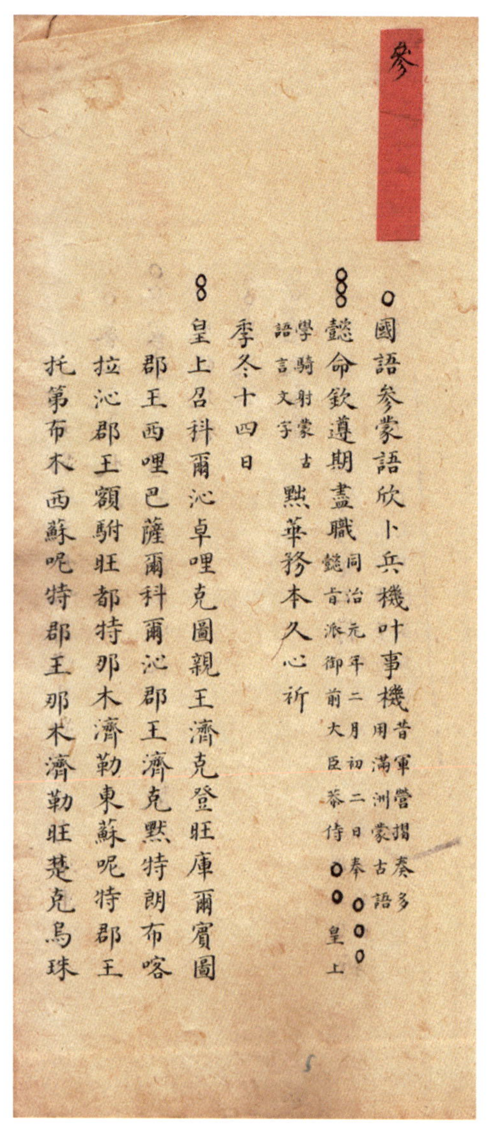
參

國語參蒙語欣卜兵機叶事機昔軍營謂奏多用滿洲蒙古語

懿命欽遵期盡職同治元年二月初二日奉皇上懿旨派御前大臣恭侍

學騎射蒙古語言文字黜華務本久心祈

季冬十四日

皇上召科爾沁卓哩克圖親王濟克登旺庫爾賓圖

郡王西哩巴薩爾科爾沁郡王濟克默特朗布喀

拉沁郡王額駙旺都特那木濟勒東蘇呢特郡王

托第布木西蘇呢特郡王那木濟勒旺楚克烏珠

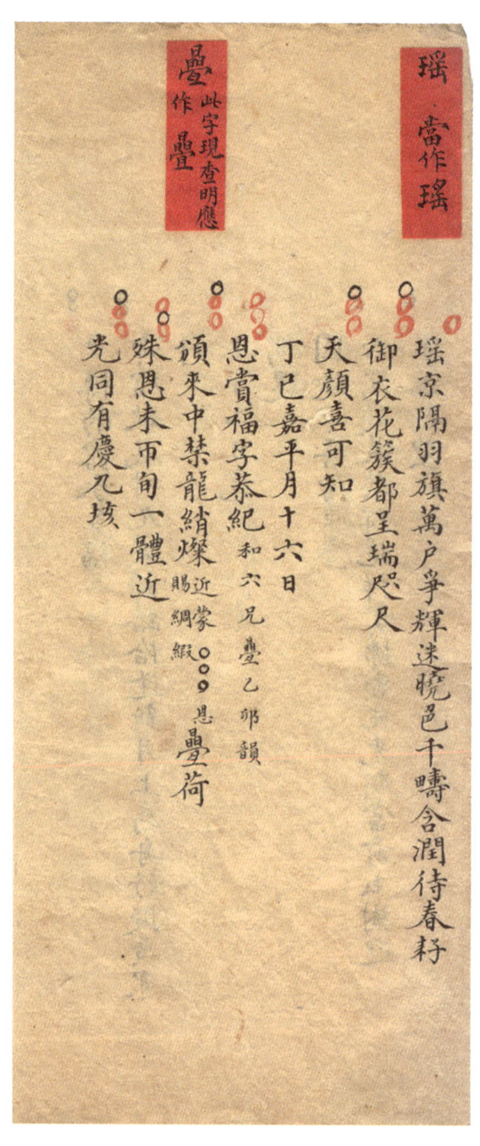
瑶當作瑤

疊此字現查明應作疊

瑤京隔羽旗萬户爭輝迷曉邑千疇含潤待春耔

御衣花簇都呈瑞咫尺

天顏喜可知

丁巳嘉平月十六日

恩賞福字恭紀和六兄疊乙卯韻

頒來中禁龍綃燦近蒙賜綢緞恩疊荷

殊恩未帀旬一體近

光同有慶凡垓

清奕谟稿本《御赐九思堂诗稿》内页

处贴有浮签，以正误字，凡提抬处皆有标记，当是《九思堂诗稿》刊刻底本之一，因年代久远，余皆散佚，仅此一册归来寒斋，惜至今未收得该书刻本，无以知全貌。

检《东北地区古籍线装书联合目录》，著录有《九思堂诗稿》四卷，同治间刻本，又有《续编》六卷，光绪间刻本。又检《苏斋选目》，著录有该书七卷，为同治十三年（1874）奕谟刻本，且摘录有该书序言：“余既刻《窗课存稿》，以志文端师傅教诲启迪之苦心矣……兹就录存底本者，删繁去复，仅存十之六七。编辑若干卷，刷印数部，分置邸寓、园寓及西山别墅，所谓只可自怡悦是已……堂名九思者，余十一龄时，文宗显皇帝御书以赐者也，因以名集。诗板既成，聊缀命意数语于右。同治十三年甲戌八月初二日，和硕醇亲王自序于爽籁天成之境竹阴下。”初时以为《九思堂诗稿》为晚近所刻，或有囊归之日，今读其“刷印数部”，希望渺茫，顿时心灰。

初得此本，因其书写格式与惯常所见不同，凡遇圣名、宗庙等即换行，以至多有一行仅两三字者，兼有各种标记及浮签，读来颇为费力，遂搁置一隅。近来整理稿本，此本重现眼前，或马齿渐长之故，耐心亦渐长，夏日炎炎，竟将此卷逐页读过。

古书提抬，多有得见，明清两代大致相同，遇宫殿者，抬一字；称皇帝、上谕、称旨、称御者，抬二字；称天地、宗庙、山陵、庙号、列祖谕旨者，则出格一字。此本作者奕谖身为王爷，所赋多宫中事，故称圣、称旨、宫殿及宗庙者比比皆是，换行、提抬、出格处无页不有之。然此本毕竟为稿本，虽有换行提抬，却是统一高度，并未严格按照等级抬一格、两格或三格。又因此本为刊刻底本之故，故有人于每行顶端以加“○”形式，标示出须抬几格。如遇“养心殿”者，换行抬一格，行端标示一个“○”，遇“皇上”者，行端标示“○○”，遇“皇太后”者，则标示“○○○”，而皇太后，自然是指慈禧。凡遇某字书写未规范者，则以红签贴于是行眉端，上写正字。

此本首页首行为“咸丰二年春间”，未知此前是否尚有咸丰元年诗作。第一首为《咸丰元年春间召入养心殿题御笔画限四支阳韵》，诗云：“落落苍鳞老，森森碧玉枝。晚来扶杖步，闲乐太平时。惟爱山村景，松阴可纳凉。长吟扶竹杖，独自步残阳。”后记：“上嫌‘扶杖’名字义重复，硃笔改易数字，原底录存。中天景物，惜庚申之岁，同归于尽，今阅十余年，不复能追忆矣。”该诗即《晚晴簃诗汇》中所称文宗改定者，《诗汇》又记从游福海赋诗，则录于次页，题为《随驾游福海如坐天上，船中赐饭，并命作五言绝句一首》，诗云：“宸游施宠命，福海泛楼船。水树迎皇幄，云山入御筵。”后记：“上笑曰：后二句即唐韦元旦兴庆池应制诗内‘云峰四起迎宸幄，水树千重入御筵’之意，汝颠倒用之耳。因命背诵原诗。”上即咸丰帝也。咸丰二年为 1852 年，是年奕谖年仅十二岁，且不论诗作如何，小小年纪，能够当庭依律赋句，中规中矩，已殊不易。无怪奕訢贺其二十岁生日时，将其喻为小谢，赞其“笔力能穿纸”。

奕谖所云“庚申之岁，同归于尽”，乃指咸丰十年（1860）事。是年英法联军攻陷北京，圆明园被毁，咸丰帝逃往热河行宫避难，奕谖等亦随行。卷中又有

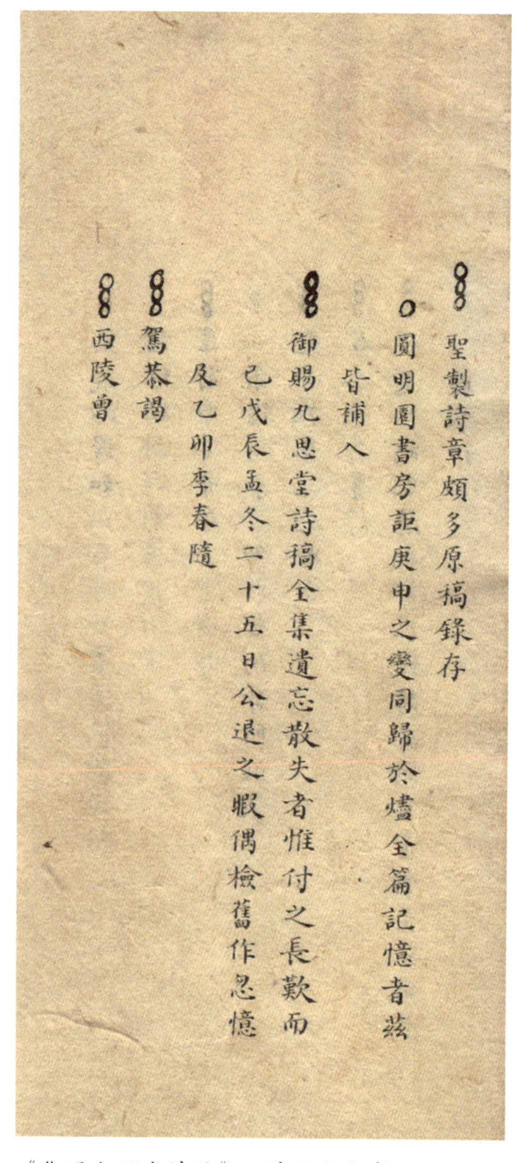
聖製詩章頗多原稿錄存
圓明園書房詎庚申之變同歸於燼全篇記憶者茲
皆補入
御賜九思堂詩稿全集遺忘散失者惟付之長歎而
已戊辰孟冬二十五日公退之暇偶檢舊作忽憶
及乙卯季春隨
駕恭謁
西陵曾

《御赐九思堂诗稿》记诗稿散失事

《补作纪恩诗四首并序》，序中亦记圆明园被毁事："余偕两弟，自幼同居阿哥所，仰蒙先帝教养深恩，时常召入，较射赓诗，赐游习武，已备见前恭纪诗矣。概自童蒙至弱冠，其圣制诗章颇多原稿，录存圆明园书房，讵庚申之变，同归于烬。全篇记忆者，兹皆补入《御赐九思堂诗稿》全集，遗忘散失者，惟付之长叹而已。戊辰孟冬二十五日，公退之暇，偶检旧作，忽忆及乙卯季春随驾恭谒西陵，曾命和《晓行即事》截句二首，是年秋间命和《自鸣钟》七律一首，丙辰正月召入重华宫同朝鲜使臣听戏，命在东殿和《丙辰元旦开笔成什》七律一首，原诗句法命意已不可追忆，惟圣制元韵尚未遗忘，亟拈笔补成四章，以纪当年友爱深恩。"

覆巢之下，安有完卵，贵为王侯，亦复如是。次年咸丰驾崩，慈禧与奕訢、奕譞等一同发动"祺祥政变"，免去八大臣职务，开始长达四十八年的垂帘听政。因是年为辛酉年，故此事件又称"辛酉政变"，之前未为咸丰皇帝重用的奕譞，亦因此正式步入权力核心。

此稿本亦录有庚申年诗作，《元日早朝恭纪》云："调阳玉律转机衡，藩翰输诚向帝京。万户华灯同斗彩，九衢爆竹竞传声。钧天金奏听初彻，晨露珠联喜载赓（是日上制律诗，命南书房恭和）。念笃亲亲宸龙渥，朱提拜赐荷恩荣（是日特颁恩旨，中外升赏有差。臣与赏银三千两。）"此外又有《太和殿筵宴并命递酒爵恭纪》及以题画、咏瓶荷等，世道之乱，全不在此卷中。唯有《余自十六岁仰蒙先皇亲授刀法逐日演习凡四年未尝少间于今奉派管理营务每见技艺步法多

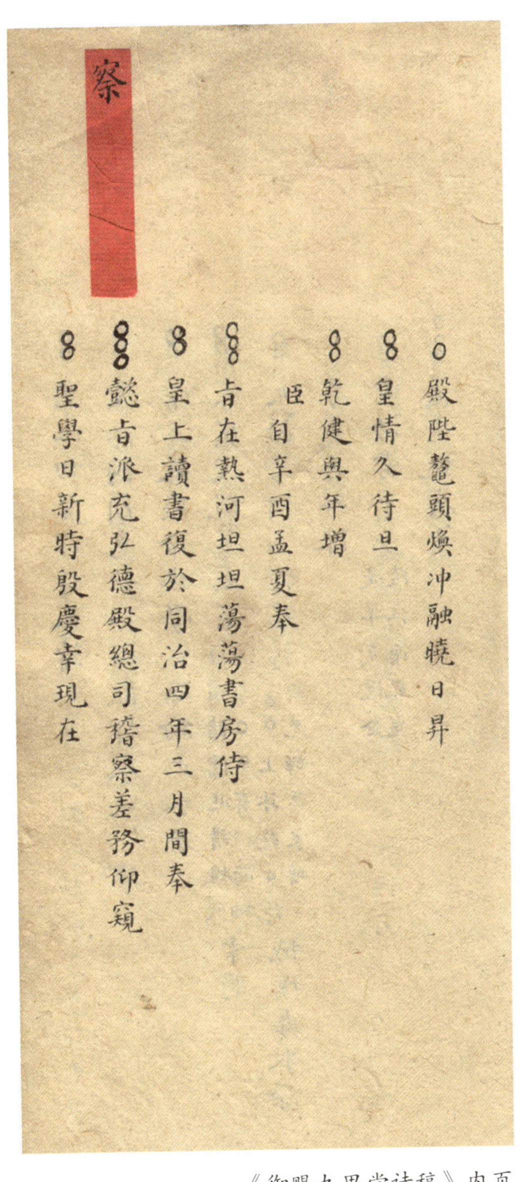
察

殿陛鼇頭煥冲融曉日昇
皇情久待旦
乾健與年增
臣自辛酉孟夏奉
旨在熱河坦坦蕩蕩書房侍
皇上讀書復於同治四年三月間奉
懿旨派充弘德殿總司稽察差務仰窺
聖學日新特殷慶幸現在

《御赐九思堂诗稿》内页

不如内学之妙回思当日深恩寅感之余慨然有作》五律一首，略见时事："二百连环法，刀传自内廷，霜锋挥闪烁，宝锷式仪型。上苑松阴碧，离宫草色青。即今修武备，时事此身经。"庚申之后，即接甲子元日太和殿受贺诗，其中辛酉、壬戌、癸亥三年诗作俱不见载，时局纷纭，或可想见。

卷中又多处记有同治帝幼时读书之事。如同治七年（1868）诗题有记："臣自辛酉孟夏奉旨在热河坦坦荡荡书房侍皇上读书，复于同治四年三月间，奉懿旨派充弘德殿总司稽察差务，仰窥圣学日新，时殷庆幸。现在皇上初习作诗，恭读圣藻词简意宏，私心欢忭，敬纪一律。"是年同治帝十二岁，与奕譞当年赋"扶杖"诗时同岁。同治九年（1870）仲冬二十七日，又赋《弘德殿偕博多勒噶台亲王恭侍皇上初习蒙古语言文字敬纪》诗，诗中小注称："昔军营折奏多用满洲蒙古语"，又及："同治元年二月初二日，奉懿旨派御前大臣恭侍皇上学骑射蒙古语言文字。"然同治元年懿旨似乎是颁而未行，至同年季冬十四日，记皇上召见科尔沁卓哩克图亲王等人，并宣蒙古旨以慰问，诗中小注称："皇上习蒙古语甫十七日，即召对宣旨，实不胜钦佩忭舞之至。"

清代皇子学业之重，各书多有记载，满文、蒙古文、汉文与骑射等，日日皆须练习，全年仅元旦、端午、中秋及万寿节可免去课读。清人赵翼尝记皇子读书事，谓："本朝家法之严，即皇子读书一事，已迥绝千古。……吾辈穷措大专恃读书为衣食者，尚不能早起，而天家金玉之体乃日日如是。既入书房，作诗文，每日均有课程，未刻毕，则又有满洲师傅教国书、习国语及骑射等事，薄暮始休。”骑射等事，奕谖于此稿中亦有记载，如己巳九月初二日《上初御弓矢射布靶三矢中二敬成一律以志欢忭》。

该稿后半部分，又有《恭纪庆典六十韵》，详记同治十一年（1873）皇帝大婚前后事，尤其诗中小注，颇多细节，如二月初三指后封妃嫔，命钦天监择吉，七月二十六日行纳彩礼，八月十七行大征礼，九月初九日起送皇后妆奁，九月十四日太和殿行册立礼等，以及婚后赐宴、进爵等，皆可与史料相对看。

一卷读毕，颇觉皇家气象与富贵毕竟不同。富贵者，多田宅金银而已，皇家气象则无所不用其极，满纸御、宸、殿、圣、赐、旨诸字，皆百姓之家绝少用者，高高在上而浑不自觉。旧年读太谷学派《归群词丛》，作者日日叫穷，年年呼贫，秧草腌盐“味绝佳”，可谓贫中至贫，两相比较，王侯将相，宁有种乎？

梁鼎芬题记《韩文》四十卷《外集》十卷《遗集》一卷《集传》一卷

《韩文》四十卷《外集》十卷《遗集》一卷《集传》一卷　（唐）韩愈撰

明嘉靖十六年（1537）游居敬刻韩柳文本　梁鼎芬题记一函六册

钤：芬（朱方）、鼎芬（白方）

韩愈文集乃韩愈去世后由门人李汉所辑，据南宋方崧卿《韩集举正》序言载，曾有唐代令狐（澄）氏本、南唐何大本和赵德文录本，然唐本仅见记载，未有流传。宋代最早刻本为祥符杭本，蜀中亦有刻本，朱熹《韩文考异》序称："观其（欧阳修）自言为儿童时得蜀本韩文于随州李氏，计其岁月，当在天禧（1017 — 1021）中年，且其书已故弊脱略，则其摹印之日与祥符杭本，盖不知其孰先孰后。"杭本、蜀本之外刻本，亦多见记载，或白文，或注疏，今时尚有残本可见。元代曾有翻刻宋本，明代则有游居敬刻韩柳文本、莫如士翻刻游居敬本及何镗刻本等，入清则更多矣。

韩愈

此为明嘉靖十六年（1537）游居敬刻韩柳文本，早年购于天津古籍书店，书价颇廉。游居敬（1509 — 1571）字行简，号可斋，福建南平人。宋代著名理学家游酢之后。嘉靖十一年（1532），游居敬举进士，次年授山东道监察御史，嘉靖二十年（1541）转任广东按察副使，数年后迁湖广左参政，累官至督察院副都御史，巡抚云南。内阁首辅叶向高尝为其撰《通议大夫刑部右侍郎可斋游公神道碑铭》，称其“生平恬淡简素，蔬食布衣，所卧席十年不易。漆枕、栉匳皆青衿时物。每徙官，行李萧然”。清代李清馥撰《闽中理学渊源考》则称其：“宦途垂四十年，诸子谨给衣食，乡评重之。其峻德宏猷，古风直节，一时鲜俪。所著有《五经旁注》《可斋文集》及《延平郡志》、奏议若干卷。”

韩愈、柳宗元同为古文运动之代表人物，故后世常将二人并称“韩柳”，将二人文集汇刻一书，早在宋代即已有之，最著名者为南宋廖莹中世彩堂刻《韩柳文》，该书千百年来流传佳话无数。游居敬所刊亦为韩柳合刻本，皆半页十一行二十二字。除该书外，游居敬所刻尚有万表辑《皇明经济文录》四十一卷、章玄应《雁荡山樵诗集》十五卷。嘉靖十五年（1536），游居敬任直隶监察御史，巡按宁国，公事之余，取《韩文》旧刻与邑人参校，次年春付之剞劂，阅五月而事毕，并有自序，详述始末：“……然其为书多奇字古义，唐宋诸巨儒迭为辨释，为之音注，其义晰矣。顾其章离而意断，议繁而气格，浑成之体稍滑焉。余读中秘时，每取观，辄以为病，窃欲省释旧笺，唯存正文，庸复作者之初，而未克就。丙申冬，奉命按至宁国，暇日以是谘于宁国黎守晨洎宣城知县吴悌，佥曰便。乃取苏阁旧刻，稍加参校，付之，命工梓焉。编次遵李、刘二子所集，存旧也。韩为卷四十，次外集十卷，次集传，次遗文。柳为卷四十三，别集、外集、附录，以次附焉。各仍其初，重更也，音切存其难解者，利习也，时本间有一二脱讹，取善本厘正焉，崇古也。工起今年春首，凡五阅月告竣，僭题之曰韩文、柳文云。”

游居敬所刻该书，至嘉靖三十五年（1556）有莫如士重刻本，两刻之间仅隔二十年。莫如士字子元，广东恩平人。嘉靖二十六年（1547）进士，历官监察御史、大理寺丞，为人刚直敢言，人谓有于谦遗风。莫如士重刻《韩柳文》，又与当时风气相关。明代官员上任或奉使出差回京者，例以书籍、手帕为赠，以示两袖清风。此类专以赠人之书，俗称“书帕本”。叶德辉《书林清话》有记：“明时官吏奉使出差，回京必刻一书，以一书一帕相馈赠，世即谓之‘书帕本’。”又云：“明时官出俸钱刻书，本缘宋漕司郡斋好事之习。然校勘不善，讹谬滋多，至今藏书家，均视当时书帕本比之经厂坊肆，名低价贱，殆有过之。然则昔人所谓刻一书

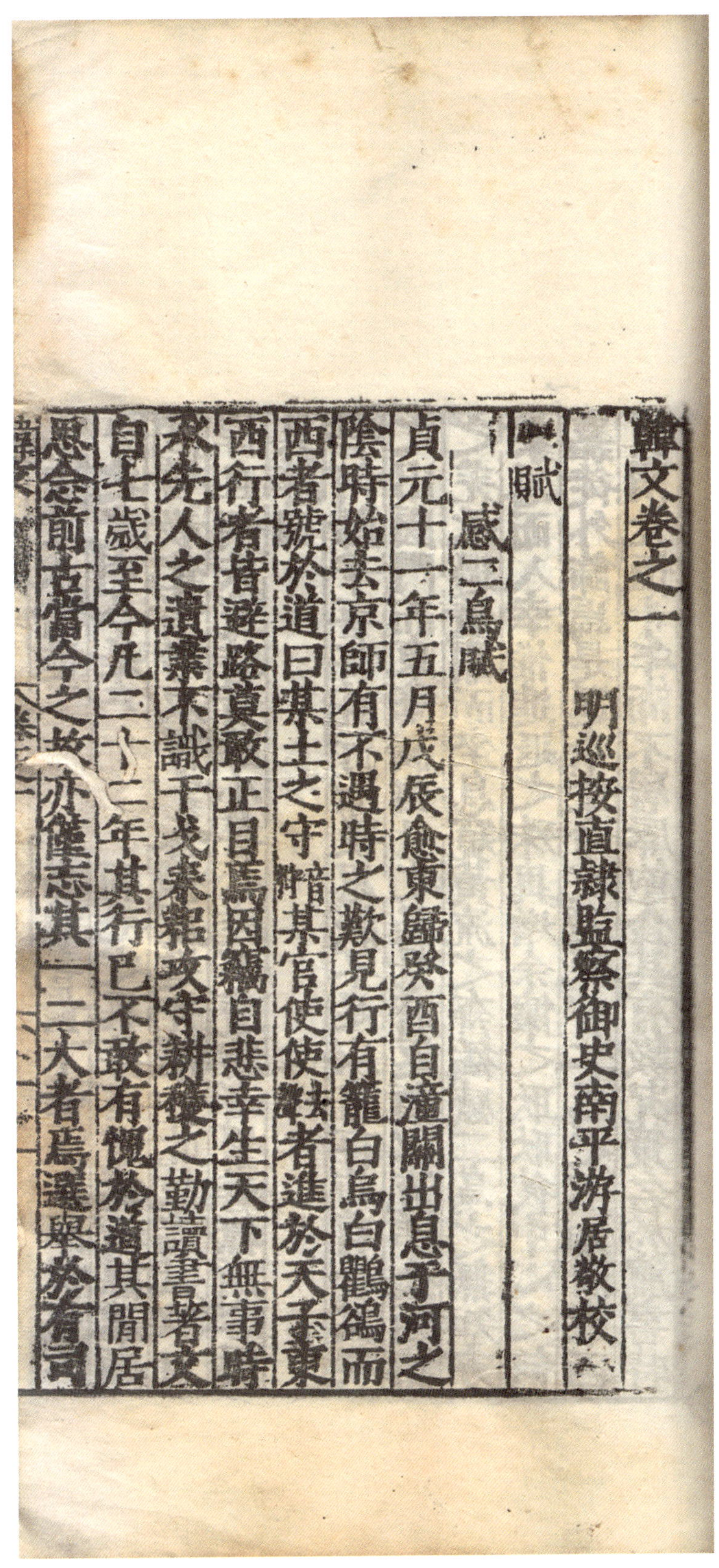
韓文卷之一

明巡按直隸監察御史南平游居敬校

賦

感二鳥賦

貞元十一年五月戊辰愈東歸癸酉自潼關出息于河之陰時始去京師有不遇時之歎見行有籠白烏白鸜鵒而西者號於道曰某土之守音狩某官使使去聲者進於天子東西行者皆避路莫敢正目焉因竊自悲幸生天下無事時承先人之遺業不識干戈耒耜攻守耕穫之勤讀書著文自七歲至今凡二十二年其行已不敢有愧於道其閒居思念前古當今之故亦僅志其一二大者焉選舉於有司

明嘉靖十六年游居敬刻韩柳文本《韩文》卷首

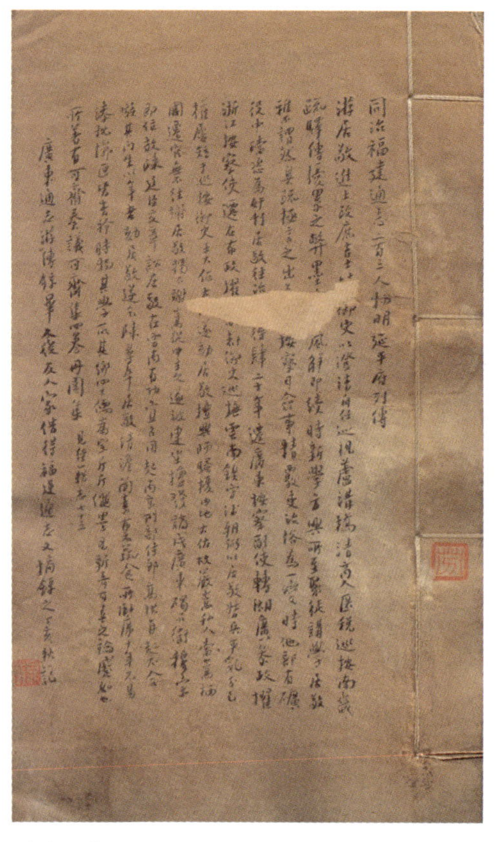

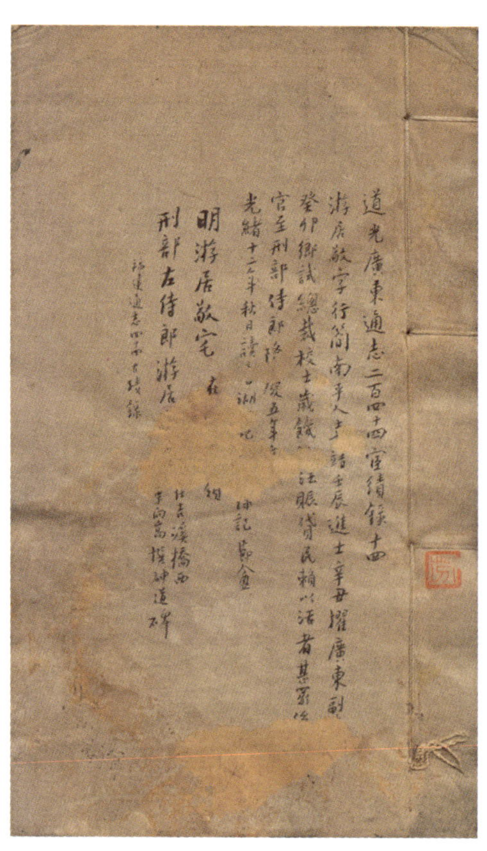

《韩文》封面梁鼎芬题记

而书亡者，明人固不得辞其咎矣。”万历之后，此风渐消，所赠之物渐以银两代替。正因书帕本大多专为送人之用，故校勘颇不用力，刻工亦多半拙劣，亦有省事者利用前人所刻旧版，铲去原书刻书者姓名，改刻己名。莫如士重刻《韩柳文》，亦有称缘于此者。

今将游刻、莫刻两本卷首比而视之，行格如一，字体则略有差异，游刻次行题："明巡按直隶监察御史南平游居敬校。”莫刻次行题："明巡按直隶监察御史新会莫如士重校。”然莫刻虽然亦属书帕本，却为书帕中上善者也。叶德辉尝跋莫如士重刻本，将两刻并提，引莫本王材序称："宁国本，前侍御可斋游居敬所刻，兹廿年矣。虽不载《考异》，然雠核颇精，称善本。搴行既广，辄已劘昧。沙滨莫君由御史出按南畿，宁国朱守自充以为言，乃重加校梓，明不坠前迹。”由是可知，游居敬与莫如士曾先后巡按宁国，莫氏盖重刻游本也。

寒斋所藏游刻《韩文》乃民国藏书家梁鼎芬故物。梁鼎芬(1859－1919)字伯烈，一字星海，号节庵，又号藏山，广东番禺人。师从广东大儒陈澧，光绪六年(1880)进士，官至湖北按察使、布政使。梁鼎芬在晚清政坛上最广为人知者，乃因中法战争上疏弹劾李鸿章“六可杀”之事，以及弹劾奕劻、袁世凯等。清帝逊位后，梁鼎芬经陈宝琛荐为宣统师傅，排日进宫授读。

因为宦居各地，梁鼎芬在各处皆有藏书处，又因地域及境况之不同，斋名各异。如居京师米市胡同时，因为心慕隋代何妥（字栖凤）勤于解经，遂以“栖凤楼”颜其斋，又有“毋暇斋”，以表向学之勤。居武昌时，书斋名为“食鱼斋”。弹劾奕劻受贬后，书斋改名为“精卫庵”，取“花可傲霜看晚节，鸟思填海有愚忠”之意。又因溥仪曾赐“岁寒贞松”牌匾，遂又有“寒松馆”斋名。晚年则有“葵霜阁”，斋名缘自其完成光绪陵园种树之役时，为明心迹所赋诗句：“趁雨安篱缘底事，为芟恶草护忠葵。”以及“谁照孤臣心内事，葵霜阁外月初斜。”

此本一函六册，每册书脑处皆钤“芬”字朱记，上下护以樟木夹板，其中三册封面有梁鼎芬题记，因岁月消磨，首册封面已有破损，仅辨得字迹：“韩文四十卷外集……明南平游氏本，丙戌四月自……先十六舅使闽……朝过书坊购得。”第二册封面则记：“［道光］《广东通志》二百四十四《宦绩录》十四。游居敬，字行简，南平人，嘉靖壬辰进士，辛丑擢广东副使，癸卯乡试，总裁校士。岁饥□□赈贷，民赖以活者甚众。后官至刑部侍郎，隆庆五年卒。光绪十二年秋日读……记。节盦。”第三册封

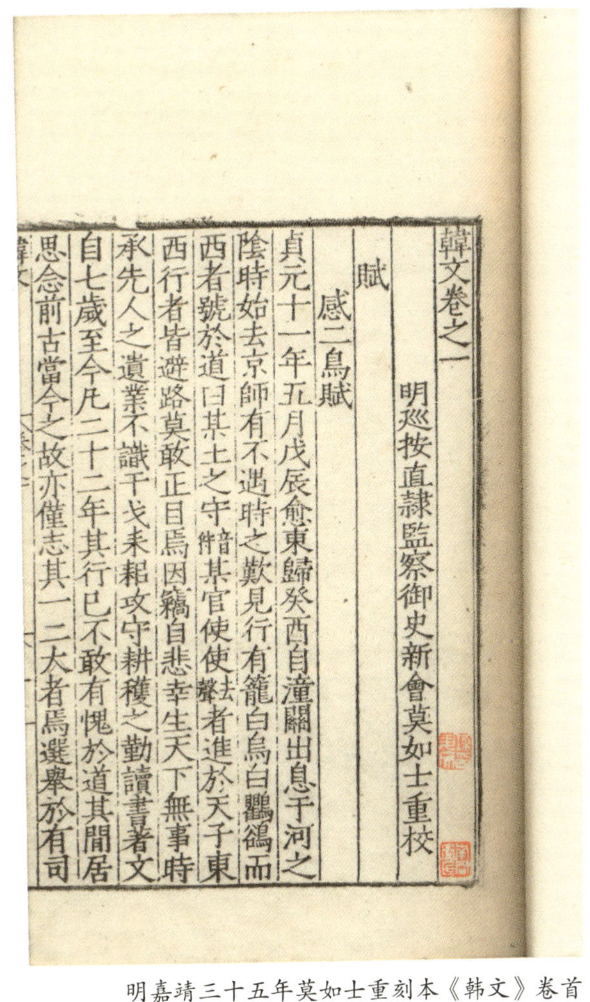
韓文卷之一
明巡按直隸監察御史新會莫如士重校
賦
感二鳥賦
貞元十一年五月戊辰愈東歸癸酉自潼關出息于河之陰時始去京師有不遇時之歎見行有籠白烏白鸜鵒而西者號於道曰某土之守音狩某官使使去聲者進於天子東西行者皆避路莫敢正目焉因竊自悲幸生天下無事時承先人之遺業不識干戈耒耜攻守耕穫之勤讀書著文自七歲至今凡二十二年其行已不敢有愧於道其閒居思念前古當今之故亦僅志其一二大者焉選舉於有司

明嘉靖三十五年莫如士重刻本《韩文》卷首

面尚算完好，小字密布，乃梁鼎芬移录［同治］《福建通志》卷二百三游居敬传，文末有记：“《广东通志》游传录毕，又从友人家借得《福建通志》，又摘录之。丁亥秋记。”末钤“鼎芬”白方。由是可知，该书为梁鼎芬得于光绪十二年（1886）春，秋日读毕后，在首、二册封面上书以题记，并摘录［道光］《广东通志》中关于游居敬之史料，次年自友人家中借得［同治］《福建通志》，又摘录其中关于游居敬之传记，书于第三册封面。

葵霜阁藏书不重宋元，而以丛书、方志以及清人文集为多，由《韩文》封面题记，即可略见其对地方通志格外关注。梁鼎芬生前虽无著作问世，但同光诗坛依然有其地位在，汪辟疆《光宣诗坛点将录》将其喻为“天满星美髯公朱仝”。其去世后，经友人余绍宋、叶恭绰等陆续搜集所作，辑成《节庵先生遗诗》，叶恭绰又辑成词集《款红楼词》；文集则有门人杨敬安所辑《节庵先生遗稿》，此皆今人时常提及者。而梁鼎芬在民国时参与总纂《广东通志》，却鲜有人道及。民国四年（1915），广东省政府成立广东通志馆，置馆于广州南园故址，设总纂13人，以梁鼎芬为首，次年完成《续修广东通志》未成稿19册，继而因战事而中辍。此外，梁鼎芬为番禺人，故亦参与总纂《续修番禺县志》，而参与修志的另外几位总纂皆与梁鼎芬同为清朝遗老，故虽然修志时已是民国八年，却仍然以宣统三年（1911）为记述下限，不续民国，而志中讲述清室诸事，皆按旧志格式及称呼，足见立场。

梁鼎芬

寒斋架上关于韩柳之书颇多，此刻可谓下驷，然因吾与游居敬、梁鼎芬之缘分所在，该书又可别加青眼。五年前的文化寻踪之旅，吾

梁鼎芬藏书印“鼎芬”“芬”

于半年之内先后访到游居敬墓及梁鼎芬葵霜阁。游居敬墓据闻位于福建南平市南山镇南山村之石马坪，当日在附近的凤池村访完游酢墓及祠堂之后，来到南山村，然而石马坪究竟在何处，茫然不知头绪。来到南山村后的山坡前，遇一年轻夫妇在溪中浆洗衣物，虽然溪水并不干净，漂浮着许多污物（上游应该有化工厂或者矿场），然这对小夫妇显然没有更好的浆洗所在。我上前向他们打问游居敬墓所在，男人抬头指着山路告知，沿此山路前行，见到岔路后向上走即可见到。话音未落，其妇马上接口，称所言不确，应该是见到岔口后向下行，男人反驳，两人瞬间就为究竟是向上还是向下吵起来，一时间令吾颇为尴尬，只好感谢他们之后，匆匆离开这里。来到岔口后，果然两条小路，一上一下，略略思之，选择按照男士所言向上行，果然不久就在一片田园和山坡间看到游居敬墓。其墓尚有近百米之墓道残存，神道两侧立有翁仲，有近三米之高碑，上刻“明通议大夫两京刑部右侍郎可斋游公神道”，碑前又有三开门之石牌坊，上刻“皇明钦赐祭葬”，而神道

游居敬墓

梁鼎芬葵霜阁

尽头并无墓冢，仅有依山体垒起的一圈鹅卵石，或即喻示可斋墓冢所在。

梁鼎芬葵霜阁则位于广州市中山四路榨粉街 93 号，两层旧式小楼一栋，杂于新式建筑之间，说是民国建筑，似乎又太过现代，仅门窗依稀有旧时风范，门前一溜水果摊，摊主百般阻止不允拍照，问其所故，其怒而不言。初以为摊主即葵霜阁现在业主，一番请教之后，其愤愤称，这种房子岂是他们住的。原来摊主误以我为记者，恐拍照之后将其无证摆摊之事曝光。

佚名笺注《两当轩集》二十二卷《附录》四卷《考异》三卷

《两当轩集》二十二卷《附录》四卷《考异》二卷　（清）黄景仁著

清光绪二年（1876）黄氏家刻本　佚名笺注　一函三册

钤：汉语大词典编纂处藏书（朱方）、悔庵居士（白方）、杨浔（朱方）、心称（朱方）

黄景仁

两当轩位于江苏常州市延陵西路神仙观弄。吾寻访时，延陵西路好找，而神仙观弄难寻，最后问至民警处，始告吾今时已少有人称“神仙观”，不如直言寻找“两当轩”，则知者甚众。可见于常州当地，两当轩颇盛名。及至两当轩门前，确实不复见有弄堂，更无神仙观，仅见一片新式民居中杂以一栋二层小楼，小楼侧墙贴有“两当轩”文保牌。楼体新旧参半，大半辟作黄仲则故居景点，然因装修之名，并未对外开放。左首一隅有人居住，显然尚属私宅，室极窄，临街一扇小门，门敞而室内尽可睹，有翁妪二人坐于桌前，默然相对，虽无言，然窘况可知。

乍睹此况，顿时想起黄景仁一生穷困，未料时隔两百余年，两当轩依旧清贫不改。两当轩乃清代诗人黄景仁室名。黄景仁（1749 — 1783）字仲则，一字汉镛，自号鹿

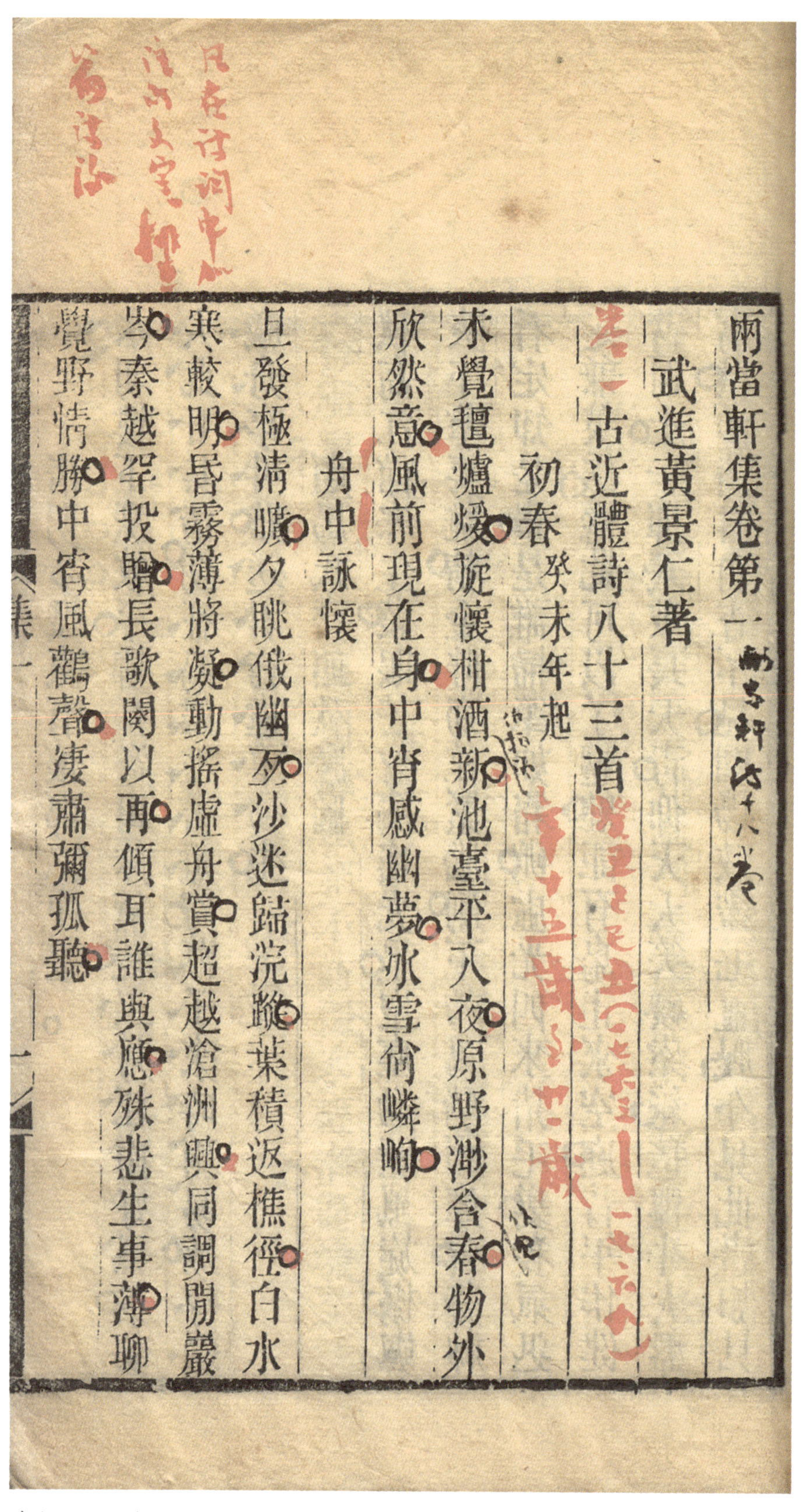
兩當軒集卷第一

武進黃景仁著

古近體詩八十三首

初春 癸未年起

未覺氈爐煖旋懷柑酒新池臺平入夜原野渺含春物外欣然意風前現在身中宵感幽夢冰雪尚嶙峋

舟中詠懷

旦發極清曠夕眺俄幽夜沙迷歸浣蹤葉積返樵徑白水寒較明昏霧薄將凝動搖虛舟賞超越滄洲興同調閒巖岑秦越罕投贈長歌闋以再傾耳誰與應殊悲生事薄聊覺野情勝中宵風鶴聲淒肅彌孤聽

清光绪二年黄氏家刻本《两当轩集》卷首

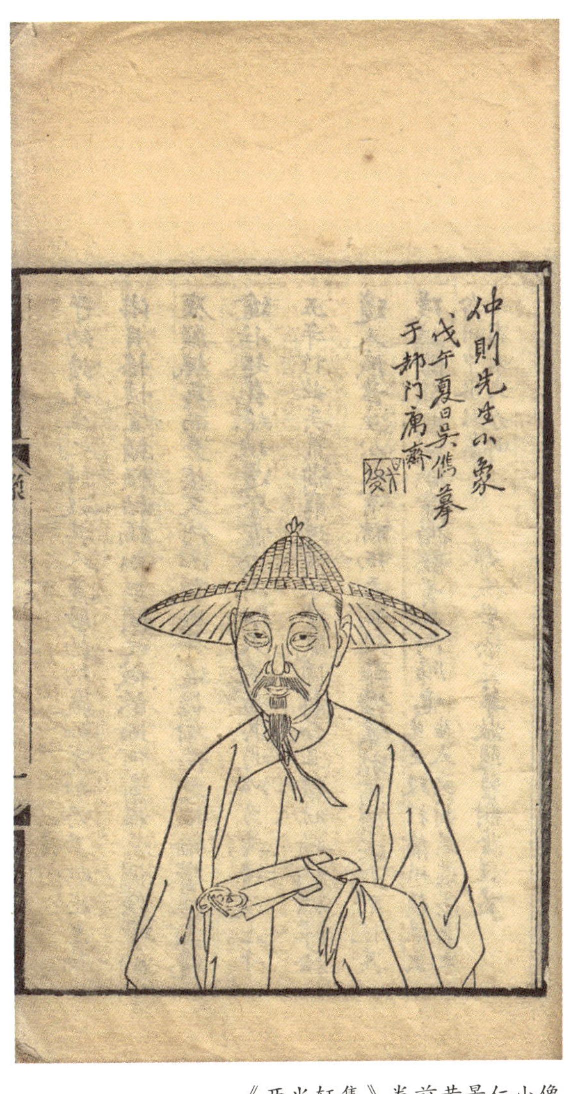

《两当轩集》卷前黄景仁小像

菲子，江苏常州人。黄庭坚后裔。与洪亮吉、孙星衍、赵怀玉、杨伦、吕星垣、徐书受并称“毗陵七子”，在京师时又与翁方纲、洪亮吉、蒋士铨等成立“都门诗社”，往来皆鸿儒名士。

然与其才高相对应者，却是一生潦倒困窘。黄景仁少孤家贫，四岁丧父，十六岁应童子试，名列第一，嗣后参加乡试，却屡试屡败，家贫，又不愿设帐为塾师，只得游客四方，为人作幕以糊口。乾隆四十年（1775），黄景仁入京谋职，自述“年甫二十七耳，气喘喘然，有若不能举其躯者”，次年乾隆召试各省士子，其名列二等，充为四库誊录生，于武英殿任书签官。未久好友洪亮吉母亲去世，黄景仁触景生情，将母亲及妻子接到京师，家计更为捉襟见肘，尝赋诗云：“寒甚更无修竹倚，愁多思买白杨栽。全家都在秋风里，九月衣裳未剪裁。”该诗被时任陕西巡抚的毕沅读到后，赞叹不已，赠金捐赀为县丞，在京候补。后又为债主所逼，黄景仁扶病西行，欲往陕西投靠毕沅，行到山西运城时，病死于友人沈业富官署，时年仅三十四岁。

黄景仁虽壮年而逝，却留下了大量的诗作，其诗无论生前还是身后，均名噪一时。包世臣在《齐民四术》中称其：“诗性豪宕，不拘小节，既博通载籍，慨然有用世之志，而见时流龌龊猥琐，辄使酒恣声色，讥笑讪侮，一发于诗。而诗顾深稳，读者虽叹赏而不详其意之所属，声称噪一时，乾隆六十年间，论诗者推为第一。”而吾少年时尝读其《绮怀》诗，中有“似此星辰非昨夜，为谁风露立中宵”句，莫名感动，却又不知自己缘何而动。

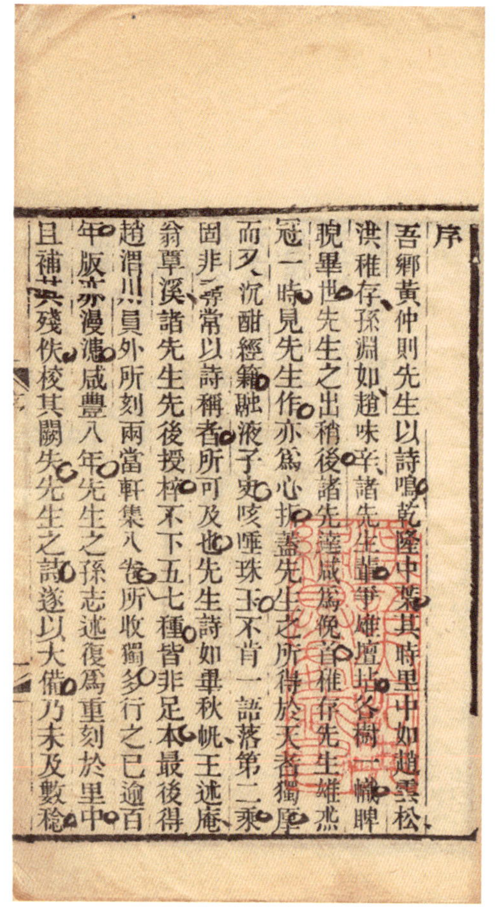

《两当轩集》序言

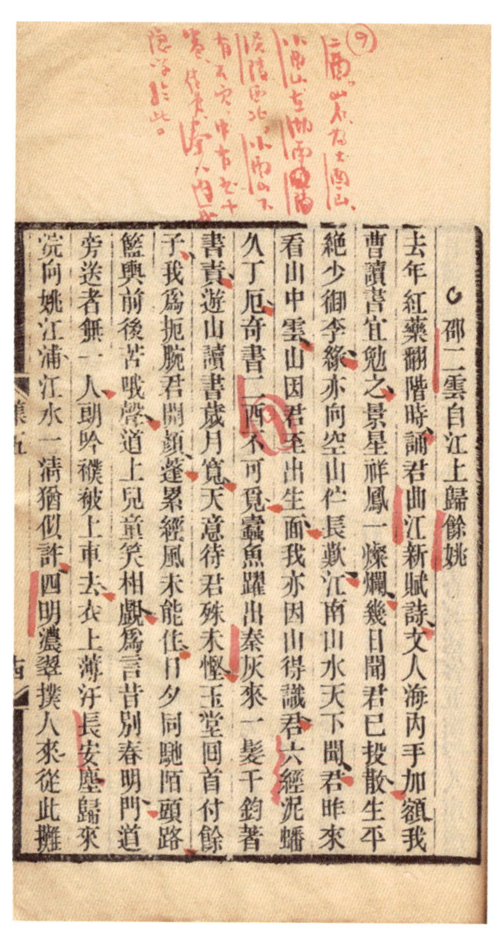

《两当轩集》佚名笺注

乾隆四十年（1755），黄景仁在二十七岁入都求售时，曾属友人代为编辑诗集，自序称："自念向所游处，举凡可喜可愕之境，悉于是乎寄。恐贫病漂泊，脱有遗失，因检所积，十存其二三，聊命故人编次之。"然此集并未付梓。

黄景仁诗集付梓行世乃是身后之事。乾隆四十八年（1783）黄景仁在沈业富家中去世后，沈业富将其诗稿寄至大兴翁方纲处，请予编次，翁方纲遂按己之喜好予以删选，编成《悔存诗钞》八卷，收诗五百首，并撰序称："今年夏，闻黄君仲则殁于解州。其冬，运使沈公钞寄其诗来，俾予编次。既而洪君稚存所为仲则《行状》，称其诗可传者凡二千首，今是钞仅千首，予又删其半，存五百首而已，又不知尚有可传之作若干首落何处也。"翁方纲又于序中解释删取原因及标准，认为黄仲则"放浪酣嬉，自托于酒筵歌肆者，盖非其本怀也"，故皆不录入，又称"试摘其一二语，可通风云而泣鬼神，何必读至五百首哉！"

翁方纲所选《悔存诗钞》八卷编定之后，至嘉庆元年（1796）夏始由邱县刘

黄景仁故居两当轩

松岚在京师付梓，是为该书首刻。在此之前，关中陈崇本尝刻黄仲则诗作全集，翁方纲致洪亮吉札中称：“……此去年冬删定仲则之诗，尚未寄与沈公，而陈□□已开锓矣，是以且未示人。然仲则之诗，必如此严删，乃足传之，若全付劂，则非所以爱之矣。恳吾兄速致札关中，暂停梨枣，则弟即将此删本寄去，否则此删本煞具苦衷，亦不肯轻以示人也。仲则千载人，何忍作寻常诗稿草草付劂哉？”由此札可知翁方纲删诗之举，实乃爱之深也。札中“陈□□”即指陈崇本，然陈刻之本究竟详情如何，后人无以知之，就吾之所见，似未有流传。

《悔存诗钞》所收五百首诗作毕竟远非全豹，而诵读黄景仁诗作者，遍及公卿、大夫、士子、女史及山人羽客等。嘉庆四年（1799），岭南诗人赵希璜在安阳刊刻《两当轩诗钞》十四卷，收录黄景仁诗作八百十七首，然赵希璜刻版之后，未久下世，复遭河患，所刻书版大多漂失，复由郑炳文取赵氏所刻书版补刊，编成《两当轩诗钞》十六卷，收录古今体诗作八百五十四首，词七十九阕，刷印数百本以传世。道光四年（1824），海盐吴修自黄景仁之子黄小仲处得其手定诗稿千一百篇，较郑炳文所刻又多十分之三，遂细为校阅，编成十六卷授之梓人。阅十年，至道光十四年（1834），许玉彬重刻《两当轩诗》十四卷、《竹眠词》二卷，删重出诗二首，增补四首。咸丰八年（1858），黄景仁从孙黄志述又刊《两当轩全集》二十二卷《附录》六卷《考异》二卷，然此版刻成未久，又毁于太平天国战火，至光绪二年（1876），黄志述已然下世，其妻吴氏又重刊该书，是为《诗集》二十二卷《附录》四卷《考异》二卷，收诗一千一百七十首、词二百十六首、文六篇，乃全集本。

寒斋收有《两当轩集》两部，皆有前人手泽，一者为萧蛊友封面题记，一为佚名朱、墨、蓝三色笺注。此佚名笺注之本，乃黄志述遗孀吴氏所刻，首有光绪二年（1876）同里汪昉序，详述剞劂始末：“咸丰八年，先生之孙志述复为重刻于里中。且补其残佚，校其阙失，先生之诗遂以大备。乃未及数稔，复为粤逆之乱所毁。今先生之从孙妇，志述之室吴孺人，怆然念先泽之就湮，痛其夫毕生之志未能传久，又为节缩衣食，勤力针黹，积其所入，至十数年，虽冱寒盛暑，不敢少休，视有成数，亟为鸠工，集手民于厅事，自治馔具以供亿之，命其子执武朝夕监视，几及一年，剞劂完竣。”女子刻书虽偶有所闻，但鲜有详载如此者，读之颇令人深感。

此本卷中布满朱、墨、蓝三色批校，惜用墨不佳，岁月淹留，今日已有多处

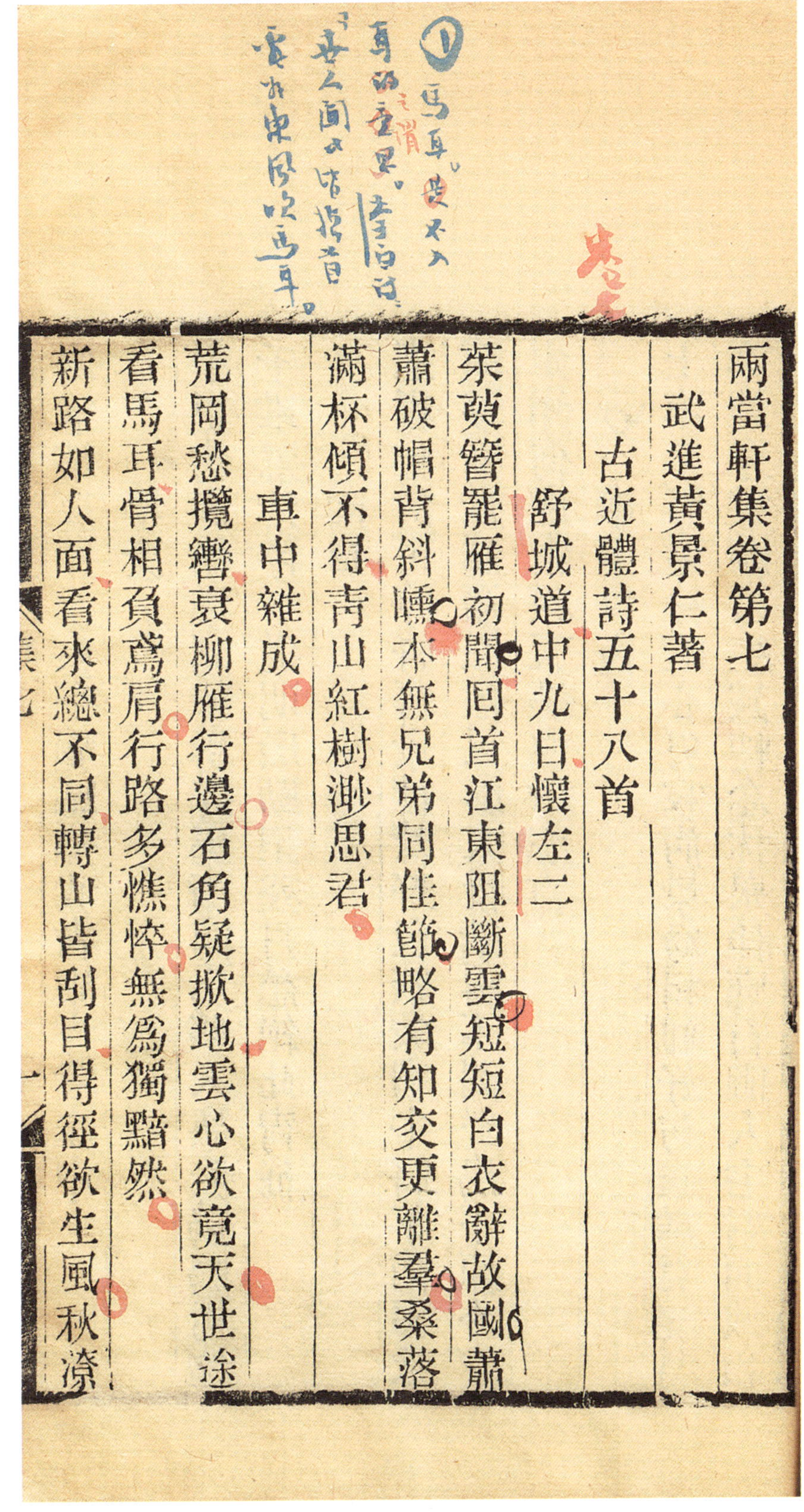

兩當軒集卷第七

武進黄景仁著

古近體詩五十八首

舒城道中九日懷左二

茱萸簪罷雁初聞回首江東阻斷雲短短白衣辭故國蕭蕭破帽背斜曛本無兄弟同佳節略有知交更離羣桑落滿杯傾不得青山紅樹渺思君

車中雜成

荒岡愁攬轡衰柳雁行邊石角疑掀地雲心欲竟天世途看馬耳骨相負鳶肩行路多憔悴無爲獨黯然

新路如人面看來總不同轉山皆刮目得徑欲生風秋潦

清光绪二年黄氏家刻本《两当轩集》佚名笺注

模糊难辨。又惜卷中无落款，无以知笺注出自何人之手。该书乃早年随他书一同归来寒舍者，初未及细审，以为普通批校之本，及今细读卷中文字，始知并非普通批校，乃是一部完整的黄景仁诗集笺注，而笺注者之学术功底，颇见精深，诗中所涉人名、故实、典故等，以及诗人当时生活背景，皆有批注，故知其对黄景仁之深爱。细读笺注内容，可知注者大概生活于新旧交汇之间，笺注皆以毛笔书就，然字句中已有现代口吻，如卷七注“马耳”二字，其以蓝笔注：

①马耳：是不入耳的意思。李白诗：“世人闻此皆掉首，要如东风吹马耳。”

虽寥寥数字，但已然出现标点符号，如“李白”名字旁边划一竖线，此种做

黄景仁故居两当轩

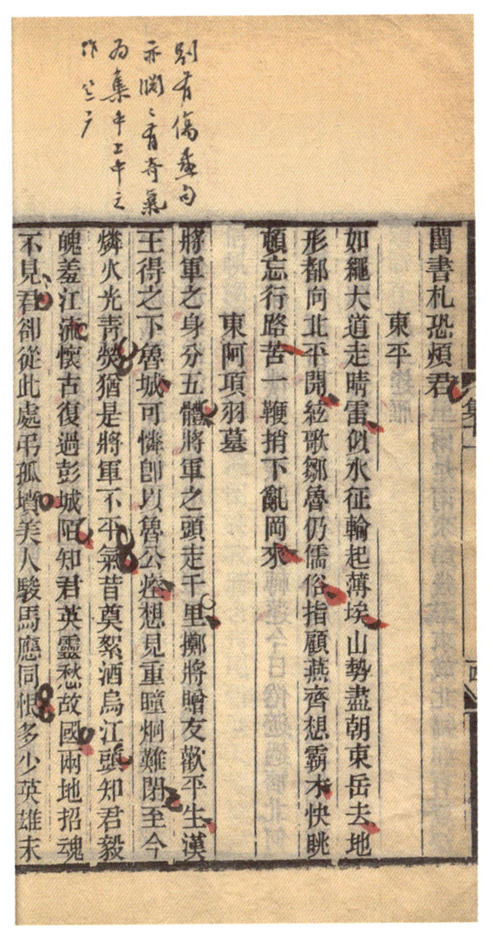

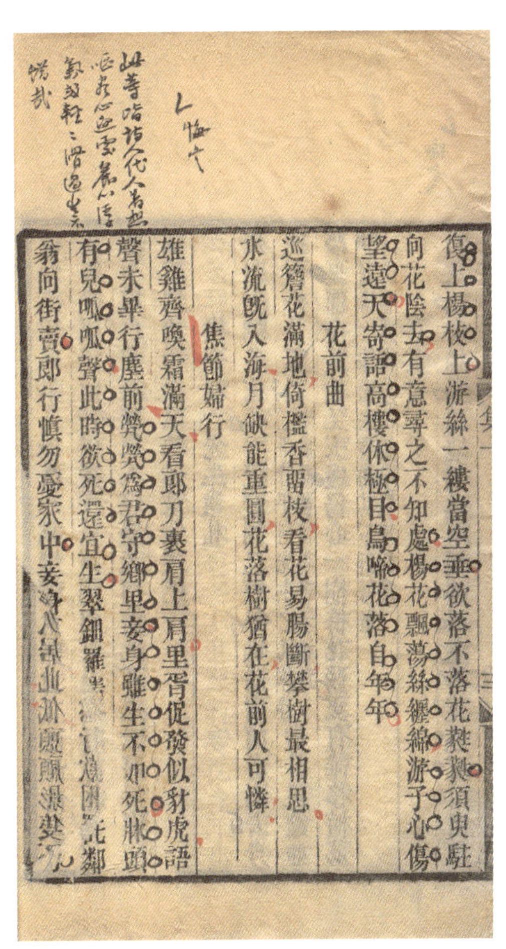

《两当轩集》佚名批校

法虽在今天的标点符号使用法里已不多见，但在民国期间，尚属新式标点，且现在的港台地区仍见使用。而所引诗句处，又标有冒号及引号，可见笺注者对于新式标点符号的使用颇为娴熟，笺注上方更标有阿拉伯数字序号“①”，凡此种种，皆是新文化运动之后始为流行者，故知笺注者当是曾经历民国之人。卷首首页眉端有朱笔注“凡在诗词中加注的文字，排□篇诗后”，可见施墨者曾有意将此笺注出版行世，然未知何故，斯事中辍。

然此本究竟为何人所笺，吾极好奇，又欲知其以三色分别笺注，其中又有何缘由。寒斋所藏三色批校者亦夥，多有一色正字、一色校雠、一色点评，以示区别者。然此本细翻一过，其三色乃随意施之，并无内容上之分类。不过正因细翻之故，得睹数处墨笔明显与笺注笔迹不同，乃别出一手，内容则为评点黄景仁诗句，如卷一评《焦节妇行》：“此等皆诗人代人着想，呕尽心血处。粗心浮气，或轻轻滑过，岂不惜哉。”诗末又云“结笔殊弱”。又评卷十一《东阿项羽墓》：“别有伤感句，亦渊渊有奇气，为集中上中之作。”可见批者自视颇高。而奇怪之处，卷中某页又钤有“悔庵居士”白方，以吾之想当然，“悔庵居士”乃湖州藏书家严元照也，然其乃乾嘉时人，而该书仅为光绪二年刻本，则此居士非彼居士也。

此本卷首又钤有“汉语大词典编纂处藏书”朱方，一度猜测笺注者或许曾供职于该编纂处，然一番寻检，乃知《汉语大词典》之编纂始于 1975 年，显然已与笺注者无关，仅是人去书散一番流转而已。《两当轩集》至今公开出版者，并无笺注之本，上海古籍出版社 1983 年出版之《两当轩集》为今时之通行本，由李国章先生标点，然亦无笺注。他日若得机会，有方家将该书中笺注整理出版，或亦有裨于士林矣。

“汉语大词典编纂处藏书”

尹石公跋佚名钞本《风怀诗补注》不分卷

《风怀诗补注》一卷　（清）冯登府撰

清佚名钞本　尹石公跋　一函一册

钤：北京图书馆藏（朱方）

朱彝尊为清初著名经学家，其代表作有《经义考》，尝得乾隆赋诗赞咏："存亡若彼均详注，文献于兹率可征。远绍旁搜今古会，焚膏继晷岁年增。考因晰理求其是，义在尊经靡不胜。"又于诗注中称赞："编辑之勤，考据之审，网罗之富，实有裨于经学。……至其义在尊经，不惟汲古之助，并将昭示来兹矣。"朱彝尊不仅在经学方面有如此造诣，其在诗词方面亦影响深远，曾与王士禛并有"南朱北王"之称，又为浙西词派之始创人，于文坛地位超然，他如史地、金石及藏书等皆有造诣，均见著述传世。然与其他经学大家所不同者，朱彝尊还写有大量艳诗及艳词，并以任由他人评说之心态，将这些作品收入全集，而这些香艳作品中最著名者，即为《风怀》诗。

《风怀》诗已然成为朱彝尊一段公案，

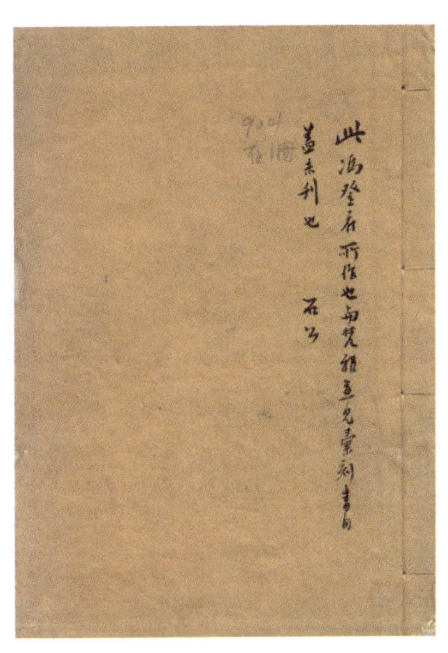

佚名钞本《风怀诗补注》封面尹石公题识

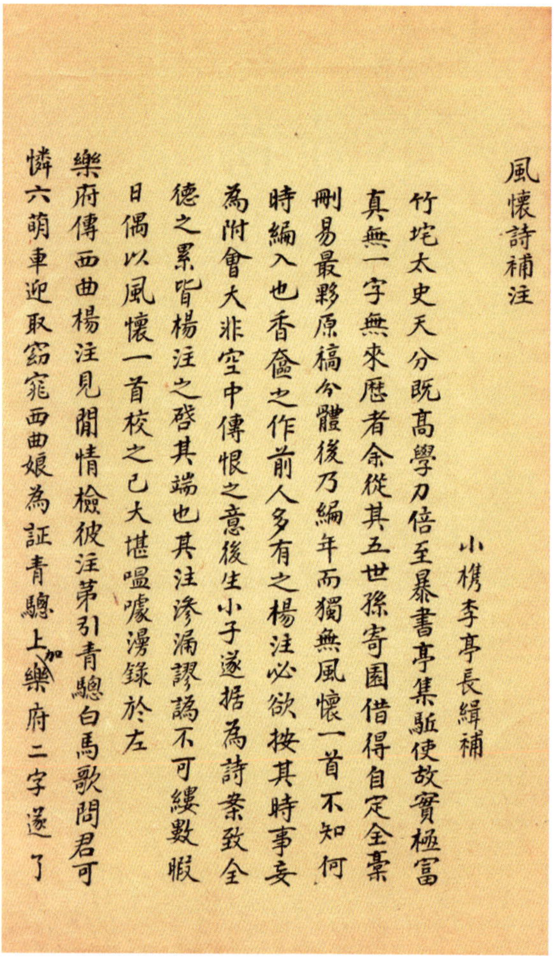

風懷詩補注

小檇李亭長緝補

竹垞太史天分既高學力倍至暴書亭集駈使故實極富真無一字無來歷者余從其五世孫寄園借得自定全稾刪易最夥原稿分體後乃編年而獨無風懷一首不知何時編入也香奩之作前人多有之楊注必欲按其時事妄為附會大非空中傳恨之意後生小子遂据為詩案致全德之累皆楊注之啓其端也其注滲漏謬譌不可縷數暇日偶以風懷一首校之已大堪嘔噦湯錄於左

樂府傳西曲楊注見閒情檢彼注第引青驄白馬歌問君可憐六萌車迎取窈窕西曲娘為証青驄上加樂府二字遂了

佚名钞本《风怀诗补注》卷首

各家笔记及诗评中多有论及。流传较为普遍之说法，该诗乃朱彝尊为妻妹冯寿贞而作，因其恋不伦，又因其情苦，闻者多为唏嘘。朱彝尊自幼家贫，无力置办彩礼，遂于十七岁入赘冯家，是年妻妹冯寿贞仅十余岁，天真烂漫，活泼娇憨，两人一同在冯家度过青葱岁月。冯寿贞由女童成长为少女、为少妇、再为寡妇之过程，点点滴滴，皆记录于朱彝尊诗词之中，音容笑貌，诸多情绪凝于笔端，而妻子冯福贞在其文集中却鲜有提及。然冯寿贞毕竟为他人之妇，此恋无论当年抑或今时，皆属不伦，有碍男女之大防，故该诗曾长期被视为朱彝尊污点，如方东树于《汉学商兑》中直斥竹垞："八十余岁刊集，不去《风怀》诗，躬行邪行，自暴于世。"

《风怀》诗二百韵，乃朱彝尊作于康熙八年（1669），时年四十一岁，凡两千字，从介绍冯寿贞年庚、名字写起，述其游戏、出嫁、归宁、定情、离别，直到病逝，卒年三十三岁，全诗极尽悲惋之情，部分描写又颇为大胆，如"啮臂盟言覆，摇情漏刻长。已教除宝扣，亲为解明珰"，又有"真成惊蛱蝶，甘作野鸳鸯"，故四库馆臣著录《曝书亭集》时，评价称："原本有《风怀二百韵》诗及《静志居琴趣》长短句，皆流宕艳冶，不止陶潜之赋《闲情》。夫绮语难除，词人常态，然韩偓《香奁集》别有篇帙，不入《内翰集》中，良以文章各有体裁，编录亦各有义例，溷而一之，则自秽其书，今并刊除，庶不乖风雅之正焉。"

《曝书亭集》乃朱彝尊晚年亲自删定之全集，凡八十卷，其中赋一卷、古今诗二十二卷、词七卷、文五十卷，又附录散曲《叶儿乐府》一卷，初刻于康熙

清张骐绘朱彝尊八十岁小像

四十八年（1709），此刻中《风怀》诗尚可得见。至《四库全书》本时，与《风怀》诗一同被四库馆臣删去者，还有《静志居琴趣》。《静志居琴趣》乃朱彝尊早岁编定之词集，收词八十六首，所咏皆为朱彝尊与一女子相恋之事，而此女正是妻妹冯寿贞。冒广生于《小三吾亭词话》中将二书并举："世传竹垞《风怀》二百韵为其妻妹作，其实《静志居琴趣》一卷，皆《风怀》注脚也。竹垞年十七，娶于冯，冯孺人名福贞，字海媛，少竹垞二岁。冯夫人之妹名寿常，字静志，少竹垞七岁。曩闻外祖周季况先生言，十五六年前，曾见太仓某家藏一簪，簪刻'寿常'二字。因悟《洞仙歌》词云：'金簪二寸短，留结殷勤，铸就偏名有谁认？'盖真有本事也。"此外，冒广生还写过《风怀诗考》一卷，详考朱彝尊情事。

关于《曝书亭集》中是否收录《风怀》诗，当年竹垞似乎亦有徘徊。丁绍仪《听秋声馆词话》载："太史欲删未忍，至绕几回旋，终夜不寐。"吴骞《拜经楼诗话》所述更详："竹垞赋《风怀》诗二百韵，为时传诵。晚年刻集，屡欲汰之，终未能割爱。诸草庐云：'古人称惜墨如金，竹垞之作《风怀》也，殆不然。'亡友秀水杨君子让谦，尝为予述之如此。子让注释《曝书亭诗集》，人称其博，过江浩亭远甚。于《风怀》诗考证尤详，几欲显其姓氏，既而复自裁节，盖犹之乎草庐之意也。"

几番思索，朱彝尊仍然不舍删汰，将该诗留在《曝书亭集》内。袁枚对此大为赞赏，《小仓山房诗集》卷九有《题竹垞〈风怀〉诗后》，诗云："尼山道大与天侔，两庑人宜绝顶收。争奈升堂寮也在，楚狂行矣不回头。"该诗附有小序："竹垞晚年自订诗集，不删《风怀》一首，曰：'宁不食两庑特豚耳！'此千寠言也。按：元、明崇祀之典颇滥，盖有名行无考，附会性理数言，遽与程、朱并列，竹垞耻之，托词自免，意盖有在也。不然，使竹垞删此诗，其果可以厕两庑乎？亦未必然矣！"

袁枚素来行事迥于常人，曾广收女弟子三十余人，又公然携女弟子于闹市举行诗会，当时可谓人人侧目。在其所撰《随园诗话》中，袁枚直言："枚平生爱诗如爱色，每读人一佳句，有如绝代佳人过目，明知是他人妻女，于我无分，而不觉中心藏之，有忍俊不禁之意，此《随园诗话》之所由作也。"此语虽为《随园诗话》而作，然与朱彝尊心存妻妹之事暗合，无怪与竹垞惺惺相惜也。

《风怀》诗虽然所述细节甚详，却并未点明诗中女主人公姓名，仅在诗句中隐约其词，如"问年愁豕误，降日叶蛇祥"暗指其生于乙亥年；"巧笑元名寿，妍娥合唤嫦"暗指其名寿贞，字海娥；"次三蒋侯妹，第一汉宫嫱"暗指其排行

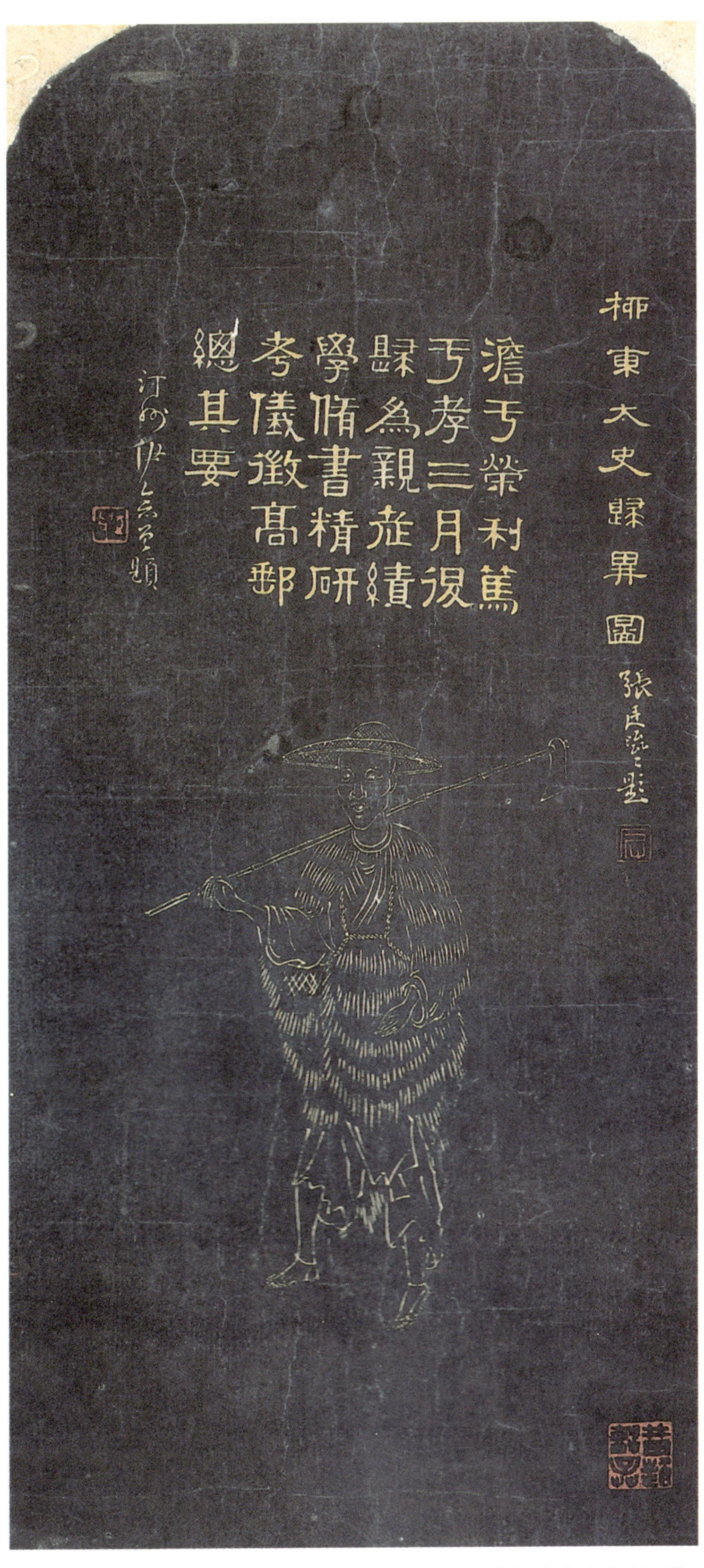

《柳东太史归耕图》

第三；“居连朱雀巷，里是碧鸡坊”更是直言所居在碧漪坊，距离与朱宅仅百步遥。今人固皆知所指乃妻妹冯寿贞，然在当时却不曾言明。朱彝尊同里后学杨谦作有《曝书亭集诗注》，为数种竹垞诗注中最佳者，于该诗亦未曾点明姓氏，故吴骞称其“几欲显其姓氏，既而复自裁节”。

无独有偶，寒斋亦收得《风怀诗补注》一卷，戋戋小册，封面有署名“石公”者，跋称：“此冯登府所作也，与《梵雅》兼见汇刻书目，盖未刊也。”尹石公，号炎武，江苏镇江人。乃近代史学家，收藏文物、古籍亦丰，曾任江苏省政府通志编纂，尝见其所跋他书，字迹、格式与此相类。

检《藏园群书经眼录》，著录有《梵雅》一卷，清冯登府撰，云：“冯登府稿本。题杨柳官著。”钤有“木天仙史”“东越修书”“小长芦旧史”诸印。冯登府（1780—1840）原名鸿登，字云伯，号柳东、杨柳官，又号勺园，别署小长芦旧史等，浙江嘉兴人。清嘉庆二十五年（1820）进士，官宁波府教授十余年，日以藏金石古籍为乐。中年游历福建时，参与修纂《福建通志·盐法志》，鸦片战争爆发后，宁波沦陷，闻讯咳血而死。其人一生著述颇富，有《三家诗遗说疏证》《论语异文集证》《十三经诂答问》及《浙江砖录》等数十部。

冯登府藏书颇富，斋名有石经阁、勺园、小槜李亭、酌史岩、种芸仙馆等，有《石经阁藏书目录》钞本传世，又有《石经阁已刻未刻书目》及《勺园书目》。杨钟羲《雪桥诗话余集》卷七尝记冯登府藏书事：“冯柳东官甬上校官，阅十年，戊戌立书藏于石经阁，阮文达为题额。庚子舟山之变，四明戒严，以阁中藏书万余卷寄藏天一阁，作诗三十二韵送之。”

冯登府对于乡前贤朱彝尊极为尊崇，所撰诗词一以竹垞为尊，诸家诗评词话论及冯氏，皆举竹垞为引。冯氏且有诗集传世，题曰《拜竹诗堪诗存》，所拜者，竹垞也。石经阁所刻书中，又有《曝书亭集外集》，乃冯氏自辑，足见其对竹垞之用心。

寒斋所得《风怀诗补注》乃佚名钞本，卷首次行下署“小槜李亭长缉补”，前有小序，略述始末：“竹垞太史天分既高，学力倍至，《曝书亭集》驱使故实极富，真无一字无来历者。余从其五世孙寄园借得自定全集稿，删易最夥，原稿分体后乃编年，而独无《风怀》一首，不知何时编入也。《香奁》之作，前人多有之，杨注必欲按其时事，妄为附会，大非空中传恨之意。后生小子遂据为诗案，致全德之累，皆杨注之启其端也。其注渗漏谬讹，不可缕数，暇日偶以《风怀》

尹石公藏书印“尹石公”

一首校之己，大堪嘔噱，漫录于左。”

“小槜李亭长”自是冯登府无疑。然据此序所言，冯氏借得朱彝尊自定全集稿，其中并无《风怀》一诗，不知何时编入，而康熙四十八年刻本中，又确有《风怀》诗。冯氏所借，出于朱彝尊五世孙寄园，原稿真伪当不致有误，唯一可解释者，当时竹垞在删与不删之间左右思量，是故该诗于集中时隐时现，而冯登府所借得者，或非最后定本。

由此序尚可知，冯登府对于杨谦所注极为不满，指其“妄为附会”，致竹垞“全德之累”，其捍卫竹垞之心可想见也。读其所注，果见多有针对杨谦之处，如“居连朱雀巷，里是碧鸡坊”一句，冯氏注云：“杨注忽引《嘉禾志》碧漪坊以实其事。‘碧漪’非‘碧鸡’也。杜诗‘时出碧鸡坊’，唐诗小传薛涛晚岁居碧鸡坊，并吟诗楼，偃息其上，诗正用薛涛事也。”冯氏所称杜诗，乃指杜甫《西郊》诗：“时出碧鸡坊，西郊向草堂。市桥官柳细，江路野梅香。”此处碧鸡坊乃成都古代地名，或在杜甫草堂附近。然朱彝尊尝撰《亡妻冯孺人行述》，略云：“孺人姓冯氏，讳福贞，字海媛。世居嘉兴练浦之阳。考讳镇鼎……乃徙居府治之北，再徙碧漪坊，去先太傅文恪公第，近止百步。”行述明确表示冯宅位于碧漪坊，距离朱氏旧宅仅百步之遥，恰如诗中所述“居连朱雀巷”。

细读全文，冯登府所注无一语涉及情事，亦无一语涉及朱彝尊本事，所注皆为名物、诗句及典故出处，然中国文学发展至清代，无论诗词曲赋，早已无一语不有出处，如此笺注，几可作辞典看，却已然与朱彝尊无涉矣。然而《风怀》诗倘若的确无关情事，竹垞何以在删与不删之间徘徊，四库馆臣又何以一删了之，冯登府拜竹之心可鉴，笺注之举多事矣。

叶启芳、“姚鼐”跋《东坡文选》二十卷

《东坡文选》二十卷　（宋）苏轼著　（明）锺惺选评

明刻本　“姚鼐”跋　叶启芳跋　二函十六册

钤：叶启芳印（白方）、天涯芳草（朱方）、叶启芳丁酉六十藏书（朱方）、学贵适用（朱方）、莲花池畔人家（朱方）、姚乃鼎印（白方）、姚氏君大（白方）、傅木铢号李唐长寿（白方）、种竹万竿，垂钓一壑（朱方）、叶启芳藏（白）、姚乃鼎印（白方）

苏东坡，一代文豪也，名列“唐宋古文八大家”之一，喜爱其诗文者历代不绝。其诗集、文集版本繁多，历代各地皆有刊刻，又有各种注本、选本及评本相翼而行，蔚为大观，广为流传。

此明锺惺评选《东坡文选》二十卷，收录苏轼所撰赋、序、传记、论、策、表、书、颂等文体 23 种，凡 208 篇，前有锺惺序，开篇即将东坡文与战国文并举：“或曰，东坡之文似战国。予曰，有东坡文，而战国之文可废也。”断语颇为大胆，且在此之前，从未有人道之也。

姚鼐

锺惺（1574 — 1624）字伯敬，号退谷，又号止公居士、晚知居士，湖广竟陵（今湖北天门）人。明万历三十八年（1610）进士，官至福建提学佥事，后以父忧归里，著书立说，晚年近佛。《明史》有小传，称其“貌寝，

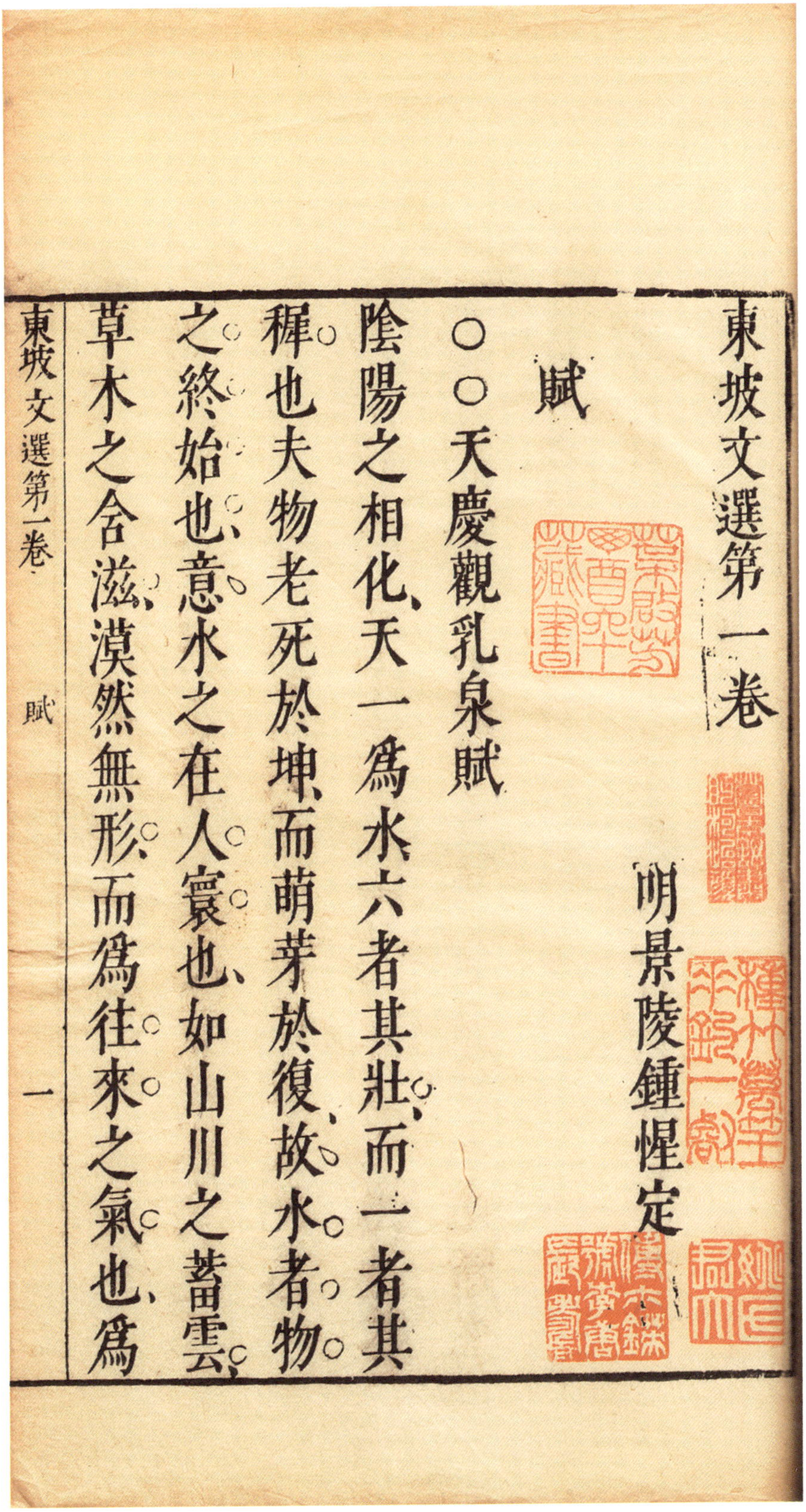

東坡文選第一卷

明景陵鍾惺定

賦

○○天慶觀乳泉賦

陰陽之相化、天一爲水、六者其壯、而一者其穉也、夫物老死於坤、而萌芽於復、故水者物之終始也、意水之在人寰也、如山川之蓄雲、草木之含滋、漠然無形、而爲往來之氣也、爲

東坡文選第一卷　賦　一

明刻本《东坡文选》卷首

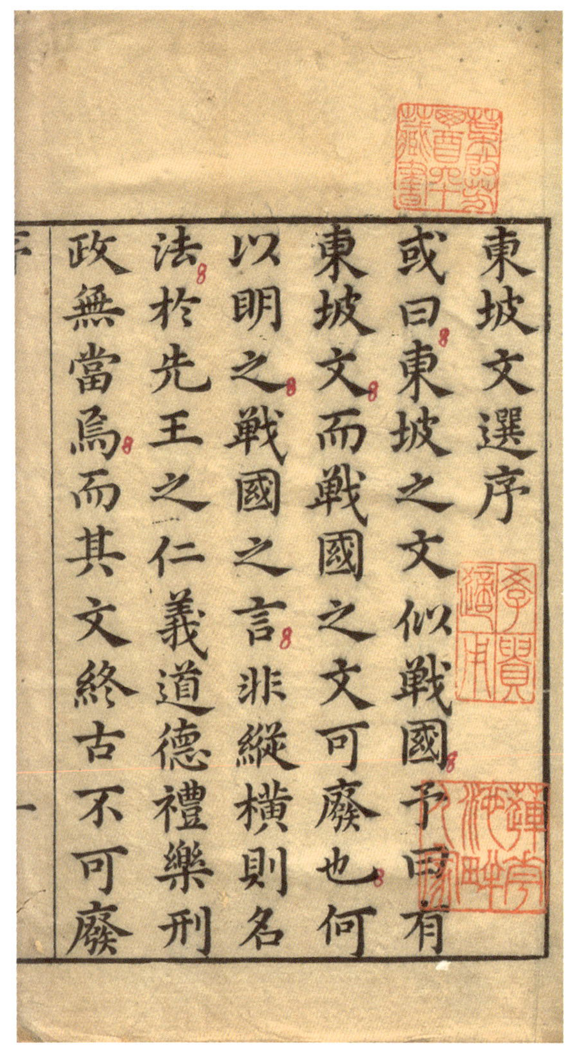
東坡文選序
或曰東坡之文似戰國予曰有
東坡文而戰國之文可廢也何
以明之戰國之言非縱橫則名
法於先王之仁義道德禮樂刑
政無當爲而其文終古不可廢

明刻本《东坡文选》序言

羸不胜衣，为人严冷，不喜接俗客，由此得谢人事”。所著有《隐秀轩集》三十二卷、《诗经图史合考》二十卷、《史怀》二十卷、《楞严如说》十卷及《古名儒毛诗解》二十六卷，编有《合刻五家言》等。锺惺最为后世所知者，乃是与谭元春共同编选之《唐诗归》三十六卷、《古诗归》十五卷，后世合称《诗归》，是编强调所选皆“真有性灵之言者”，肤者、狭者、熟者、滞者、木者及陋者一概不录，以探求古人作诗之真正旨趣为宗旨。

锺惺、谭元春选编《诗归》之前，明代前后七子曾在文坛发起拟古运动，欲以复古振衰救弊，主张以模拟入手，文必秦汉，诗必盛唐。至万历中叶，拟古运动逐渐式微，由公安袁宗道、袁宏道、袁中道所代表的“公安派”开始崭露头角。三袁追求个性自由，反对复古与拟古，主张独抒性灵、率真自然，强调“趣”“韵”，推崇民歌及通俗文学，部分作品几近俚俗。《诗归》之选虽然延续了公安派对于性灵之强调，但对公安派之近乎俚俗又有所匡正，倡导“幽深孤峭”，求新求异。《诗归》付梓行世后，承学之士，家置一编，性灵之说亦随之深入人心，对于晚明小品的兴起与发展影响极大。因天门古称竟陵，故后人将锺惺、谭元春所代表之流派称为“竟陵派”，将二人并称为“锺谭”。对于该段历史，《明史》总结为：“自宏道矫王、李诗之弊，倡以清真，惺复矫其弊，变而为幽深孤峭。与同里谭元春评选唐人之诗为《唐诗归》，又评选隋以前诗为《古诗归》。锺、谭之名满天下，谓之‘竟陵体’。”

明代中后期，随着程朱理学的影响逐渐减弱，人们开始强调个性表达，带有个人观点与审美取向之评点逐渐兴盛，文坛上涌现出大量的评点家，如徐献忠、李开先、归有光、杨慎、茅坤、王世贞、陈继儒等，锺惺亦其中一员。这些评点家所评点之范围极广，涉及经、史、子、集各类，远及秦汉散文，近至晚明戏曲小说，层出不穷。而锺惺所选辑评点者，除万历四十二年（1614）《诗归》五十一卷外，尚有万历四十五年（1617）评点《三国志钞》八卷、《水经注钞》六卷、《世说新语钞》二卷，此三书后汇辑为《三注钞》，另有万历四十八年（1620）评点《东坡文选》二十卷。

据其友人陶珽为锺惺评本《公羊传》作《锺伯敬评公羊穀梁二传叙》称：“……独于竟陵得吾友锺伯敬所评公、穀、国策、国语、前后汉、三国史暨通鉴纂、昌黎选、东坡选、古今文选与夫朱子纲目传、五经文字观诸遗书一十八种，归途展玩，差为快耳。”可知经锺惺所评者，至少有18种之多。而《中国古籍善本目录》中署名锺惺者，多达60余种，可见在明末评点家中，锺惺可谓产量颇丰者。

《东坡文选》乃锺惺自苏轼大量散文中精选208篇，加以评点而成，书成于万历四十八年（1620），前有自序，末署“明万历庚申岁七月十五竟陵锺惺书”。锺惺在序言中阐述作文之理，分析时人对于苏轼研究之不足，认为时人对于东坡散文之理解太过肤浅：“今之选东坡文者多矣，不察其本末，漫然以‘趣’之一字尽之，故读其序、记、论、策、奏议，则勉卒业而恐卧；及其小牍小文，则捐寝食徇之。”锺惺不满于时人将东坡文章简化为一“趣”字，未能体现出东坡之“真学问”及“真文章”，继而称：“夫东坡而非文人也则可，东坡而文人也，岂有不知其文之妙者哉？以为吾舍此有自学问、真文章，理义足乎中，而气达乎外，胆与识栩栩然、谡谡然、蓬蓬然于笔墨之下，取战国之风调，易以己所欲言，而其渊源相去远矣！世有病战国之文无当于道，而爱其文终不能废者，吾请以东坡之文代之。”该序因观点明确，同时极具时代气息，故为今人研究锺惺文论及明代选本的重要史料之一。

该书成后，在明代曾有三次刊刻，分别为万历四十八年（1620）闵氏朱墨套印本、九行十九字白口四周单边本及八行十七字白口四周单边本。寒斋所藏该书为八行十七字本，序言末端有自称“惜抱老人”者墨笔题识二行：“长公文最足开人意，伯敬此选足揽其胜。俗本板多漫漶，不可读，觅得此本，心目为之一开，是明板书之佳本也。宝藏之。惜抱老人漫识。”末钤“姚乃鼎印”白方。惜抱老

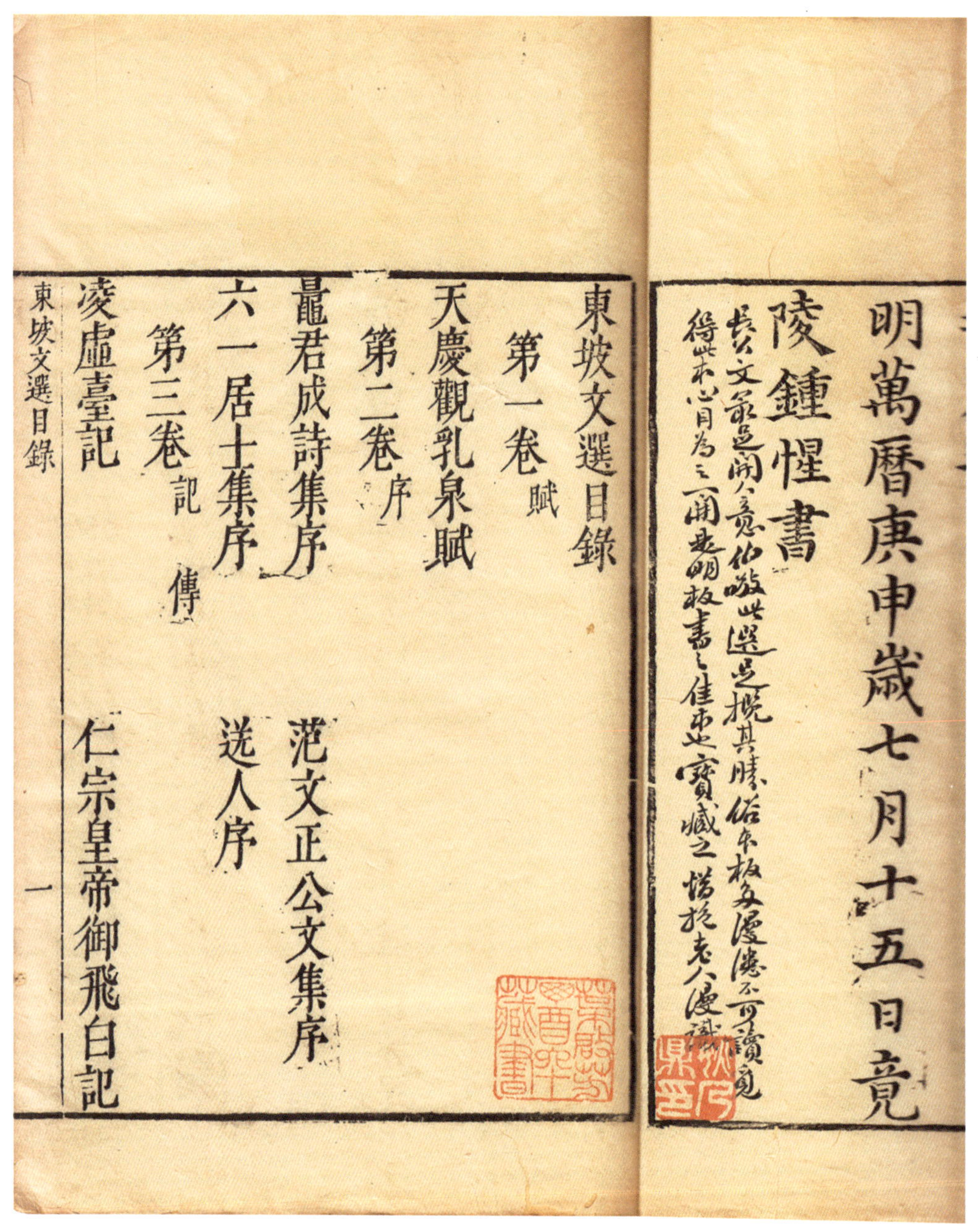

明刻本《东坡文选》惜抱老人跋语

人藏印所见多矣，然此印为首见。题识中“长公”即苏轼，当时苏氏一门三杰，时人皆以苏轼为长公，苏辙为少公。

惜抱老人乃姚鼐晚号。姚鼐（1732 — 1815）字姬传，一字梦穀，学者称惜抱先生，安徽桐城人。乾隆二十八年（1763）进士，官刑部郎中，所著有《左传补注》《国语补注》《公羊传补注》《九经说》《老子章义》《庄子章义》《惜

姚乃鼎印

叶启芳藏书印“叶启芳丁酉六十藏书”

抱轩书录》及《惜抱轩全集》等等，又选编有《古文辞类纂》及《五七言今体诗钞》，于当时及后世文坛影响极其深远。乾隆三十八年（1773）四库馆开，姚鼐破格入馆充纂修官，参与撰写四库提要稿，然而当时四库馆中学者以汉学派为主，注重考据，以宋儒为宗的姚鼐在馆中与同僚们显得格格不入，故于乾隆三十九年（1774）乞养南归，先后在扬州、安庆、南京等地主持书院讲席近四十年之久。

毛岳生于《惜抱轩书录序》中曾记：“当乾隆间，考证之学尤盛，凡自天文、舆地、书数、训诂之学皆备。先生邃识综贯，诸儒多服，而终不与附和驳难，惟从容以道自守而已。时纪文达为四库全书馆总纂官，先生与分纂。文达天资高，记诵博，尤不喜宋儒。始，大兴朱学士筠以翰林院贮有《永乐大典》，内多古书，皆世阙佚，表请官校理，且言所以搜辑者。及是遗书毕出，纂修者益事繁杂，诋讪宋、元来诸儒，讲述极庳隘谬戾，可尽废。先生颇与辩白，世虽异同，亦终无以屈先生。”毛岳生为姚鼐弟子，所记不免有所偏私，然姚鼐与当时四库馆中学术风气相左，却是事实。晚清民国学者胡思敬在《跋翁苏斋手纂四库全书提要稿本》中所记略为公道：“乾隆四库馆纂修之役，纪文达实总其成，排斥宋儒，以伸一己之见，同流辈多不然其言，姚姬传诋之尤力。”

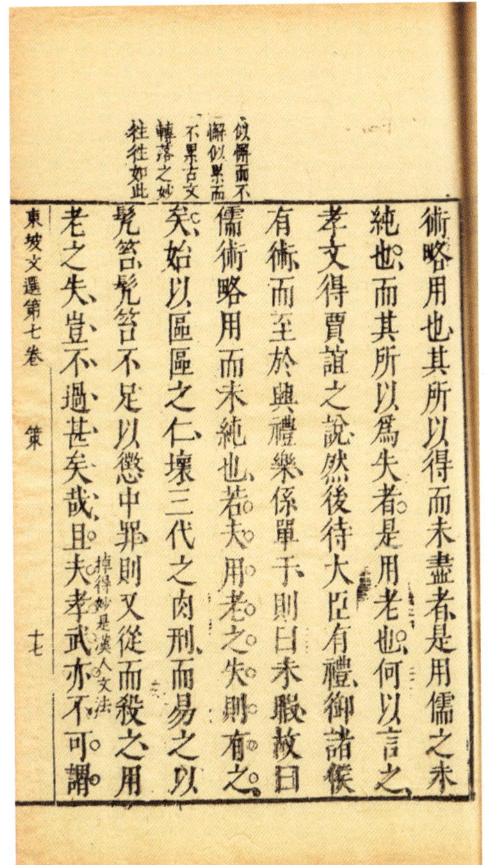

似儒而不儒似異而不異古文轉落之妙往往如此

術略用也其所以得而未盡者是用儒之未純也而其所以爲失者是用老也何以言之孝文得賈誼之說然後待大臣有禮御諸侯有術而至於興禮樂係單于則曰未暇故曰儒術略用而未純也若夫用老之失則有之矣始以區區之仁壞三代之肉刑而易之以髡笞髡笞不足以懲中罪則又從而殺之（掉得妙是漢人文法）用老之失豈不過甚矣哉且夫孝武亦不可謂

東坡文選第七卷　策　十七

明刻本《东坡文选》内页

乍睹惜抱题记，未及多思，诧异于姚鼐对于锺惺之选如此首肯，盖此前从未读到姚鼐评价锺惺及竟陵派之语，遂细寻二人文脉相通之处。或是有意寻之，竟然也勉强找到一二。姚鼐尝编有《古文辞类纂》，取之《东坡文选》相对而看，二书立身不同，各有着眼点，锺惺仅选东坡一人文章中合己意者，姚鼐却是选取自先秦至

叶启芳藏书印“叶启芳印”“天涯芳草”

清代诸家古文中入目者。两人所选范围不同，旨趣亦相异，就二者序言所述，锺惺所取重点在于：“能全持其雄博高逸之气，纡回峭拔之情，以出入于仁义道德礼乐刑政之中，取不穷而用不敝，体屡迁而物多姿。”姚鼐所取重点则是：“为文者八，曰神、理、气、味、格、律、声、色。神理气味者，文之精也；格律声色者，文之粗也。然苟舍其粗，则精者亦胡以寓焉。学者之于古人，必始而遇其粗，中而遇其精，终则御其精者遗其粗者。”

乍视之，二者不同之处在于锺惺措意文章格调，而姚鼐重乎写作技法，但细细翻阅，二者之着眼点又有相合之处，最典型者，锺惺并非只在意格调气质，亦在多处强调古文技法之重要，如《东坡文选》卷五《秦》，锺惺评曰：“‘非有道也’‘非幸也’二语之中夹‘特巧耳’一语，文法同而文气不碍，纡回而顿挫。”又有卷六《思治论》篇，锺惺评曰：“极大头脑，以一极微事实之，意在言外，此古文之法、之力，读□山至言知之。”而卷七《御试制科策》篇中，锺惺评论某处：“似懈而不懈，似累而不累，古文转落之妙，往往如此。”此皆针对文章技法而言。而锺惺、姚鼐意趣相投之最为有代表者，乃东坡《秦始皇帝论》一篇。锺惺将该文收入《东坡文选》卷五，尾评为：“以极迂起，以极切收。如此文字，方是有原委。”而姚鼐则将该文编入《古文辞类纂》卷四，评曰：“起段真古今不可移之论，惜乎其不可返矣。”二者虽然评语不同，却同是对于东坡文章起笔方式之激赏，而着眼点，自然同是因为写作技法。

然吾得意于找到锺惺、姚鼐二者之异同时，艾俊川兄却笑而指出，此本自称“惜抱老人”之题记，笔迹与姚鼐常见书法大不相同。艾兄一语惊醒梦中人，吾当即自格调、技法中抽身而出。再睹字迹，果然迥异于姚鼐常见字体，不由大为拜服艾兄。

该书乃是早年得于天津古籍书店，两函十六册，以木夹板装池。当年罗致此本，除序言页有姚鼐跋语外，卷前尚有署名“天涯芳草室主人”跋语一页。彼时醉心稿钞校本，凡有手泽者，皆不肯放过，幸而彼时书价尚可，今日思之，恰如锺惺言“惜乎其不可返矣”。

天涯芳草室主人名叶启芳（1896 — 1975），广东三水人。民国间曾就读于燕京大学，毕业后任黄埔军校政治教官，讲授经济学课程，后任职于商务印书馆、神州国光社，抗战后到香港，任《星岛日报》增刊《晨报》主编，并执教于中国新闻学院，1949 年后任华南联大文学院院长、中山大学图书馆馆长等职，译有《社

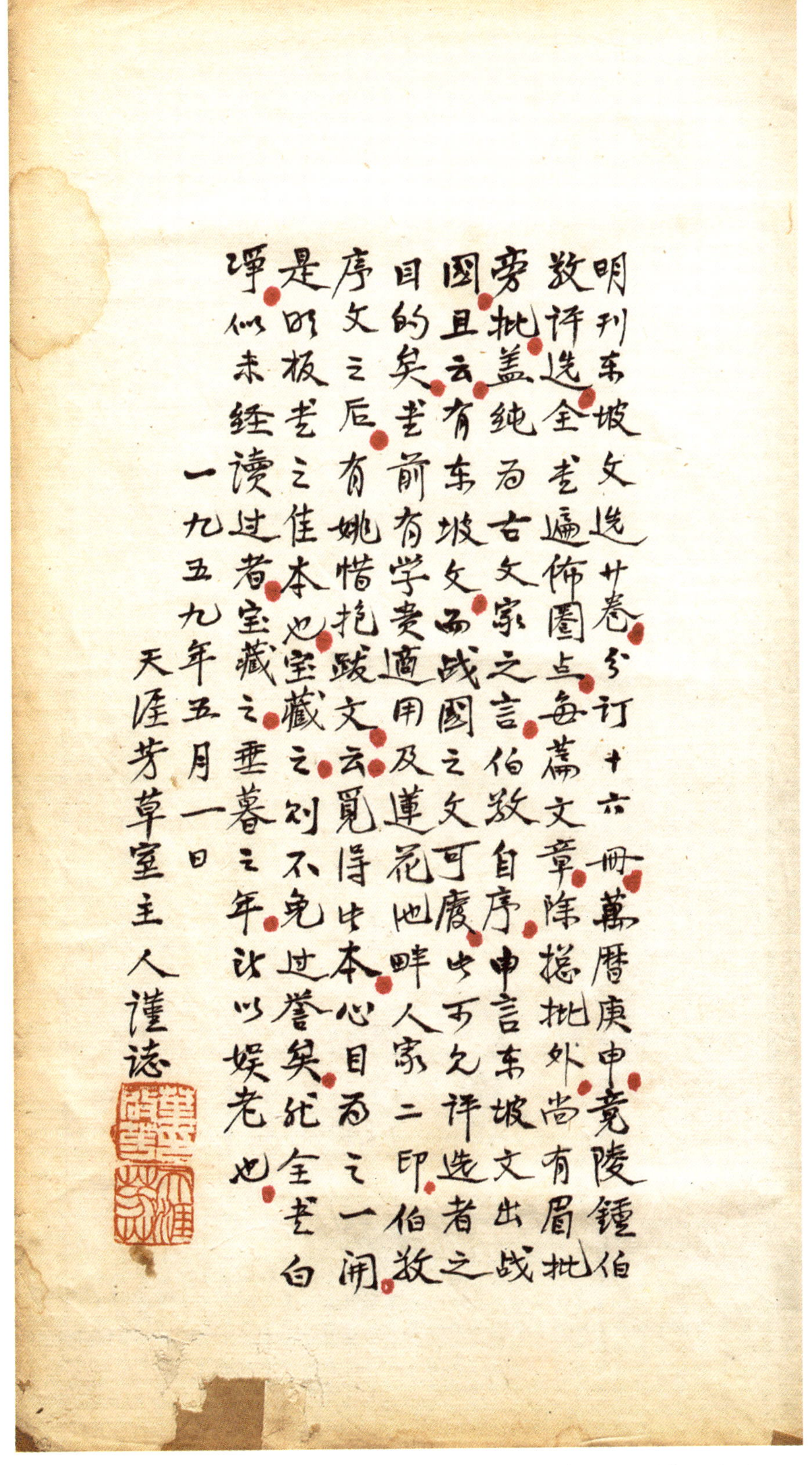

明刊东坡文选廿卷分订十六册万历庚申竟陵钟伯敬评选全书遍饰圈点每篇文章除摇批外尚有眉批旁批盖纯为古文家之言伯敬自序中言东坡文出战国且云有东坡文而战国之文可废也可见评选者之目的矣书前有学贵适用及莲花池畔人家二印伯敬序文之后有姚惜抱跋文云觅得此本心目为之一开是明板书之佳本也宝藏之则不免过誉矣纸全书白净似未经读过者宝藏之垂暮之年识以娱老也

一九五九年五月一日

天涯芳草室主人谨志

《东坡文选》叶启芳跋语

会斗争史》《政府论》及《基督教的基础》等。《三水文史》1984年第二辑载有黎民兴所撰《叶启芳小传》，言及反“右”时叶启芳被遣送回乡务农，最后“叶得病逝世。当时叶子媳侨居国外，音讯不通，乡人将叶遗留书籍变卖作葬殓费”。

叶启芳于该书卷首跋语全文为：“明刊《东坡文选》廿卷，分订十六册。万历庚申竟陵锺伯敬评选，全书遍布圈点，每篇文章，除总批外，尚有眉批、旁批，盖纯为古文家之言。伯敬自序，申言东坡文出战国，且云有东坡文，而战国之文可废。此可见评选者之目的矣。书前有‘学贵适用’及‘莲花池畔人家’二印，伯敬序文之后，有姚惜抱跋文，云‘觅得此本，心目为之一开，是明板书之佳本也，宝藏之’，则不免过誉矣。然全书白净，似未经读过者，宝藏之，垂暮之年，此以娱老也。一九五九年五月一日天涯芳草室主人谨志。”末钤“叶启芳印”白方及“天涯芳草”朱方。

检《中国古籍善本总目》，该书国内公馆九家有藏，近年拍场上亦时有得见，而明版书对于清乾隆年间而言，几近于今时之视民国石印本，确实无甚版本意义，故叶启芳认为“姚鼐”对区区一部明版书“宝藏之”，实属过誉。

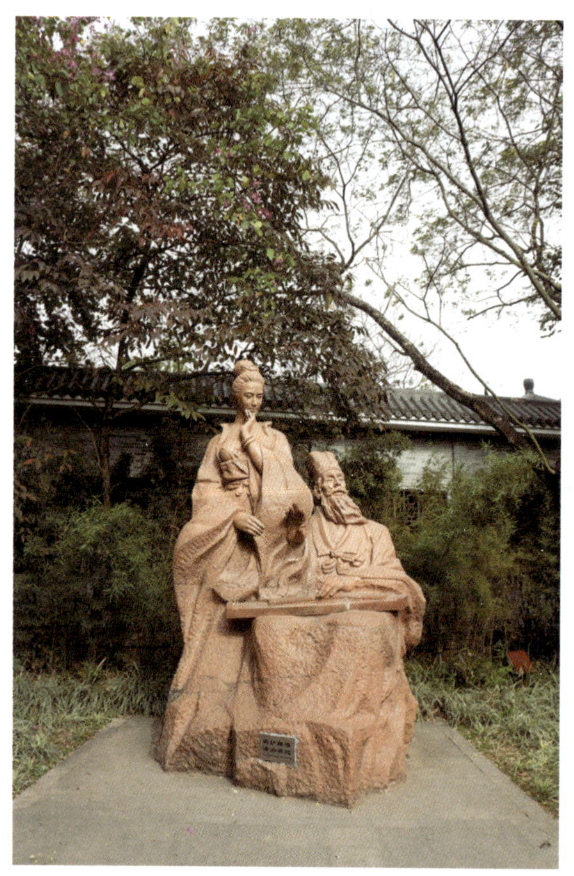

广东惠州西湖畔苏东坡与朝云像

郭履漢跋《即非庵闲钞》不分卷

《即非庵闲钞》不分卷　（清）屈大均撰

清钞本　郭履漢跋　一函二册

钤：汾流（朱方）、一心上下千古（朱方）、太原伯子（白方）、潢字亦枚（朱方）、张必达字字上别号修亭（白方）

清钞本《即非庵闲钞》不分卷，丁亥春得自沪上博古斋拍场，卷末有郭履潢跋语一则："先生灵均，余久慕其名。曾于钱牧斋先生稿中得见其七律二首，犹以管窥为憾。今得见其全稿，亦三生之幸也。是为记。嘉庆二十年乙亥冬郭履潢亦枚氏书于虚白轩之北窗。"下钤"一心上下千古"朱方、"太原伯子"白方、"潢字亦枚"朱方及"张必达字字上别号修亭"白方，又有押首"汾流"朱方。

屈大均

彼时博古斋图录将该书著录为《灵均先生七言律诗》，然此灵均先生乃何人，吾未知也，以其钞本及末有跋语见爱，携而归之。暇时取阅，此本以黑格稿纸书就，厘为两册，上册前有宋琬、施闰章、沈荃、王士禄、程可则、曹尔堪等人诗钞十余页，然后始见卷首，首行题"灵均先生七言律诗"，次行即诗题《寄人》，第三行已为诗文，未如惯常所见次行下署撰者姓字，一时颇为好奇，欲知灵均先生究竟何人也。该书下册为五言诗，开卷即为正文，首页杂于第五页之后，首行题“即非庵闲钞”，次行题“屈翁山先生五言律诗”，再细读上卷灵均先生七言诗，果然皆出自屈大均之手，故知“灵均先生”即屈大均是也，顿悟该钞本缘何卷首无署名、内页如是之乱，以及卷前有宋琬等人诗作，皆为混淆视听，以避清廷文网也。

屈大均（1630 — 1696），早年因家贫寄养于邵姓，初名邵龙，号非池，后来恢复原姓屈，改名绍隆，最后定名为屈大均，字翁山，又字骚馀、介子，号泠君、华夫、三外野人、五岳外史、八泉翁等，广东番禺人。生于明末，卒于清初，明亡后一度剃度为僧，法号今种，字一灵、一莕。著有《广东新语》《皇明四朝成仁录》《易外》及《翁山诗外、文外》，合称“屈沱五书”，此外尚有《道援堂集》《军中集》及《四书考》等。

屈大均与陈恭尹、梁佩兰并称为“岭南三大家”，此称谓最早由康熙三十一年（1692）王隼选、王煐刻《岭南三大家诗选》二十四卷而得名，于当时极有影响。因三人皆为粤人，故又称“广南三家”，三人中仅梁佩兰曾应清朝科举，为康熙二十七年（1688）进士，陈恭尹与屈大均则为清初著名遗民。

明朝崇祯皇帝自缢煤山时，屈大均年仅十四，顺治三年（1646）清军破广州，其父嘱之曰：“自今以后，汝其以田为书，日事耦耕，无所庸其弦诵也。吾为荷篠丈人，汝为丈人之二三子。昔之时，不仕无义，今之时，龙荒之有，神夏之亡，有甚于春秋之世者，仕则无义。洁其身，所以存大伦也。小子勉之。”次年陈邦彦起兵，屈大均跟随陈邦彦抗清，陈邦彦战死后，屈大均冒险为其收尸。顺治七年（1650）清兵再次攻陷广州，屈大均于是年出家为僧，但仍与反清志士们有所联系，并于顺治十六年（1659）导引郑成功、张煌言攻入长江，遭清廷指名搜捕。康熙二十二年（1683），郑成功之孙郑克塽降清后，屈大均觉大明气数已绝，反清无望，遂归番禺，终不复出。而陈恭尹即陈邦彦长子，陈邦彦起兵后，家人几遭灭门，仅存陈恭尹逃得性命。

对于自己的著述，屈大均尝言：“仆之千秋大业，其可传之其人者，惟《诗外》《文外》；藏之名山者，惟《易外》；若《广东新语》则亦一奇书也。”可见其对于自己著述乃分别对待，有可传者，有可藏者，亦有可娱者。其所著于当世即多有刊刻，广为流播。以今日现存版本视之，屈大均多有随作随刻，并随时以删

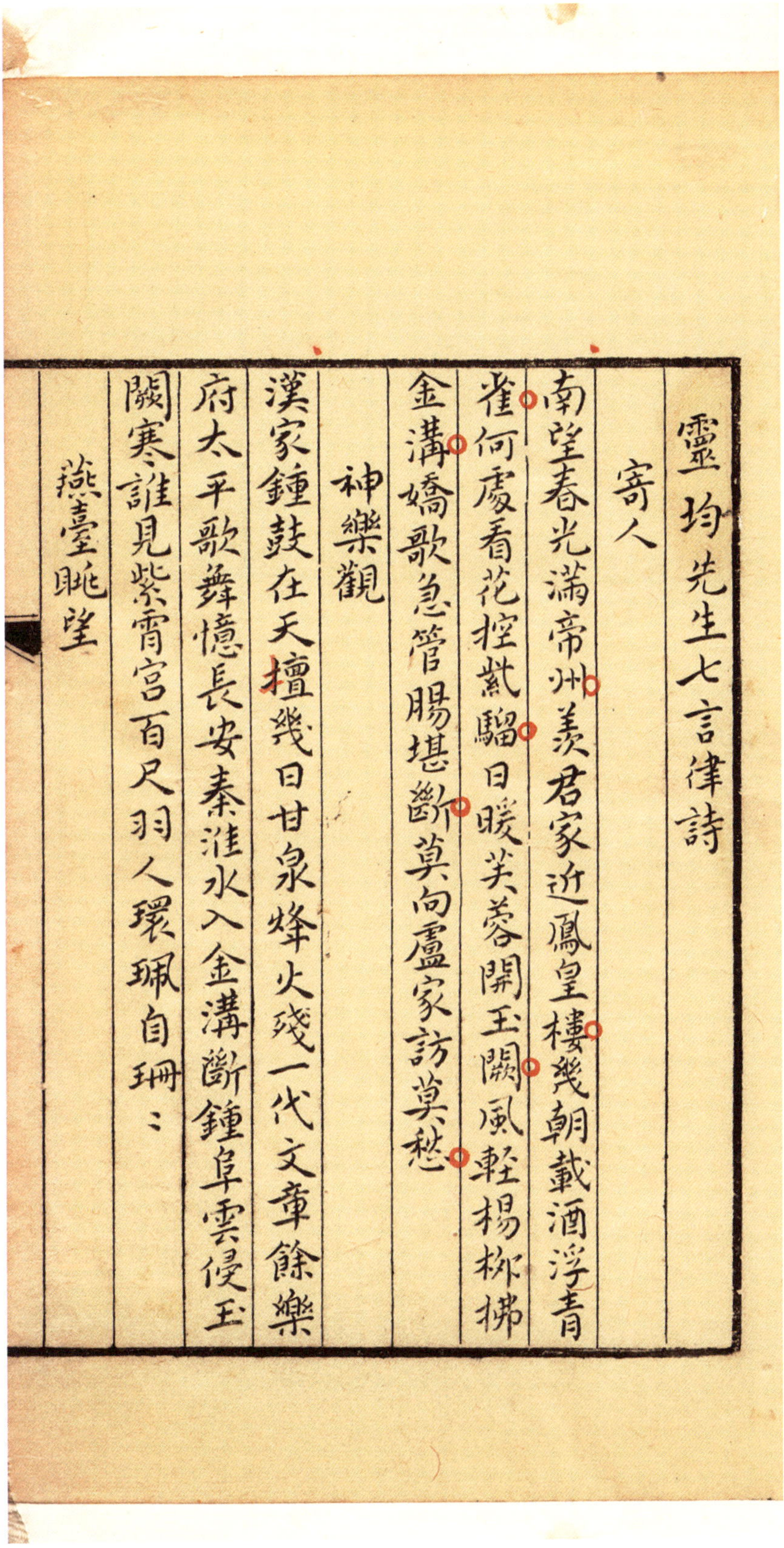

靈均先生七言律詩

寄人

南望春光滿帝州，羨君家近鳳皇樓。幾朝載酒浮青雀，何處看花控紫騮。日暖芙蓉開玉闕，風輕楊柳拂金溝。嬌歌急管腸堪斷，莫向盧家訪莫愁。

神樂觀

漢家鍾鼓在天壇，幾日甘泉烽火殘。一代文章餘樂府，太平歌舞憶長安。秦淮水入金溝斷，鍾阜雲侵玉闕寒。誰見紫霄宫百尺，羽人環珮自珊珊。

燕臺眺望

清钞本《即非庵闲钞》卷首

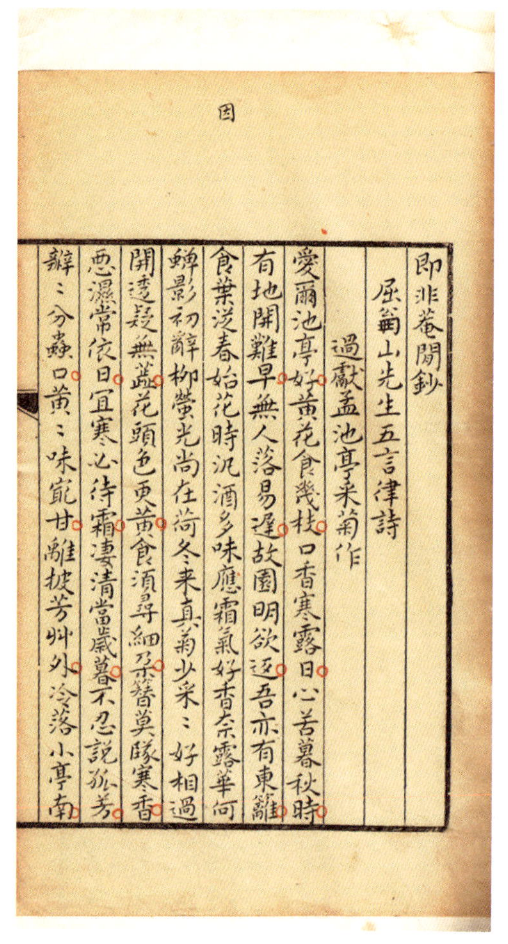
即非菴閑鈔
屈翁山先生五言律詩
過獻孟池亭采菊作
愛爾池亭好黃花食幾枝口香寒露日心苦暮秋時
有地開難早無人落易遲故園明欲返吾亦有東籬
食葉從春始花時況酒多味應霜氣好香奈露華何
蟬影初辭柳螢光尚在荷冬來真菊少采采好相過
開遠疑無蕊花頭色更黃食須尋細朵簪莫隊寒香
惡濕常依日宜寒必待霜淒清當歲暮不忍說孤芳
瓣瓣分蟲口黃黃味寵甘離披芳草外冷落小亭南

清钞本《即非庵闲钞》内页

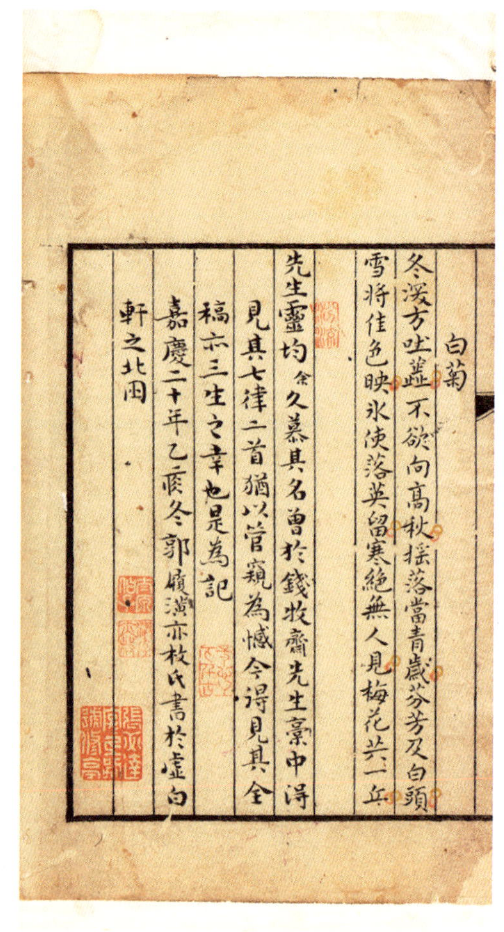
白菊
冬深方吐蕊不欲向高秋搖落當青歲芬芳及白頭
雪將佳色映冰使落英留寒絕無人見梅花共一丘
先生靈均余久慕其名曾於錢牧齋先生稾中得
見其七律二首猶以管窺為憾今得見其全
稿亦三生之幸也是為記
嘉慶二十年乙亥冬郭履瀇亦枚氏書於虛白
軒之北田

《即非庵闲钞》卷末郭履潢跋语

改抽换的方式予以反复修订编纂。而屈大均作为明朝遗民，书中对于清廷之指斥谴责随处可见，如《皇明四朝成仁录》中记载清兵入关与南下时为抗击清军而死者，其诗作中记述清军残暴处更是不胜枚举，如《大同感叹》描写妇女被杀充作军粮：

杀气满天地，日月难为光。
嗟尔苦寒子，结发在战场。
为谁饥与渴，葛履践严霜？
朝辞大同城，暮宿青磷旁。
花门多暴虐，人命如牛羊。
膏血溢槽中，马饮毛生光。
鞍上一红颜，琵琶声惨伤：
“肌肉苦无多，何以充君粮？”
踟蹰赴刀俎，自惜凝脂香。

屈大均去世三十余年后，清廷开始首次对屈大均著作之禁毁。斯事最初起于曾静案，雍正命撰《大义觉迷录》，颁布全国所有学堂，令督士子认真观览晓悉。该书颁至广东时，屈大均之子屈明洪时任惠来县学教谕，读罢主动上缴父书，请就典刑。据雍正八年（1730）广东巡抚傅泰所奏密折称："臣近敬看《大义觉迷录》，内有曾静之徒张熙供开亦有《屈温山集》议论与逆书相合等语。臣思屈温山与屈翁山字虽有别，其音相似，随即购觅，书坊竟有《屈翁山文外》《诗外》《文钞》及陈元孝、梁药亭诗集等书。……翁山、元孝书文中多有悖逆之词，隐藏抑郁不平之气，又将前朝称呼之处俱空抬一字，惟屈翁山为最。……伊（屈明洪）父屈翁山向犯滔天大罪，著作悖逆文词，止因父死时年幼无知，存留诗文及刊板在家未曾察阅，今任教谕，奉到颁赐《大义觉迷录》，宣读之际知有屈温山姓名与父翁山声音仿佛，随检查伊父所著诗文，始知伊父乱纪悖常，竟亲自投首投监，请正典刑。"

然而朝廷对于此次举报并未做出太大反应，朱批仅一句"胡涂繁渎，不明人事之至。"屈明洪因主动投案而从轻发落，屈大均诗文虽被列为查缴范围之列，但并无后续禁毁行动，关于屈大均著作之第一次禁毁到此即告一段落。乾隆三十九年（1774），两广总督李侍尧查出屈大均族人屈稔浈、屈昭泗收藏族祖屈大均著作，觉兹事体大，再次上奏，此次乾隆同样予以从轻发落，对屈稔浈、屈昭泗免治其罪，仅将屈大均著作销毁。对于屈大均本人，乾隆却没有放过，下令："阅屈大均文内有雨花台葬衣冠之事，此等悖逆遗秽岂可任其留存？著传谕高晋即行确访其处，速为刨毁，毋使逆迹久留。"两年后，乾隆再次下旨，将各家选本中有屈大均诗作者抽删销毁，次年后禁毁升级，又将查缴、删削范围扩大至方志等文献，自是民间关于屈大均著作之收藏进入地下模式，并多以钞本形式流传。

关于此段历史，各书多有记载，邓之诚《清诗纪事初编》载："翁山书遭禁始于雍正八年，所颁《大义录》中张熙供词，涉及《屈翁山集》。其子惠来县教谕屈明洪，自行投首……乾隆一朝禁书，以翁山为最严。"徐信符《广东藏书纪事诗》中咏屈大均云："道援堂内五奇书，渊博精深世不如。最痛新朝文网密，诏颁焚毁枉希虚。"而清宫档案中，所有与之相关之奏折、御批如今皆有留存。

寒斋所得郭履潢跋本《即非庵闲钞》，跋文末署"嘉庆二十年乙亥冬郭履潢亦枚氏书于虚白轩之北窗"。尝检郭履潢其人，惜无所得，仅由跋文得知，其字亦枚，大约生活于嘉庆年间，疑是太原人。钞本原貌今无以知之，以吾揣度，此钞之重

屈原

点当在屈大均诗作，卷前所附宋琬、施闰章、沈荃、王士禄、程可则、曹尔堪六人诗钞十余页仅作掩护耳。此六人与王士禛、汪琬并有“海内八大家”之称，然该钞本漏王、汪二人，故颇疑此钞非为完帙，或有别册流落他方，而王、汪二人诗作当在别册也。

令吾心戚戚者，乃传钞者称屈大均为“灵均先生”，足见钞者对屈大均了解与敬重。灵均原本为屈原别字，《离骚》开篇云：“帝高阳之苗裔兮，朕皇考曰伯庸。摄提贞于孟陬兮，惟庚寅吾以降。皇览揆余初度兮，肇锡余以嘉名：名余曰正则兮，字余曰灵均。”屈大均之父为屈宜。前述大均幼年家贫，寄养于南海邵氏，故初姓邵名龙，顺治二年（1645）屈宜携其回到番禺，续上族谱，始复为屈姓。屈大均对于自己和屈原同姓颇为在意，取号泠君亦别有深意。《翁山文外·自字泠君说》载：“泠君者，山名，在乐昌六泷之上，山高大不减翁山。其名又可爱，而其音与灵均相似，予为三闾之子姓，学其人，又学其文，以大均为名者，思光大其能兼风雅之辞，与争光日月之志也。又以泠君为字，使灵均之音长在于耳，人一称之，不惟使予不忘灵均，亦使天下之人不忘灵均，斯予之所以慈孙之心也。”

不仅名与字皆与屈原有关，屈大均所居之处还专门设有骚圣堂，奉以屈原牌位，《广东新语》有《祖香园》一文：“祖香园在沙亭乡，吾以园中草木，皆有先祖三闾大夫之遗香，故以名园。园之中有骚圣堂，其木主书曰‘楚左徒三闾大夫先公屈子灵均之位’。”骚圣堂中还悬有三闾大夫像，配以宋玉、景差二徒。心事在此，屈大均诗作自然处处流露故国之叹与屈子情结，如《翁山诗外》中有《王学士亦经屈沱作诗予复和之》五律二首：

郭履潢藏书印“太原伯子”“潢字亦枚”

一从骚圣作，万古楚声多。
怀石知何处，为家在此沱。
地因辞客著，祠羡故人过。
再拜投诗赋，魂来自汨罗。

吾乡临一水，亦用屈沱名。
伏腊湘累庙，弦歌楚些声。
宗惟南屈盛，辞未使君轻。
家学元骚赋，依依忠爱情。

朱彝尊尝评论泠君诗作，于《静志居诗话》中称：“翁山诗原本三闾大夫，自王逸以下，多屏置不观。”潘耒在《〈广东新语〉序》中称：“翁山之诗，祖灵均而宗太白。”龚自珍则赋有《夜读〈番禺集〉书其尾》称：“灵均出高阳，万古两苗裔。郁郁文词宗，芳馨闻上帝。”直接将屈大均与屈原并提。作如是观者尚有黎耀宗《论诗绝句》：“谁怜遗迹浑樵渔，地老天荒故国墟。香草美人幽怨在，家风真不愧三闾。”

钱谦益当年也曾将屈大均与屈原并称，其在《罗浮种上人集序》中称：“（屈大均）历神都，望陵庙，感激逼塞，啜泣为诗。呜呼！铜人之泣汉也，石马之汗唐也。”钱氏此语，意指屈大均伤故国之倾覆，作《黍离》《麦秀》之哀叹。郭履潢跋语中称“曾于钱牧斋先生稿中得见其七律二首”，此二首当是钱牧斋心目中最能代表屈大均黍离之情者，可惜今日已无法得知彼时牧斋稿中为哪两首诗作。

郭履潢跋此本时，已是嘉庆二十年（1815），时《四库全书》修毕，文网渐弛，《道援堂诗集》有嘉庆、道光间刻本，其后《广东新语》则有道光刻本。然彼时郭氏仍然不敢直呼屈大均其名，以钞本所书“灵均先生”延称之，而卷中朱、黄二色圈点密布，当出其手也。

王大隆学礼斋钞本《吴郡文编序例目录》不分卷

《吴郡文编序例目录》不分卷　（清）顾沅编

民国王大隆钞本　一函四册

《吴郡文编》失而复得乃是近代藏书史上的一段掌故，王同愈、王大隆等皆曾撰文详记此事。该书乃清代藏书家顾沅所编。顾沅（1799 — 1851）字澧兰，号湘舟，别署沧浪渔父，江苏长洲（今苏州）人。性颖异，不以科举为业，唯喜藏书、编书、刻书，藏书处有辟疆园、艺海楼、赐砚堂、吉金乐石之斋、墨妙亭、古泉精舍、怀古书屋及秘香阁等，尝自述藏书渊源："某先曾祖方伯公精鉴赏，喜藏秘籍。某承先人遗训，束发即有志搜罗，见刻本之善者必购得之，无刻本者就藏书家写之。幸生右文之世，四库之藏度越千古，凡某所藏一以四库为准，四库所有不敢不备，间写得异本，视四库本颇有增益……计得书十余万卷，又碑刻四千余种，书画千余家，并藏楼中，乡人子弟有愿学者，许登楼纵观。"所著则有《听漏吟》《游山小草》

顾沅

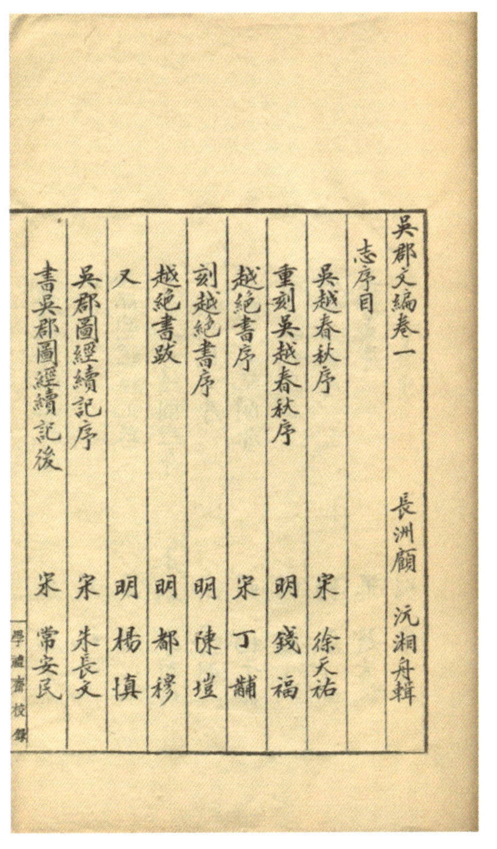

吳郡文編卷一　長洲顧沅湘舟輯

志序目

吳越春秋序　宋　徐天祐

重刻吳越春秋序　明　錢福

越絕書序　宋　丁黼

刻越絕書序　明　陳塏

越絕書跋　明　都穆

又　明　楊慎

吳郡圖經續記序　宋　朱長文

書吳郡圖經續記後　宋　常安民

學禮齋校錄

民国王大隆钞本《吴郡文编序例目录》卷首

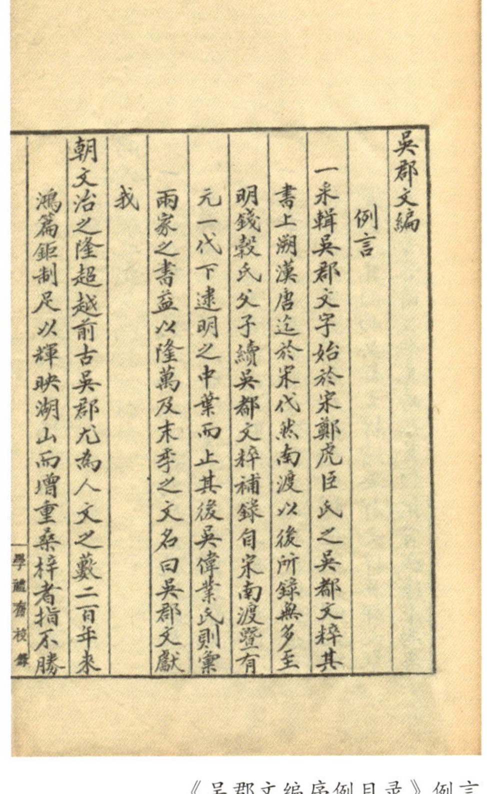

吳郡文編

例言

一彙輯吳郡文字始於宋鄭虎臣氏之吳都文粹其書上溯漢唐迄於宋代然南渡以後所錄無多至明錢穀氏父子續吳都文粹補錄自宋南渡暨有元一代下逮明之中葉而上其後吳偉業氏則彙兩家之書益以隆萬及末季之文名曰吳郡文獻我

朝文治之隆超越前古吳郡尤為人文之藪二百年來鴻篇鉅制足以輝映湖山而增重桑梓者指不勝

學禮齋校錄

《吴郡文编序例目录》例言

《然松书屋诗钞》《古圣贤传略》《昆山志》《焦山志》及《沧浪亭志》等。

时人对于顾沅藏书亦多有记载，孙燮《艺海楼藏书记》云："长洲顾君湘舟敏悟好学，家藏书籍甚富。为园于葑门西双塔寺之侧，中构一楼颜曰艺海。……顾君之藏，不务难得之本，兼及近人之作，去虚名而课实效，先博览而后精求，岂非识之卓绝者哉！"他如潘锡恩、蒋宝龄、杨钟羲、钱泰吉等，多有诗赋。最著名者为叶昌炽《藏书纪事诗》中所赋："吴下名园顾辟疆，蛾眉列屋为添香。荒摊敝纸难收拾，竟使遗闻付梦梁。"

叶昌炽所赋亦有本。钱泰吉《可读书斋诗集》载："吴山遇吴门顾湘舟沅，知其收藏旧籍及金石文字，甲于三吴。剧谈良久，既而过访寓斋，以其姬人绿卿、素君、紫娟合画团扇见赠，属题《绣余读书图》，率成三绝句。"是故菊裳老人有"蛾眉列屋"语也。徐珂《清稗类钞》还专门将此列为一条，题为《顾湘舟有三姬人能书》。"付梦梁"句则详见菊裳案语："去岁己丑，余游琉璃厂阅肆，在一荒摊见破书三册，皆湘舟裒刻同时人赠言及所刻书序。初仅索价京钱三四千，继视余把玩不释，疑为奇货可居，遽藏去不肯售。湘舟遗事遂不能详，至今耿耿于怀，

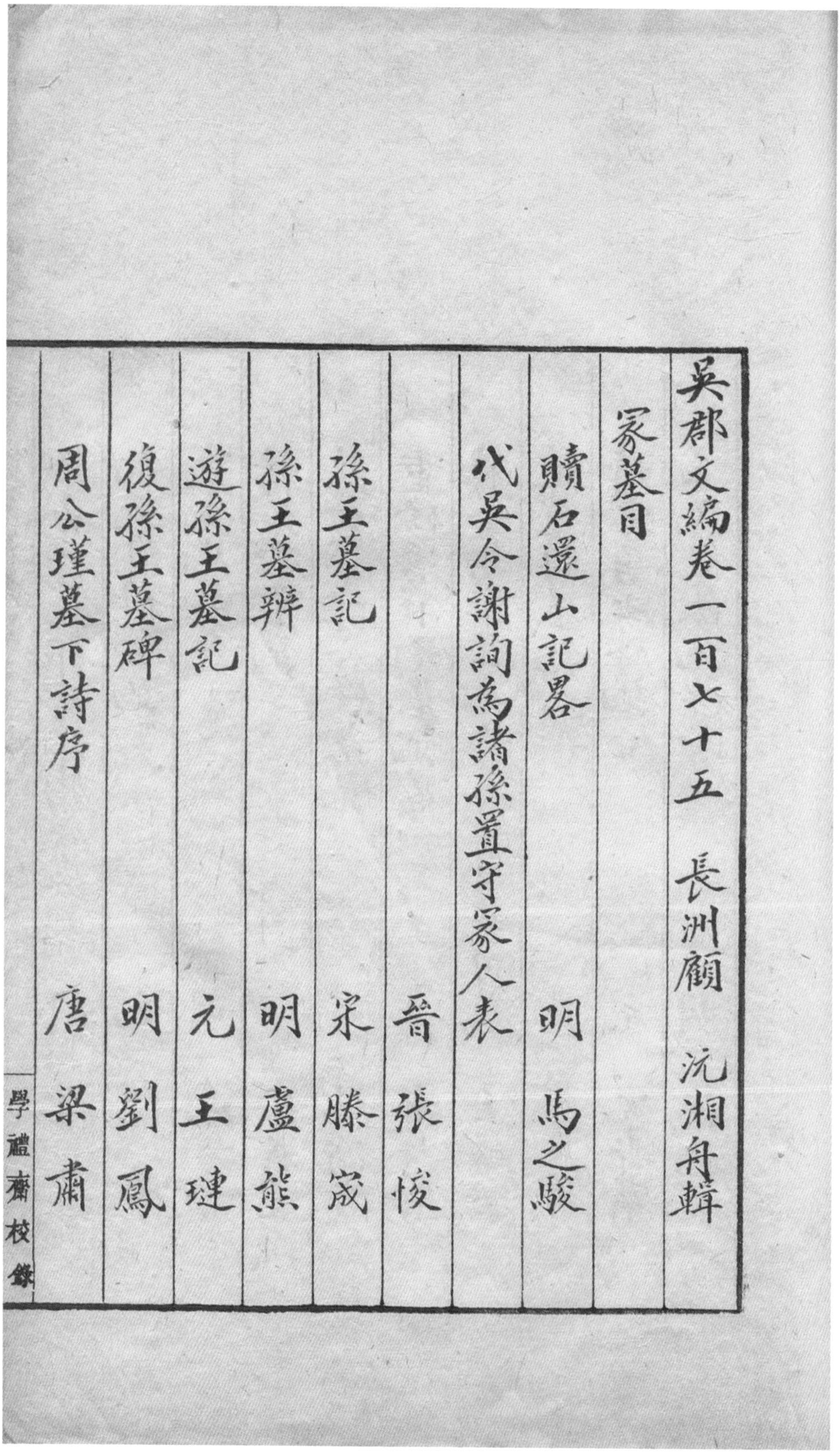

吴郡文編卷一百七十五　長洲顧沅湘舟輯

冢墓目

贖石還山記畧　明　馬之駿

代吴令謝詢為諸孫置守冢人表　晉　張悛

孫王墓記　宋　滕宬

孫王墓辨　明　盧熊

遊孫王墓記　元　王璉

復孫王墓碑　明　劉鳳

周公瑾墓下詩序　唐　梁肅

學禮齋校錄

民国王大隆钞本《吴郡文编序例目录》冢墓目

不能去也。”菊裳按语中又有述艺海楼藏书后事：“湘舟辟疆园在郡城甫桥西街，庚申之劫，其所藏尽为丰顺丁中丞捆载以去。《持静斋书目》所著录，多其家书也。”丁日昌尽得辟疆园所藏，又是另一段公案，此且不表。

《吴郡文编》乃顾沅始编于道光四年（1824），蒇事于道光七年（1827），三阅寒暑而成。该书凡二百四十六卷，内容分为堤防、山水、游记、水利、赋役及行状等 29 类，荟萃上自汉晋，下至清代有关吴郡之文献，洋洋四百万言。顾沅编撰该书之前，有关吴郡文献已有三次汇编，分别为宋人郑虎臣《吴都文粹》十卷、明人钱穀续辑《吴都文粹续编》五十六卷以及清人吴伟业搜罗郑、钱两家遗文成《吴郡文献》三十卷，而顾沅《吴郡文编》则在此三家基础之上，去其重复、补其散佚而成，顾沅自序《凡例》首条云：“是编以郑氏、钱氏、吴氏三书为底本，复采苏、太两属府州县志及名胜小志、历代以来诸大家文集，并旁搜金石书画，悉为甄录，以补三家之未备。”

该书编成之后，因为卷帙太过浩繁，未付剞劂，故一直以稿本存其家。咸丰十年（1860），太平天国兵犯苏州，时顾沅已归道山，其孙顾康如尚幼，仓皇出城逃命之际，《吴郡文编》稿本八十册遂于乱中流失，不知下落。直至半世纪后，于民国七年（1918），孙伯南在上海南洋中学校长王培孙处得睹此编，居然完璧，告之顾沅曾孙顾浩成，浩成欣喜若狂，以五百金购回曾祖遗物，储之艺海小筑。顾浩成为

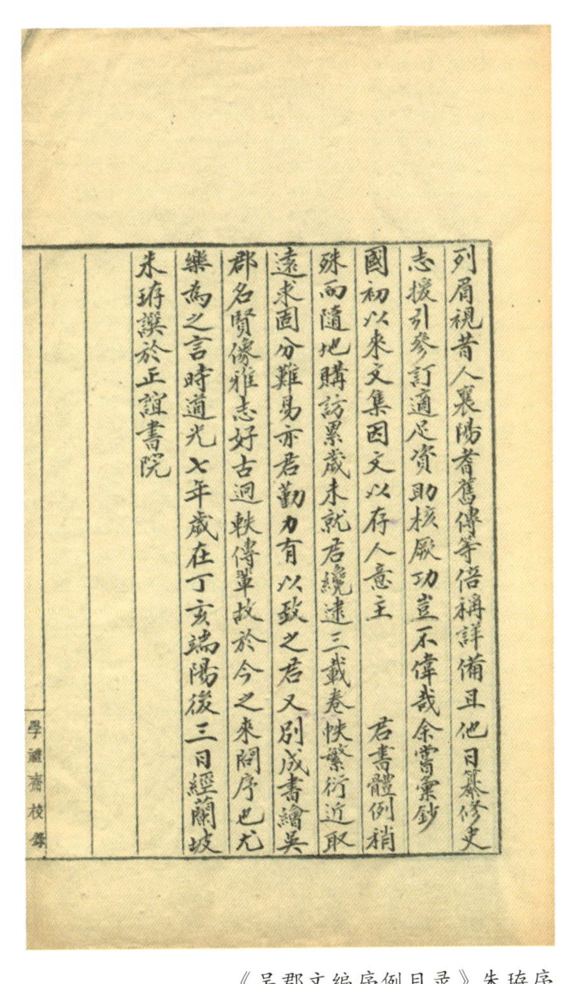
列眉視昔人襄陽耆舊傳等倍稱詳備且他日纂修史
志援引參訂適足資助核厥功豈不偉哉余嘗彙鈔
國初以來文集因文以存人意主　君書體例稍
殊而隨地購訪累歲未就君纔逮三載卷帙繁衍迺取
遠求固分難易亦君勤力有以致之君又别成書繪吳
郡名賢像雅志好古迥軼儕輩故於今之來問序也尤
樂為之言時道光七年歲在丁亥端陽後三日涇蘭坡
朱珔譔於正誼書院

學禮齋校錄

《吴郡文编序例目录》朱珔序

王同愈女婿，故斯事始末王同愈悉知甚详。该书归来后，王同愈跋曰：“岁戊午，孙君伯南于上海南洋中学校长王培孙许获睹是编，煌煌巨著，动色相告。浩臣惊喜欲狂，遽割五百金购归，庋之艺海小筑，曰：‘庶几不虚此筑也，他长物可有无尔！’属为记其得书始末。余谓斯书完璧来归，殆有先灵呵护，甚望浩臣之削衣损膳，力谋梓得，以绵先人未坠之绪也。”

民国二十一年（1932），“淞沪抗战”打响，苏州岌岌可危，此时顾浩成亦归道山，其子顾翼东继续肩负护书重任，彼时既惊兵燹，又惧水火，顾翼东遂请人制作八个铁匣，将《吴郡文编》放于匣中以防万一，并多次辗转各地，最后押运至上海，藏于表弟顾廷龙时任馆长之合众图书馆内。1957 年，顾翼东将该书送

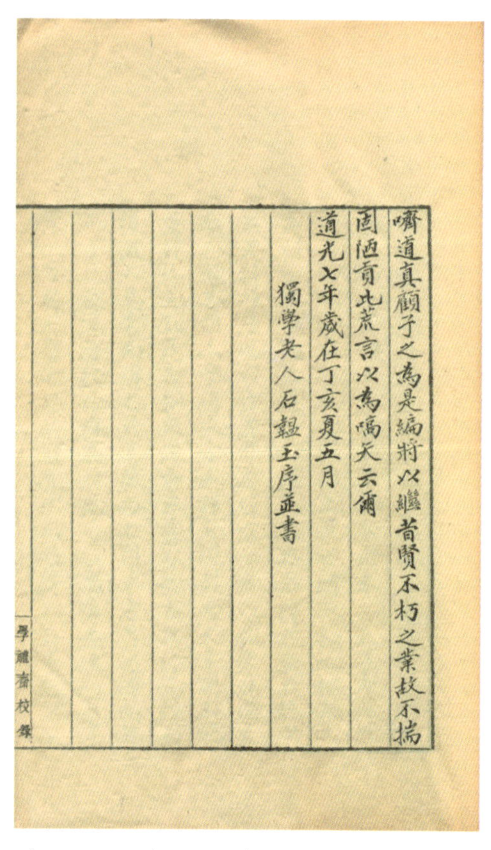

嚌道真顧子之為是編將以繼昔賢不朽之業故不揣
固陋貢此荒言以為嗃矢云爾
道光七年歲在丁亥夏五月
獨學老人石韞玉序並書

《吴郡文编序例目录》石韫玉序

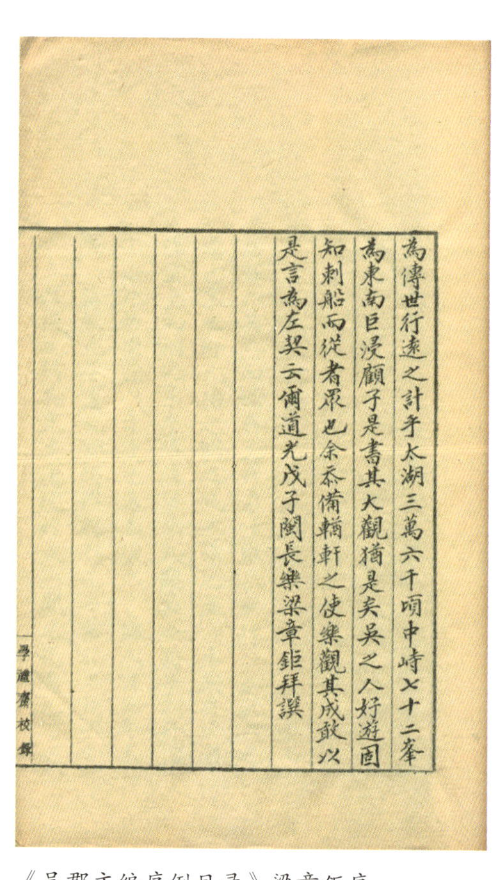

為傳世行遠之計乎太湖三萬六千頃中峙七十二峯
為東南巨浸顧子是書其大觀猶是矣吳之人好遊固
知刺船而從者衆也余忝備輶軒之使樂觀其成敢以
是言為左契云爾道光戊子閏長樂梁章鉅拜譔

《吴郡文编序例目录》梁章鉅序

者為吳之官則得以按其利弊而興革焉為鄉之人則得以攷其故事而宗仰焉其所裨益者大其所感發者深矣豈徒以文勝哉不佞里居三年讀禮之隙紬繹是編重君之力勤志遠樂與觀成他日當為商定體例圖梨棗之計以傳世行遠使我郡文獻久久不墜君其寶之而俟之時將之官倚裝書此以為後券道光丁亥中冬里人董國華撰

《吴郡文编序例目录》董国华序

位于上海华东政法学院长宁校区的王大隆故居

存复旦大学图书馆，数年后又由苏州市长潘慎明征得顾翼东同意，将该书移至苏州博物馆珍藏至今。

芷兰斋缘浅，无以得该书原稿，仅收得王大隆学礼斋钞本《吴郡文编序例目录》一份，四册毛订，以黑格稿纸书就，稿纸版心下刻“学礼斋校录”五字。寒斋于顾沅缘浅，于学礼斋却多有因缘，尝收得王大隆旧物甚夥，而吾醉心于稿钞校本，亦深受学礼斋主人影响也。此钞本于《蛾术轩箧存善本书录》中有长跋详述始末，其中有云：

此则专录其序例目录，以为谈献之助。先是，采辑吴郡文字者，有宋郑虎臣之《吴都文粹》，明钱穀之《续吴都文粹》，清吴伟业之《吴郡文献》。仅郑书近始刊行，吴书尤秘，稿藏黄氏士礼居。湘舟依据三家而扩充之，博采群书，旁及金石书画，增多至三倍余，洋洋乎三吴文献之渊海也。然卒以费巨，无法刊行。今其稿由其裔顾君翼东捐献江苏文物保管会，以公诸世矣。翼东，浩臣哲嗣，同愈外孙也。余尝建议，钱书已刊入《四库全书珍本》，则去其郑、钱所已有者，而补辑道光七年后至宣统三年，以完一代之文而印行之。方今事尚集体，群策群力，吴中老辈自优为之，知他日必有赞同吾言者。

学礼斋主人关心乡贤文献，由《蛾术轩箧存善本书录》即可得见，凡述及乡贤著述，笔下尤多感情，惜此跋未署年月，亦未言及目录自何处抄来。潘景郑《著砚楼读书记》亦著录有钞本《吴郡文编目录》，其中有云："吾友王君佩铮，关心乡邑文献，曾写得其目。予辗转乞假录副，藏诸箧中。"可知著砚楼钞本乃自王謇处录副而来，以吾自揣，蛾术轩钞本或同出一源也。据顾翼东后人顾其敏、顾其华所撰回忆文字，民国间顾翼东前往美国留学时，亦曾手抄目录一份随身，闲时翻阅，以慰乡情。今王大隆钞本尚存寒斋，潘景郑、顾翼东两钞本却未知何在也。

王大隆

潘老所跋《文编》文末亦以该书不曾付梓为憾："惜乎书成百年，名山无期，为可悲耳！"潘老此跋书于1957年，大约与蛾术轩主人同期。曩时顾沅于《凡例》最末一条有云："是书创始于甲申之秋，录成于丁亥之春，凡三阅寒暑而告成。奈篇叶繁重，一时剞劂维艰，尚有望于有力者为之流通焉。"今顾沅与蛾术轩、著砚楼二位主人皆可遂愿矣，《吴郡文编》于2011年已由上海古籍出版社正式出版，众望所归，而时光已然距离顾沅完成此编，将近二百年矣。

王大隆藏书印"秀水王大隆印"

顾沅艺海楼钞本《擒文堂集》四卷《附录》一卷

《摛文堂集》四卷《附录》一卷　（宋）慕容彦逢著
清道光顾沅艺海楼钞本　一函一册
钤：商角斋（白方）、艺海楼藏（朱方）、赐砚传家（朱方）

此《摛文堂集》四卷《附录》一卷，顾沅艺海楼钞本，亦顾沅校稿本也。卷首次行题“宋慕容彦逢撰。长洲顾沅校”，都一册，每叶版心下刻“艺海楼”三字。顾沅旧事，于前文王大隆钞本《吴郡文编序例目录》中已有叙述，此不赘言。

该书作者慕容彦逢（1067 — 1117）字淑遇，一作叔遇，江苏宜兴人。鲜卑族后裔。宋哲宗元祐三年（1088）进士，任铜陵、金华主簿，改知鄂州崇阳县。绍圣二年（1095）中弘词科，出任淮南节度推官、赵州州学教授。元符元年（1098），为国子监簿，迁太学博士。崇宁初，除秘书省校书郎，擢监察御史兼权殿中侍御史，迁至左司谏。徽宗继位后，屡迁至刑部尚书，卒谥文友。

《永乐大典》收有《慕容彦逢墓志》，称其：“自幼嗜学问，晚节益笃，藏书数万

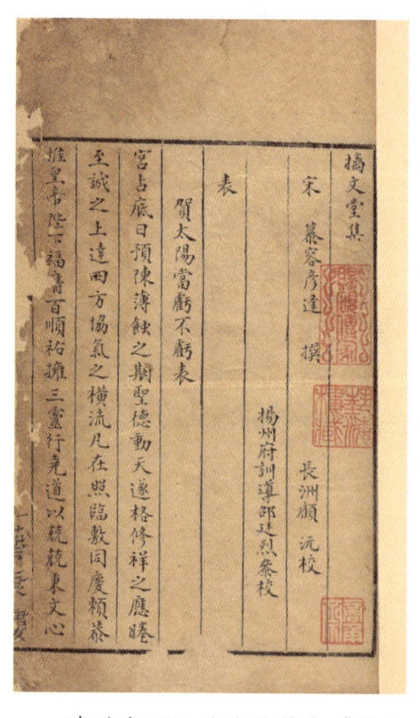

清道光顾沅艺海楼钞本《摛文堂集》卷首

顾沅专用钞书纸　版心有“艺海楼”三字

卷，朝夕翻阅不去手。自经史诸子百家之言，靡不洽通，故其所蓄浑雄深博，发为词章，雅丽简古，无世俗气，尤长于辞令，典严温厚，褒贬无溢言，诏命或从委，操笔立成，初若不经意而轻重适当，文采粲然，每一篇出，多士口传以熟。上尤爱公文，以为有古风，进见往往摘训辞之善者称赏之。有文集二十卷、外制二十卷、内制十卷、奏议五卷、讲解五卷，藏于家。”

《摛文堂集》成书未久即有散失，后由其孙慕容纶重新搜访整理，始有流传。据《永乐大典》所载墓志，全集当为六十卷，然《宋史·艺文志》载《慕容彦逢集》仅三十卷，与墓志不合。今存该书有慕容纶淳熙十四年（1187）序，称：“先大父少师文友公，弱冠登元祐进士第……有《文集》二十卷、《内制》二十卷、《外制》二十卷、《讲解》五卷、《奏议》五卷。因兵火盗贼之后，散失凡尽。纶近于亲旧间搜访，所得尚及千篇，分为三十卷，命工镂版，目以《文友公摛文堂集》。”

然慕容纶所辑之三十卷今亦不见全书。清乾隆年间朝廷开设四库馆，馆臣从《永乐大典》中将所收录之慕容彦逢所作辑佚出来，重新整理，厘为《摛文堂集》十五卷，其中诗二卷、杂文十三卷，另有谥议、墓志别为《附录》一卷。馆臣对于该书之评价，褒贬兼有，贬则指文章之内容：“而检核所作，希睹谠言。惟多以献媚贡谀，荧惑主听。……殊可嗤鄙。”褒则云文章之华彩：“然其文章雅丽，制词典重温厚，尤为得体。就文论文，固亦未可竟废也。”

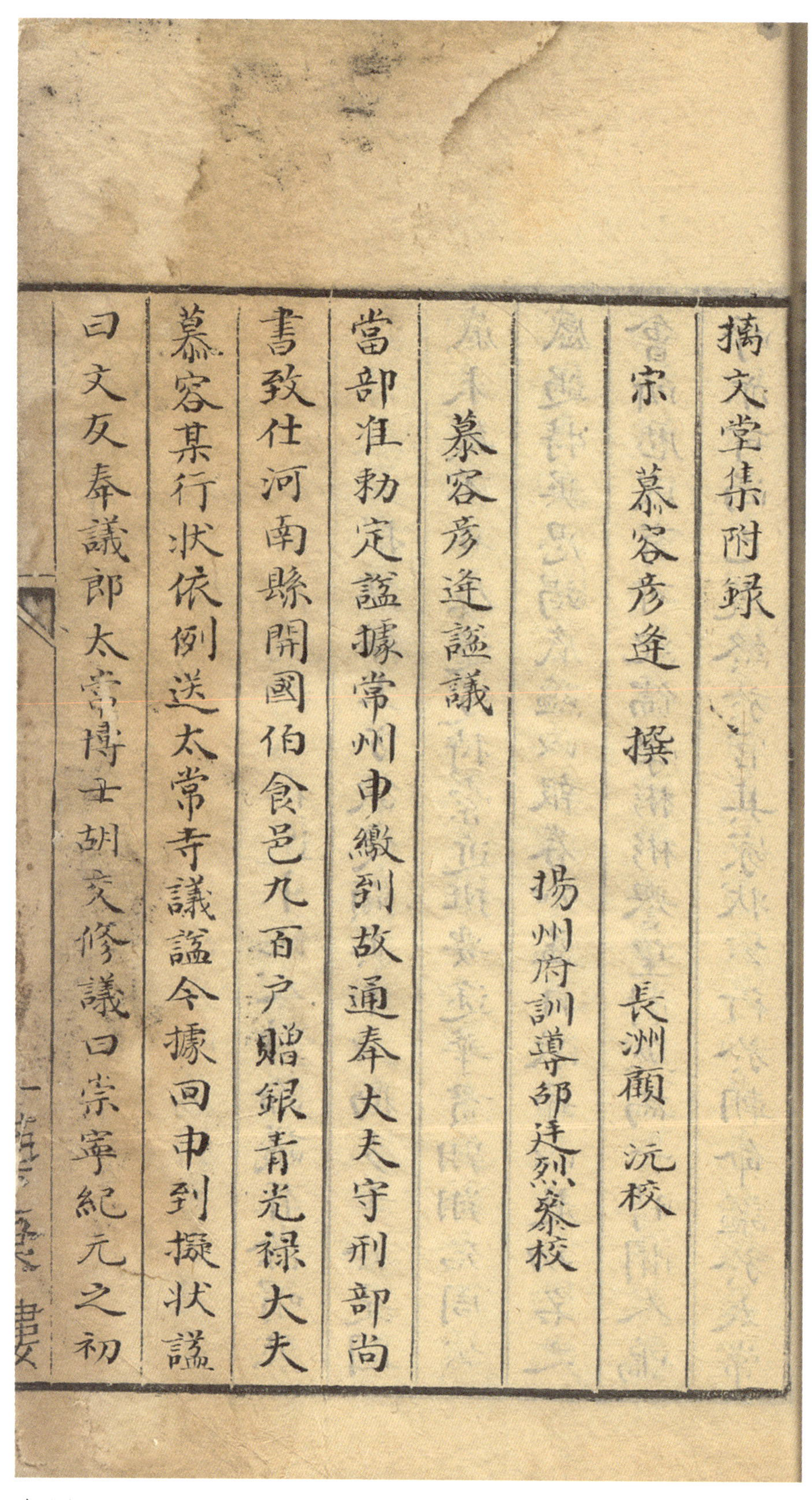
摛文堂集附録

宋　慕容彦逢撰　長洲顧沅校

揚州府訓導邵廷烈叅校

慕容彦逢謚議

當部准勑定謚據常州申繳到故通奉大夫守刑部尚書致仕河南縣開國伯食邑九百户贈銀青光禄大夫慕容某行狀依例送太常寺議謚今據回申到擬狀謚曰文友奉議郎太常博士胡交修議曰崇寧紀元之初

清道光顾沅艺海楼钞本《摛文堂集》附录

顾沅藏书印“艺海楼藏”“商角斋”

《摛文堂集》自《永乐大典》中辑佚出来之后，并未刻入《武英殿聚珍版丛书》，仅有《四库全书》本存入阁中，直至光绪间盛宣怀辑刻《常州先哲遗书》，始以该书之四库本为底本，刊入丛书之第一集。斯事具体执役者则为缪荃孙，《艺风老人自订年谱》光绪二十年（1894）载：“是年盛愚斋宫保嘱编刻《常州先哲遗书》，皆荃孙搜罗，宫保出赀而已。”

寒斋所藏该书为顾沅钞本，丁亥年得于中安太平拍场。彼时该书无人问津，吾以起拍价得之，加以佣金尚不足三万元，归来窃喜数日。然而今时为写此文翻查资料，始知此本曾于癸未年现于嘉德拍场，成交价仅八千元，看来凡事需趁早，此又信矣。

此本每卷首页次行均题“长洲顾沅校”，三行题“扬州府训导邵廷烈参校”，可知该书并非简单移录，乃是顾沅与邵廷烈精心校过之本。然此本内容仅杂文四卷，分别为表、颂、书和祭文，另有《附录》一卷，显非足本。以藏书家之惯例，断无仅抄校残卷之理，故以吾揣之，彼时《摛文堂集》虽已有十五卷本问世，却并未付梓流布，仅有七部《四库全书》本分存于南北七阁，彼时消息未如今日之迅捷，故顾沅或未知该书已有十五卷辑佚本问世，而因缘际会，恰有部分文章为顾沅搜得，遂与邵廷烈参校一番，厘为四卷，以备一格。邵廷烈字子显，号伯扬，室名棣香斋，江苏太仓人。著有《竹西吟草》《唐史乐府》及《娄东杂著》等。龚自珍尝为《娄东杂著》作序，云：“岁己亥，乞籴南下，信信扬州。扬州教谕邵子显，太仓人也，方校刊《娄东杂著》成。”可知邵廷烈任扬州教谕为道光十九年（1839）左右，则此《摛文堂集》抄校时间，或亦在此前后。

此本卷首自下而上分别钤有“商角斋”白方、“艺海楼藏”朱方及“赐砚传家”朱方，从钤印位置可知，“商角斋”与“艺海楼”当为顾沅藏书印无疑。顾沅有堂号名“艺海楼”，众已周知，据此可知其尚有“商角斋”堂号，吾此前却未见记载。商、角为五音中第二和第三声，通常代指音乐，顾沅藏书同时，尚有丝竹之好，亦从未见记载，可谓知人非易也。

傅增湘藏园钞本《缙云集》四卷

《缙云集》四卷　（宋）冯时行撰

民国傅增湘藏园钞本　一函二册

此傅增湘藏园钞本《缙云集》四卷，以藏园专用黑格书纸抄就，十行二十字，每叶右下有“藏园傅氏写本”六字，首录有《四库全书总目》是书提要，末有《附录》，分别为《古城冯侯庙碑》《刊刻书籍呈》及李玺所撰《后序》，丁亥年春得自沪上。《藏园订补郘亭知见传本书目》著录有明嘉靖癸巳李玺刻本《缙云文集》四卷，又有秋声馆精钞本及仁和赵氏小山堂写本，其中小山堂写本后注：“清仁和赵氏小山堂写本，十行二十字，白口，左右双栏。世好翁君斌孙藏，余曾借录一帙。”因知此本所据底本乃小山堂写本也。小山堂钞本今存国家图书馆，秋声馆精钞本未知下落。

傅增湘

《缙云集》作者冯时行（1101 — 1163），字当可，号缙云，四川江北人。北宋宣和六年（1124）进士，南宋建炎中任奉节尉，因力主抗金，与秦桧不睦，于绍兴十一年（1141）遭罢职。

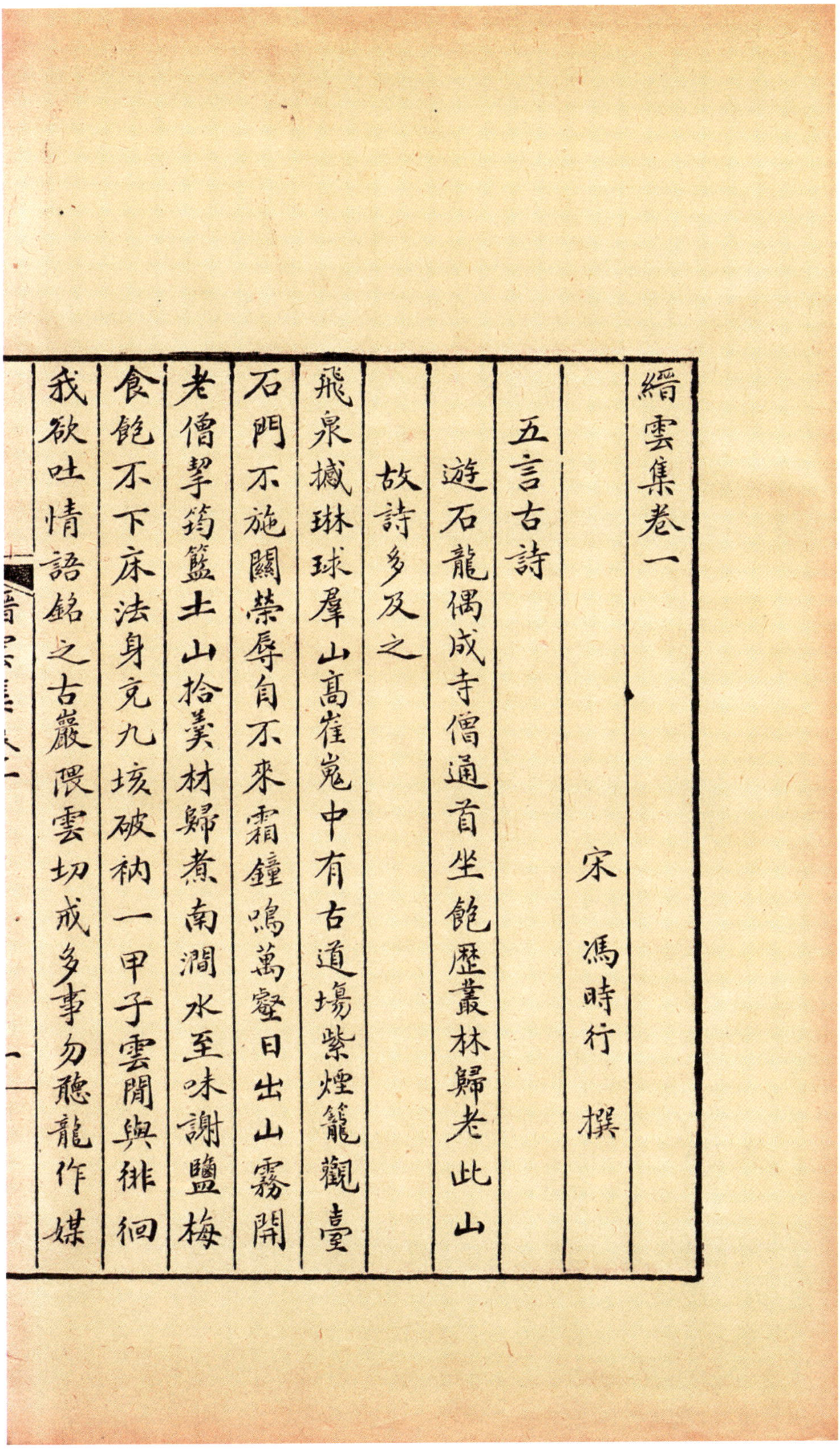

缙雲集卷一

宋 馮時行 撰

五言古詩

遊石龍偶成寺僧通首坐飽歷叢林歸老此山故詩多及之

飛泉撼琳球羣山高崔嵬中有古道場紫煙籠觀臺石門不施關榮辱自不來霜鐘鳴萬壑日出山霧開老僧挈筠籃土山拾美材歸煮南澗水至味謝鹽梅食飽不下床法身充九垓破衲一甲子雲閒與徘徊我欲吐情語銘之古巖隈雲切戒多事勿聽龍作媒

傅增湘藏园钞本《缙云集》卷首

秦桧死后，于绍兴二十七年（1157）年得以复用，守蓬州、黎州、彭州，未几擢右朝请大夫，提点成都府路刑狱，卒于任所。

［嘉庆］《四川通志》卷一四六载明王应熊所撰《冯时行传》称："嘉熙间状元及第，宰通义之丹棱，有惠政。以奉礼郎赴行在所。时秦桧主和议，时行召对，力言不可，至引汉高帝分羹事为喻。帝曰：'朕不忍闻。'颦蹙而起。桧乃谪时行知万州，部使者承风旨，附会抵罪，由是居里社十余年。桧死，起守蓬、黎，而以提点成都刑狱终。著有《缙云集》。"因《宋史》无冯时行传，故后世论其人，多引王应熊语，尤其"嘉熙状元"，明、清间地方史志多以"状元及第"或"进士第一"述之。然后人考证，冯时行举进士是实，状元及第却难成立，因其为官正直，不畏权奸，故民间多爱之，增以溢美之词。

《宋史·艺文志》著录冯时行有《易论》二卷、《缙云文集》四十五卷，然该书至明代即已散佚不传。嘉靖十二年（1533），朱廷立按蜀，访求古今遗文，出而表之，遂由重庆府推官李玺主持，重刻该书，并撰序言："嘉靖癸巳，两厓先生按蜀倡道，访古今遗文而表章之，乡衮刘培菴因示以《缙云文集》，典雅简明，而非剽窃突鹘以为文，惜乎散逸未传耳。玺上之，乃下学谕翟子表、周子鲁编辑，得其精且粹者诗若干章、文杂著若干篇，属奇梓之，不弥月而造成。"

李玺此序固然重要，由是可知《缙云集》之访求、编辑、付梓始末，然其所撰《刊刻书籍呈》亦颇资考证。李玺引述巡按四川监察御史朱廷立之谕：

……本院按夔州府问《梅溪集》，按成都府问《三国志》《潜溪集》、少陵诗，按眉州问三苏文集，皆无刊板，所经巡历之地如此，则其他亦可知矣。岂景仰先贤之意，或未至耶？为此仰抄案回道，转行全蜀各府州县，凡先贤生贤流寓之地，有文章之传世者，务要寻访旧本，动支无碍官钱翻刻，具由回报。

然后禀称：

奉此，本府知府崔允访得所属璧山县宋有冯缙云先生，名时行，字当可，经明行修，嘉熙间登状元第，初宰丹棱，有政迹，召入，忤权奸，坐贬，复出守，竟持节以死。尝居璧邑北缙云山中，因别号缙云。著书立言，受徒讲道，而书院至今尚存。又有《缙云文集》行于世，迨后胤嗣落莫，世代兵燹，而此集竟失其传。

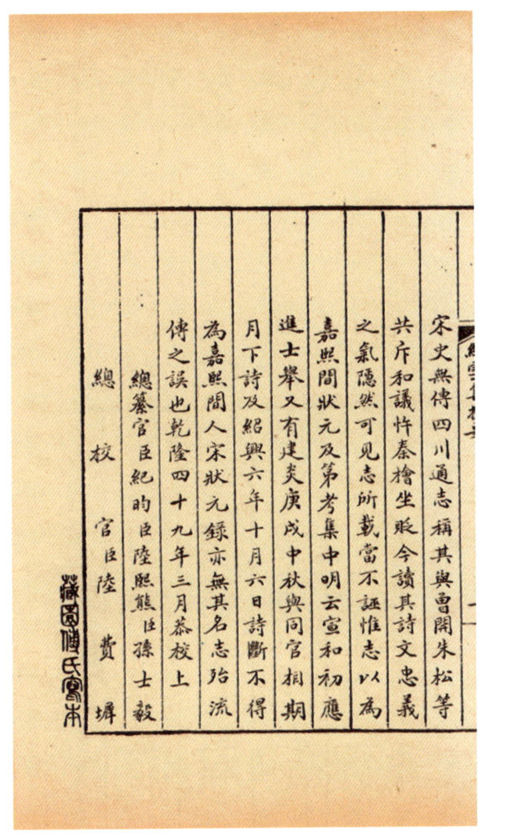

宋史無傳四川通志稱其與曾開朱松等
共斥和議忤秦檜坐廢今讀其詩文忠義
之氣隱然可見志所載當不誣惟志以為
嘉熙間狀元及第考集中明云宣和初應
進士舉又有建炎庚戌中秋與同官相期
月下詩及紹興六年十月六日詩斷不得
為嘉熙間人宋狀元錄亦無其名志殆流
傳之誤也乾隆四十九年三月恭校上
總纂官臣紀昀臣陸錫熊臣孫士毅
總校官臣陸費墀

民国傅增湘藏园钞本《缙云集》四库提要之二

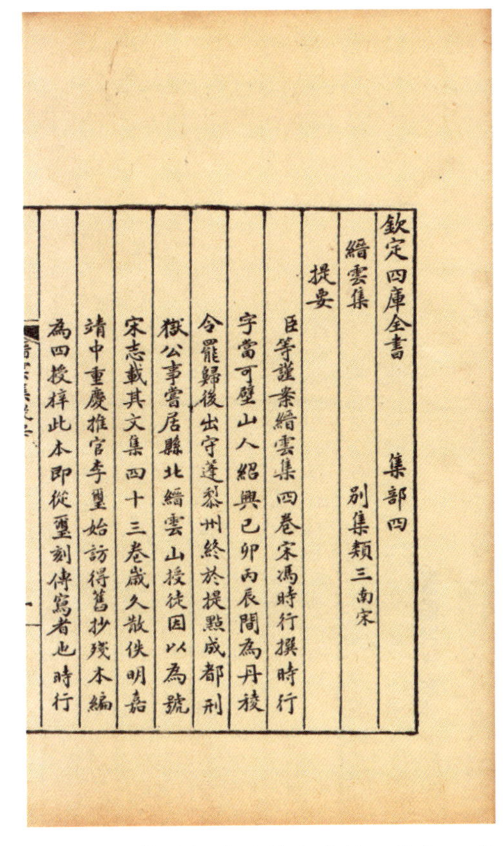

欽定四庫全書　集部四
縉雲集　別集類三南宋
提要
臣等謹案縉雲集四卷宋馮時行撰時行
字當可壁山人紹興己卯丙辰間為丹稜
令罷歸後出守蓬黎州終於提點成都刑
獄公事嘗居縣北縉雲山授徒因以為號
宋志載其文集四十三卷歲久散佚明嘉
靖中重慶推官李璽始訪得舊抄殘本編
為四授梓此本即從璽刻傳寫者也時行

民国傅增湘藏园钞本《缙云集》四库提要之一

本官随已纪由去任，卑职又访乡少参刘培庵，抄录旧本伍拾伍卷，共计四百余板，已经呈送本院亲览，求为首序，但其原未删正，多散逸不全，又复呈蒙钦差抚治重夔兵备副使张、四川按察司分巡川东道佥事李命官校选，凡得诗文之有关系而精且粹者一十八卷，计一百四板，理合遵奉翻刻，以传永久。

此呈交待《缙云集》刊刻始末，较李玺序言更为详尽，乃知该书实际由崔允访得刘培庵并抄录其所藏《缙云集》旧本五十五卷，经校选后成书十八卷，最后以官钱付梓。然此呈意义更不止于此，今人研究明代刻书事宜，尚可由此窥见颇多细节。如该呈稍后又称："为此会同该县知县孙奇等，估计买板刊匠工食，共该白银玖两捌钱，但卑职仸贰理刑，别无所措，欲将原发该县贮库无碍脏罚官钱，转行本官动支。翻刻缘系，俱奉本院，呈允事理，卑职未敢擅便。呈乞照详示下，以凭遵奉施行，须至呈者。"

明代嘉靖间，刊刻一部《缙云集》仅需白银九两八钱，并且包含书版、人工及饭食等杂费，似乎并不太贵。然该书实际最后刊成仅为四卷，且嘉靖刻本今亦

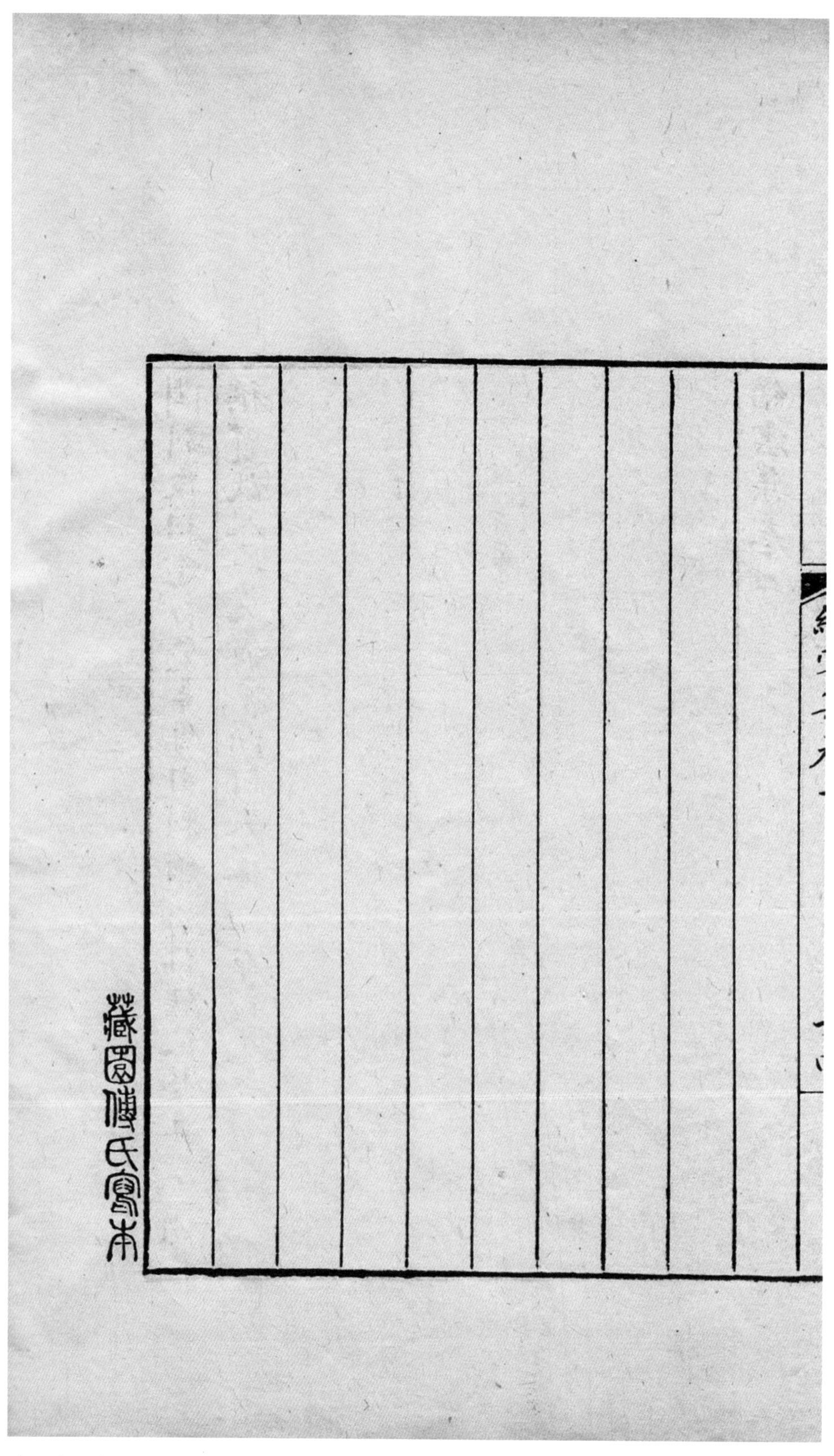

藏园专用抄书纸

已无存。检《中国古籍善本总目》，该书著录仅小山堂所抄四卷本，此外，台湾藏有红药山房钞本，嘉靖刻本亦不见载。

转至清乾隆年间，四库馆开，海内征书，编修汪如藻亦将家藏本进献朝廷，经《四库全书总目》著录者，计有一百五十一种，近两千卷，其中经、史、子部书甚少，集部书尤多，且宋人别集中即有《缙云文集》四卷。四库馆臣所撰该书提要称："《宋志》载其文集四十三卷，岁久散佚。明嘉靖中重庆推官李玺，始访得旧抄残本编为四（卷），授梓。此本即从玺刻传写者也。"

由是可知，《缙云集》虽然在明嘉靖间有重刻，然至清乾隆间，传本已罕。然而《增订四库简明目录标注》亦著录有《缙云文集》四卷，所列版本有："明嘉靖刊本。振绮堂有精钞本。许氏有钞本十五卷，附录一卷。"续录则有："明嘉靖癸巳李玺刊本。八千卷楼有钞本。秋声馆精钞本。"可知该书至清末尚有刻本得见，而此刻本复经百年至今，又不知下落也。

傅增湘藏书印"藏园""双鉴楼"

夏之蓉批校《近光集》二十八卷《杂论》一卷

《近光集》二十八卷《杂论》一卷　（清）汪士鋐辑
清康熙五十八年（1719）刻本　夏之蓉批校　一函八册
钤：臣之蓉印（白方）

《近光集》是清人所编诗歌选本之一种，选者汪士鋐（1658—1723）原名傒，字文升，别字若谷，号退谷，又号秋泉，长洲（今江苏苏州）人。康熙二十六年（1687）乡试副榜，三年后授镶黄旗教习，康熙三十六年（1697）进士，选庶吉士，授编修，官至右中允，入值南书房。少从族父汪琬学，与兄汪份、汪钧，弟汪倓并称“吴中四汪”，书法与姜宸英、笪重光、何焯齐名，并称“康熙间四大家”，著有《秋泉居士集》《长安宫殿考》及《瘗鹤铭考》等，编有《近光集》及《黄山志续集》等，又与张玉书等校刊《全唐诗》，参与修纂《佩文韵府》及《渊鉴类函》。

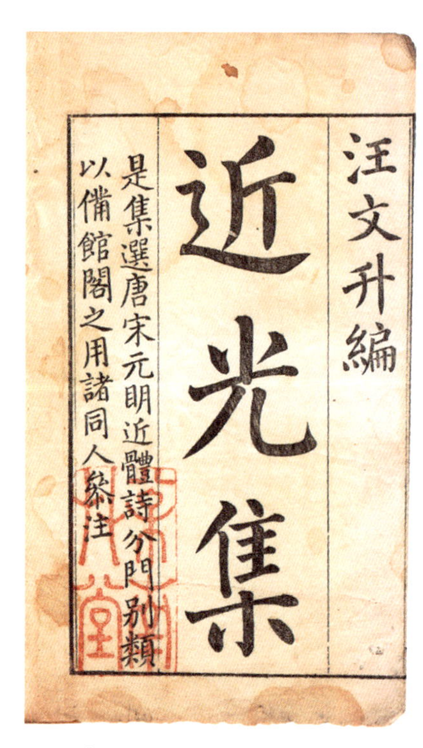

清康熙五十八年刻本《近光集》书牌

《近光集》乃是汪士鋐在唐人《国秀集》《极玄集》和《才调集》等书基础之上选编而成者，凡二十八卷，分为天文、时令、地理、帝王、官寮、巡幸、朝会、寓直、宴飨、

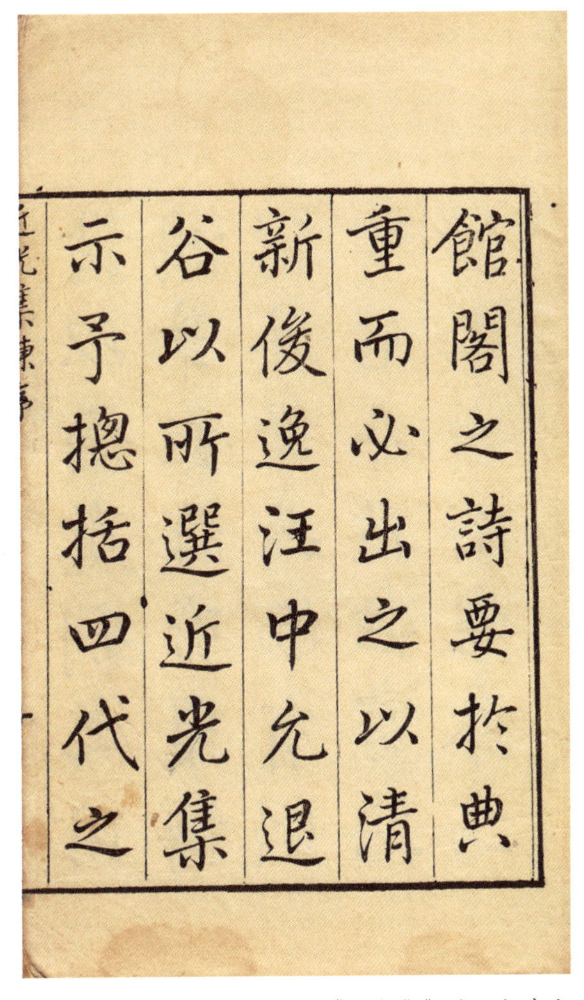
館閣之詩要於典
重而必出之以清
新俊逸汪中允退
谷以所選近光集
示予總括四代之

《近光集》陈元龙序言

祭祀、文学、武功、释教、道流等类，卷一至卷十四为五言律，卷十五至二十三为七言律，余为绝句。前有康熙五十八年（1719）四月海宁陈元龙乾斋序，直言该书之选目的为“馆阁之诗，要于典重，而必出之以清新俊逸。汪中允退谷以所选《近光集》示予，总括四代之诗，以备应制之用”。次有同年五月汪士鋐自序，略述选辑该书始末：“岁甲戌，从弟倓入翰林，属余裒集古诗文字以备馆阁之体。于应制之作，则有《玉堂金钥》之选；于言情之什，则有《陶冶性灵集》之选；于四六，则有《文苑丽则》之选，皆取其高华典雅、清新俊逸之词，玩而习之。……昨者谬厕禁庭，参与编纂之余，从容研席，因得复理旧业于历代名人之诗，重加点勘，合订分类，成二十八卷。其体虽不皆应制，然鸿篇杰作，关乎馆阁者十居八九，而单词警句亦间为摘录，名之曰《近光集》，庶几览者知余以不才之身叨蒙圣训，得勉力于文词者，皆圣天子涵濡养育之恩也。”

由陈元龙、汪士鋐二序可知，该书之选，目的明确，范围清晰，乃是专为馆阁应制参考所需，所选则以应制唐排律为主。宋初沿袭唐五代旧制，以昭文馆、史馆、集贤院为三馆，主要用于庋藏图书，宋太宗又赐名为崇文院，崇文院遂为三馆统称。嗣后朝廷又于崇文院内诏置秘阁，分掌图书经籍以及编修国史等。明代此职掌移归翰林院，是故翰林院亦称馆阁，清代相沿此制。馆阁中人日常应制所作诗文、书体等皆有标准制式，俗称“馆阁体”，而馆阁体同时亦指字体。应制诗则专指侍臣奉皇帝之命所作，内容多为咏物、写景及赞扬宫廷，诗题大都有

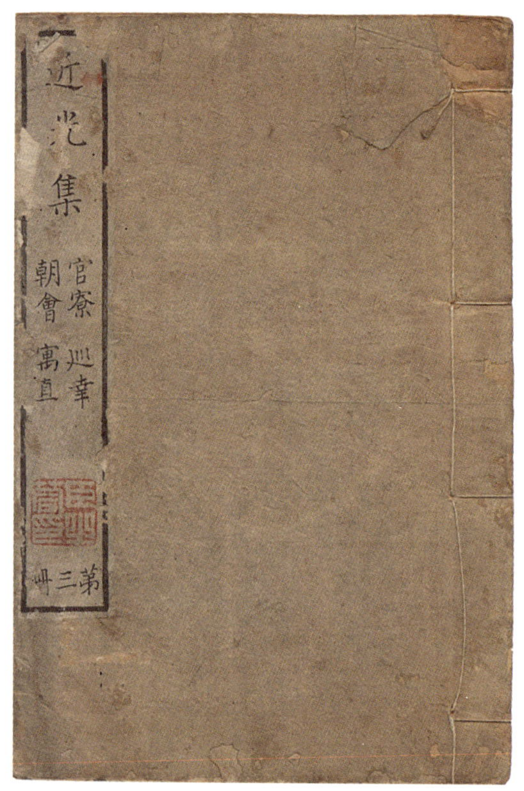

清康熙五十八年刻本《近光集》封面

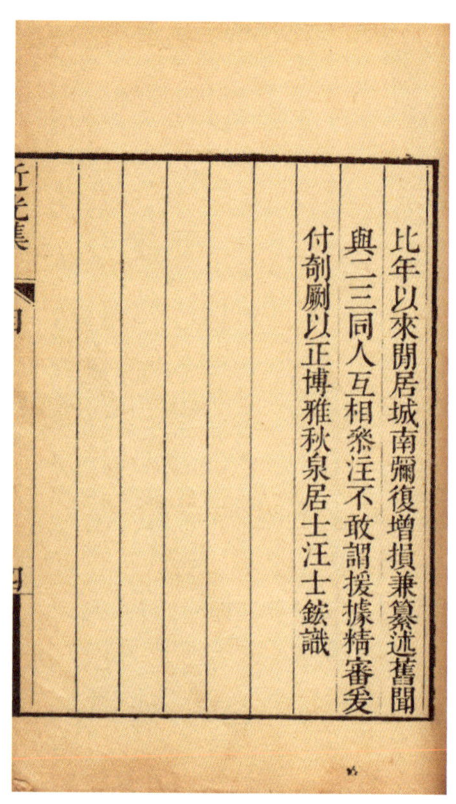
比年以來閒居城南彌復增損兼纂述舊聞
與二三同人互相參注不敢謂援據精審爰
付剞劂以正博雅秋泉居士汪士鋐識

《近光集》汪士鋐序言

“应制”或“应诏”字样，体裁则以五言六韵或八韵为主，因专为迎合皇帝而作，故此类诗作大多歌咏太平，诗句考究，讲求出处，却毫无个性可言。

寒斋所藏《近光集》乃康熙五十八年（1719）刻本，前有书牌，右上题“汪文升编”，左侧小字题“是集选唐宋元明近体诗，分门别类，以备馆阁之用，诸同人参注”。一函八册，每册封面签条处钤有“臣之蓉印”白方，第四册卷末有夏之蓉朱笔题记：“乾隆丙辰正月再阅一过于京邸。醴谷记。”卷中则多有朱墨圈点批语，皆夏之蓉随手所记。

夏之蓉（1698—1785）字芙裳，号醴谷，晚号半舫老人，江苏高邮人。雍正四年（1726）举人，官盐城教谕，雍正十一年（1733）进士，乾隆元年（1736）召试博学鸿词科，授翰林院检讨，曾典试福建，督学广东及湖南，以古文之学校士，后归主钟山、丽正书院。性喜游历，足迹遍及海内。嘉庆十三年（1808）崇祀乡贤。《清史列传》载其：“天才宏放，通经史，善诗文，于风骚之旨，能究其源流正变之所在。方苞称其古文可方侯、魏。尝与苞删定唐宋八家文，往复辨难，再三不辍。诗以杜、韩、苏三家为宗，沉雄雅健，长于论古，歌行尤跌宕淋漓。”所著有《半舫斋诗文集》《半舫斋偶辑》及《读史提要录》等。

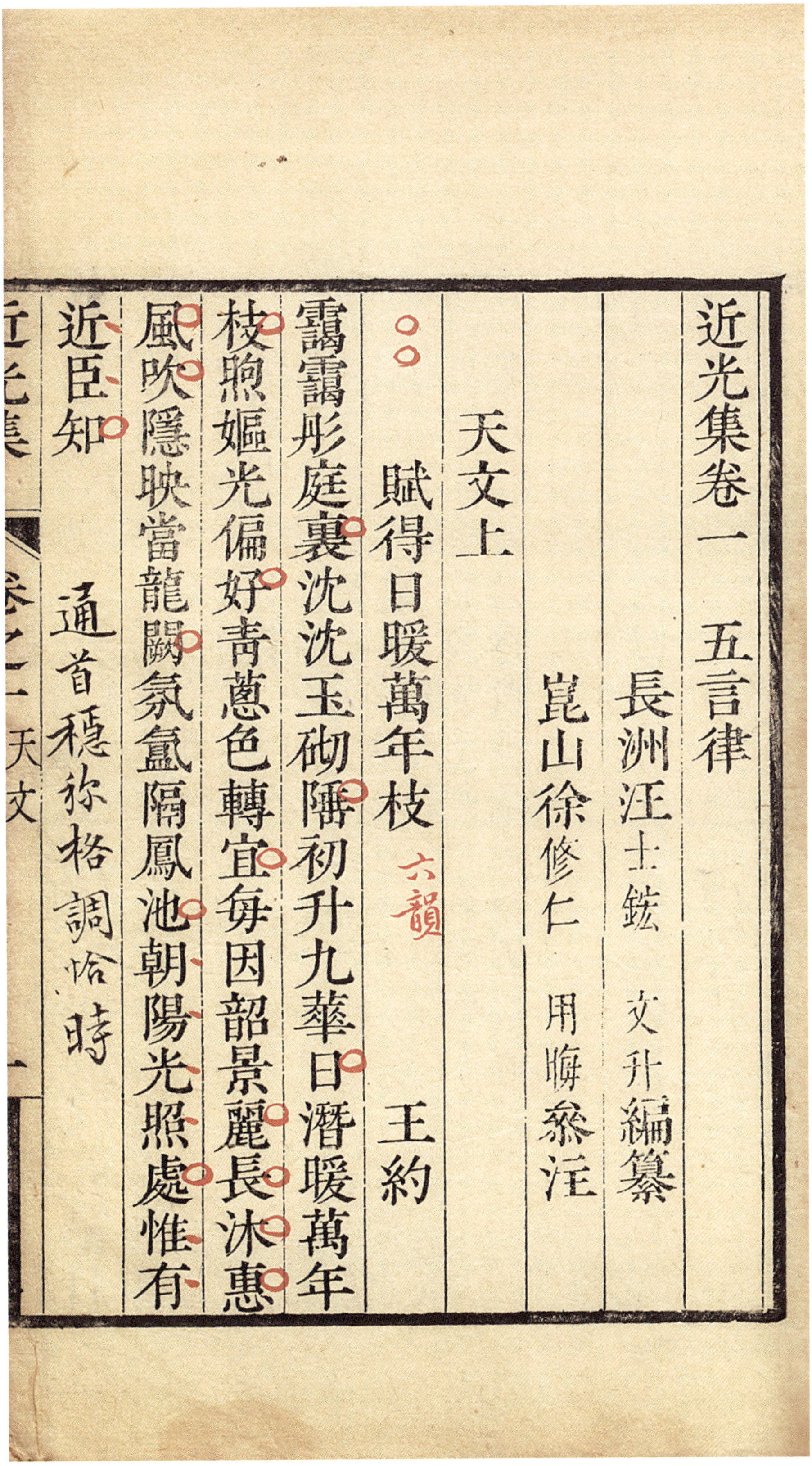

近光集卷一　五言律

長洲汪士鋐　文升編纂

崑山徐修仁　用晦參注

天文上

賦得日暖萬年枝　六韻　王約

靄靄彤庭裏沈沈玉砌隅初升九華日潛暖萬年枝煦嫗光偏好青蔥色轉宜每因韶景麗長沐惠風吹隱映當龍闕氛氳隔鳳池朝陽光照處惟有近臣知

通首穩稱格調恰時

近光集　卷之一　天文　一

清康熙五十八年刻本《近光集》卷首

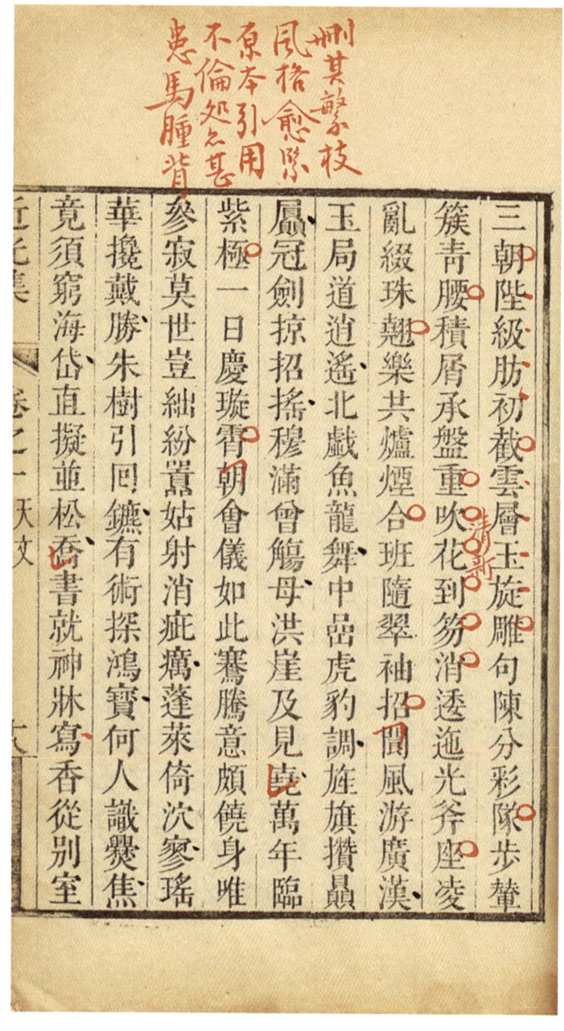
刪其繁枝
風格愈緊
原本引用
清新

三朝陛級肪初截雲層玉旋雕句陳分彩隊步輦
簇青腰積屑承盤重吹花到笏消透迤光斧座凌
亂綴珠翹樂共爐煙合班隨翠袖招閶風游廣漢
玉局道逍遙北戲魚龍舞中嵒虎豹調旌旗攢贔
屭冠劍掠招搖穆滿曾觴母洪崖及見堯萬年臨
紫極一日慶璇霄朝會儀如此騫騰意頗饒身唯
參寂莫世豈紺紛囂姑射消疵癘蓬萊倚泬寥瑤
華攙藏勝朱樹引回鑣有術探鴻寶何人識爨焦
竟須窮海岱直擬並松喬書就神牀寫香從別室

近光集　卷之一　天文

清康熙五十八年刻本《近光集》夏之蓉批校

此本丙戌年春得于沪上拍场，以其卷中有朱、墨二色批校兼夏之蓉题记，欣然携归，然彼时以务多为好，无暇细读，今日重阅一过，心中忽生诸多不解。据孙琴安《唐诗选本六百种提要》著录，有清一代，唐诗选本多达三百余种，今日存世者一百八十余种，更何况清代之前唐诗选本，出自大家、享有盛名者不胜枚举，再加上宋、元、明诗选本，汪士鋐《近光集》厕身诸家选本之中，无论从选诗之角度、数量、风格还是注释而言，皆无独到之处，缘何夏之蓉会一阅不止，还要“再阅一过”？而夏之蓉朱笔批校中，又尤为关注五言六韵，并特意于诗题下标注“六韵”二字，他如四韵、八韵或排韵等，鲜有标注，议论亦远较六韵为少，则夏之蓉又缘何对六韵律诗尤为关注，吾颇不解。

疑念即生，当寻解处。夏之蓉题记所署年款乃乾隆丙辰，是为乾隆元年（1736），是年朝廷开设博学鸿词科，夏之蓉名列二等，授检讨，题记与博学鸿词科同为丙辰年事，二者之间或有联系，遂又细细推敲一番。

博学鸿词科又称词科，初名博学宏词，始自唐开元十九年（731），以选拔学问渊博、文辞清丽之士。清代曾两度开设词科，分别为康熙十八年（1679）及乾隆元年（1736），因为“宏”字与乾隆弘历之“弘”音意接近，故改称为博学鸿词。词科取士，不论已仕未仕，已有功名者亦可经三品以上官员推荐而来应试，夏之蓉虽已于雍正十一年（1733）登进士第，是年亦经人推荐，再试此科。夏之蓉有《丙子六秩自述书付子侄》，其中述及经历时，谓：“丙辰，《拟南郊瑞雪赋》，孝感涂先生一见嗟赏，目为轶才，即保送鸿词科。”即云此事。

乾隆元年词科于九月召试于保和殿，最终取一等五人，二等十人，次年补试又取四人，所试内容第一场为诗、赋、文，第二场为题经、史、制、策各一。而在此之前的康熙己未词科，考试内容仅一诗一赋，分别为《省耕诗》及《璇玑玉衡赋》，此一诗一赋恰与夏之蓉悉心批校之应制诗及《拟南郊瑞雪赋》相呼应。夏之蓉题记署款为“丙辰正月”，时在九月召试之前，而此科早在雍正十一年（1733）

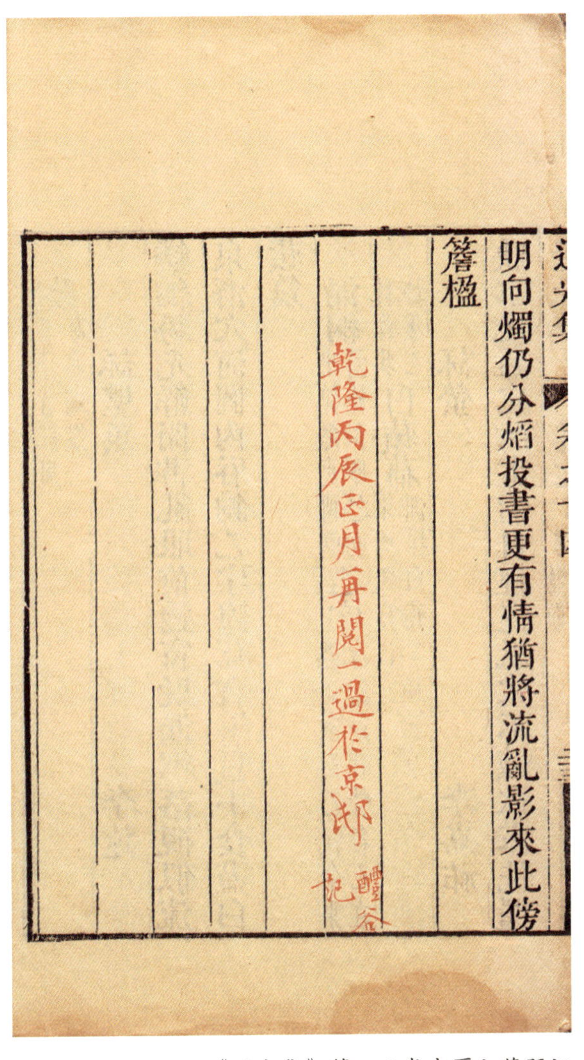
明向燭仍分焰投書更有情猶將流亂影來此傍簷楹

乾隆丙辰正月再閱一過於京邸 醴谷記

《近光集》第四册卷末夏之蓉题识

即有意举行，消息广播。《清史稿》载：“雍正十一年，诏曰：‘博学鸿词之科，所以待卓越淹通之士。康熙十七年，特诏荐举，召试授职，得人极盛。数十年来，未尝广为搜罗。朕延揽维殷，宜有枕经葄史、殚见洽闻、足称鸿博之选者，当特修旷典，嘉予旁求。在京满、汉三品以上，在外督、抚、学政，悉心体访，保题送部。朕临轩亲试，优加录用。’”

词科尚未举行，雍正去世。乾隆即位后，于雍正十三年(1735)十一月再下谕旨：“凡在内大臣及各直省督抚，务宜悉心延访，速行保荐，定于一年之内，齐集京师，候旨廷试。”乾隆下旨为十一月，召试定在九月，夏之蓉题记称“乾隆丙辰正月再阅一过于京邸”，他先于雍正十一年中二甲进士，此时应正在京师。

厘清以上背景，夏之蓉缘何一读再读《近光集》，顿时了然。以今日视角观之，《近光集》在诸多诗歌选本之中固无甚特别之处，然而在康雍年间，该书所选可谓最得圣心者，更何况陈元龙在序言中开宗明义：“汪中允退谷以所选《近光集》示予，总括四代之诗，以备应制之用。”汪士鋐曾参与编校《全唐诗》，并且是玄烨最早内定的《全唐诗》编校者之一。据宋荦《迎銮三记》所载：“（三月十九日）上发《全唐诗》一部，命江宁织造曹寅校刊，以翰林彭定求等九人分校。”《振绮堂丛书》中《圣驾五幸江南恭录》又载：“（三月二十二日）传上谕，谕江抚宋行文召翰林汪士鋐、汪绎、徐树本，钦召纂修书史。”由此两条记载，可知玄烨初有命九人编校《全唐诗》之计划，然具体人员除彭定求外，并未确定，数日后再下旨钦定三人，其中即有汪士鋐。

而汪士鋐深得康熙爱重，由沈彤所撰《右春坊右中允汪先生士鋐行状》亦可悉知：“自先生入翰林及预讲幄，每奏对进讲，献所为诗，若文多有裨政治，不徒以闳博辨丽为能。以故上特重其才与志，频加褒宠，赐御书、砚笔、珍馔、瓜果、金帛甚厚，且骎骎欲大用之，以观其效。一时知遇莫与伦比。”汪士鋐如此深得圣心，由其所选诗作自然楼高近月，尽合朝堂之意，故无怪夏之蓉将《近光集》视为登天之梯，一阅再阅，悉心领悟。而夏之蓉诸多努力，最终亦不负苦心，名列丙辰词科二等。此科总共举荐应试者前后有二百六十七人之多，最终取士仅十九人，落榜者中大有名气、文采远超夏之蓉者，如厉鹗、沈德潜、袁枚等。今日视之，袁枚等人落榜，原因或有未曾揣摩圣意也。

夏之蓉如此用心揣摩，锐意进取，当与其出身有一定关系。《丙子六秩自述书付子侄》中，夏之蓉述其早年生涯：“年十九，吾父见背，家道中落。……时

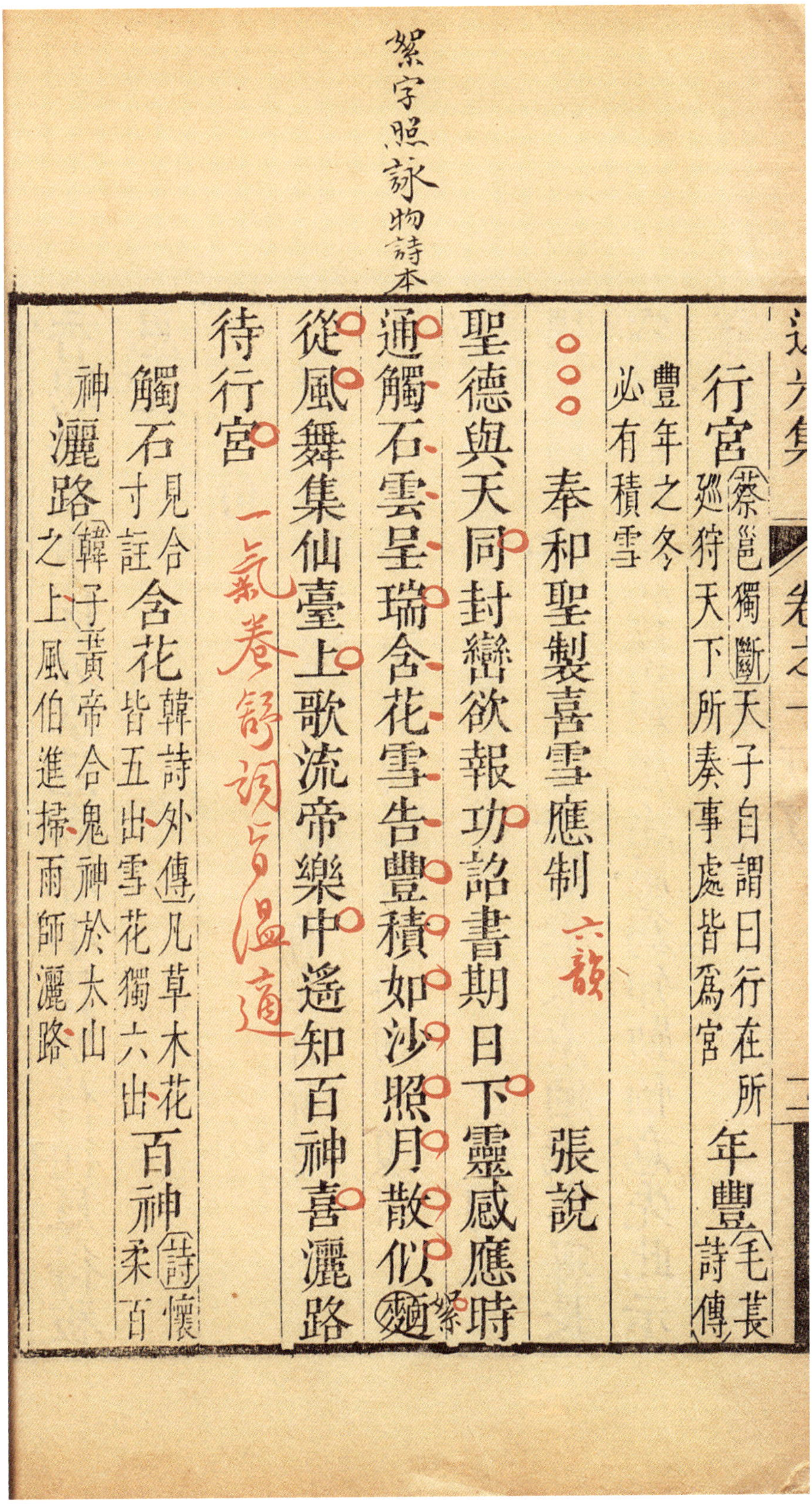

絮字照詠物詩本

近光集　卷之一　二

行宮（蔡邕獨斷）天子自謂曰行在所巡狩天下所奏事處皆爲宮　年豐（毛萇詩傳）豐年之冬必有積雪

奉和聖製喜雪應制　六韻　張說

聖德與天同封巒欲報功詔書期日下靈感應時通觸石雲呈瑞含花雪告豐積如沙照月散似麪絮從風舞集仙臺上歌流帝樂中遥知百神喜灑路待行宮

一氣卷舒詞旨温適

觸石（見合寸註）含花（韓詩外傳）凡草木花皆五出雪花獨六出　百神（詩）懷柔百神　灑路（韓子）黃帝合鬼神於太山之上風伯進掃雨師灑路

清康熙五十八年刻本《近光集》夏之蓉批校二

值岁祲，益贫困，诸兄舌耕于外，吾母屏当家计，日苦不给。予与啸门居一柳书屋中，枵腹伊吾，不敢使母知。”贫家之子，想要出人头地，唯有功名一条出路，故夏之蓉如此渴望功名，亦在情理之中。孟森先生曾撰《己未词科录外录》，文中评价清代两次词科：“己未惟恐不得人，丙辰惟恐不限制。己未来者多有欲辞不得，丙辰皆渴望科名之人。己未为上之所求，丙辰为下之所急。”可见参加丙辰词科而如夏之蓉般直奔功名而来者，大有人在。

据《清史列传》所载，夏之蓉于雍正四年（1726）中举，官盐城教谕，十一年登进士后，却并未加官。乾隆元年（1736）举博学鸿词后，授翰林院检讨，虽然职位不高，却是在天子脚下，升迁机会远远高于在盐城担任教谕之时。果然，几年京官生涯之后，夏之蓉于乾隆九年充福建乡试正考官，十年任广东学政，十三年督学湖南，风光自与任盐城教谕时两样。古人云“天道酬勤”，以此语视夏之蓉，果然不虚。

夏之蓉藏书印“臣之蓉印”

齐之彪批校《渔洋山人古诗选》三十二卷《惜抱轩今体诗选》十八卷

《渔洋山人古诗选》三十二卷　（清）王士禛选

清同治五年（1866）十月金陵书局刻本　齐之彪批校　凡八册

《惜抱轩今体诗选》十八卷　（清）姚鼐选

清同治五年八月金陵书局刻本　齐之彪批校　凡二册

钤：齐潜斋（白方）、之彪（朱方）

此齐之彪批校同治五年（1866）金陵书局刻古今体诗选，一函十册，分别为王士禛（1634 — 1711）辑《渔洋山人古诗选》三十二卷及姚鼐辑《惜抱轩今体诗选》十八卷，两书各有牌记，略有不同。渔洋所辑为“同治五年十月金陵书局开雕”，惜抱所辑为“同治五年八月金陵书局开雕”，可知二书为金陵书局同期开雕。而金陵书局此举，原因不仅是二书皆诗歌选本，亦因其内容有紧密联系。

禹之鼎绘《王士禛放鹏图》局部

王士禛《渔洋山人古诗选》又称《五七言古诗选》，成于康熙二十二年（1683），其中五言古诗十七卷，七言古诗十五卷。渔洋山人之所以选辑该书，尚有一段掌故，兹事记载于徐乾学《〈十种唐诗选〉书后》，原文略长，大意乃述康熙二十二年王士禛与徐乾学、陈廷敬等人文会时，王士禛门人汪懋麟称老师宗尚宋元之诗，且以宋诗教授弟子。徐乾学遂指汪懋麟虽已“登堂”，却不曾“入室”，未得渔洋真传，并称渔洋以宋诗教授弟子乃是因材施教，而其本人实则以唐诗为宗，继而劝说王士禛仿钟嵘《诗品》、皎然《诗式》，选辑唐诗，以启示学者。未久，王士禛即辑成《五七言古诗选》。

渔洋山人晚年在《答秦留仙宫谕》中回忆此事：“二十年前，曾有《五言诗》《七言诗》之选，颇有别裁。五言始《十九首》而终隋，附以唐陈拾遗、张文献、李供奉《古风》、韦苏州、柳柳州五人之作；七言则始《易水》《大风》《垓下》诸歌，而终于宋元诸大家。”王士禛虽称“终于宋元诸大家”，然在其所撰《凡例》中，对明代诗人亦略有评骘，认为仅高启等人能够“窥见六代三唐作者之意”。该《凡例》因阐明古今五、七言诗歌之流变，总结所选诗家主要成就及风格，向为学界所重视，后世研究者甚至将此《凡例》视为五、七言诗发展小史，于诗学研究颇为重要。该书之选亦极合王士禛所强调之“神韵说”，在意含蓄蕴藉、冲淡清远，推崇不著一字，尽得风流。

《五七言古诗选》有姜宸英、蒋景祁为之序。姜宸英序言述渔洋山人选诗大旨甚详：“故文弊则必变，变而后复于古，而古法之微尤有默运于所变之中者。君子既防其渐，又忧其变也。新城王先生五言诗之选，盖其有见于此深矣。……学者合二集以观之，于以辨古诗之源流，而斟酌于风会之间，庶乎其不为异论所淆惑矣。”蒋景祁后序亦有论述：“愚按昔贤之工为近体者，其学鲜不深于古诗，犹之古文学唐宋者，必寝食秦汉以厚其气；书家学苏米者，必俎豆晋唐以正其笔。然则先生撰录是书，欲人寻源返始，渐近《三百篇》，岂其厌薄近体哉！抑亦恐恐然惟虑近体之衰，而大振作之，此则是书之指归云耳。”

该书辑成后，于有清一代影响颇大，姚鼐称赞该书“可谓当人心之公者也”，除康熙刻本外，又有乾隆年间芷兰堂刻本，此本有闻人倓注，名《古诗笺》。姚鼐虽为散文大家，其诗作亦别有殊味，当代学者刘世南先生所著《清诗流派史》中有专论“桐城诗派”一节，且称桐城诗派乃是形成于姚鼐时期。彼时诗坛流行性灵派及浙派，性灵派偏重宋诗而流于率易，浙派亦宗宋并且趋于尖新，桐城派则主唐宋兼取而标举雅洁，故对性灵派及浙派尤为不喜，对于清初王士禛所标举含蓄蕴藉、冲淡清远的神韵派则极为赞誉。姚鼐在致弟子管同的书札中称：“吾向教后学学诗，只用王阮亭《五七言古诗钞》；今以加于贤，却犹未当。盖阮亭诗法，五古只以谢宣城为宗，七古只以东坡为宗；贤今所宗，当正以李、杜耳，越过阮

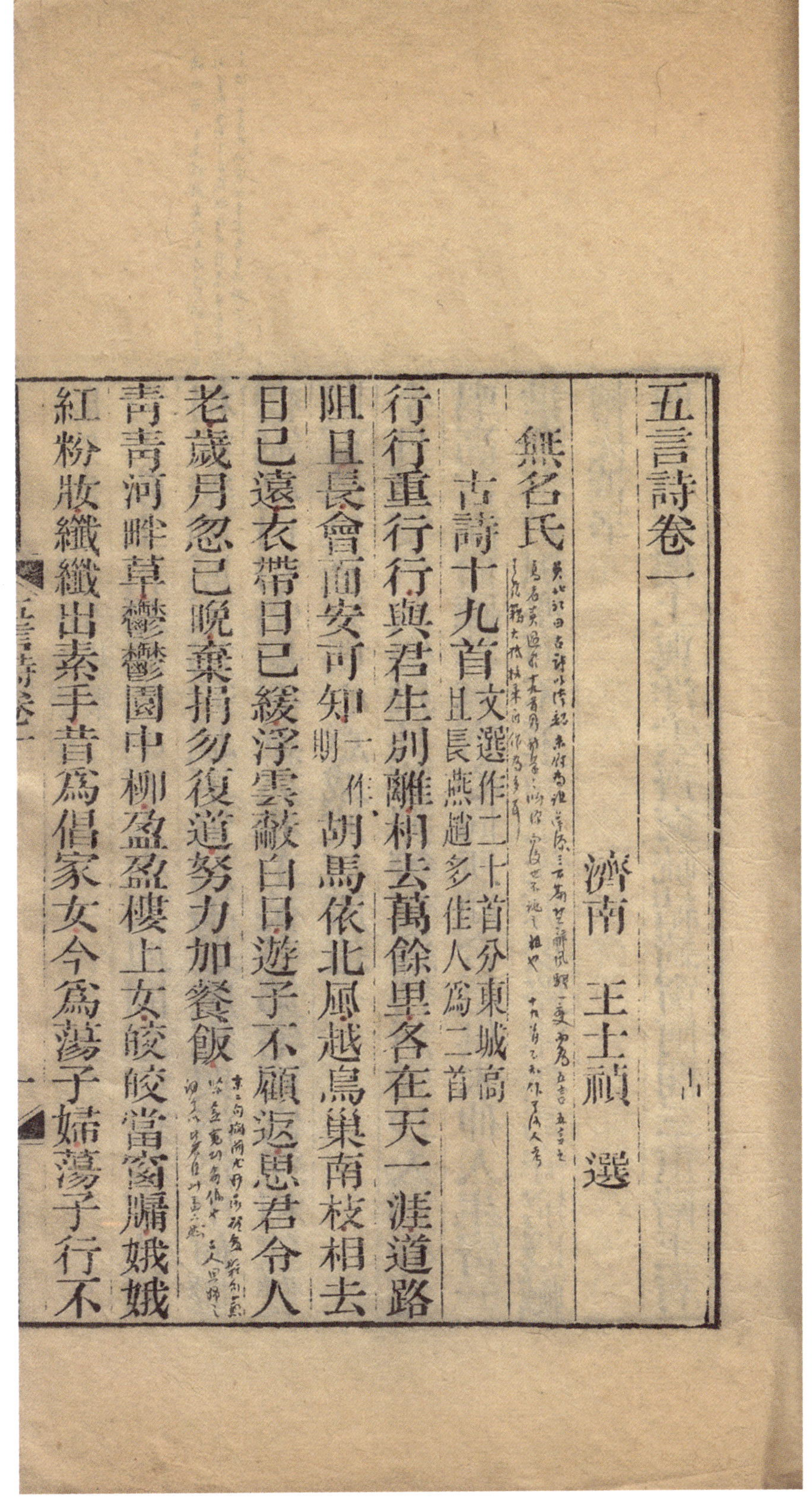
五言詩卷一

濟南　王士禎　選

無名氏

古詩十九首　文選作二十首分東城高且長燕趙多佳人爲二首

行行重行行與君生別離相去萬餘里各在天一涯道路阻且長會面安可知一作期胡馬依北風越鳥巢南枝相去日已遠衣帶日已緩浮雲蔽白日遊子不顧返思君令人老歲月忽已晚棄捐勿復道努力加餐飯

青青河畔草鬱鬱園中柳盈盈樓上女皎皎當窗牖娥娥紅粉妝纖纖出素手昔爲倡家女今爲蕩子婦蕩子行不

《渔洋山人古诗选》卷首

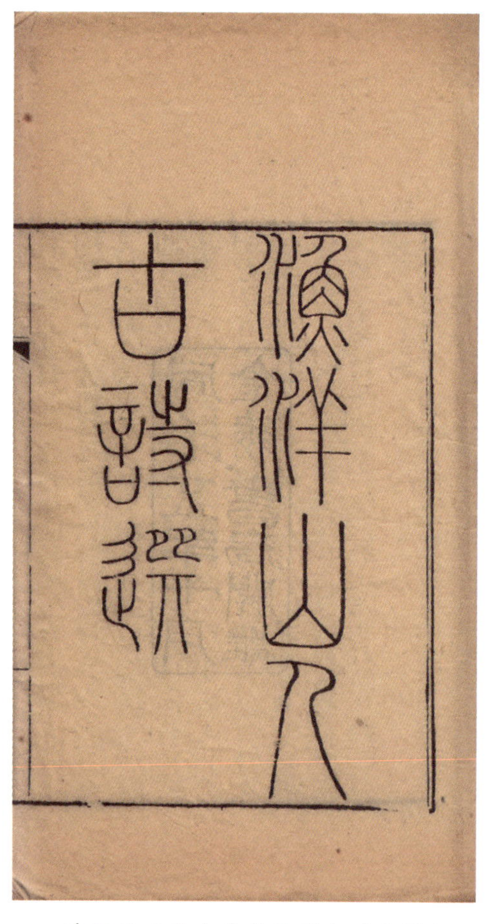

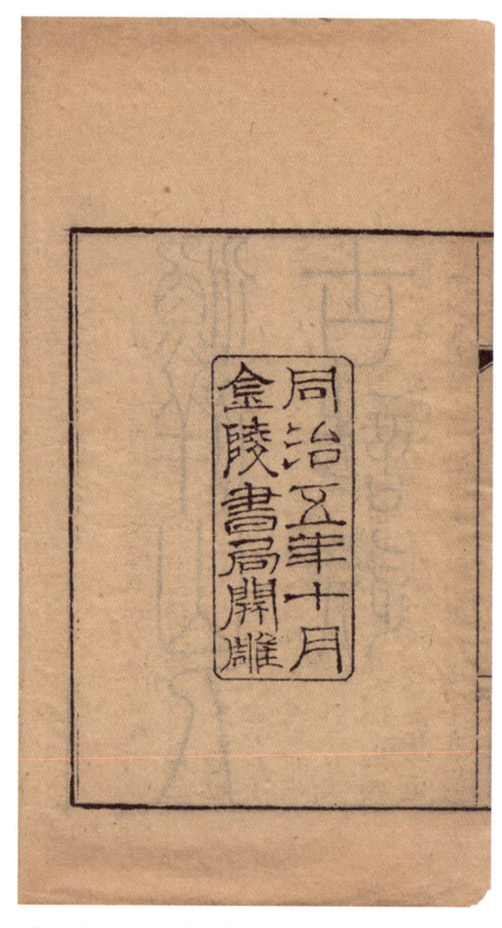

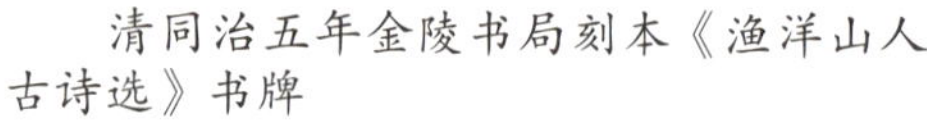
清同治五年金陵书局刻本《渔洋山人古诗选》书牌

《渔洋山人古诗选》牌记

亭一层。然王所选，亦不可不看，以广其趣。”而姚鼐所辑《惜抱轩今体诗选》正是续王士禛《古诗选》而作。

《惜抱轩今体诗选》又称《今体诗钞》，凡十八卷，其中五言今体诗九卷，选录唐五代五律；七言今体诗九卷，选录唐宋七言律诗。前有自序，直言该书之选乃是针对王渔洋《古诗选》只录古体而未及今体：“论诗如渔洋之《古诗钞》，可谓当人心之公者也。吾惜其论止于古体而不及今体。至今日而为今体者，纷纭歧出，多趋讹谬，风雅之道日衰。从吾游者，或请补渔洋之阙编，因取唐以来诗人之作，采录论之，分为二集十八卷，以尽渔洋之遗志。”

然姚鼐与王士禛毕竟生活时代不同，见解旨趣亦有相异，姚鼐在序中又称：“虽然，渔洋有渔洋之意，吾有吾之意。吾观渔洋所取舍，亦时有不尽当吾心者，要其大体雅正，足以维持诗学，导启后进，则亦足矣。”对于该书之选，惜抱先生亦颇自矜且信：“今吾亦自奋室中之说，前未必尽合于渔洋，后未必尽当于学者，然而存古人之正轨，以正雅祛邪，则吾说有必不可易者。”在致胡雒君书札中，此意更是淋漓尽现：“吾所选五七言今体，重复批阅之本，彼行笥携有之，可以借临一过。鄙见自诩，此为诗家‘正法眼藏’。不知他日真有识者，论之当复何如。若近时人毁誉，举不足校耳。”

《今体诗钞》选成之后，确如姚鼐所愿，流风远披，对于乾嘉以后诗坛影响极大。孙琴安先生曾专门撰文称：“《今体诗钞》不仅是我国古代最著名的唐宋诗合选本之一，而且堪称桐城诗派诗选中的经典之作。”该书于嘉庆三年（1798）首刻于金陵，是为历城方氏刻本，嘉庆十三年（1808）有重刻本，又有道光二十二年（1842）程邦瑞刻本，同治五年（1866）李翰章省心阁刻《惜抱轩全集》本，同治七年（1868）湘乡曾氏刻本等。此则为同治五年金陵书局所刻之本，与王渔洋《古诗选》同期付梓而成，主事者曾国藩也。

金陵书局于近代印刷史上之地位举足轻重，学界有称该书局为近代历史上首个官书局者。叶德辉《书林清话》载：“咸丰赭寇之乱，市肆荡然无存。迨乎中兴，曾文正首先于江宁设金陵书局。”黎庶昌所作《曾国藩年谱》于同治三年（1864）载，“四月初三日，设立书局”。今日得见金陵书局所刻之书中，年代最早者为同治四年《周易本义》。光绪初年，书局更名为江南书局，光绪二十七年（1901）归江楚编译局兼管。宣统二年（1910）改江楚编译局为江苏通志馆，鼎革后志馆中辍，书版均归国学图书馆，所刻书籍则由江南官书局发售。

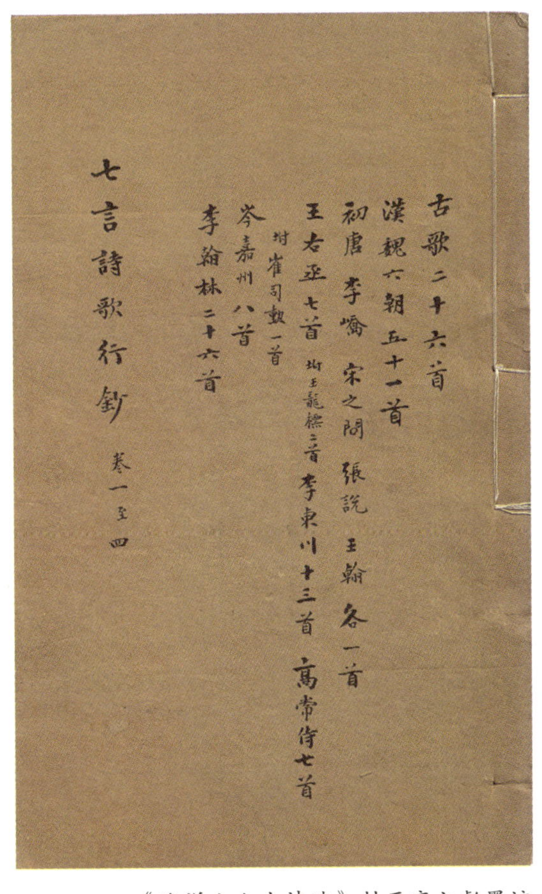

《渔洋山人古诗选》封面齐之彪墨迹

无论金陵书局究竟是否为近代首个官书局，曾国藩皆可谓官书局之肇始者。书局既创，刊刻何书自然经过再三思量，而金陵书局于同治三年创立，四年始刻，五年即将王渔洋《古诗选》暨姚惜抱《今体诗选》合而刻之，足见两部诗选于曾国藩心目中地位超然，然细究其心态，则又理所当然。

曾国藩虽为湖南人，却是桐城派后起之秀，并自称为姚鼐私淑弟子，在《圣哲画像记》中不仅将姚鼐列为古来圣哲第一，并称："国藩之粗解文章，由姚先生启之。"对于姚鼐诗作，曾国藩更誉其为有清一代第一大家，其"四大弟子"之一的吴汝纶尝记："窃谓姚（鼐）公所诣，过刘（大櫆）甚远。故姚七言律诗，

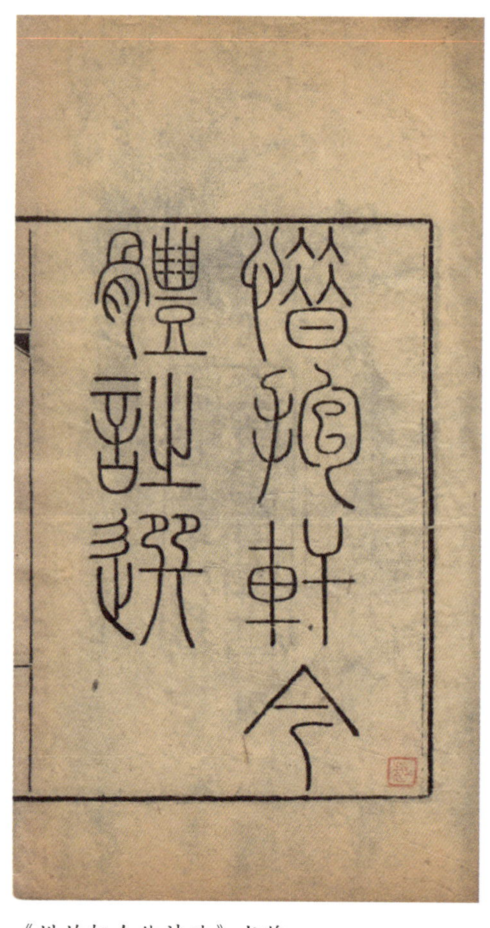

《惜抱轩今体诗选》书牌

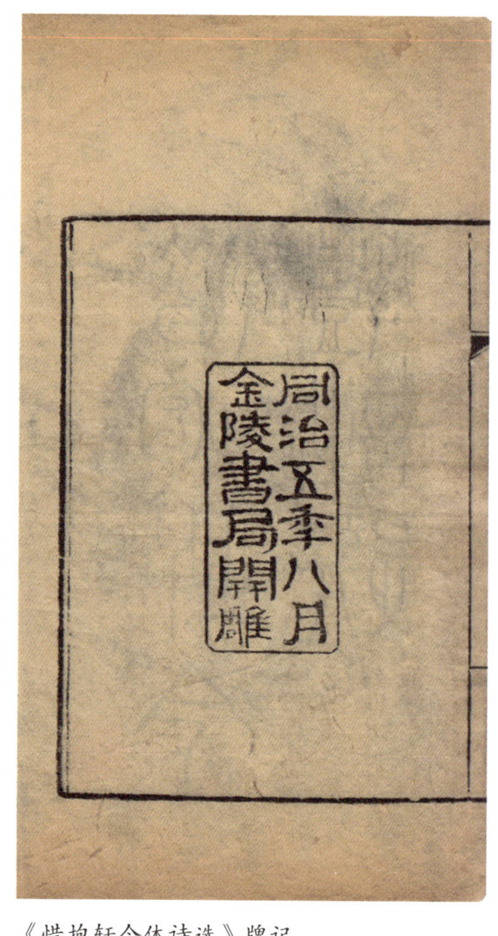

《惜抱轩今体诗选》牌记

姚鼐手植银杏树

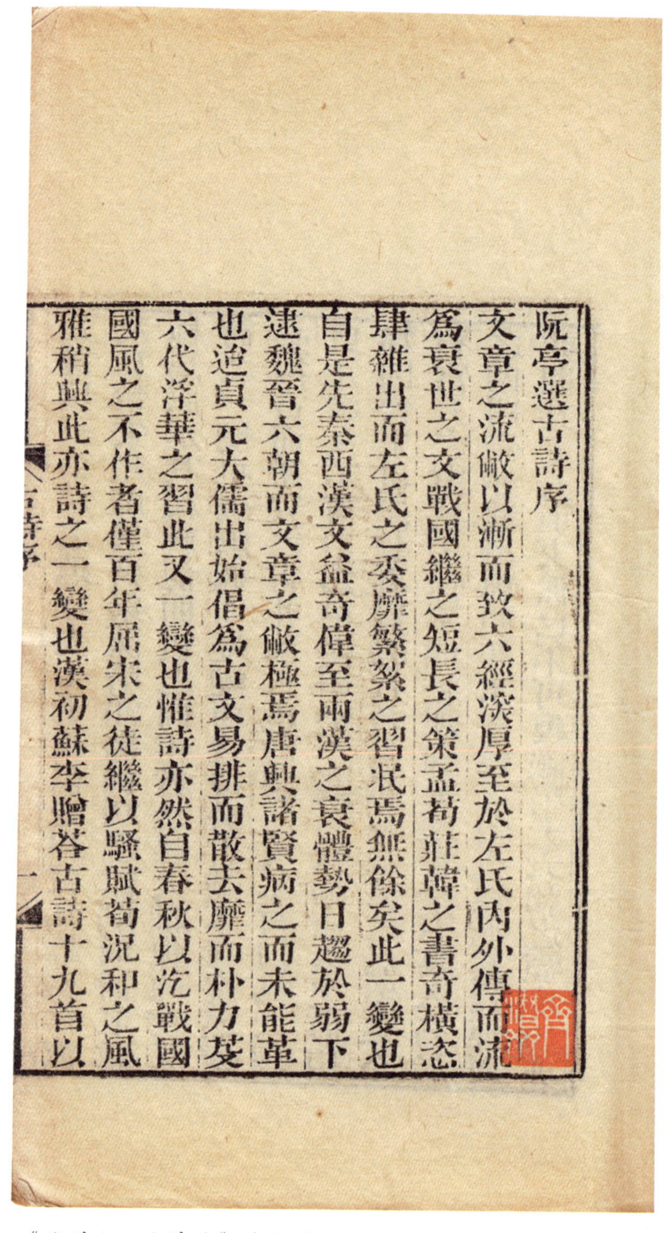
阮亭選古詩序
文章之流敝以漸而致六經渾厚至於左氏內外傳而流爲衰世之文戰國繼之短長之策孟荀莊韓之書奇橫恣肆雜出而左氏之委靡繁絮之習汨焉無餘矣此一變也自是先秦西漢文益奇偉至兩漢之衰體勢日趨於弱下逮魏晉六朝而文章之敝極焉唐興諸賢病之而未能革也迨貞元大儒出始倡爲古文易排而散去靡而朴力芟六代浮華之習此又一變也惟詩亦然自春秋以迄戰國國風之不作者僅百年屈宋之徒繼以騷賦荀況和之風雅稍興此亦詩之一變也漢初蘇李贈荅古詩十九首以

《渔洋山人古诗选》序言页

曾文正定为国朝第一家。其七古，曾以为才气稍弱，然其雅洁奥衍，自是功深养到。”既然姚鼐在曾国藩心目中地位如是之高，则书局初创，即付梓其所选诗，自是理所当然。

寒斋所得该书或为早年来归，得书过程茫然失忆，唯记彼时于诗学不甚上心，而喜每册封面有齐之彪墨笔誊抄目录，以及卷中满布眉批。齐之彪（1881—1954）字景班，号潜斋，正蓝旗蒙古人。北洋政府时期曾任交通部佥事兼电政司

五言詩卷三 魏二

濟南 王士禛 選

阮籍

咏懷

夜中不能寐起坐彈鳴琴薄帷鑒明月清風吹我襟孤鴻號外野翔鳥鳴北林徘徊將何見憂思獨傷心

二妃遊江濱逍遥順風翔交甫懷環珮婉孌有芬芳猗靡情歡愛千載不相忘傾城迷下蔡容好結中腸感激生憂思萱草樹蘭房膏沐爲誰施其雨怨朝陽如何金石交一旦更離傷

清同治五年金陵书局刻本《渔洋山人古诗选》齐之彪批校

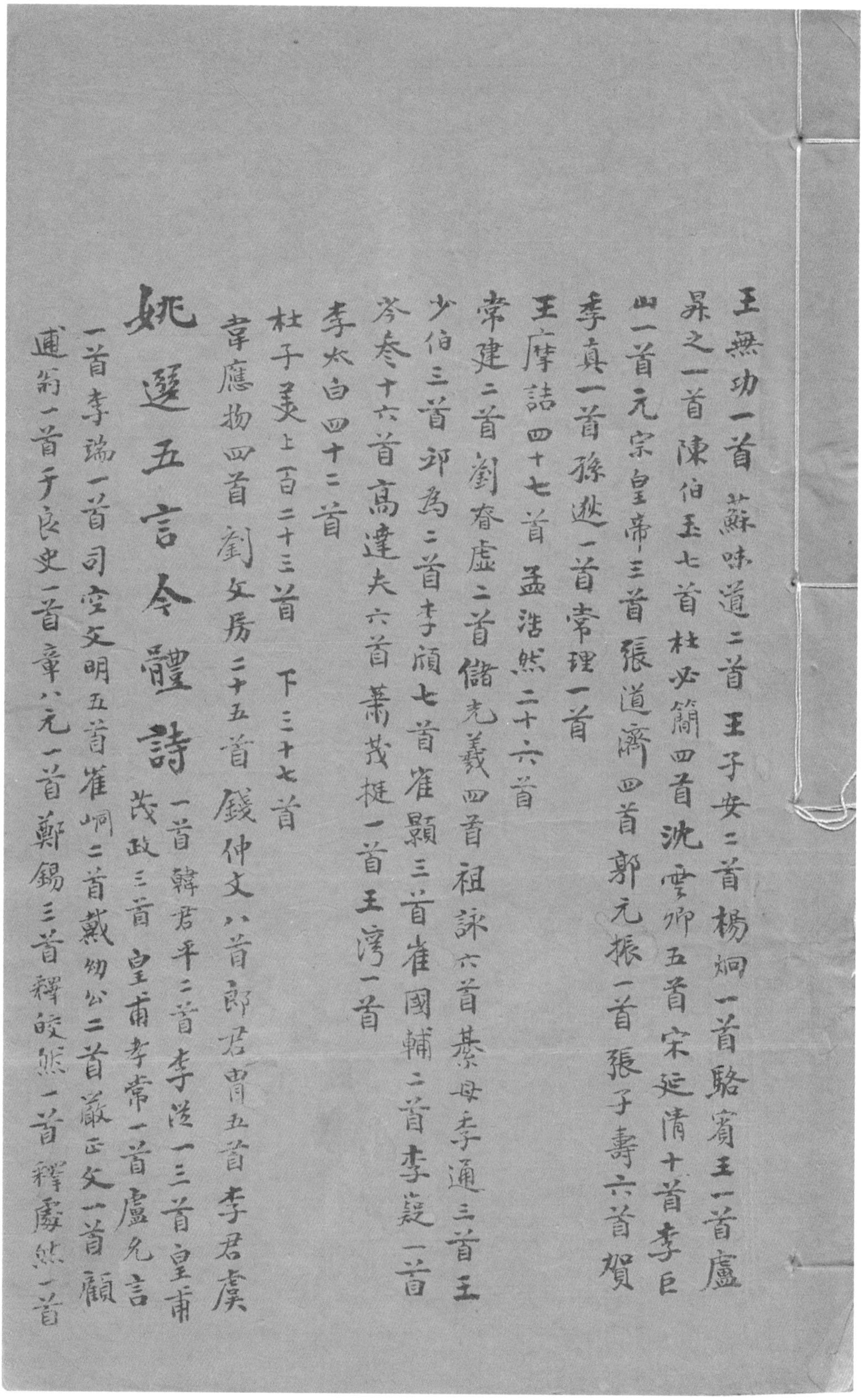

王無功一首 蘇味道二首 王子安二首 楊炯一首 駱賓王一首 盧昇之一首 陳伯玉七首 杜必簡四首 沈雲卿五首 宋延清十首 李巨山一首 元宗皇帝三首 張道濟四首 郭元振一首 張子壽六首 賀季真一首 孫逖一首 常理一首

王摩詰四十七首 孟浩然二十六首

常建二首 劉眘虛二首 儲光羲四首 祖詠六首 綦毋季通三首 王少伯三首 邱為二首 李頎七首 崔顥三首 崔國輔二首 李嶷一首 岑參十六首 高達夫六首 蕭茂挺一首 王灣一首

李太白四十二首

杜子美上百二十三首 下三十七首

韋應物四首 劉文房二十五首 錢仲文八首 郎君胄五首 李君虞一首 韓君平二首 李從一三首 皇甫茂政三首 皇甫孝常一首 盧允言一首 李端一首 司空文明五首 崔峒二首 戴幼公二首 嚴正文一首 顧逋翁一首 于良史一首 章八元一首 鄭錫三首 釋皎然一首 釋靈然一首

姚選五言今體詩

《惜抱轩今体诗选》封面齐之彪墨迹

科长、北平电报局秘书以及故宫博物院秘书等职，著有《槐簃笔录》《二十四式立操法》及《坐操法》。其子齐燕铭，曾任国务院秘书长以及国务院科学规划委员会古籍整理出版规划组组长等职，可谓家传有自。

齐之彪传世并无诗学著述，无以知其诗学造诣，然以此本视之，其对诗歌之好可见一斑。书中钤有“齐潜斋”白方及“之彪”朱方，卷中批校字迹极小，往昔每视邓之诚批校，常叹五石斋目力老而弥佳，今观齐潜斋眉批，始叹山外有山。细读潜斋所批渔洋选五古，字迹幼者，几不可读，能辨之者，大多移自王夫之《古诗评选》，内容篇幅不一，短者数字，长者连篇。又有摘引王闿运《八代诗选》以及方东树《昭昧詹言》语。此三书皆为诗评，加上曾国藩所刻，则为四部诗评，由此足见齐之彪于诗学曾经用力颇深也。

齐之彪藏书印“之彪”“齐潜斋”

翁方纲、钱载批点《翁方纲诗稿》稿本不分卷

《翁方纲诗稿》不分卷　（清）翁方纲撰　（清）钱载批点

清乾隆间翁方纲手稿本　翁方纲题记　钱载批点

钤：覃溪（朱方）、方纲（白方）、敬诚谦厚（朱方）、覃溪草稿（白方）、正三一字忠叙（朱方）、翁方纲（白方）、萚石（朱方）、瓠尊（朱方）、道州何氏收藏（白方）、不远复（白方）、乃复其初（白方）

清代诗歌流派众多，肌理派为其一，始创人翁方纲（1733 — 1818）字忠叙、正三，号覃溪、苏斋、彝斋，直隶大兴（今属北京）人。少聪慧，十九岁登进士第，选翰林院庶吉士，乾隆二十四年（1759）及二十七年（1762）分别出任江西、湖北乡试主考官，乾隆二十九年（1764）任广东学政，三十八年（1773）参与修纂《四库全书》，此后又历任山东学政、内阁侍读学士和鸿胪寺卿等职，嘉庆二十三年（1818）以八十六岁高龄去世。著有《两汉金石记》《经义考补正》《苏诗补注》《石洲诗话》《复初斋文集》《复初斋文集》等。

翁方纲

翁方纲提出肌理说之前，清初诗坛已有王士禛神韵派、沈德潜格调派等盛行，翁方纲肌理之说正是针对此两种流派而言。张维屏《听松庐文钞》记：“覃溪先生论诗，谓

渔洋拈‘神韵’二字固为超妙，但其弊恐流为空调，故特拈‘肌理’二字，盖欲以实求虚也。”翁方纲认为神韵及格调之说皆太过抽象，流于虚幻空寂，而诗歌创作应当讲究切实，如人之肌肤，纹理清晰。《复初斋文集》中有《仿同学一首为乐生别》，翁于此文中提出“肌理”二字：“昔李、何之徒，空言格调，至渔洋乃言神韵。格调、神韵，皆无可着手也。予故不得不近而指之曰‘肌理’。少陵曰：‘肌理细腻骨肉匀’，此盖系于骨与肉之间，而审乎人与天之合，微乎艰哉！”在《志言集序》中，其又强调：“士生今日，经籍之光，盈溢于宇宙，为学必以考据为准，为诗必以肌理为准。”

肌理派在具体写作上，多以经义、考据等文字入诗，故又被称为“学问诗派”。《清史稿》中论及翁方纲时称：“所为诗，自诸经注疏以及史传之考订、金石文字之爬梳，皆贯彻洋溢其中，论者谓能以学为诗。”其诗作中最典型者，如《汉石经残字歌》：“表里隶书果征实，章句异同兼综贯。洪《释》篇行纪聘礼，今我诸经俨陈灿。《春秋》严颜《诗》齑毛，只少羲爻象与彖。”对于此种诗作，崇尚朴学之乾嘉学子读来固然可喜，然对性情中人而言，却大感索然。与其同时代的袁枚为性灵派代表人物，对于翁方纲之肌理说尤为不喜，于《随园诗话》中直指翁方纲“误把学问当作诗”，又作《论诗绝句》讽之：“天涯有客号詅痴，错把抄书当作诗。抄到钟嵘《诗品》日，该他知道性灵时。”因为距离诗歌之艺术性较远，肌理派于诗坛影响不及格调派、神韵派之广且深，但也盘桓百余年，直至民国初年，始渐渐消散。

一、“复初斋”由来

无论后世如何评价肌理派，翁方纲对于自己的诗作却是十分在意，生前尝手自编订，并请友人批点。今时可见《复初斋诗集》有多个版本，其中稿本、钞本、刻本、影印本皆存，常见之《复初斋诗集》六十六卷，乃门生吴嵩梁等校订，又有《诗后》四卷，由弟子李彦章补刻，民国间刘承幹又刻《集外诗》二十四卷，乃缪荃孙自稿本中辑得。

寒斋所得，乃乾隆三十七年（1772）至乾隆四十一年（1776）间翁方纲手稿本，原为四册，因遭水劫，散为一百四十八页，幸未损字迹，清晰可读。此稿原为绿格稿纸书就，间中亦有朱栏，每页多有朱墨二色批语，且由眉批可知，此集原题《宝

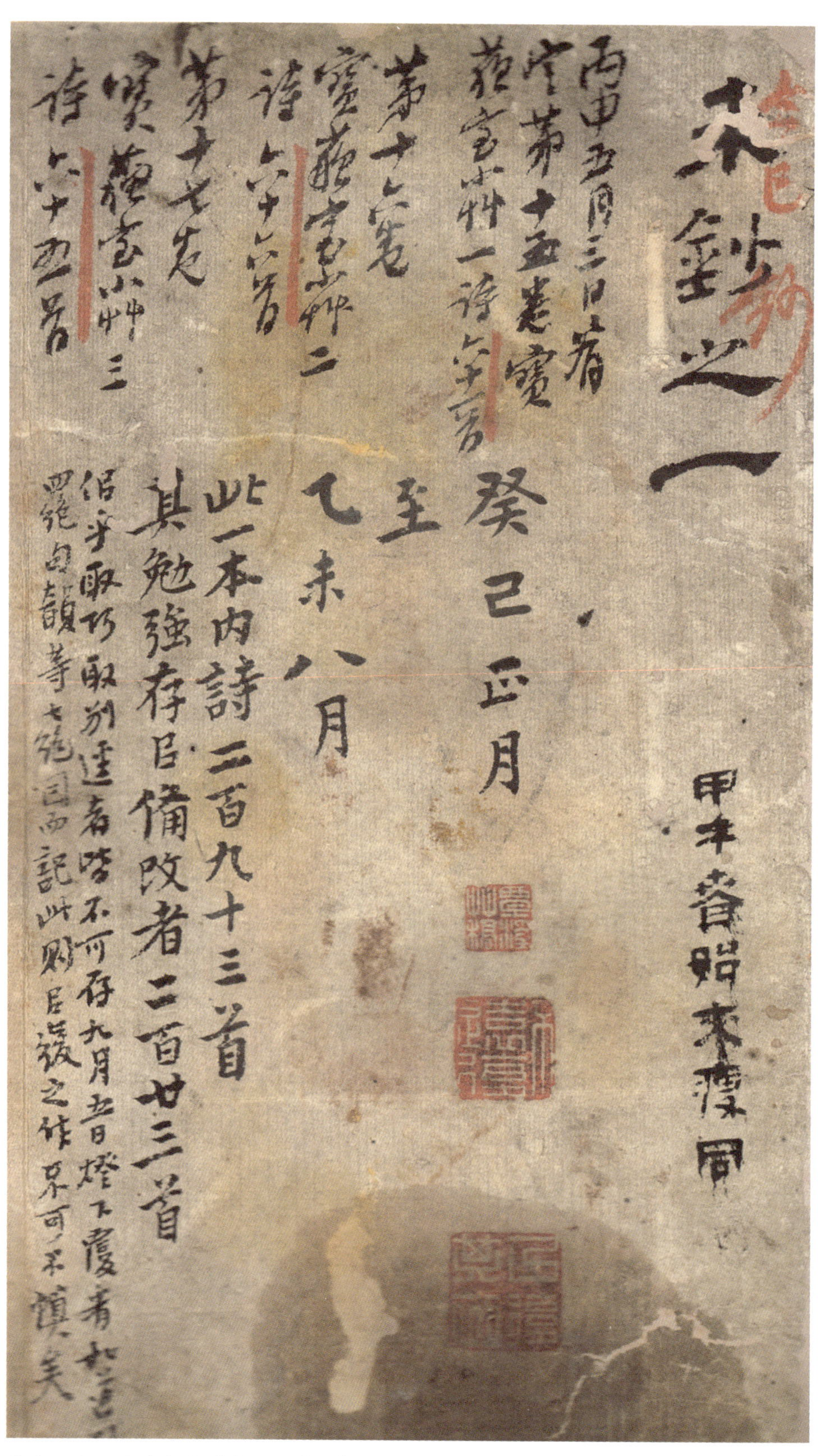

翁方纲题、钱载批点《翁方纲诗稿》首页

翁方纲藏书印“乃复其初”“不远复”“覃溪草稿”

苏室小草》，亦有题《苏斋诗稿》者。《复初斋诗稿》乃按年编次，其中卷十一至卷十四为《宝苏室小草》，即此稿也。首页大字题“未钞之一”，又有“癸巳正月至乙未八月”，又有“此一本内诗二百九十三首。其勉强存以备改者二百廿三首。似乎取巧取别径者，皆不可存，九月五日灯下复看和道园四绝句韵等七绝，因而记此，则以后之作，不可不慎矣。”

此页钤有“乃复其初”“不远复”及“覃溪草稿”三印，皆白方，印面依次转小，以往未曾寓目也。翁方纲不仅以诗闻名，亦以书法及藏书闻名，其书法与刘墉、成亲王、铁保并有“翁刘成铁”之谓，藏书处则有小蓬莱阁、苏米斋、宝苏斋、三万卷斋、赐书楼及石墨楼等。《复初斋诗集》中有《自题三万卷斋》，诗云：

笑论架插邺侯签，已愧湖州目录兼。
秀水厨难八万拟，黄甘字孰两行添。
汉碑草草传洪适，宋椠寥寥拜子瞻。
《化度铭图》摹范老，赐书楼印敢轻钤。

仅此一诗，即可想见翁方纲邺架不仅有碑帖、宋版，还有皇帝所赐之书。钱咏《履园丛话》则记：“大兴翁覃溪先生……所居京师前门外保安寺街，图书文籍，插架琳琅，登其堂者，如入万花谷中，令人心摇目眩，而无暇谭论者也。”

翁方纲藏书处堂号虽多，却皆有出处。其号覃溪，以读《汉书》，慕扬子云覃思之故。又因慕海盐陈文学苏庵，以“苏斋”颜室，以示私淑之意。乾隆三十三年（1768），翁方纲得苏轼所书《天际乌云帖》，又自号苏斋。乾隆三十七年（1772），因置刻苏轼题“英德南山”、米芾题“药洲”二石于斋，题有“苏米斋”堂号。乾隆三十八年（1773），得宋刻《施顾注苏诗》残本三十一册，遂以“宝苏室”颜斋，并自题匾额，此亦即前诗“宋椠寥寥拜子瞻”之出处。乾隆四十一年（1776），得陆放翁“诗境”二字刻石，拓归置匾悬于书斋。乾隆四十二年（1777），黄易以所得汉石经残字属题，又自题“小蓬莱阁”匾于室。乾隆四十七年（1782），得宋拓《大观帖》第六卷，故颜其室曰“晋观堂”，又因购得文徵明所书《喜雨亭记》，以“雨香”颜其斋；后因购得旧本《化度寺塔铭》，以“石墨书楼”颜斋。乾隆五十一年（1786），以慕黄山谷、虞道园诗，又以“谷园”颜斋。他如三万卷斋、赐书楼，则言明藏书数量及来源，然其文集总称“复初斋”，此号之出处，吾却未见有人说起，今日得睹此稿所钤三方藏印，始悟翁方纲之心意。

“不远复”语出《易经》中“复卦”：“初九，不远复，无祇悔，元吉。”大意为前行未久即回返，所以不会导致悔恨，吉。此卦《彖》末句为：“复，其见天地之心乎！”恰与最下方“乃复其初”印相呼应。此卦初九为最佳之爻，一阳居于群阴之下，《伊川易传》云：“学问之道无他也，唯其知不善，则速改以从善而已。”而“乃复其初”语出朱熹《小学题辞》：“元亨利贞，天道之常；仁义礼智，人性之纲。凡此厥初，无有不善。……行有余力，诵诗读书。咏歌舞蹈，思罔或逾。穷理修身，斯学之大，明命赫然，罔有内外。德崇业广，乃复其初。”翁方纲以此两印提醒自己时时反省，有过即改，通过学习回归善良本性。而以“复初斋”为号，更是刻刻警醒自己之意。该诗稿中随处可见之翁氏自批，亦印证其时刻自省之心迹，此移录数条如下：

其一：卷前自警：字不真者，通套之弊；太松太长者，顺势之弊；傅会斗凑者，查书之弊；太涉论辩者，矜气之弊；作入纤巧者，讨好之弊。去此五弊而适于正路，又要精深厚实，又要开拓能事，本性求情，脱胎换骨。

诗者，文之一端，诗不通而文何有；文者，道之一端，文不通而道何有。韩子□□其不为君子而必于小人之归也，昭昭矣。乾隆三十七年除夜灯下记。

其二：此中可存者大约不过七十首而已，然此盖亦约略自宽之词，其实可存者未必有此数也。昨日萚石云，须时刻力自整顿，不可只管拉长，只管写向零星细碎一边去。此则纯在读书，而其酝酿之法则，又有在读之外者。从今更不得随人作一浮游事矣。除夕灯下谨识。

其三：人能日日自觉不足，尚且不能有余，而况自觉有余乎？乾隆三十八年元日晓起试笔书。

其四：读书养气。大抵信口之言过多则气不能充实，而养之之功愈难矣。其要在去私始□，攻克即是培补。乾隆三十九年元日朝退试笔书。

其五：五古即用现在之实境，运以自己之真气，而藻彩格调取诸古人。但藻彩不可有心填砌，格调不可有心摹仿耳。甲□正月廿五日灯下记。

其六：不可懈下，须刻刻提起；不可抱紧，须刻刻拓开。甲午三月二十八日雨中识于青棠书屋之南窗下，是日将赋古藤书屋诗也。

其七：常存敬畏。乾隆四十年元日试笔书。

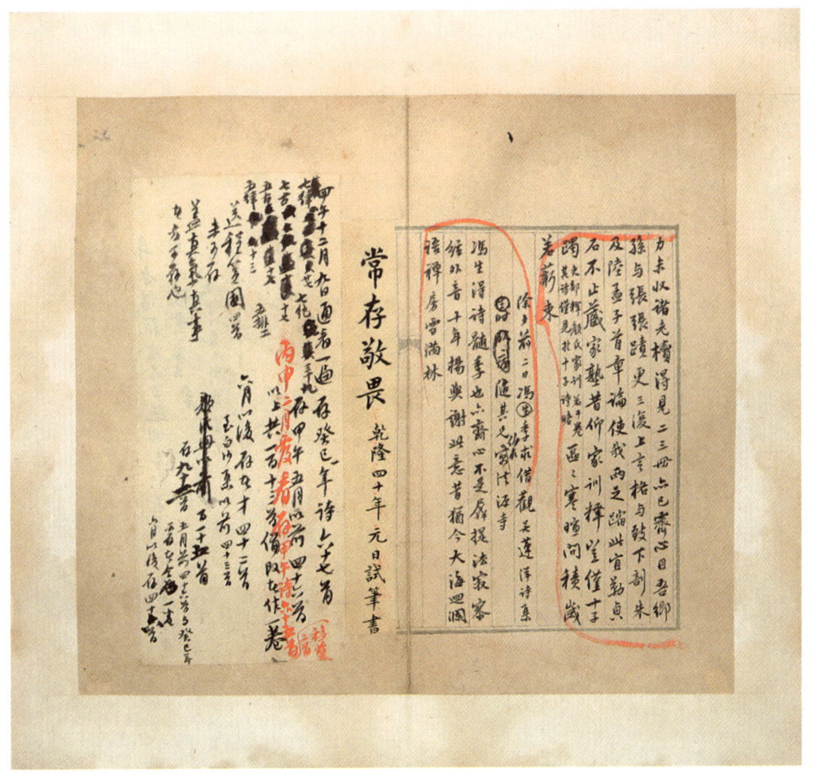

《翁方纲诗稿》之一

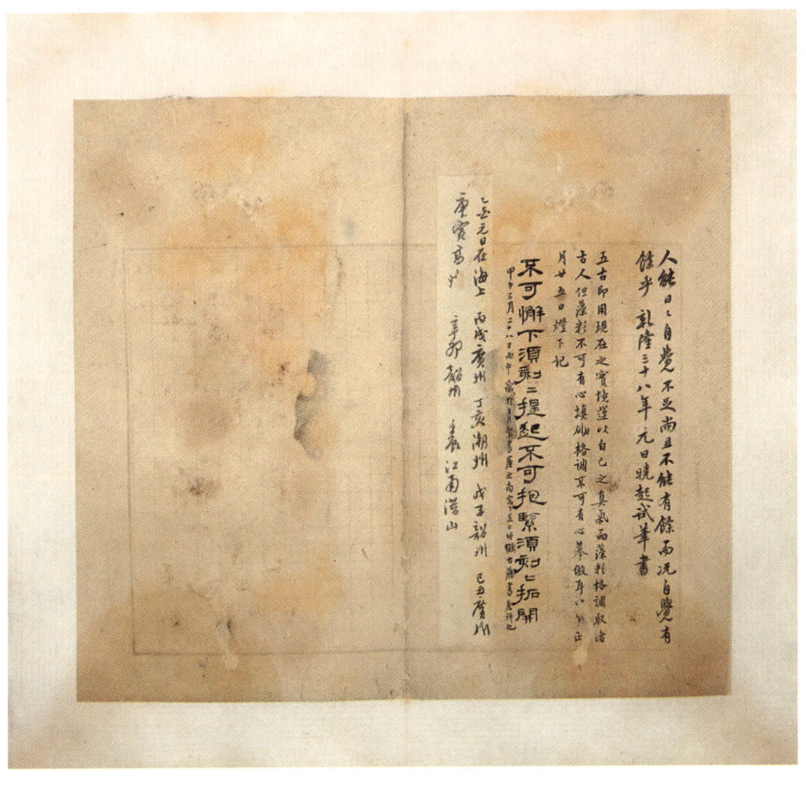

《翁方纲诗稿》之二

如上之语，多出于除夕、元日，普天同庆之时，斯人却独处书斋，检点诗作，反省自警，其用心可见一斑，前辈学人风范，亦足堪吾辈效学也。以上数条因多数书于除夕及元日，所题位置或是单纸另书，或是重要醒目之处。细阅诗稿内文，题于卷端者，如是自警之语亦频频得见，如《昨见二首》，眉端自批："尚不能到，不可存也。今后竟不要作此等诗矣。乙未八月廿四日灯下记。"此语以墨笔书写之后，又经朱笔圈过，可见慎重之意。而此诗稿因为结集所用，故多有去取，凡所取者，以朱笔记"存"字，未取者则整诗圈去，此诗因"不可存"，故亦以朱笔圈去。然而是何等诗作，竟然要如此刻意圈去，并提醒自己今后"不要再作"？此录原诗如下：

昨见冯郎瘦，能无忆昔心。
东华城陌路，秋暑午槐阴。
天与生花笔，人怜卖赋金。
凄凉少年日，清脆短长吟。

昨见杨郎札，追言稚齿时。
晚风残册拥，凉月葛衣披。
江海鱼龙起，姻亲弟妹思。
同为万里梦，又是十年迟。

翁方纲诗作为肌理派之代表，其特点为以学问入诗，多考据之语，极少闲愁幽绪之句。刘世南先生所撰《清诗流派史》论及翁方纲时，称："平心而论，《复初斋诗集》也不是毫无真诗。……可惜这类真诗太少了，五六千首中占百分之九十九的，正如陶梁所说，只有两种。"而此两种，分别为金石碑版及品题书画。何谓"真诗"，刘世南先生复有举例，如"昔年曾和长卿诗，正是淮南落叶时""戍远灯相应，林深梦尚圆"等，要之则真情流露之诗也。而此稿中经翁方纲删去者，不仅是真情流露，更有一分清扬婉兮。如是之作，竟然被翁方纲以"尚不能到"而删去，其心目中究竟以何种标准始为"到"，已非吾辈所能知，然读此诗作，可知翁氏并非没有真情，亦并非不擅写真诗，只是不愿以此情示人也。

翁方纲以"复初斋"为号，刻刻提醒自己防微杜渐、小过立省，足见其小心

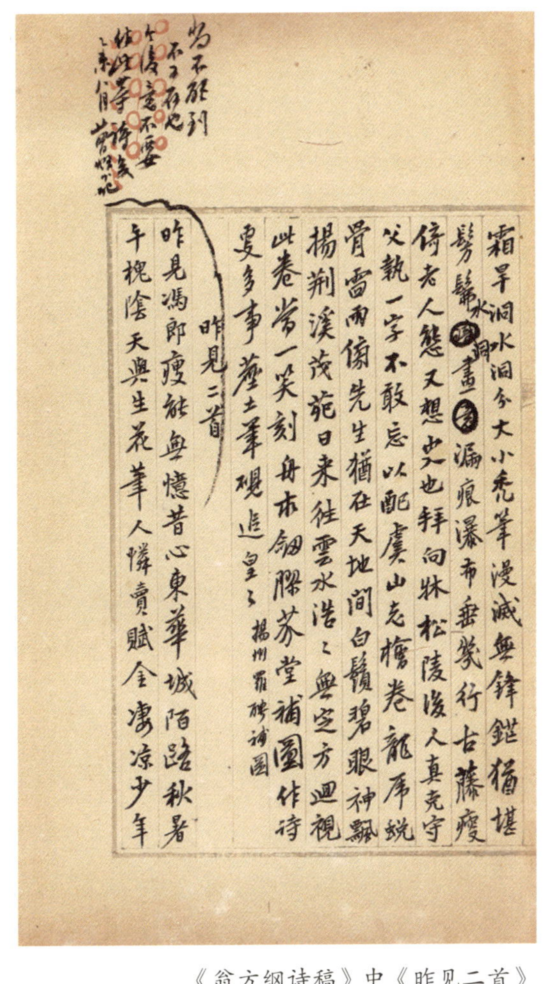

《翁方纲诗稿》中《昨见二首》

谨慎，落于细处，则是诗作之传与不传。一时情绪到来，诗已吟出，恰如复卦之“远”已然迈出，然风过心定，大约意识到此诗过于摇曳，故以墨笔圈去，正如复卦之“远而复”，将抛散出去的闲愁又收将回来，此之谓“复初斋”之真意也。

二、诗稿流落琉璃厂

此稿在清道光年间，一度为何绍基所得，故卷中钤有“道州何氏收藏”白方。何绍基（1799—1873）字子贞，号东洲，晚号猨叟、猿叟，一作蝯叟，湖南道州人。道光十六年（1836）进士，咸丰二年（1852）官四川学政，因条陈时务，落职归，先后主讲山东泺阳书院及长沙城南、岳麓书院，又为曾国藩、丁日昌邀往主持苏州、扬州书局。工书法，通经史，于《说文》考订尤深，著有《东洲草堂诗集、文钞》《水经注刊误》及《惜道味斋经说》等。

何绍基亦藏书大家，其藏书处有东洲草堂、云龙万宝书楼、眠琴阁、浣花楼、惜道味斋、剑光阁、宝薛轩、黑女庵等，其中部分堂号以其所藏书籍碑帖而得名，如宝薛轩缘自收得宋拓薛稷所书《信行禅师碑》，黑女庵缘自收得北魏《张玄墓志》。有《东洲草堂藏书目》稿本传世，今存湖南图书馆，上有叶启发题记：“余得东洲旧藏颇多，在此目之外者十之八九，知此尚非其家藏全书目录也。细审此目，为蝯叟手书，盖为其随手备检阅之目。”

何绍基藏书源自其父何凌汉，叶启勋《拾经楼䌷书录》尝记：“余向得何氏书数千卷，大都名人批校旧抄，或经蝯叟书根书面，或一再批点圈读。可想见其舟车所至，手不停披光景，每一浏览，辄深起敬慕之思。”何绍基在赠友人诗中亦有评价藏书与读书之语："藏书不解读，如儿嬉戏得珠玉。读书不能藏，如千里行无糗粮。"由此可知何氏非为蓄财之奴，而是既藏且读者。

伦明《辛亥以来藏书纪事诗》草稿中有诗赋何绍基其人，诗云：

泽传五世斩何疑，蝯叟书题一望知。
最怕惑人张黑女，康成婢亦解言诗。

此诗下有小注，云："道州何氏藏书，自文安公凌汉，传子绍基，字子贞。……其书多厚册，书脚有合三四册为一题者，子贞笔也。凡书经子贞手题，值增三四倍以上。惟批校本多赝鼎，其字子弟至婢仆皆效子贞书法，几可乱真。大抵过于端整者，皆可疑也。子贞学张黑女碑，而深讳之。今有拓本流行，但难信为原本耳。"

吾每读此，常疑伦明有所夸大。书林素喜佳话，愈是传奇，则人愈喜言之，传之则愈盛而浮。倘若一家之主喜诵诗书，家仆多识字固常态，然连家仆都工书可乱真，则可信度存疑。今时得见《辛亥以来藏书纪事诗》定稿中，未收此诗，未知是何因由，或许伦明定后思之，亦觉失真，弃之不用，也未可知。

何绍基

何绍基于何年收得翁方纲《复初斋诗稿》，惜吾未见相关题识及跋语，无以知详情。然孙殿起《琉璃厂小志》卷六"学人遗事"一章中，收有黄钊所赋《子贞于琉璃厂书摊购得翁覃溪学士手书诗稿一本属赋》，详述何绍基购得此诗稿之细节：

何郎好古成膏肓，日从厂肆搜球琅。
残碑剩碣尽搜致，片纸只字勤收藏。
苏斋此稿落破簏，大异李贺投奚囊。
一金易得窃心喜，贾胡碧眼穷豪芒。
要我作诗识好事，想见诸老同清狂。
鱼门萚石游最密，岂有抵牾存参商！

何绍基藏书印“道州何氏收藏”

读书养气可见道，五弊已去归康庄。
癸正月至乙八月，二百余首从否臧。
苏斋赋性近严核，七载校士巡吾乡。
鱼山一叟出珠浦，百围巨木森门墙。
论诗后乃服钱子，意见时复存低昂。
卷中桐阴亦高足，今我起敬思维桑。
何郎与我最友爱，通门之谊同雁行。
怀瑰抱奇并不偶，正坐好古羞时妆。
一昨自娱轩下坐，窗隙隐隐生湖光。
毛朱二老古风骨，杖屐合绘须眉苍。
苏斋题句纪年月，诗谱纪略同精详。
前辈风流孰可继？乾嘉之际犹相望！
何郎弆之贮巾箱，有人为爇南丰香。

黄钊（1787—1853）字谷生，号香铁，广东蕉岭人。嘉庆二十四年（1819）举人，官潮阳县教谕、翰林院待诏、内阁中书，与张维、黄香石、林辛山等并有“粤东七子”之谓，著有《读白华草堂诗集》。黄钊与何绍基相知四十余载，情如兄弟，常有鱼书往返，恰如黄钊诗中所云“通门之谊同雁行”。何绍基《东洲草堂诗钞》中亦有多篇述及黄钊作品，情深意切者有《寄黄香铁时由学官迁翰林典簿》，足见二人相交之契：

我行持节来五羊，故人满眼娱倘佯。
咄哉老铁不可见，一日九回纡我肠。
惠书月忽再三至，鹤发翁写蝇头字。
可怜一见如许难，纵展千函又何事！
……
与君交情比棠棣，四十年来性情契。
虽牵别绪逾岁时，每奉赐书还砥砺。

何绍基诗中称黄钊为“老铁”，可见两人关系之亲切，并非场面上唱和之辞。

两人尝同居京师，何绍基日有所得，则邀黄钊一同欣赏。据《读白华草堂诗二集》卷九，知黄钊此诗赋于道光癸巳（道光十三年，1833）。诗中可知，何绍基乃是于琉璃厂购得翁方纲诗稿，且当时售卖诗稿者，并不知晓此稿之珍贵，故将诗稿弃于“破簏”之中，被何绍基以“一金”之廉值购归。而在琉璃厂售书，居然不知翁方纲之大名，亦称一奇。

关于翁方纲身后事，《缘督庐日记钞》引叶昌炽丁亥年（光绪十三年，1887）二月初四日日记所记：“羊讯美刺史来，篆香来，出示昨所得翁书，皆以为赝鼎也。余于苏斋书所见不下数十种，如此册五千余言，首尾精整，又为八十四岁所书，结构谨严，已臻老境，岂他人所能仿佛。余初疑如此尤物，其直尤廉，不应流落市肆，今而知为皮相者所弃也。使早遇波斯，其能为余所得乎？”菊裳直言翁书为“尤物”，而对花落人家之艳羡，字里行间表露无遗。

然以翁氏鼎鼎大名，其旧物居然以廉值流落市肆，识宝者喜得珍秘同时，却也难免有同悲大体之慨，至少在吾读来，总是百般滋味。叶昌炽《缘督庐日记》不愧为“晚清四大日记”之一，其中记载许多故实皆他书所未载，如《日记钞》己丑年（光绪十五年，1889）五月初七日记翁方纲身后事，读来令人颇感唏嘘：

骨董家持来旧札十余通，中有蒋砺堂相国与覃溪之婿某翰林一书，述覃溪身后事甚详，因录如左：再启者，覃溪师上元前尚寄手示，不意竟归道山，以文望寿考而论，原无遗憾，惟门祚零丁，仅遗五龄幼孙，殊堪怆恻。弟闻信后，即具薄赙，并将此后每年如何资助之处，属敝亲家吴巢松太史，面见如师母，详悉致明。……闻内政虽系如师母主裁，而外间俱系家人刘安经理。刘本院皂出身，难以倚任，从前师在时，如傀儡戏南词瞽唱之类，一月本有几次，后虽丧次，亦复不免。四世嫂光景甚苦，其实每月房租不少（不知究有若干），而经理全未得宜，必须内务交四世嫂经管，而外边换去刘安，方可为悠久之计。据弟所闻若此，谅属不虚。窃思师门寥落，绝无期功强近之亲，门下虽多，罕肯与闻家事。戈姑爷亦未必能不避嫌怨。……吾师一生心血，全在书籍金石，所藏卷轴、碑板不少，而生平著作已刻及未刊皆有。闻此时琉璃厂店户业经旬串零售，殊可浩叹，望为分别检点妥贮，造册二本，一存尊处，一交四世嫂收存，每年晒晾一次，以免损失。

叶昌炽照录此札后，又称：“此信所指五龄幼孙名颖达，甚不肖，覃溪遗业为其夫妇荡尽。”到此，翁方纲一生心血，散失殆尽，常信物终有聚散也！

三、翁方纲、程晋芳曾有抵牾

何绍基以廉值收得翁稿，自然欣喜若狂，特嘱友人题咏。黄钊细细阅过诗稿，将诗中内容大致叙述一番后，又着重提到诗稿中翁方纲自警之语，以及稿中所夹一段书林公案。前引黄钊赋诗中小注极多，其中“五弊已去归康庄”处，全

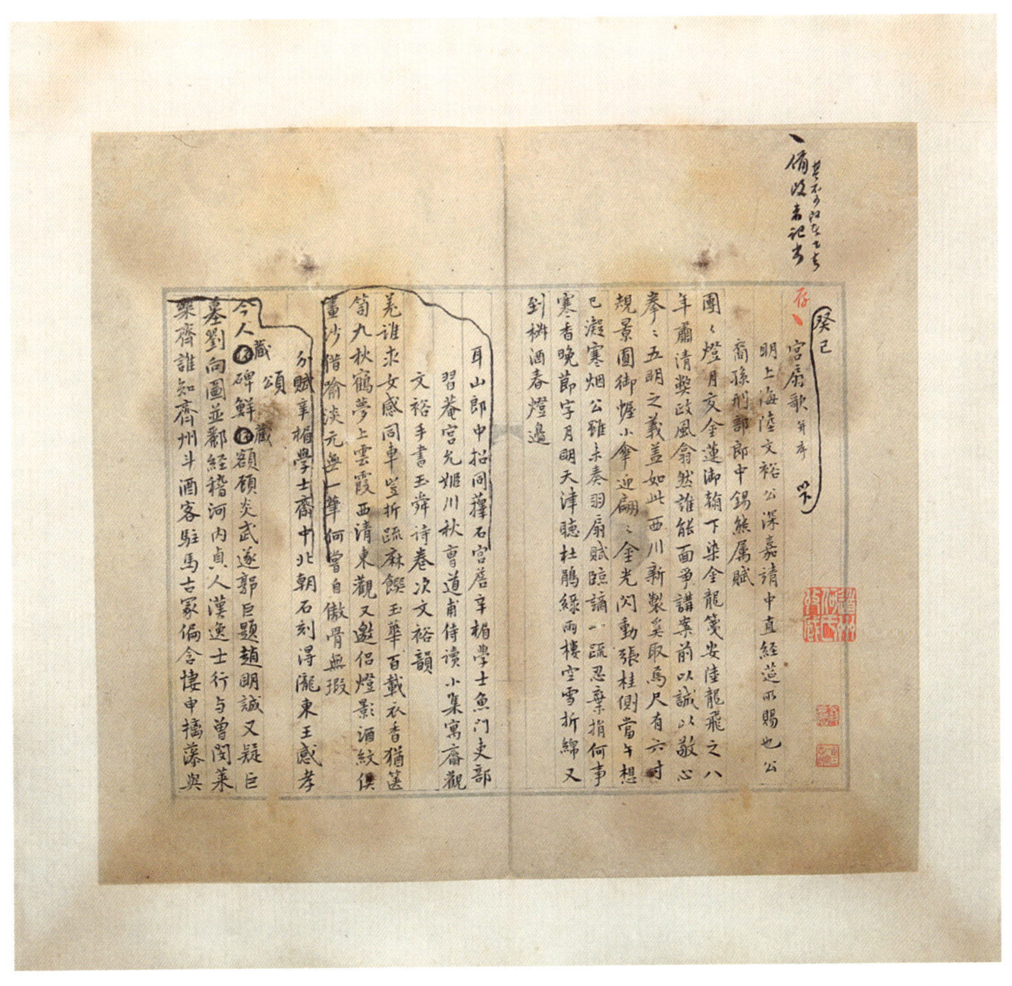
癸巳 宫扇歌 并序
明上海陸文裕公深嘉靖中直經筵所賜也公
裔孫刑部郎中錫熊屬賦
團團燈月交金蓮御翰下染金龍箋安陸龍飛之八
年肅清獎政風翕然誰能面爭講筵前以誠以敬心
拳拳五朗之義蓋如此西川新製奚取焉尺有六寸
規景圓御煙小傘迎翩翩金光閃動張桂側當午想
巳凝寒烟公雖未奏羽扇賦諗諷一疏忍棄捐何事
寒香晚節字月朗天津聽杜鵑綠雨樓空雪折綿又
到耕酒春燈邊
耳山郎中招同韓石宫詹辛楣學士魚門吏部
習菴宮允姬川秋曹道甫侍讀小集寓齋觀
文裕手書玉舜詩卷次文裕韻
羌誰求女感同車豈折疏麻餞玉華百載衣香猶蓮
筍九秋鶴夢上雲霞西清東觀又邀侶燈影酒紋俱
畫沙揩揄淡元無一筆何嘗自傲骨無瑕
分賦辛楣學士齋中北朝石刻得瀧東王感孝
頌
今人藏碑鮮藏額顧炎武遂郭巨題趙明誠又疑巨
基劉向圖並鄰經稽河內貞人漢逸士行与曾閔萊
棐齊誰知齊州斗酒客駐馬古冢徧含悽申搞藻與

《翁方纲诗稿》之三

文抄录“卷前自警”一段；“诗谱纪略同精详”处注云：“子贞复从厂市购得苏斋手书诗谱纪略小折，自东坡生年起，讫查初白卒年止，纪历朝人物生平如史例。”今翁方纲手抄诗谱纪略未知流落何方，而尤为重要者，乃是“鱼门荐石游最密，岂有抵牾存参商”一句，此句注云：“稿中粘有程鱼门、钱荐石书札，语似与鱼门有所龃龉，而荐石为之排解而始释者。”

程鱼门乃指程晋芳（1718 — 1784），初名志钥，又名廷镄，字鱼门，束发时，因读蕺山刘念台《人谱》，辄心慕之，故号蕺园，安徽歙县人。乾隆二十八年（1763）高宗南巡，献赋行在，召试拔为第一名，赐中书舍人。乾隆三十六年（1771）进士，改吏部文选司主事，四库馆开后，荐充总目协勘官，后擢编修，有《勉行堂文集》。程晋芳尝赋《曝书》诗：“鹿鹿从制科，计与读书左。牙签三万轴，尽遗高阁锁。”可见亦为藏书家。《勉行堂文集》收有《桂宧藏书序》，《序》称：“余年十三四岁，即好求异书，家所故藏凡五千六百余卷，有室在东偏，上下小楼六间，庭前杂栽桂树，名之曰‘桂宧’，四方文士来者，觞咏其中，得一书则置楼中，题识装潢，怡然得意。吾友秀水李情田知余所好，往往自其乡挟善本来，且购且钞，积三十年而有书三万余卷。其后家益贫，不获已，则以书偿宿负，减三分之一。自来京师十年，坊肆间遇有异书，辄典衣以购，亦知玩物丧志之无益，而弗能革也。”

程晋芳

程晋芳与翁方纲同在四馆库为役，又同有藏书之好，日常往来颇密，时人诗文中亦多有记两人交游宴饮唱和之作，二人诗文集

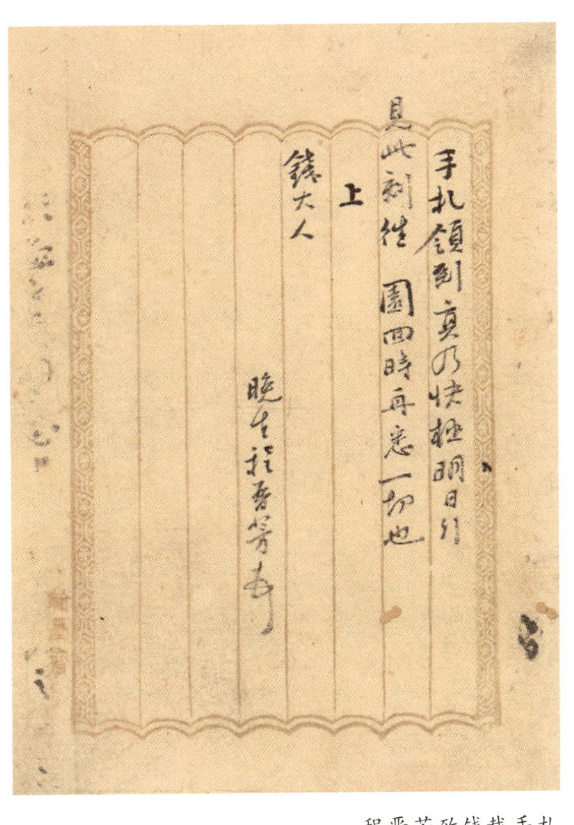
手札領到真乃快極明日引
見此刻往園回時再悉一切也
上
錢大人
晚生程晉芳頓首

程晋芳致钱载手札

中亦频见彼此名号，而寒斋所得此残稿中，“鱼门”二字更是每隔数页即可一见。今日所见史料中，翁方纲与程晋芳两人交谊亲厚，唱和无间，绝无黄钊诗词中所谓“龃龉”尴尬之事，然此稿中所夹书札，却可证当年两人确曾有事端。

诗稿所夹书札计有三通，分别为程晋芳致钱载短札一通，钱载致翁方纲札两通。程晋芳手札颇短，全文仅二十余字：

手札领到，真乃快极。明日引见，此刻往园，回时再悉一切也。

钱载第一札内容为：“昨别归，灯下作札与鱼门说知，今录于后：日切于心之事，并无一毫之假。今日别后，已到覃溪同年处，尽言之而挽转矣。即此通知。明日相见，不妨直说，所谓莫逆于心者也。恭喜恭喜，一头已了清矣。耑此。鱼门答札粘后奉览。”此札末钤“瓠尊”朱方。

第二札全文为：“鱼门札云‘真乃快极’，此鱼门之心也，然则鱼门之闷闷有之矣，弟亦为之大快也。从此弟不复牵挂矣。今年为觳原、厚石两诗稿牵缠，看得紧时，两手俱发战。今幸已粗了，此中快然。而日日牵挂两词伯之大放厥辞，今已了却一头，又一快也。至于我家太老师，弟已造斋而谈，此心已尽，弟今后亦不能再有心力牵挂也。写出此信与兄，弟欲扫清心上之痴，而自为工夫耳。草草不一，弟载顿首。”末钤“萚石斋”朱方。

由此三通书札可知，翁方纲与程晋芳之间确曾有事发生，且此事令程晋芳心中闷闷不快，然究为何事，惜皆未署年款，无以推考，否则取二人年谱以及诗文集两相比对，或能推出一二。然以吾揣测，爱书者皆性情中人，在在念念无非学

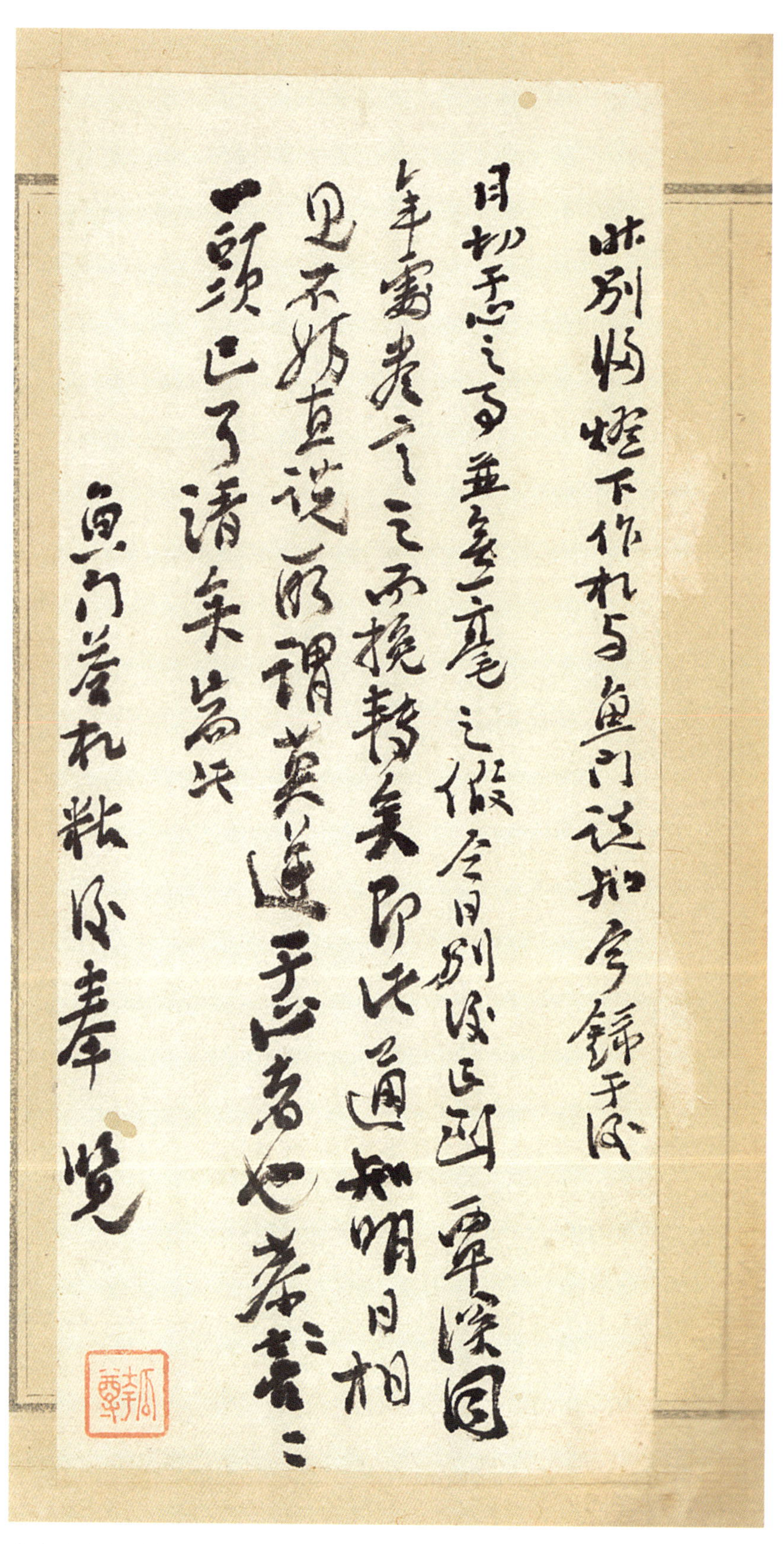

钱载致翁方纲手札之一

钱载致翁方纲手札之二

钱载藏书印“瓠尊”“萚石斋”

问及书事，何况翁方纲、程晋芳皆乾嘉大家，纵有事端，亦属雅事，或关珍稀古籍，或涉汉宋之学，想来还是误会为多并最终仍然是诗文饮宴上唱和了事。

乾隆四十九年（1784）程晋芳卒于关中，袁枚、翁方纲皆为之撰写墓志，翁方纲所撰墓志中，详述程晋芳藏书故实：“君家素饶于财，自少至壮，积书三万余卷，中年已后家落，而书亦稍散失矣。”又称赞其学识及为人：“君好学工诗，及见江淮耆宿，一时若无锡顾震沧、华半江、宜兴储茗坡、松江沈沃田诸君子，咸与上下其绪论。然屡踬于场屋，肄业国学，南游金陵，爱栖霞、牛首之胜，凭眺山川，考证今古，所至倾其坐人。……然其豪气真挚，发于天性，嗜书籍若饥渴，待朋友如性命，赴人之患，周人之急，犹不减其家全盛时也。”行文若此，想来往时误会早已消散，若不是诗稿中夹有此三通书札，斯事真如羚羊挂角，无迹可寻矣。

四、钱载忠人之事

名人公案固然引人兴趣，然此稿重点仍在于钱载对翁方纲诗作之批点。钱载（1708 — 1793）字坤一，一字银苑，号萚石，又号瓠尊、壶尊，晚号万松居士、百福老人，秀水（今浙江嘉兴）人。乾隆十七年（1752）进士，授编修，迁内阁学士，直上书房，累官至礼部侍郎。工诗、书法、水墨，著有《萚石斋诗文集》《万松居士词》等。其诗学黄庭坚，险入横出，尤为晚清同光派诗人所推崇。陈衍谓其“有清一代诗宗杜、韩者，嘉、道以前，推一钱萚石”。徐世昌辑《晚晴簃诗话》中论钱载：“萚石论诗，取径西江，去其粗豪，而出之以奥折。用意必深微，用笔必拗折，用字必古艳，力追险涩，绝去笔墨畦径。”而对其诗作赞誉更甚者，则有钱仲联《梦苕庵诗

钱载

话》："钱萚石诗，清真铲刻，神景开阖，体大思精，卓然大家。在雍、乾间无敌手。"

彼时钱载与同里王又曾、万光泰等相与唱酬，因地域之名，号称"秀水派"，又与王又曾、厉鹗、严遂成、袁枚、吴锡麟等并称"浙西六家"。其中王又曾即诗稿所附钱载手札中所称"榖原"者。王又曾（1706—1762）字受铭，号榖原，秀水人，乾隆十六年（1751）召试，赐内阁中书，十九年成进士，官刑部主事，有《丁辛老屋集》。《晚晴簃诗话》"王又曾"条下记：

榖原与钱萚石侍郎同里，称诗博大沈静，各成家数。尝语侍郎子百泉编修曰："我诗适兴而已，诗家精深华妙、森严密栗之境，未能到也。然天真烂漫，随手拈得，颇唐中见风致，古人佳处往往在是。"其自道如此。今集为其子复所刻，即出，侍郎选定。观其诗境，所谓"精深华妙、森严密栗"，实已无愧古人。若"颇唐中见风致"，不过其一体，未可执此谓尽其妙也。《梧门诗话》举其佳句云："画桥脱板低新涨，酒旆悬风恋旧题""啼遍鹧鸪烟翠合，唱来欸乃月波昏""桥外饧箫寒食路，柳边蠡壳酒船窗。"皆为时传诵，今多不见集中，足知侍郎持择之严矣。

《丁辛老屋集》最早有乾隆四十年（1775）新安曹氏所刻二十卷本，前十七卷为诗，附词三卷，因去取不精，其子复请钱载别为审定，编成《丁辛老屋诗集》十二卷，前十卷诗，后二卷词，毕沅、吴泰来为之序，乾隆五十二年（1787）刻于鄠陵官舍。

寒斋藏《翁方纲诗稿》中所夹钱载书札，称："今年为榖原、厚石两诗稿牵缠，看得紧时，两手俱发战。"当即指钱载为王又曾重编诗集事。钱载重编本刻于乾隆五十二年，则此札当写于乾隆四十年至乾隆五十二年之间，然程晋芳卒于乾隆四十九年，则此札又当于此年之前也。

钱载札中所称"厚石"乃指汪孟鋗（1721—1770），字康古，号厚石，亦秀水人。乾隆三十一年（1766）进士，官吏部主事，亦喜藏书。王昶《蒲褐山房诗话》载："康古曾祖晋贤先生，读书好友，建裘杼楼以贮图书，有华及堂以延宾客，故子孙皆好学能文。而康古与都御史金公德瑛亲戚，得其指教者多。又与万孝廉光泰、王西曹又曾、钱少宗伯载相劘切，大抵丛书稗说，考核精详，翘然自异于众。"

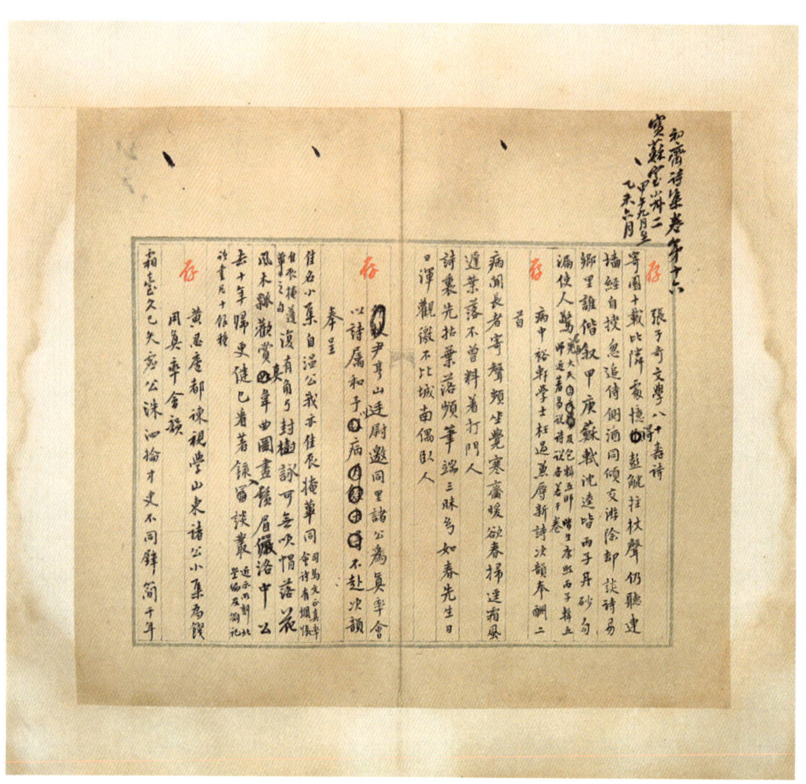

翁方纲手稿《翁方纲诗稿》

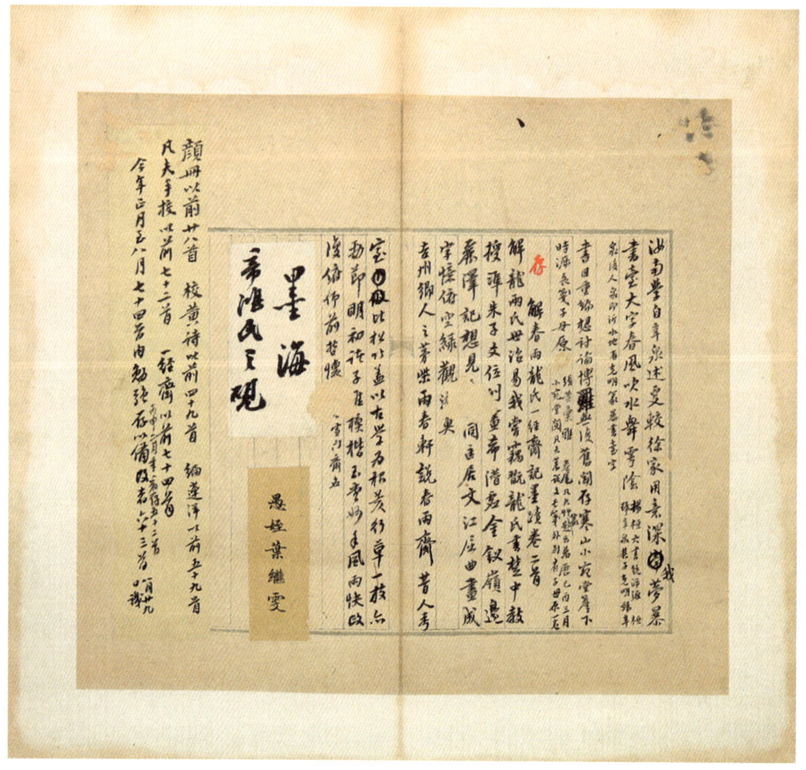

《翁方纲诗稿》之四

汪孟鋗有诗集《厚石斋集》十二卷传世，据札中所记，可知此集亦钱载编辑整理而成。黄裳先生尝跋该书："此本罕传，然板片已多漫漶，不知何以流传之仅也。"颇惜寒斋未备。

钱载为王又曾、汪孟鋗整理诗集，皆是二人身后之事，其言"看得紧时，两手俱发战"，足见尽心尽力，钱载待友之诚、忠人之事亦可见一斑，因此翁方纲放心将自己诗稿交由批点。关于钱载与翁方纲交游，时人多有记载，如法式善《梧门诗话》记："翁覃溪先生……于近人中颇许樊榭、萚石两家。"姚元之《竹叶亭杂记》载："翁覃溪、钱萚石两先生交最密。每相遇必话杜诗，每话必不合，甚至继而相搏。或谓论诗不合而至于搏，犹不失前辈风流。"沈津先生《翁方纲年谱》、潘中华先生《钱载年谱》以及时人别集、诗话中，两人交往记录皆俯仰可拾。

两人论交之始，在乾隆十七年（1752）之前。而乾隆二十四年（1759），翁方纲丁忧期满回到京师，钱载则搬至宣南坊，与翁方纲比邻而居，朝夕过从。翁氏在《〈萚石居诗钞〉序》中称："方纲与萚石相知，在通籍之前；而谭艺知心，于同年中为最。自己卯春萚石自藜光桥移居宣南坊，方纲得以晨夕过从，至今十有八年，中间方纲使粤者八年，而前后共吟讽者则十年。"钱载年长翁方纲二十余岁，对翁方纲诗学影响极深，当时钱已名满诗坛，翁则刚刚开始作诗，后来翁方纲离开京师任职广东学政八年期间，时将新作寄往京师请钱载指正。今国家图书馆存《翁覃溪诗》稿本卷首有翁方纲自识："诗内纰缪，乞逐细拣出。务祈于年内，拨冗一办。至开岁初旬，即有便使入京，专人走领，仍乞封付伊带回。诗甚浅稚，不可以示人也。拜托！拜托！"在粤期间，翁方纲还曾赋《四君咏》："钱公今诗伯，大雅该众途。博学兼经学，老笔承明庐。"翁在诗中称钱载为"诗伯"，足见其对钱载之敬重。

然而两人这种情好日密到了乾隆四十四年（1779）之后，却渐渐变得疏远，甚至一度恶化，即便同处一城，亦不再往来，两人后期的诗作中，亦很少再出现对方身影。乾隆四十八年钱载致仕归里，翁方纲既没有相送，亦未作赋别诗。然而到了嘉庆十一年（1806），翁方纲作《喜兰雪卜居近巷之作》，注云："昔与萚石邻巷论诗，每清晨疑款户者，不问而知钱兄诗草来也。"此语无疑思故人也，然而此时钱载已作古十三年矣。嘉庆十九年，翁方纲作《近怀二诗》，其中一首怀念钱载："钱公诗之心，直上辟莽苍。实境纳诸有，颇亦觇所养。……"此时翁方纲已是八十二岁高龄，看来曾经有过的不快已然被时光涤去，翁对钱的情怀又回到两人相交之初时。

关于翁、钱二人交游究竟因何缘故一度中断，程日同先生撰有《钱载与翁方纲后期关系考论》详述此事，该文考证翔实，资料确凿，此不赘述。程先生究其原因，认为诗学观念之差异乃是两人后期关系恶化之重要因素，其次则为汉宋之学立场不同。

翁方纲对于钱载而言，虽为诗坛后辈，但随着年岁渐长，思想成熟，逐渐形成自己的诗学观。相比较而言，钱载论诗较翁方纲更具诗歌艺术性，因此认为翁方纲诗作太过死板，翁方纲任广东学政期间，钱载曾对此提出批评："须再加润泽，使之浓郁，否则越做越入训诂体。"以及"又白白做了，不足存。总之，靠着古人尚不足存，靠着古书尚不足存"。而翁方纲对这些观点自然不认同，并且沿着"肌理派"一路发展下去。

在治学方法上，两人还曾卷入过一场汉宋之争。乾隆四十年（1775），戴震初入翰林院为庶吉士，先后同蒋士铨、钱载因汉宋之分发生争执，尤其与钱载的一番论辩，更是成为一桩学术公案。事后翁方纲为平息二家争议，特作《与程鱼门评钱戴二君议论旧草》："昨萚石与东原议论相诋，皆未免于过激。戴东原新入词馆，斥詈前辈，亦萚石有以激成之，皆空言无实据耳。萚石谓东原破碎大道，萚石盖不知考订之学，此不能折服东原也。训诂名物，岂可目为破碎？学者正宜细究考订诂训，然后能讲义理也。……今日钱、戴二君之争辩，虽词皆过激，究必以东原说为正也。"由此可知对于钱、戴这场汉宋之争，翁方纲其实是支持戴震所代表之汉学派，对于维护程朱理学的钱载则持反对意见。两人的诗学观与治学观皆有所不同，则无怪于日后两人日相背离，终成陌路。

五、宋椠施顾注苏诗

余生也晚，不得生于乾嘉之际，唯有于故纸堆中检寻前辈遗风。而前辈藏书家中，吾自认与翁方纲尚有几分缘分。芷兰斋有幸收得覃溪旧藏若干，其中最著名者当为宋刻《施顾注苏诗》。该书自明嘉靖安国之后，一直递藏有序，郑骞先生《宋刊施顾注苏东坡诗提要》曾详列该书递藏过程："明嘉靖安国—明末毛晋—康熙三十八年或稍早宋荦—康熙五十四年至五十六年之间揆叙—乾隆三十八

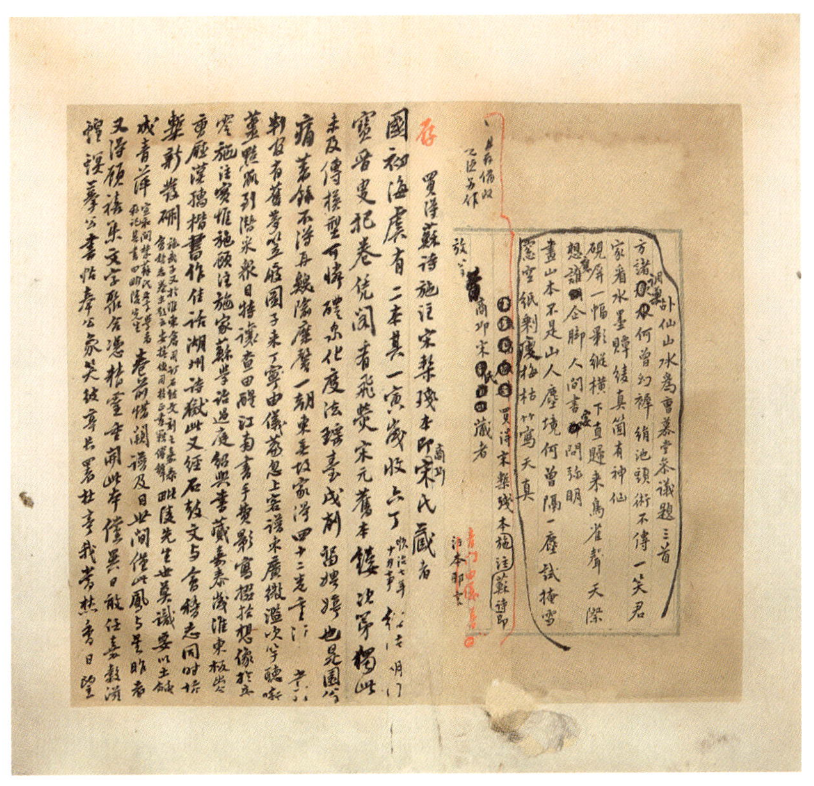

《翁方纲诗稿》此页述及买得《施顾注苏诗》事

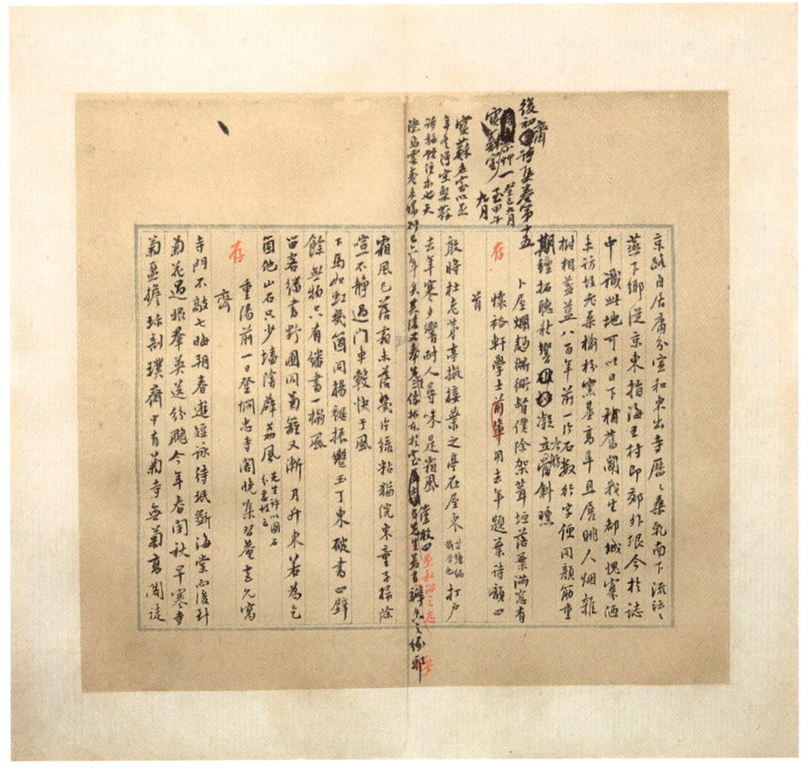

《翁方纲诗稿》眉批说明“宝苏室”堂号由来

年十二月十七日翁方纲—道光六年吴荣光—道光十七年潘德與—道光咸丰间叶名沣—光绪中邓诗庵—光绪宣统间袁思亮—民国潘宗周—蒋祖诒—张珩。”该书在递藏过程中，分别经历着兵、火、水劫，卷数亦屡有变化，今日现存者分藏三处，其中一册即在寒斋。

翁方纲购得宋刻《施顾注苏诗》一事，文献多有记载，时人亦多有题咏，如钱大昕有《覃溪购得宋椠施元之注苏诗属赋》、钱载有《翁编修方纲购得吴兴施元之吴郡顾景蕃注东坡先生诗宋椠本即宋中丞得之常熟毛氏者属题二首》、冯敏昌有《过覃溪师苏米斋观所藏宋椠苏诗注残本因赋长句诗》二首、蒋士铨有《翁覃溪前辈得宋椠施元之顾景繁合注苏诗旧本即宋绵津得于常熟毛氏者内原缺十二卷装潢人罗焕凡破碎方幅皆衬背完好同人作诗题之》以及《再题施顾合注苏诗宋椠本子》、张埙作《题宋椠施顾二家苏诗注》等等，不一而足，可知彼时翁方纲深以购得该书为幸事，遍请友人题咏，纪此胜事。其本人亦多次赋诗作记，反复道及此事，又将斋名更为“宝苏室”，其在《宝苏室研铭记》中写道：“癸巳冬，得苏诗施顾注宋椠残本，益发奋自勖于苏学，始以‘宝苏’名室。”

翁方纲购得该书为乾隆三十八年十二月十七日，次日翁方纲为赋《买得苏诗施注宋椠残本即商丘宋氏藏者》：

国初海虞有二本，其一寅岁收六丁。（顺治七年十月事）
维时湖南宝晋叟，把卷凭阁看飞荧。
宋元旧本镂次第，独此未及传模型。
可怜醴泉化度法，瑶台戌削留娉婷。
也是园翁痛著录，不得再嗅隃麋馨。
一朝东吴故家得，四十二卷重汗青。
黄州判官有旧梦，《笠屐》图子来丁宁。
《由仪》篇忽上客补，柬广微滥吹竽听。
衔姜黠鼠到潜采，众目特让查田醒。
江南书手费影写，掇拾想像于奇零。
《施注》实惟施顾注，施家苏学诒过庭。
绍兴书葴嘉泰岁，淮东板出仓曹厅。
汉孺楷书作佳话，湖州诗狱此又经。

《石鼓文》与《会稽志》，同时校椠新发硎。（施武子又于淮东仓司订《石鼓文》刻之。《嘉泰会稽志》卷末题云：“安抚使司校正书籍傅穉。”）

毗陵先生世莫识，要以土蚀成青萍。（宣和间，禁苏氏文字，学者私记其书，曰“毗陵先生”。）

卷前惜阙谱及目，世间仅此凤与星。

适者又得《顾禧集》，文字聚合凭精灵。

重开此本傥异日，敢任嘉谷滋蝗螟。

摹公书帖奉公象，笑彼亭长署杜亭。

我当焚香日望拜，公乎弭节来云軿。

今时寒斋所得残稿中，恰好有此诗底稿，由修改痕迹可知原诗题前尚有“于琉璃厂肆”五字，且该诗最初面目与最终定稿改动颇大，卷端有“且存备改，□须另作”字样，而整部诗稿原本皆书于绿格书纸之上，此处却以另纸书就，覆贴于原诗之上，原诗仅有首行首两字可见，乃“放翁”二字，可以想见，翁方纲的确是“另作”了一首。而寒斋所得诗稿中，另有一页卷端及行间有翁方纲墨笔注云：“复初斋诗集卷第十五。宝苏室小草。癸巳九月至甲午九月。宝苏名室，以是年冬得宋椠苏诗施顾注本也，天际乌云卷来归则已六年矣，其后又奉先生三像拓本于室，盖方纲与先生有瓣香之缘耶。”然此语最末一句又有朱笔修改：“傥敢曰是私淑之志、瓣香之缘乎？”

翁方纲购得该书之后两日，即为苏东坡生日。是日翁方纲将《苏斋图》供于东坡画像前，邀得友人前来小集，赋诗作会，为东坡寿。自此之后，几乎每年东坡生日，翁方纲都会举行祭苏会，而祭苏会自翁方纲之后，一直在书界流传下来，直到民国间，张元济、傅增湘等人仍有赓续。而寒斋自从有幸收得《施顾注苏诗》中《和陶诗》后，吾亦时有仿效前贤之念，欲在十二月十九东坡生日，以《和陶诗》为祭，邀三五书友为东坡寿，然亦自知才气慧根皆有不足，勉强为之，只为他日添笑柄耳。

六、归来寒斋

该稿归来寒斋，乃庚寅年秋事，今已七年。是年嘉德公司上拍一批翁同龢后

乾隆三十八年覃溪年四十一岁得苏诗施顾注宋本时像

人翁万戈先生旧藏，其专场名称为“翁氏藏画专场”，拍品总计40件。古代书画虽非芷兰斋专题之一，然吾素爱藏书家书法，而藏书家书法通常不入古籍拍场，而是杂入书画专场内，故倘得各家书画专场图录，亦会浏览一番，翁氏藏画专场中亦有不少与藏书家相关之作品，如金冬心、黄小松、何绍基故物等。

就字画专场名气而论，此批翁氏旧藏不仅流传有序，名头之大，亦足以令人瞩目，清初“四王吴恽”固值得标榜，明代精品则更为难得，如项元汴、董其昌等，睹之目眩神移，不敢妄生欲念。图录翻至后面，赫然见翁方纲诗稿，顿时眼

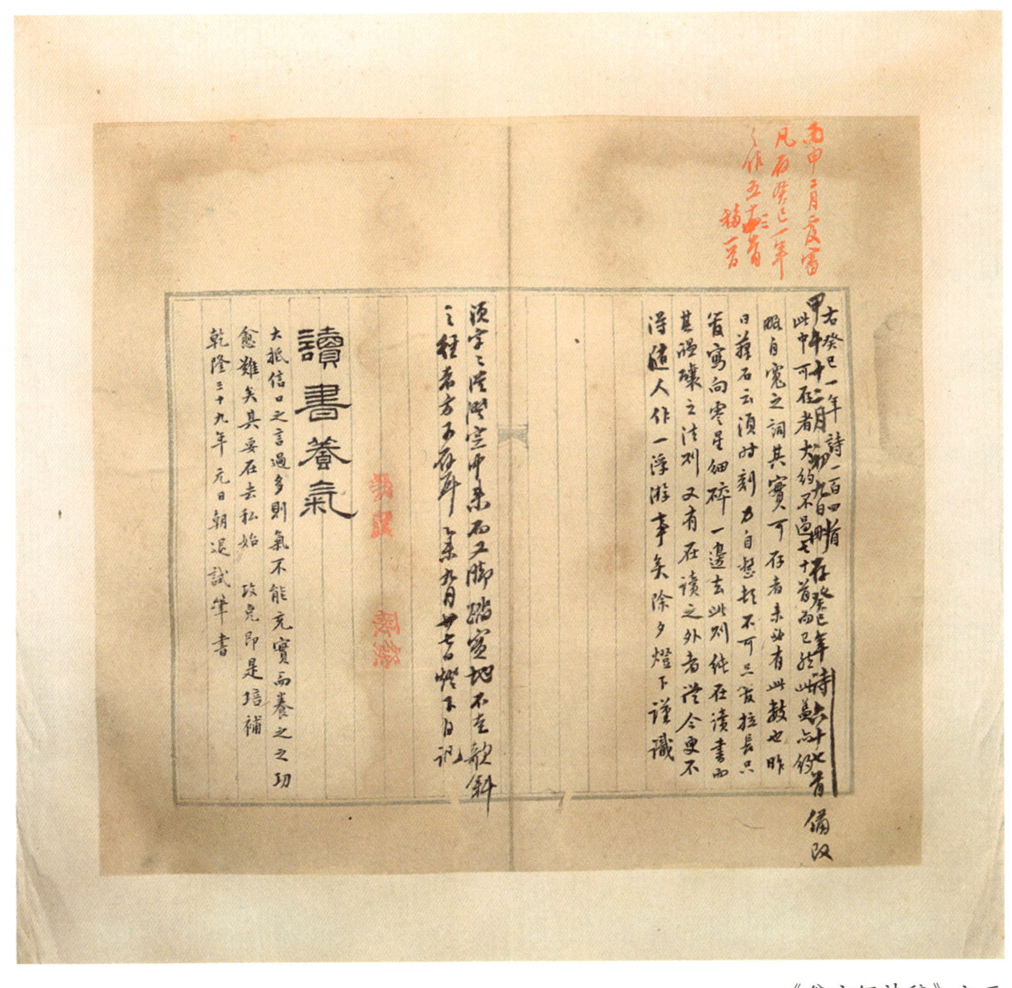

讀書養氣

大抵信口之言過多則氣不能充實而養之之功愈難矣其要在去私始　攻克即是培補

乾隆三十九年元日朝退試筆書

《翁方纲诗稿》之五

亮，心潮澎湃。翁方纲名列“翁刘成铁”四大家之一，其书法作品固时有得见，诗稿却是头一回现身拍场，如此重要诗派创始人之代表性作品，又有名家批校，欲要罗致，想来价必不菲，然而细看估价，图录上却仅标明为“50 — 90 万元”。以翁方纲之名气，其书法向来廉值不易得，若以平尺计，148 页至少在 300 平尺以上，如此推论，其市价当在 300 万到 500 万元间。然而拍场上古籍毕竟不同于字画。爱书之人多不如藏字画者豪气，以此价格买一部诗稿，即便是翁方纲手稿、钱载批点、翁同龢旧藏，仍然令吾十分纠结。

细翻图录，说明处有翁万戈所书按语：“天津大水时，受水污损，幸未伤及字迹。原为四册，第一册较受害，第四册最完善。”由此可知，该诗稿曾经一度藏于天津。1948 年，翁万戈前往美国之前，于天津处理翁同龢旧藏事宜，据说翁万戈将一些碑帖寄存于亲戚家中，线装书则大多带往美国。50 年后，经翁万戈带往美国之书又漂洋过海回到中国，最终被上海图书馆买去。彼时吾亦心痒难禁，颇欲尝鼎一脔，曾于嘉德会议室内翻看整日，惜最终失之交臂，深以为憾。此事过去十年，翁氏旧藏再次现身拍场，良机难再，吾再四说服自己，终于下定决心，举鼎绝膑，再作螳臂。

开拍前预展之时，吾特意前往现场观看拍品，果如翁万戈先生所言，因受水之故，原稿散成单篇，细看字迹，丝毫无损。然小意外者，此稿并未放入古籍善本预展区域，故未引起书圈“敌友”注意，现场除吾之外，竟然似乎无对此诗稿措意者，此景令吾暗自庆幸。转念思之，无人对此诗稿感兴趣，亦与“翁同龢旧藏”相关。此专场拍品着实太过精彩，翁方纲于诗学固然重要，但在字画场中，面对项元汴、董其昌诸人，则顿时黯然，此稿若是放在古籍善本展区，恐怕措意者远超吾之想象矣。

然此效果正合吾意，竞争者越少，则于吾越有利。久不上拍卖现场如吾者，因怕错过精彩，开拍当日坐在了现场。如吾所料，此场前面所拍字画竞争十分激烈，唐寅画作一幅，尺寸仅较 32 开书本略大，以 300 万落槌；王鉴 10 开山水，成交价加佣金竟然逾 2000 万；陈淳 8 开花卉册页，成交价亦逾 2000 万。现场气氛如此火热，吾只好暗自提高心理价位。

拍至《翁方纲诗稿》时，果真以 50 万元起拍，彼时图录称之为《苏斋诗稿》，然而现场无人应价，只是拍卖师空涨着价位，看来此稿底价并非如图录所标。拍卖师叫至 70 万元时，节奏明显变慢，吾想此价或为真实底价，遂晃动手中号牌，以试探场中反应。而拍卖师连续喊吾号牌两次，却无人应价，吾当即大惊，疑心自己举错拍品，因为此前自己曾有举错拍品之事，花大价钱买下与欲得之品相邻编号之物，落槌后始知自己买下的是完全无关者，而欲得之品虽然紧接着上拍，却已囊中羞涩。大惊之下，连忙看拍卖师身后大屏幕，上面所显现者正是《翁方纲诗稿》，不禁有些疑惑，然而疑惑间，槌声响起，尘埃落定，拍卖师宣告此稿为吾所得。如此成交价当然远远低于吾心理价位，不禁心下狂喜，告知自己不得再生贪念，有生之年，不得期望《草窗韵语》，不得深思《金石录》，亦不得奢想《开宝藏》。

翁方纲藏书印“正三一字忠叙”“翁方纲”

王仁宽跋徐辰告稿本《秦陇偶吟草》一卷

《秦陇偶吟草》　（清）徐辰告撰

清咸丰间稿本　王仁宽跋语　一函一册

此戋戋毛装小册，封面署“秦陇偶吟草，徐葆田公著”。初未知徐葆田何人，一番细查，始知为浙江绍兴徐辰告，曾宦游甘肃十余年，卷中诗作正是其游陇期间所作，故以“秦陇偶吟草”为集名。此本尚非最终定稿，卷中多有浮签修改，又多友人月旦之语，可知亦非初稿，乃此前曾出示友人评骘，并嘱题跋者。今视卷中前跋、后记与正文字迹无二，当是徐辰告手自誊清待定本。

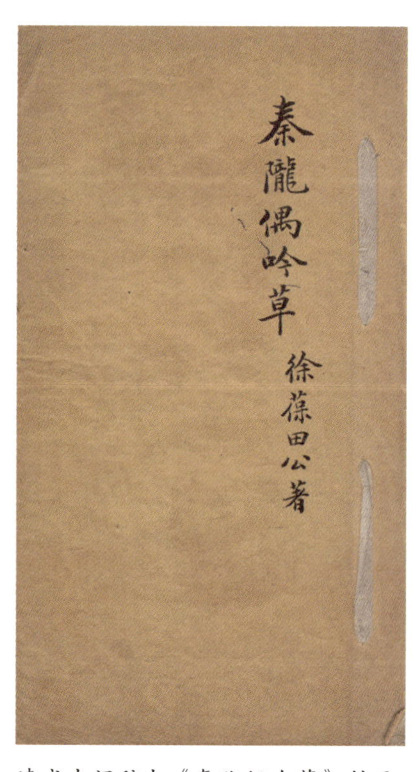

清咸丰间稿本《秦陇偶吟草》封面

关于徐辰告其人，由卷中诗作、诸家题跋及史料记载拼合可知，其字葆田，清嘉庆十一年（1806）生人，道光十八年（1846）进士，初为甘肃某县县令，咸丰十一年（1861）升兰州知府，卷中有诗作《辛酉二月中澣奉旨补授兰州遗缺知府恭纪七律一首》，辛酉即咸丰十一年也。诗称“辞官书上忽官迁”，可知其已有归去来意，无心留恋官场，果然

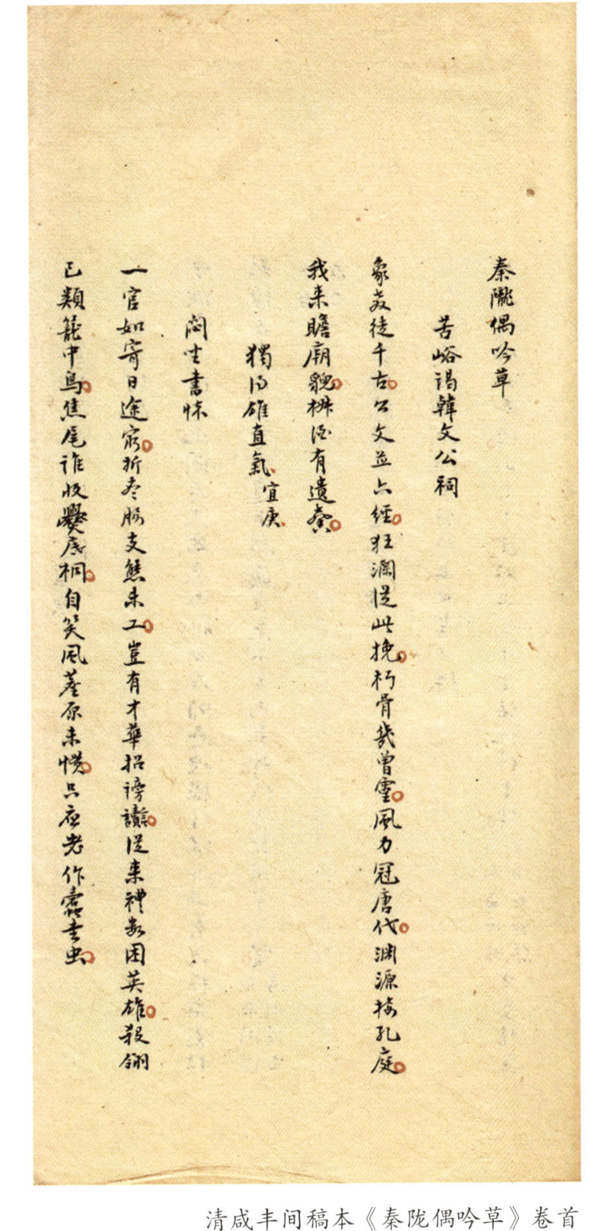

秦隴偶吟草

苦峪謁韓文公祠

象教徒千古。公文並六經。狂瀾隄此挽。朽骨義曾靈。風力冠唐代。淵源接孔庭。我來瞻廟貌。祇祀有遺奠。

獨仰雄直氣。宜庚

閒中書懷

一官如寄日途窮。折老腰支態未工。豈有才華招謗讟。從來神象困英雄。殺翮已類籠中鳥。焦尾誰收爨底桐。自笑風塵原未慣。只應老作蠹書蟲。

清咸丰间稿本《秦陇偶吟草》卷首

未久即挂官而去，集中有《归去吟》，诗云："回首乡关十六年，松楸遥望泪潸然。……入世一官原幻相，催人双鬓忽华颠。"其友人江南陈秉彝序中称："升任兰州，以言事不合，引疾而归。濒行，以《秦陇吟》一卷见示。"友人滇南李灏序又称："庚申季冬，因公至肃，葆田出其《吟草》以相示。"可知此诗稿大约成于咸丰十年（1860）。

关于徐辰告其人，诸家跋语中，以会稽范子材所跋最为详细，移录如下：

葆田太守少时同学，耿介贞洁，砥砺廉隅，常敬而畏之。犹云士未得志于时，正如处女守身，冰清玉洁，当然也。不数年，成进士，玄出宰于秦，窃以为士已得志于时，宜必少有放纵，其耿介贞洁之操，当不复然。岁己酉，余游陕，君先奉讳。是秋赴京兆试，落解将西归。遇君于都门，捧檄之陇，遂订偕行，一路谈心，始悉数年来，游宦之精能，作客之情况。其耿介贞洁之操依然也。嗣是而后，余滞关中，君腾陇右，以知县擢至太守，循声洋溢，播于口碑。时慎芙卿学使邀余襄校莅酒泉，值君荣篆，以谓士更得志于时，将必居移气，养移体，意气扬扬自得，此日之徐君，非复曩日之徐君矣。乃握手言欢，依依道故，声音笑貌、周旋动作之间，无士宦恶习令人齿冷，犹是儒生本色，蔼然可亲。及询其近况，窥其所居，孑然一身，萧然四壁，每日公事而外，与古为徒，无声色货利之好，有家国民物之忧，其耿介贞洁之操犹然。吾于是叹其德性之坚定，非荣宠所能移，殆有得于圣贤之学问，故能深沉镇静若此，呜呼！当今之世，如君者，曾有几人？傥所谓古之儒吏，非耶？间出其《秦陇偶吟草》相示，要皆纪事提要之什多，弄风吟月之作少。余读之数过，其间宦途之所经历，惠政之所敷施，宛然在目，益因所见，弥信所闻，为之爱不忍释。至于格律之细，直绍盛唐，气韵之高，逼真老杜，是不苟为炳炳烺烺者。君之名，不藉以诗传，君之学，不仅以诗见，然从此续而增之，寿之梨枣，亦可使后之人沿流讨源，诵君之诗，知君之政，耿介贞洁之操，如见其人。故读竟，为缀数语于后。会稽范因梓子材敬跋。

范子材此跋仅六百余字，“耿介贞洁”一词却五度出现，可见徐辰告如此形象，于友人而言，印象深刻。然短文内同一词语却反复使用之情况亦少见。今检各书，范子材其人既无功名，兼乏著述，想来彼时寒文儒士而已，四方游幕以作营生。范子材所述徐辰告秉性“耿介贞洁”，在他人序言跋语中亦屡有出现，滇南李灏序中称：“葆田以名进士，宦游秦陇间十余年，由县令洊升太守，室无姬妾，袖只清风，惟其心淡而定，故其气和而平。”在徐辰告自己的诗作中，亦自注“署无眷属，除公事而外一无嗜好”。

然细读诗作，徐辰告并非“一无嗜好”之人，其好则藏书、读书，同道中人也。此集收诗非多，一卷而已，然一卷之中，有关读书、藏书、抄书者数见。首页有《闷坐书怀》，诗云：

一官如寄日途穷，折尽腰支态未工。
岂有才华招谤讟。从来礼数困英雄。
杀翎已类笼中鸟，焦尾谁收爨底桐。
自笑风尘原未惯，只应老作蠹书虫。

“蠹书虫”三字向为吾所喜见，一页之中，若有此三字，常常自动跳将出来，映入眼帘。徐辰告能够自称“蠹书虫”，想来架上多有藏书。若言《书怀》诗仅“蠹书虫”三字，不可强释为藏书之家，则《四十自述》诗可证其为藏书世家矣：

登臨ムム感慨，一往情深，允少陵不办。宜庚

四十自述

四十光陰去若馳，龍鍾應異少年時。東坡詩：龍鍾三十九。津梁到處疲輪鐵，毛髮於今感鬢絲。長抱離愁拋故里，自怨蓬面換京師。八年一剎黃粱夢，鄧禹相看笑不支。

話詩同年

霄峯泥蟠亦偶然，吾儒動定信由天。蓬頭黃霸兒還幼，椎髻梁鴻妻尚賢。清白一椽司馬壁，丹黃千卷汗牛編。先君子遺書頗夥。惟餘風木增怨慟，子厝寥寥涕淚漣。

錘鍊有光。宜庚

清咸丰间稿本《秦陇偶吟草》内页

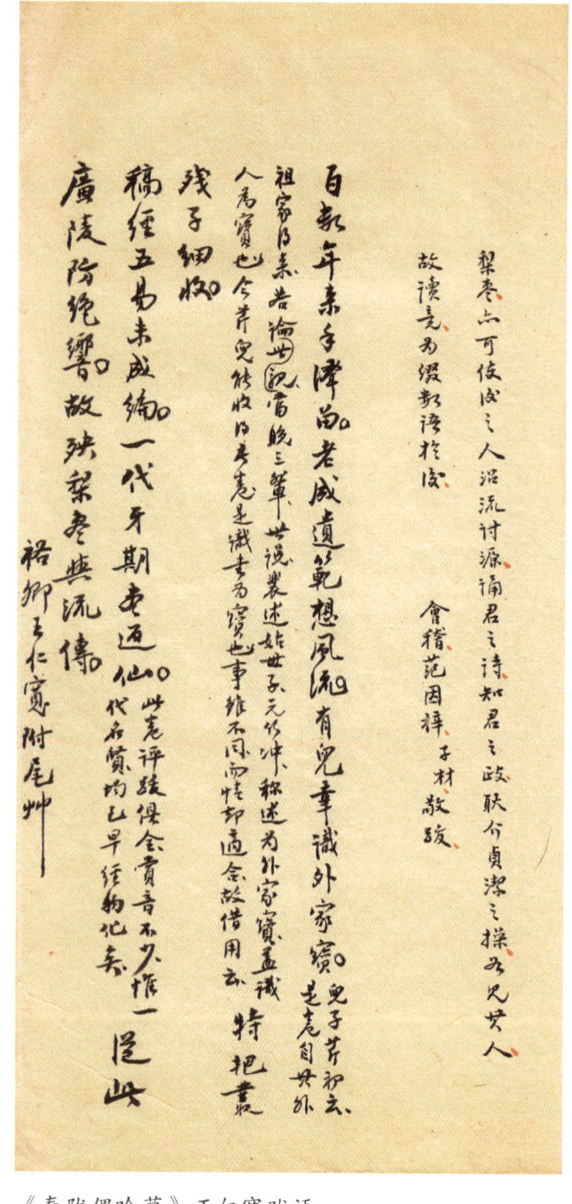

梨枣，亦可使后之人沿流讨源，论君之诗，知君之政，耿介贞洁之操，如见其人。故读竟为缀数语于后。

会稽范国梓子材敬跋

百数年来手泽留，老成遗范想风流。有儿肯识外家宝，（儿子芹初云：是卷自其外祖家得来。昔谢世说当晚三笋，世说袁述姑世子元作冲，称述为外家宝，盖识人为宝也。今芹儿能收得其卷，是识书为宝也。事虽不同而情却适合，故借用云。）特把丛残子细收。稿经五易未成编，一代才期远过仙。（此卷评跋俱余贵吾不少，惟一代名贤均已早经物化矣。）广陵防绝响，故殊梨枣与流传。

裕卿王仁宽附尾草

《秦陇偶吟草》王仁宽跋语

霄举泥蟠亦偶然，吾儒动定信由天。

蓬头黄霸儿还幼，椎髻梁鸿妻尚贤。

清白一椽司马壁，丹黄千卷汗牛编。（先君子遗书颇夥）

惟余风木增怨恸，手泽摩挲涕泪涟。

丹黄千卷，足以称藏书之家。由此诗还可推知，其父不仅喜欢藏书，兼喜批校，因此始有“手泽摩挲”之事。卷中又有《前令闽海许铁堂先生名珌号天玉诗名政绩卓越当时洮阳吴松崖辑其遗稿余向马南园太史借钞因题其后》诗，由诗名可知，徐辰告闻听他处有稀见遗稿，借而抄之，有此举者，以藏书家目之，可谓名副其实也。其友人津门李大西诗序中，又称“襟怀落落腹便便，一卷琳琅手自编”，大可想见其人每日卷不离手之情形。惜徐辰告虽以四品官员致仕，其生平事迹却于史乘、笔记中皆鲜见记载，更无论其藏书之名不为后人知也，然今日绍兴一地研究藏书家者，大可增徐辰告其人也。

一卷读完，深觉徐辰告诗作颇佳，不矫情，无呻吟，语语皆自心中而出，情真意切，述西北风土人情之作，更是描摹生动，按以今时之语，则为皆从生活体验中得来。如此文采、品行兼具人物，且官至四品，所遗资料却如此之少，令吾略有好奇。然细思之，由诗作及序跋可知，徐辰告于仕途并不热心，道光十八年

（1848）考中进士时年已四十，所任又是西北小县，故进取心并不强烈，懒于逢迎与经营，又因身处西北偏隅，人文远不如东南，能够往来者，也只有当地一些品级相仿佛之中低层官员，而这些中低层官员又大多无甚著述，如为其书序及题跋者滇南李灏、津门李大酉、钱塘查锟、江南陈秉彝、楚南罗星点，因此也无法替其扬名。

其实由交游来看，徐辰告对于仕途的确无意进取，卷中归去之吟皆发自肺腑。徐辰告中进士乃道光十八年（1848）事，是年状元为钮福保，同榜进士中有鼎鼎大名之曾国藩，有着如此位高权重的同年，由诗稿观之，却未通消息，其心甘冷宦可

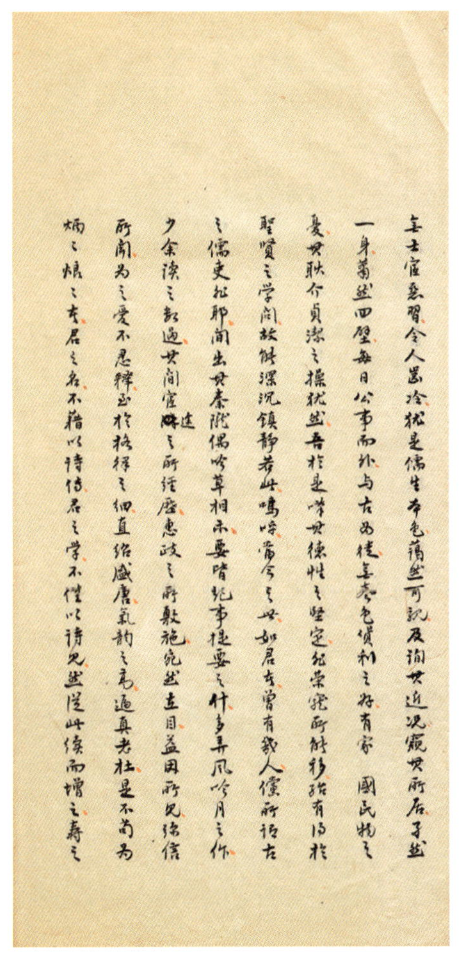

《秦陇偶吟草》范子材跋语二

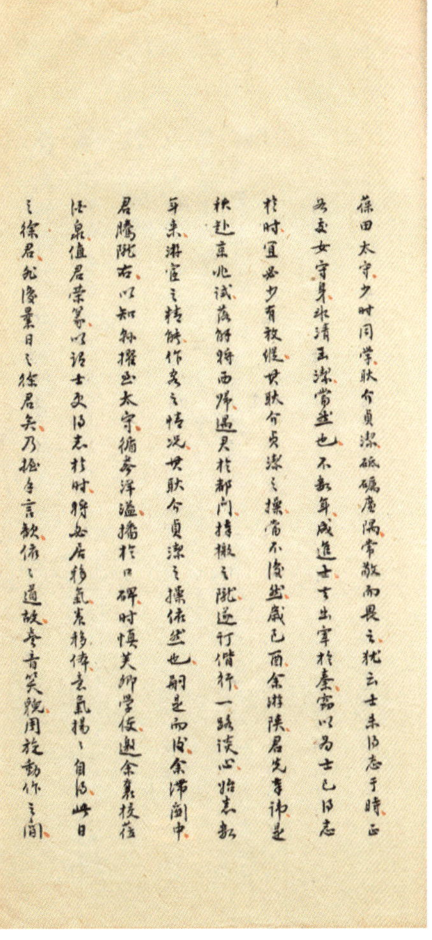

《秦陇偶吟草》范子材跋语一

以想见。然诗稿中虽无与曾国藩交游之作，却有一诗，隐约关系到曾国藩：

> 干戈到处阵云横，辜负边隅享太平。（粤匪滋事以来，蹂躏几遍，甘肃幸无事。）
> 自笑一生迂朴拙，有慨三字慎勤清。
> 关心劫运天俱醉，回首乡关梦亦惊。
> 最是依依诸父老，悔因资格向西行。

此诗题为《今春量移山丹邑中耆绅拟即卸篆制匾联万民伞相赠因作四律志愧兼伸襟怀惟知我者谅之》，诗未署年，以“粤匪滋事”四字，知为太平天国为祸江南时期。彼时徐辰告家乡绍兴亦遭兵燹，而徐辰告身处山丹之远，心系父老安危，唯有寄望于曾国藩能够平乱安民，还以太平。

徐辰告最终于何年返回绍兴，已不得而知，诗稿改定之后，并未付梓。又不知若干年，此稿辗转为王仁宽得见，赋诗二首，书跋于卷末，此录其诗及跋语如下：

> 百数年来手泽留，老成遗范想风流。
> 有儿幸识外家宝，特把丛残子细收。
>
> 稿经五易未成编，一代牙期尽返仙。
> 从此广陵防绝响，故殃梨枣与流传。

诗末署“裕卿王仁宽附尾草”，而王仁宽何人，亦不得而知。诗中有其自注，一为：“儿子芹初云，是卷自其外祖家得来，若论亲世，当晚三辈。《世说》：裴述姑母子元行冲，称述为外家宝，盖识人为宝也。今芹儿能收得此卷，是识书为宝也。事虽不同，而情却适合，故借用云”；另一为：“此卷评跋俱全，赏音不少，惟一代名贤，均已早经物化矣。”

存此片羽，月落星寒。

张继良稿本《群芳谱花木诗》不分卷

《群芳谱花木诗》不分卷　（清）张继良辑

清道光十年（1830）稿本　一函一册

钤：无是楼（朱方）、一氓所藏（朱方）、成都李一氓（朱方）

此集所选皆与花木相关之诗，墨笔抄录，多有朱笔圈点，前有辑选并抄录者张继良题识：“日长无事，偶选群芳谱花木诗，共录三百九十四首，内中多有借意取事，并非本题，读者自可了然明白也。道光十年清和月邗江张继良识。”关于张继良其人，检遍诸书，资料阙如，仅以此集观之，其人喜诗爱花，风雅中人也。

该书何时归来寒斋，已不复记忆。清道光十年乃1830年，距今将近两百年，且喜该书首尾俱全，字迹清秀，翻叶之间若有花香。其中录咏牡丹诗二十六首，次为咏桃花诗二十一首，咏梅诗十九首，咏竹十七首，咏莲十四首。诗人素来清高，想来题咏中当以赋四君子为最多，此辑本中却以牡丹为最多，次为桃花，咏松仅三首，看来世人爱清高是假，喜热闹是真。

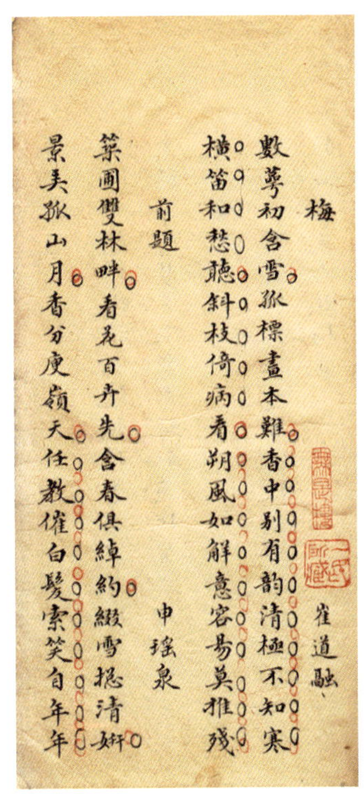
梅
崔道融
數萼初含雪孤標畫本難香中別有韵清極不知寒
橫笛和愁聽斜枝倚病看朔風如解意容易莫摧殘
前題　申瑤泉
築圃雙林畔看花百卉先含春俱綽約綴雪總清妍
景美孤山月香分庾嶺天任教催白髮索笑自年年

清道光十年稿本《群芳谱花木诗》首页

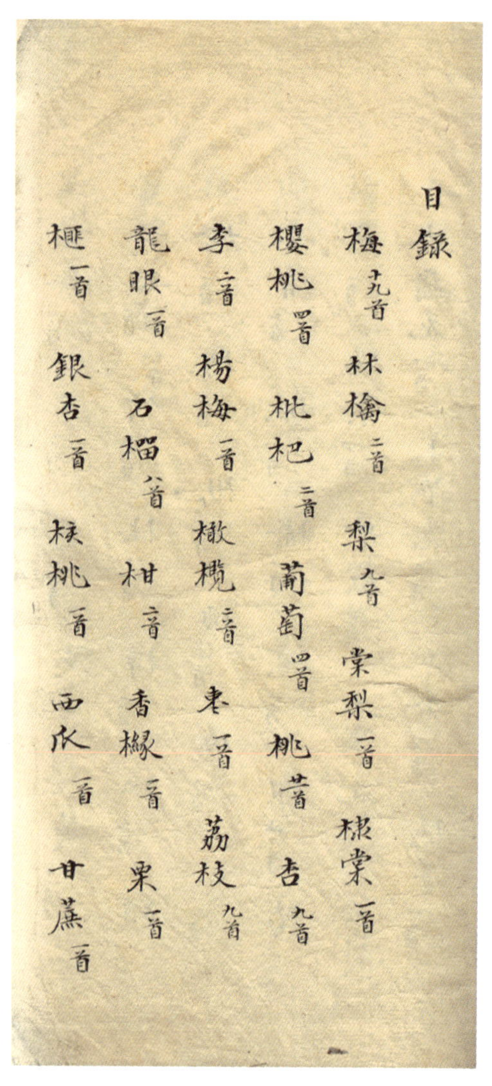

目録

梅十九首 林檎二首 梨九首 棠梨一首 棣棠一首

櫻桃四首 枇杷二首 葡萄四首 桃廿首 杏九首

李二首 楊梅一首 橄欖二首 棗一首 荔枝九首

龍眼一首 石榴八首 柑一首 香櫞一首 栗一首

榧一首 銀杏一首 核桃一首 西瓜一首 甘蔗一首

清道光十年稿本《群芳谱花木诗》目录

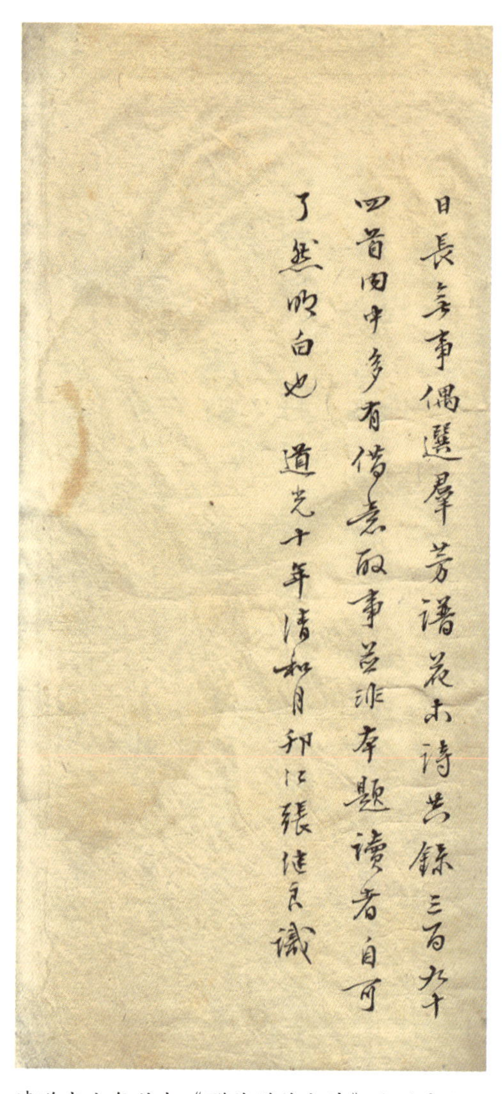

日長無事偶選羣芳譜花木詩共録三百九十四首因中多有借意敢事並非本題讀者自可了然明白也 道光十年清和月邗江張繼良識

清道光十年稿本《群芳谱花木诗》张继良题识

少年时精力旺盛且无处用力，尝将《诗经》所涉植物一一背诵，偶于人前卖弄，常常收获惊诧之声，虚荣之心得以满足。今日翻阅此书一过，目录中乍见“林檎”，却不知何物，翻至内页，其诗云：

灿灿来禽已着花，芳根谁徙向天涯。
好将青李相遮映，风味应同逸少家。

此诗题名《林檎》，题下注“一名来禽”，作者署刘仙。然吾再读一过，仍然不知此为何花，深以为耻，遂上网求解。网上资料倒也不少，其中《艺文类聚》

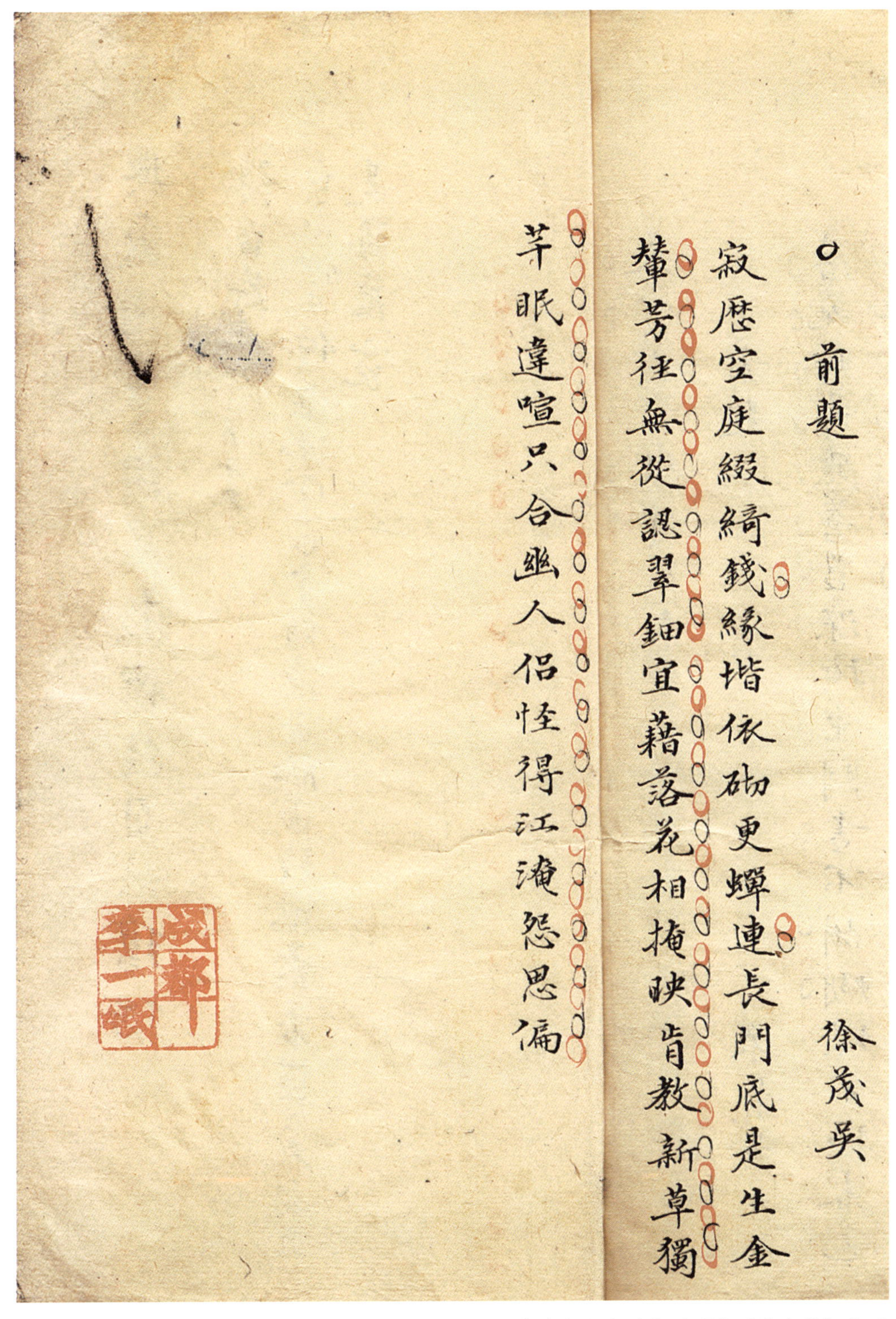

○前題　徐茂吳

寂歷空庭綴綺錢緣堦依砌更蟬連長門底是生金
輦芳徑無從認翠鈿宜藉落花相掩映肯教新草獨
芊眠違喧只合幽人侶怪得江淹怨思偏

成都李一氓

清道光十年稿本《群芳谱花木诗》内页

载晋郭义恭《广志》云："一名来禽，言味甘熟则来禽也。"看来此花结实，飞鸟喜食之。此物又名文林郎果，谓唐高宗时，李谨得五色林檎进献，皇帝大喜，赐李谨为文林郎，此果亦因之而称文林郎果。如此风雅之花果，然吾仍不知其为何物，又索图片观之，始悟即幼时乡间所见，俗称"花红"者。

林檎虽然陌生，《来禽帖》却再熟不过。张继良卷前题识自云所辑选诗作中，多有"借意事取，并非本题"者，此诗即如是也。诗题虽咏花红果，内容却是与王羲之《来禽帖》相关，此帖两行二十字："青李、来禽、樱桃、日给藤子，皆囊盛为佳，函封多不生。"是故诗中有"好将青李相遮映"句，末句"逸少"，羲之字也。明代有邢侗，字子愿，临邑（今属山东）人。性喜藏书，兼善书画，与董其昌齐名，时称"北邢南董"，晚年归隐后购地筑园，因慕王羲之，遂以"来禽馆"颜其斋，又刻《来禽馆帖》传世，可谓羲之真"粉丝"也。

此本首页钤有"一氓所藏"及"无是楼"二印，皆朱方，乃李一氓旧藏也。寒斋收得李一氓旧物若干，其藏印尚有"李一氓五十后所得""成都李一氓""一氓读书""无是楼藏书"等。据云其尚有"存在第一"印，吾未见也。此本末页尚有人以墨笔续录《咏白荷花》诗一首，字迹不类李一氓，未知何人，不敢妄猜。

李一氓藏书印"成都李一氓""一氓所藏""无是楼"

姜宸英批校、张兆兰题识《诗经》八卷

《诗经》八卷　（宋）朱熹集注

明末刻本　（清）姜宸英批校　（清）张兆兰题识　一函八册

钤：畹九（朱方）、兆兰（白方）、桑园珍藏（朱方）、醉经斋（朱方）、臣宸英印（白方）

此朱熹集注《诗经》八卷，明末刻本，前有张兆兰墨笔手书《姜西溟先生事略》，原文乃严虞惇所撰，此处略有删节，末署“光绪甲申年正月仪征张兆兰识于醉经斋”，钤有“畹九”朱方及“兆兰”白方。

张兆兰（1843—？）字畹九，号秋荪，江苏仪征人。清同治九年（1870）举人，张德彝《八述奇》一书载光绪壬寅（光绪二十八年，1902）二月十六日在上海见到张畹九兆兰，此吾所见有关张兆兰生平之最晚记录。张兆兰所著有《醉经斋诗钞》及《醉经斋词钞》各一卷。《续修四库全书总目提要》著录《醉经斋词钞》谓：“《自题填词图》云：‘绮语不须心忏悔，多半空中传恨。壮不如人，老之将至，穷达何须论。一枝词笔，写尽多少幽恨。’其言如此，故所作多艳绮之篇。”

姜宸英

检诸书，张兆兰资料见载不多，偶见某

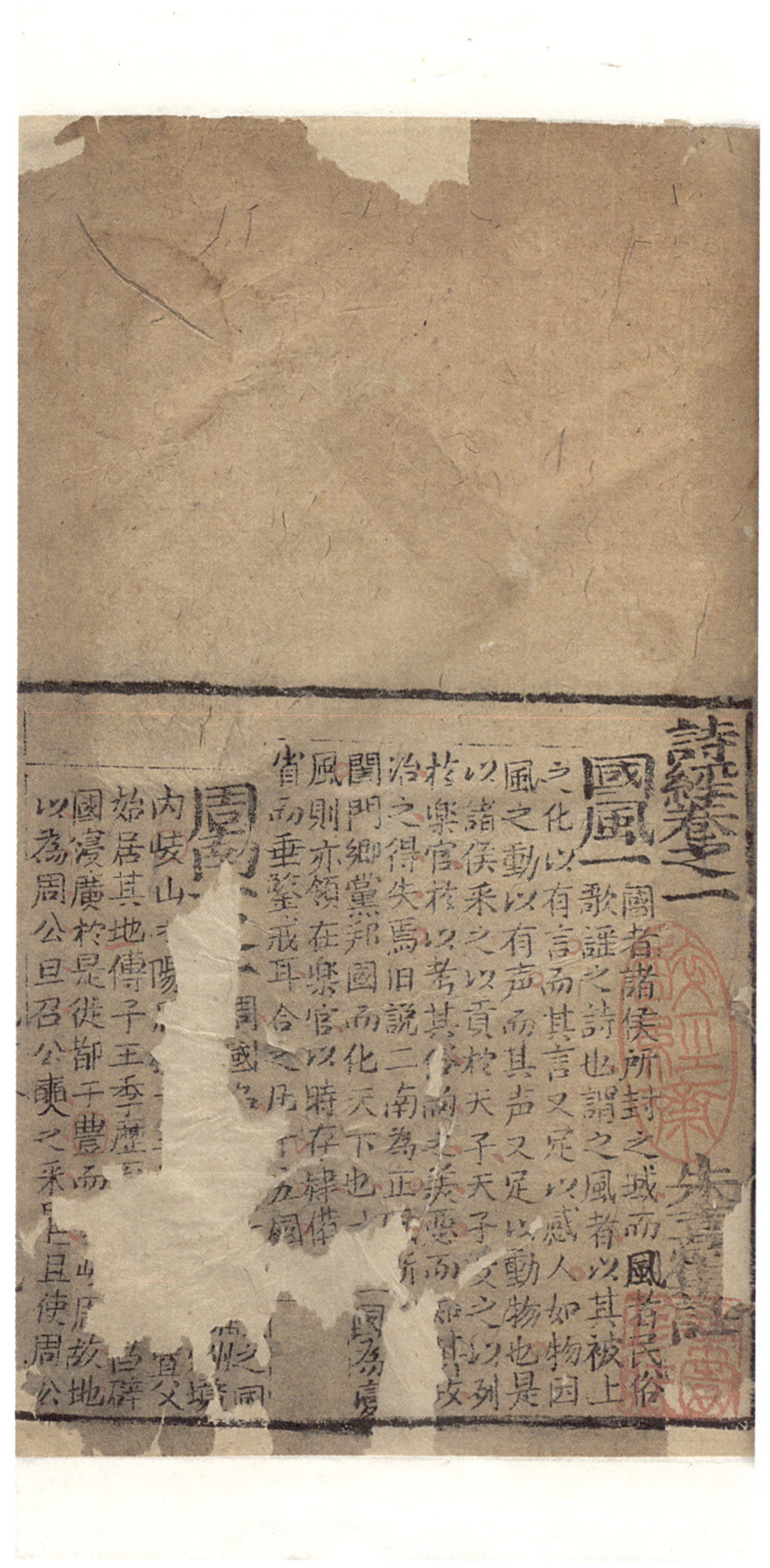

明末刻本《诗经》卷首

姜西溟先生事略

先生諱宸英字西溟一字湛園浙江慈谿人工詩古文辭精書法為諸生薦修明史食七品俸仍許與試顧先生性疏縱醉後違科場式累被斥徐尚書乾學能進退天下士平生故人並退就弟子列獨先生與為兄弟稱尚書罷官歸猶領一統志先生豫志事於是攻健庵者亦惡先

天下讀書人勸遂以第三人賜及第己卯命副修撰李蟠典順天鄉試比揭曉為御史鹿佑所糾蟠遣戍先生以目疾為同官所欺牽連下吏舉朝知其無罪未置對遽病卒先生文雅健詩宗浣花書法鍾王入神品著有江防總論海防總論各一卷葦間詩集十

明末刻本《诗经》张兆兰录《姜西溟先生事略》之一

处收其词作两阕，皆题《思归》，一为《蝶恋花》，上阕云："廿四桥边书信阻，痴对遥天，闲觅征鸿语。家在江南吾与汝，可怜不共春归去。"一为《长相思》："花也娇，月也娇。猿鹤多情向我招，羁迹等萍飘。山遥遥，水遥遥。何处扬州廿四桥，归梦付春潮。"遣词造句确多艳绮。然其词虽艳绮，情却深挚。日前翻阅陕西知府徐辰告集，乡情之切，亦漾于笔端，二者可谓异时而同在天涯也。

张兆兰于卷端书《姜西溟先生事略》，乃因卷中有姜宸英朱笔通批故。姜宸英（1628 — 1699）字西溟，一字苇间，号湛园，浙江慈溪人。康熙三十六年（1697）进士，授翰林院编修，通经史，擅古文辞、诗、词，工书法，兼精鉴赏，著有《湛园未定稿》《湛园集》《海防诗集》《江防总论》等，合为《姜先生全集》三十三卷。姜宸英尚未登科即已驰誉江表，与秀水朱彝尊、无锡严绳孙并有"江南三布衣"之称。叶方蔼总裁《明史》时，姜宸英以布衣身份荐入史馆，分撰《刑法志》，

张兆兰藏书印“醉经斋”

极言明朝三百年诏狱、廷杖、立枷及东西厂卫之害，痛彻淋漓。《中国古籍版刻辞典》“姜宸英”条载其钞本十种，皆与东林相关，如《东林点将录》《钦定逆案》及《天监录》等，彼时魏忠贤等针对东林党人用刑之酷，令人发指，诸钞本或即姜宸英撰《刑法志》之史料也。嗣后徐乾学主修《大清一统志》，亦请姜宸英参与分撰。《事略》载：“荐修《明史》，食七品俸，仍许与试。……罢官归，犹领《一统志》，先生豫《志》事。”

姜宸英一生仕途多蹇，多次参加科举，五十年间屡试屡败，待到考中进士已是古稀之年，授翰林院编修，两年后被任命为顺天乡试副主考，却因不愔官场规则，受他人牵连而下狱，最后病死狱中。陆以湉《冷庐杂识》载其：“久困名场，年七十始登第，生平呕心矮屋，艰苦备尝，故言之剀切若是。太史于康熙己卯主顺天乡试，以目昏不能视，为同官所欺，挂吏议，遂发愤死刑部狱中。吴江陈大令苌挽以诗，有‘文章旧价欣方慰，辛苦初心悔已迟’之句，盖伤之也。”今人研究古代科举，言及士子流连场屋之艰辛，常举姜宸英为例，然姜宸英最终亦有醒悟，去世前自撰挽联：“（上联）这回算吃亏受罪，只因入了孔氏牢门，坐冷板凳，作老猢狲，是只说限期弗满，竟挨到头童齿豁，两袖俱空，书呆子何足算也！（下联）此去却喜地欢天，必须假得孟婆村道，赏剑树花，观刀山瀑，方可称眼界别开，和这些酒鬼诗魔，一堂常聚，南面王无以加之。”

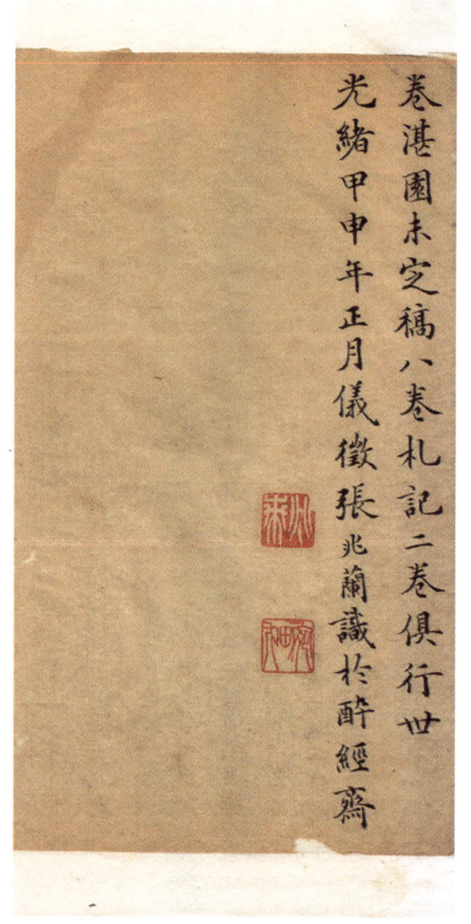

卷湛園未定稿八卷札記二卷俱行世
光緒甲申年正月儀徵張兆蘭識於酔經齋

明末刻本《诗经》张兆兰录《姜西溟先生事略》之二

张兆兰之所以称卷中朱批出自姜宸英手，乃因卷末有姜宸英题款：“康熙丙寅秋九月。慈溪姜宸英记。”下钤“臣

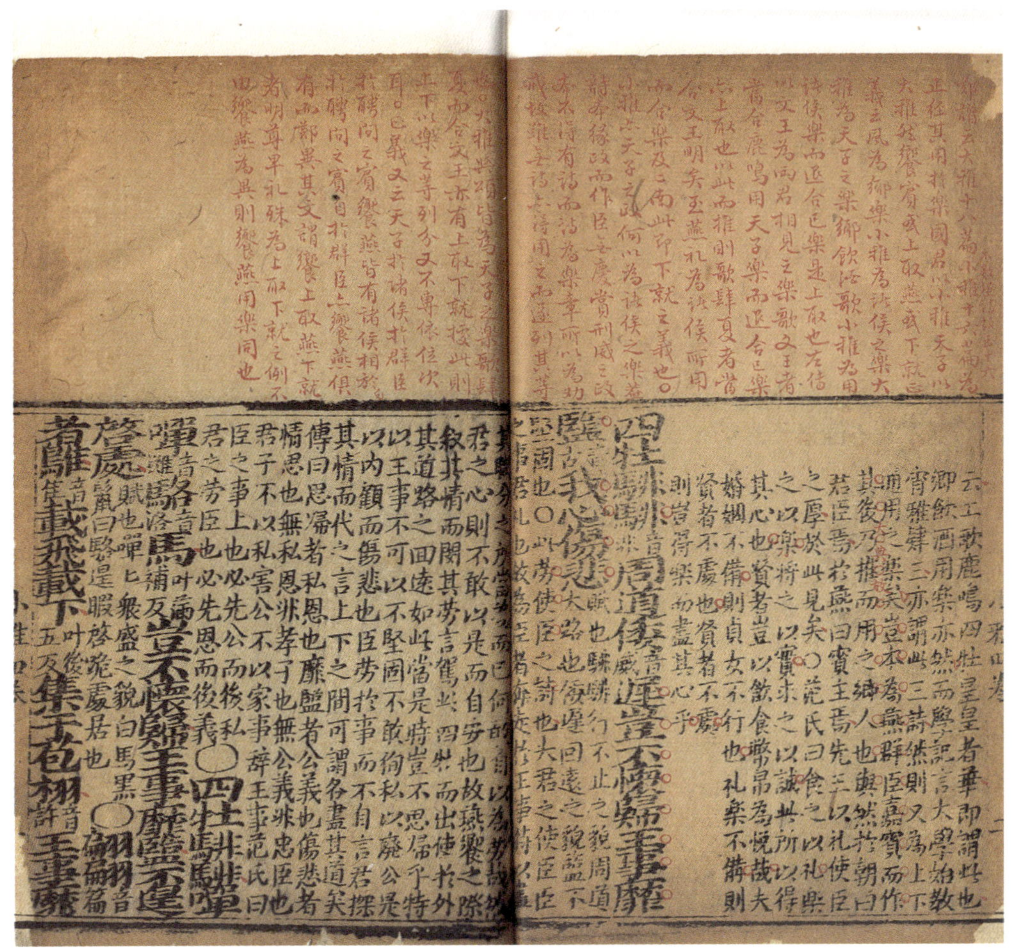

明末刻本《诗经》姜宸英批校之一

宸英印”白方。丙寅为康熙二十五年（1686），是年姜宸英五十九岁，正在参与纂修《大清一统志》。检《姜宸英年谱》，此年姜宸英诗友唱和颇密，而往来者，皆一时名家也，如春日与万斯同等游园，夏与查慎行、朱彝尊等集会，秋与高士奇和诗、与朱彝尊等联句等。此时虽未登第，却也往来无白丁，想来修志之役，并无期限相催，故于修志、唱酬之余，尚有闲情翻阅《诗经》，逐页批点。

细读姜宸英所批，则老文士无疑。姜宸英以诗古文辞及史学、书法名世，非藏书家，故其所批者，全无藏书家之“某处作某字”之校勘语。通卷读来，所批或评，或解，或云出处，或大发议论，其性情亦随之可见，尤其读到所评“谷则异室，死则同穴”句，批云：“未有生异室而死得同穴者，此咒只可牙疼。”顿时想起朱祖谋喜用“腹痛”二字，不觉失笑。朱祖谋、陈运彰、姜宸英诸人批校读来，往往于笔底眉端如见其人，音容笑貌，喜怒愤怨，皆浮出纸面，此亦吾喜读前人批校因由之一。

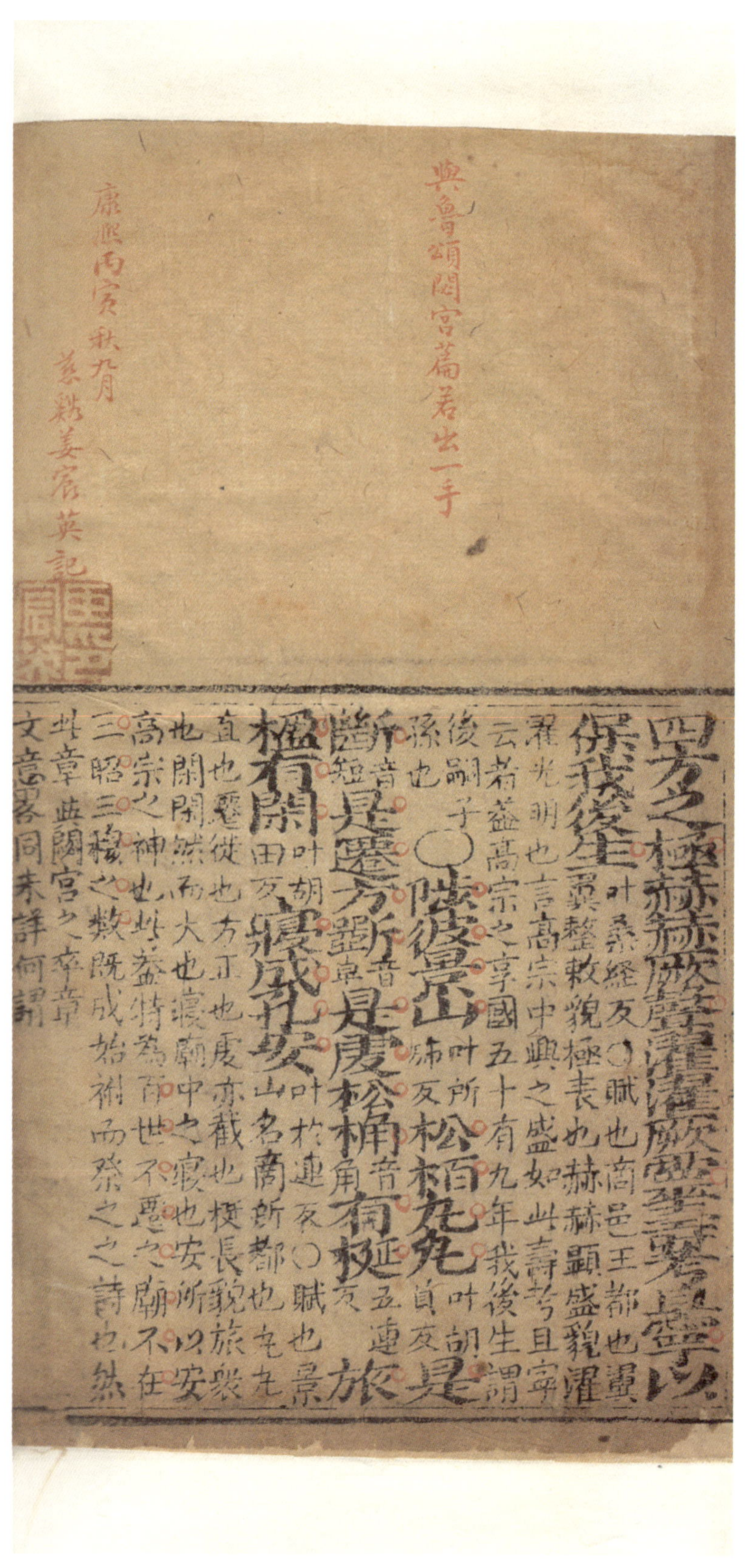

明末刻本《诗经》姜宸英尾题

如是趣意十足者，尚有批“桃之夭夭”句：“好句如仙。有云桃粗李俗者，必掴其面”；又有批“二子乘舟”句：“李郭同舟，号为仙侣，此乃如一阵黑风欲吹向罗刹鬼国”；又有批“鹑之奔奔”：“此诗须盛气怒目而读之，始见其措词应尔。”又有批“作此好歌，以极反侧”句：“放声大骂以燃犀而照浦，道家持咒所谓急急如律令者。”又有批“士之耽兮，犹可说也，女之耽兮，不可说也”句，更是利落：“若以淫妇身得度者，即现淫妇身而为说法。”凡是种种，不一而足，而于诸批语中，可见姜宸英于佛道之说并不以为意，故而时时调侃之。

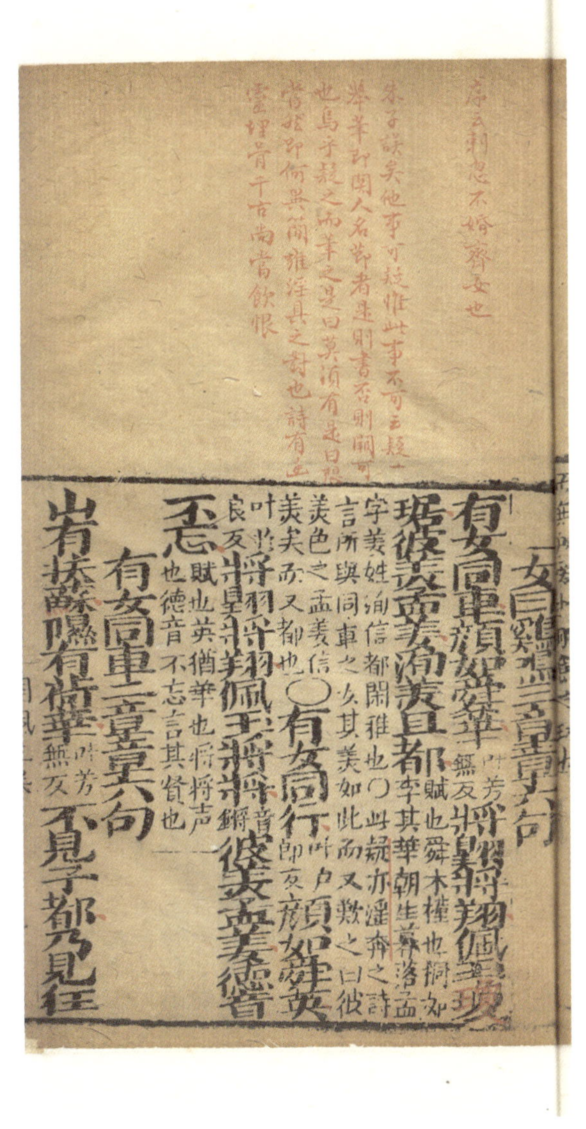
女曰雞鳴三章章六句
有女同車顏如舜華將翱將翔佩玉瓊琚
彼美孟姜洵美且都
○有女同行顏如舜英將翱將翔佩玉將將
彼美孟姜德音不忘
有女同車二章章六句
山有扶蘇隰有荷華不見子都乃見狂且

明末刻本《诗经》姜宸英批校之二

然其所批不仅有趣而已，卷中又多有分析诗作之语，其中典型者如《桑柔》：“首章言工室之凋敝，二三四章言征役者之怨辞，五章言不能用贤，而六七章言贤者之穷，八章言不能择相为此诗第一要义，九章至十三章反复言用人之不善，自此至末则穷极不善之情而斥之也。目张纲举，长篇中可一气读矣。”又有论诗与画者，《七月》批云：“画家之巧，山水人物，翎毛花卉，各擅一奇而气候行乎其中，此诗无一不备，直是化工，非画所到。”

姜宸英所批校之底本，一函八册，未见有牌记页，以行款风格观之，当为明末刻本。卷首首页首行下署“朱熹集注”，前有朱熹所作《诗传序》。朱熹大家也，历代学子皆景仰之，朱熹对于《诗经》之研究亦为后世学子历代诵读之本。然以此本批校观之，姜宸英对于朱子所注虽多赞语，亦频见不认同之处。如《有女同车》处，姜宸英批云："朱子误矣。他事可疑，惟此事不可云疑，一举笔即关人名节者。是则书，否则阙，可也。乌乎！疑之而笔之，是曰莫须有，是曰想当然，即何异简雍淫具之对也。诗有幽灵，埋骨千古。尚当饮恨。"对于"风雨凄凄，鸡鸣喈喈。既见君子，云胡不夷"一句，朱子注称"风雨晦冥，盖淫奔之时"，姜宸英对此亦颇不认可："此诗笔墨间毫无妖气，而硬坐以淫奔。与其杀不辜，宁失不经，或可容居间人解释讨饶否。"

通卷读来，姜宸英心境平和，可以想见生活之安定，彼时其虽无功名在身，却多友朋唱酬之乐。此本牌记页散失，未知刻者何人，但以版面观之，应为坊间俗刻，且多有漫漶，当是后刷之本，又有断版之处，字损不见，姜宸英遂于断版处以朱笔将损字一一填上，由此可知姜宸英购书并不讲求版本，惟读而已。《姜西溟先生事略》称其虽无官职，却因荐修《明史》，得以"食七品俸"，而据《大清会典事例》载，七品俸为一年银四十五两，米四十五斛，于京师物价而言，可谓清苦，而如此收入，自然不会再要求更多。

（附：此文写成，就教于艾俊川兄。艾兄称曾于某处看到有文章引录褚欣批校与此同，二本中必有一个为假托，然二者同时，真相亦不好说。吾未见褚欣原批，亦未检得相关信息，故存此，以待方家解惑。）

姜宸英藏书印"臣宸英印"

张兆兰藏书印"兆兰""畹九"

李承霖题记李氏郡斋钞本《出关草》一卷《辑遗》一卷《冠月楼诗》一卷《辑遗》一卷

《出关草》一卷《辑遗》一卷《冠月楼诗》一卷《辑遗》一卷　（清）季开生撰

民国二十二年（1933）李氏郡斋钞本　李承霖题记　一函一册

钤：李承霖印（朱方）、茧庐（朱方）

季开生（1627—1659）字天中，号戆臣，又号冠月，江苏泰兴人。清顺治六年（1649）进士，选翰林院庶吉士，授礼科给事中。顺治十二年（1655），乾清宫成，福临派内监前往江南采买器物，民间皆传此采买秀女，一时恐慌不已，遂纷纷嫁女，唯恐选入宫中。季开生闻听此事，上奏谏阻："从来歌舞之席，易生怠荒，历史垂戒，何庸臣赘。今当四方多警，楚闽用兵，正皇上励精图治、寝食不安之际，何不移此使以阅旅，省此费以犒军，鼓忠勇而励防剿之为愈乎？"福临当即否认采买秀女之事，辩称："太祖、太宗制度，宫中从无汉女。且朕奉皇太后慈训，岂敢妄行，即太平后尚且不为，何况今日？"随即下旨："季开生身为言官，果忠心为主，当言国家正务实事，何得以家人所闻，茫无的据之事，不行确访，辄妄捏渎奏，肆诬沽直，甚属可恶。著革职，从重议罪具奏。"因是，季开生被杖一百，流戍辽东

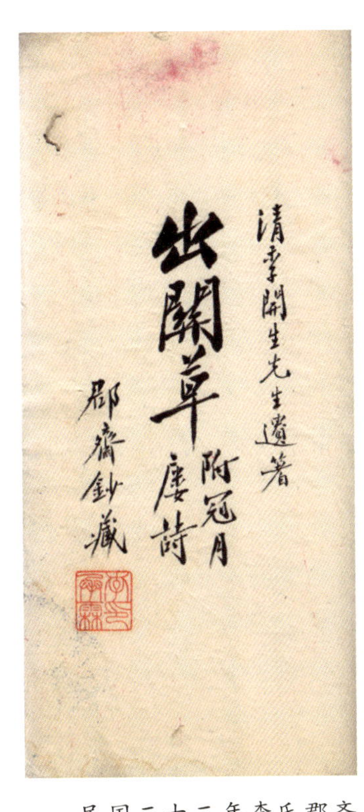

民国二十二年李氏郡斋钞本《出关草》题签

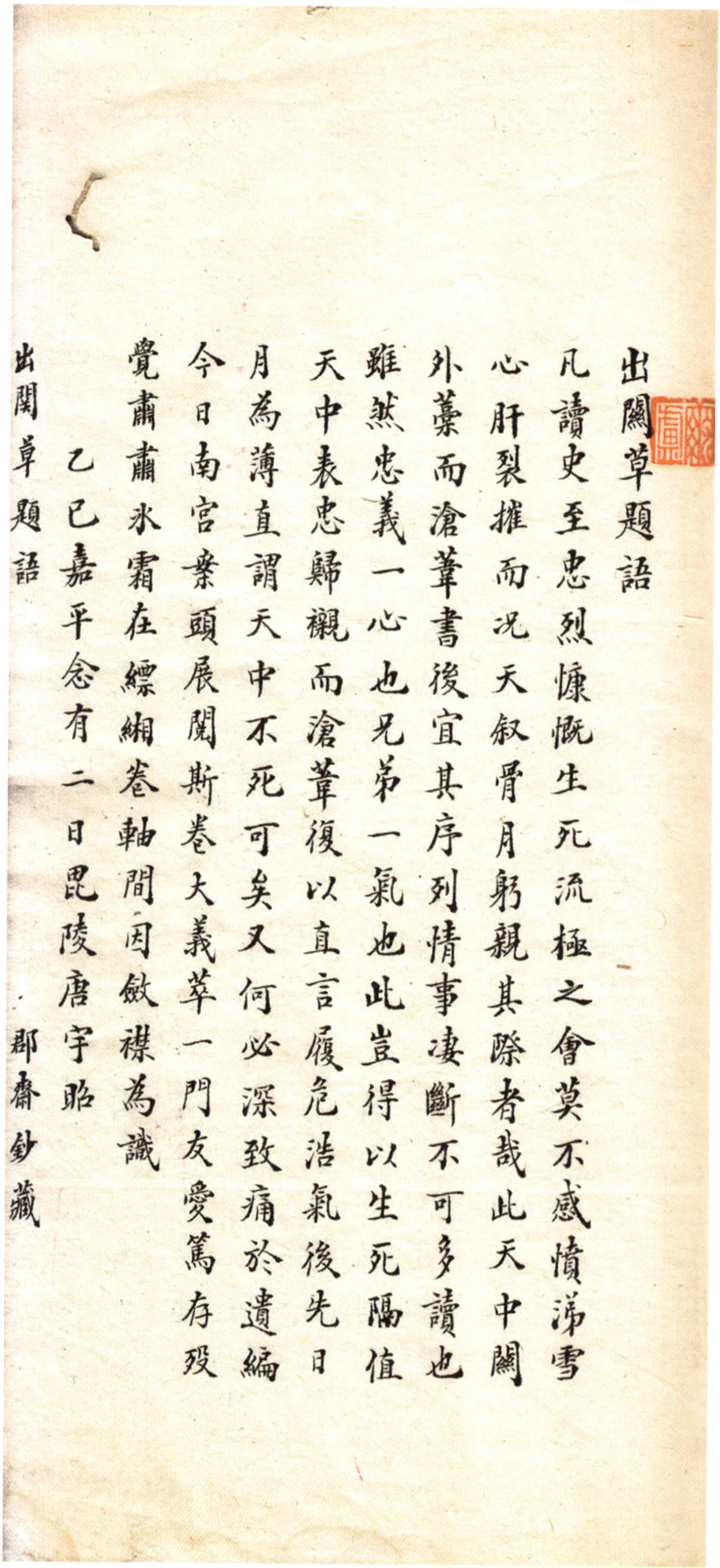

出關草題語

凡讀史至忠烈慷慨生死流極之會莫不感憤涕零心肝裂摧而况天叙骨月躬親其際者哉此天中關外藁而滄葦書後宜其序列情事悽斷不可多讀也雖然忠義一心也兄弟一氣也此豈得以生死隔值天中表忠歸櫬而滄葦復以直言履危浩氣後先日月為薄直謂天中不死可矣又何必深致痛於遺編今日南宮案頭展閱斯卷大義萃一門友愛篤存歿覺肅肅氷霜在縹緗卷軸間因斂襟為識

乙巳嘉平念有二日毘陵唐宇昭

出關草題語　郡齋鈔藏

民国二十二年李氏郡斋钞本《出关草》题语

尚阳堡（今辽宁铁岭东），阅四年，被人殴打至死。斯人斯事，遂为后世论谏臣之必道者，姜宸英甚至称其为“大清第一谏臣”。

《邓之诚文史札记》尝载此事：“（顺治）十五年谏买扬州女子，几置之法，卒戍尚阳堡。居四年，为光棍殴死，声言欲焚其尸，官司不问，疑有主使也。年三十三。撰《戆臣诗稿》二卷，为《冠月楼诗》，壬辰、癸巳间，谒假南归所作；《出关草》，作于戍所。题识者甚众，有恽格一再题语，不知何以得此于高士。”季开生诗稿名《戆臣诗稿》，凡二卷，一名《冠月楼诗》，一名《出关草》，各附《辑遗》，有康熙年间季振宜刻本，检《中国古籍善本总目》，仅著录国家图书馆有藏。寒斋所藏该书为李氏郡斋钞本，一册，前为《出关草》，《冠月楼诗》于后，署名“古延季开生天中甫著”，泰兴古称延令，雅士则多称为古延。

吾于季开生此前所知甚尠，所知者，其弟季振宜也。季振宜（1630-1673）字诜兮，号沧苇，顺治四年（1647）进士，官至浙江道御史，清初著名藏书家，江南故家之书多归其插架，室名静思堂。钱曾《读书敏求记》中跋《云烟过眼录》云：“相传彩鸾所书《韵》，散落人间者甚多。余从延陵季氏曾睹其真迹。”吴彩鸾所抄《刊谬补缺切韵》，无论从书法、装帧或藏书角度视之，皆奇珍至宝，居然曾为季振宜所得，吾等何其羡也。而季振宜所藏宋刻之本，又多有来自钱曾者，《读书敏求记》有跋《陶渊明文集》，述售书事：“丙午、丁未之交，予售书季沧苇，是集亦随之而去。每为念及，不能舍然。”《〈述古堂藏书目〉序》又记：“丙午、丁未之交，胸中茫茫然，意中惘惘然，举家藏宋刻之重复者，折阅售之泰兴季氏，殆将塞聪蔽明，仍为七日以前之混沌与？抑亦天公怜予佞宋之癖，假手沧苇，以破予之惑与？”季振宜尝将家藏宋本编成《延令宋版书目》，又有称为《季沧苇藏书目》者，著录珍籍约有千种，黄丕烈将其刻入《士礼居丛书》，今人始知季氏静思堂藏书之珍且罕。

古人有云“仁者见仁”，吾则“书者见书”，凡有诗文集在手，皆会下意识寻检卷中有无藏书故实，一旦读得诗文集中有涉及作者藏书事，而该作者之藏书故实未见有人道者，当即大喜异常，觉苍穹中又数出一粒藏书种子也。季开生与季振宜为昆仲，其父季寓庸字因是，有收藏书画之好，黄公望《富春山居图》一度为其所藏，钤有“扬州季因是收藏印”。以此家风，想来季开生亦当有藏书之好，何况［康熙］《泰兴县志》载其：“英毅清强，读书以寸计，而持躬恂恂，不以世禄之家鲜由礼。顺治已丑成进士，选翰林，谓可大发中秘之藏以快读书志。”

然吾翻阅一过，其集中却于藏书之事未见丝毫记载，看来好读书者，毕竟与嗜藏书者不同，季开生只可谓读书种子，不可当藏书种子也。

《出关草》与《冠月楼诗》因所作时间不同，内容、风格亦有所差异。《冠月楼诗》作于顺治九年（1652）至十年间，此时季开生尚在朝中任职，生活安定，所赋多有与月亮相关者，无怪其集名《冠月楼诗》。仅由诗题观之，以月为主题者，即有《舟月》《空山坐月》《秋溪见月》《武城登月》《光岳楼望月》《月夜怀家中诸弟》《拜月》《载月》，而题《舟月》者有二。他如诗题中无“月”字者，诗句中亦多有此字。其《载月》诗云：“载月虚舟夜不扃，遥闻雁语动寒汀。离骚读罢无人问，山影低窗半面青。”看来季开生不仅喜欢与月为伴，尤喜于月下泛舟。余作中又多有登山、怀人及山川风物，诗情画意弥散其间，如果没有顺治十二年事，季开生大可一生做个富贵散人。

《出关草》仅由名称即知，乃顺治十二年（1655）之后所作。是年因谏买扬州秀女事，季开生受杖一百，流放辽东尚阳堡，集中所作，多有塞北人情风物，而坐月、望月、拜月、载月诸事，则化为乌有，以月为题者更是一首也无。《出关草》与《冠月楼诗》时隔仅两三年而已，却笔调陡转，看来境遇移人，不可抗也。此时的季开生身处塞北，按常理论，当有更多怀人诗，然而诗集阅遍，怀人诗并不多见，多者却是友人往来唱和之作，涉及人物有郝雪海、戴孝臣、李龙衮、左大来、李木斋、吴雪帆、沈谦受、陈素庵、苗炼师等，全集四十余首，其中半数为交游之作，可知季开生在尚阳堡期间并不寂寞，除了生活上的艰苦，日常与在京师时同样往来无白丁。

季开生之所以不寂寞，与尚阳堡特殊的历史背景相关。流放乃清代“笞杖徒流死”五刑之一，仅次于死刑，其流放原则为“北人南流，南人北流”。据不完全统计，仅顺治、康熙两朝，流放至东北者就有十万之众，而此十万之众又多聚于宁古塔、卜奎及尚阳堡三地。这些被流放者，又多有朝廷官员、知名文士，同在异乡为刑囚，而归乡无期，难免彼此慰藉，往来频密。而此中又有一人值得说道，此人即最早流放到尚阳堡之左懋泰。

左懋泰（1597 — 1656）字韦诸，号大来，山东莱阳人。明崇祯进士，官吏部郎中，清顺治六年（1649）流放尚阳堡，顺治十三年（1656）病逝，著有《徂东集》。《出关草》中有《送左大来先生葬》，诗云：

重关不禁旅魂过，梦里看君渡塞河。

白日总悲生事少，黄泉番羡故人多。

荒台啼鸟围松柏，废苑寒云锁薜萝。

未遂首丘须浅葬，好留枯骨待恩波。

沈德潜《清诗别裁集》选季开生诗作二首，其中之一即为此，末评："宋辕文'时异灵均死亦难'，以死为幸，此云'黄泉翻羡故人多'，以死为乐，皆刻骨入髓语。"沈德潜生于太平盛世，天子宠臣，前事并非不知，不好多说而已。季开生诗云"须浅葬"，以冀望有朝一日能够尸骨还乡，古人所谓叶落归根也。顺治十七年（1660），天下大旱，福临下罪己诏，命吏部重新审查当年遭谪降之言官，其中即有季开生，随后福临降旨，准其官复原职，然季开生已于颁旨之前一年，被人殴打致死，果然只留得一副枯骨"待恩波"。因此后人论其人其诗，往往有言"诗谶"也。

季开生诗作原稿最早由其

送左大來先生葬

重關不禁旅魂過夢裡看君渡塞河白日總悲生事少黃泉番羨故人多荒臺啼鳥圍松柏廢苑寒雲鎖薜蘿未遂首丘須淺葬好留枯骨待恩波

石洞寺酬順法師

倒影嵌山海氣昏正逢新月上山門烟含石脊移龍谷潮轉峯腰帶鶴村坐破蒲團同一咲耕殘碑碣莫重論因君能信無生理為寫遥天過雨痕

遼陽道中

關連白草暮雲平東望龍樓紫氣生烽羽久停無夜

出關草　郡齋鈔藏

《出关草》之《送左大来先生葬》

弟季南宫收藏，后由季振宜付梓，多有友人题识、跋语。《出关草》前有唐宇昭、杜濬、姜宸英、杨彭龄、恽格、徐乾学、汤来贺、葛宗孟题识书序，后有季振宜、季慎行书后，其中恽格一书再书，意犹未尽。《冠月楼诗》后则有盛治跋语。恽格即恽南田，原名格，字寿平，号南田，清初著名画家。数年前吾往常州访古，探得南田墓园，不曾想突发意外，幸得全身而退，亦堪一记也。恽格题语中有详述二人交游事："往岁戊子，天中先生为诸生，赴试金陵，邂逅桃叶渡上，与余兄弟畅论弥日。越六年，余偕季弟应试入京，先生在礼垣，执弟子礼修谒，握手道故极欢。未几抗疏直谏，上震怒不测。余候先生邸舍，扬扬如平常，将赴诏狱，犹论诗三百篇、离骚、汉魏源流升降，掀髯而谈，略无愁惨之色。笑语余曰：五湖烟水与君共之耳。"此记可作邓之诚"不知何以得此于高士"注脚也。

恽格题语又述有后事："先生寓书于余，娓娓数百言，恋廷帏，念朋好，言皆凄恻，非复都下赴狱时语。呜呼！其可悲也已。"吾读此颇感戚戚，人皆血肉，奈何风霜。

季开生诗，寒斋无刻本，仅收得钞本一册，每页有"郡斋钞藏"四字，卷中钤有"李承霖印"朱方，然非道光二十年（1840）状元李承霖，盖同名耳。末有其跋语一页，述得书源流："《出关草》一卷《辑遗》一卷，《冠月楼诗》一卷《辑遗》一卷，清初邑先辈季开生先生遗著。前辈金太史蘅萱家臧手钞本。《出关草》卷首为清初诸老题语，卷末为先生弟沧苇先生书后、侄慎行后序。《冠月楼诗》卷末附盛治诗稿跋。民国二十二年夏六

民国二十二年李氏郡斋钞本《出关草》卷首

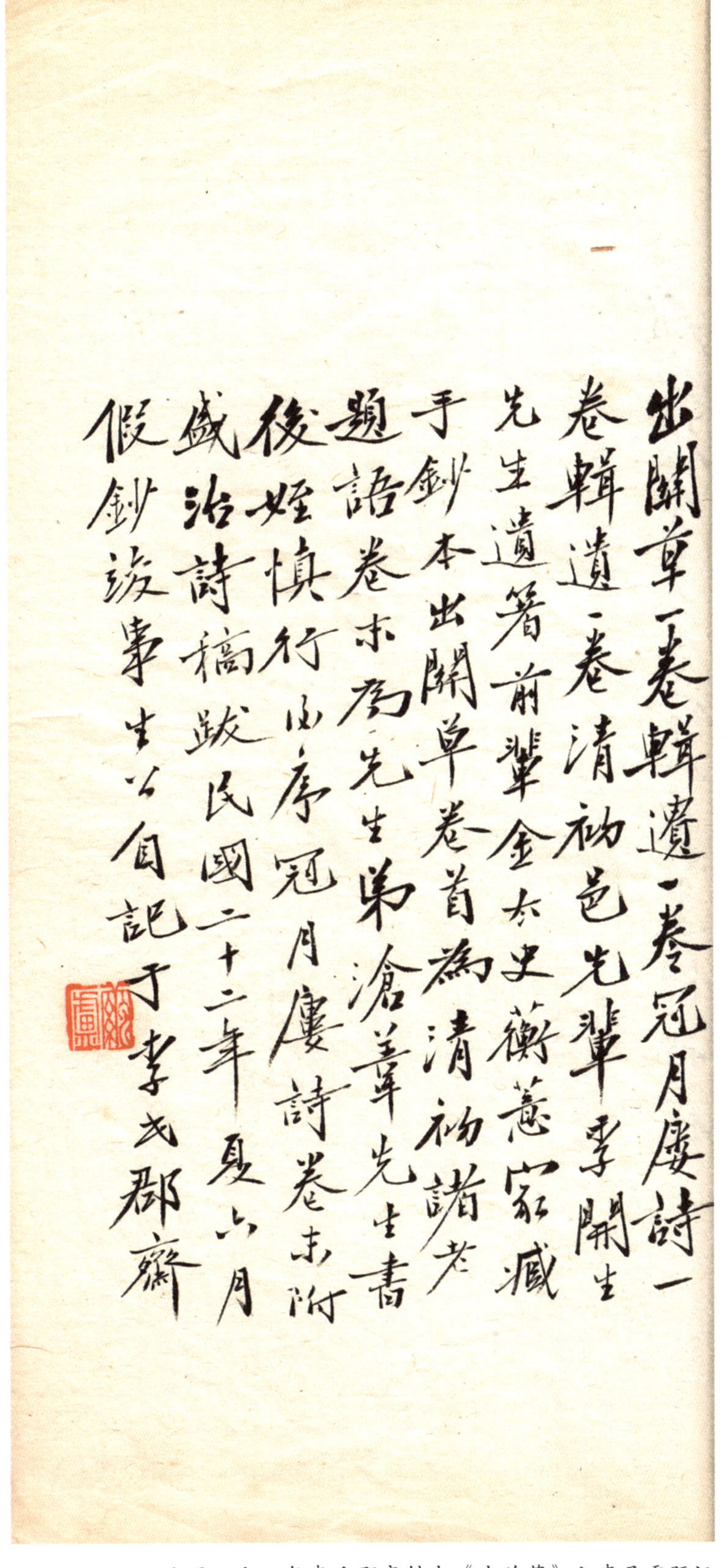

出關草一卷輯遺一卷冠月廔詩一卷輯遺一卷清初邑先輩季開生先生遺箸前輩金太史蘅意家藏手鈔本出關草卷首為清初諸老題語卷末為先生弟滄葦先生書後姪慎行小序冠月廔詩卷末附戚治詩稿跋民國二十二年夏六月假鈔竣事生公自記于李氏郡齋

民国二十二年李氏郡斋钞本《出关草》之李承霖题记

月假钞竣事。生公自记于李氏郡斋。”末钤“茧庐”朱方。因知书此跋语之李承霖，号茧庐，亦江苏泰兴人，民国间曾为某地小吏，此本则为其自同邑前辈金钺家藏钞本抄来者。

此跋语后页又有一行，题“郡斋据金太史家藏手抄本抄季氏家刊本校”，因知李承霖自金钺处抄得此本后，又觅得季振宜所刻之本据以校字，而其校字方式，又非常见以正字书于眉端者，而是以小浮签书正字后，夹于是页处，如“第四行，熟误孰”或“第六行，麈误塵”。如此行事，在吾看来无疑是藏书家行径，惜无以知此人更多细节，亦一憾也。

李承霖藏书印“李承霖印”“茧庐”

木樨轩旧藏明钞本《谢宣城诗集》五卷

《谢宣城诗集》五卷　（南朝齐）谢朓撰

明天启二年（1622）钞本　一函二册

钤：李盛铎家藏文苑（白方）、木樨轩藏书（朱方）、木斋宋元秘笈（朱方）、李盛铎印（中白方）、李盛铎印（小白方）、木斋读过（朱方）、麟嘉馆印（朱方）、木斋真赏（朱方）、庐山李氏山房（朱方）、木斋审定善本（朱方）、德化李氏凡将阁珍藏（朱方）、李盛铎读书记（白方）、李滂（白方）、少微（朱方）

木樨轩旧藏，寒斋略备几部，此为其一。明天启二年（1622）钞本《谢宣城诗集》五卷，卷中钤印累累，多为木樨轩主人李盛铎印，计十二方，分别为“李盛铎家藏文苑”白方、“木樨轩藏书”朱方、“木斋宋元秘笈”朱方、“李盛铎印”白方（大小二款），“木斋读过”朱方、“麟嘉馆印”朱方、“木斋真赏”朱方、“庐山李氏山房”朱方、“木斋审定善本”朱方、“德化李氏凡将阁珍藏”朱方及“李盛铎读书记”白方，卷末又有其子李滂印，分别为“李滂”白方及“少微”朱方，可知是父子递传之物。

李盛铎

该书作者谢朓（464 — 499）字玄晖，陈郡阳夏（今河南太康）人。少年好学，素有美名，颇受南朝齐随郡王萧子隆、竟陵王萧子良等赏识，入诸王幕府。齐武帝永明初年，任太尉参军，明帝时任宣城太守。东昏侯永元元年（499），因反对始安王萧遥光篡权而遇害，年仅三十六岁。谢朓乃著名山水诗人谢灵运族孙，因为两人皆喜作山水诗，且风格相近，故有“大小谢”之说，李白诗云：“蓬莱文章建安骨，中间小谢又清发。”诗中“小谢”即指谢朓，又因其曾任宣城太守，故有“谢宣城”之称。

谢朓诗集最早于《隋书·经籍志》即有著录：“齐吏部郎《谢朓集》十二卷，《谢朓逸集》一卷。”随后卷数愈传愈少。《旧唐书·经籍志》《新唐书·艺文志》及晁公武《郡斋读书志》均著录为十卷，《宋史·艺文志》著录该书十卷本之外，又有《诗》一卷。《郡斋读书志》称：“《文选》所录朓诗仅二十首，集中多不载，今附入。”可知十卷本已非足本，然此十卷本自南宋后即已失传，今日所见者多为五卷本，版本颇多，大多袭南宋绍兴二十七年（1157）宣州知州楼炤所刻五卷本而下，而楼炤序言中详细述有刻书始末，以及缘何仅刻五卷：“余至郡，视事之暇，裒取郡舍石刻并《宣城集》所载谢诗，才得二十余首，继得蒋公之奇所集小谢诗，以昭亭庙、叠嶂楼、绮霞阁所刻，及《文选》《玉台新咏》本集所有，合成一编，共五十八篇，自谓备矣。然小谢自有全集十卷，但世所罕传，如宋海陵王墓志，集中有之，而《笔谈》乃曰，此铭集中不载。盖虽存中之博，亦未之见也。而余家旧藏偶有之。考其上五卷，赋与乐章之外，诗乃百有二首，而唱和联句，他人所附见者不与焉，以是知蒋公所谓本集者非全集矣。于是属之僚士，参校谬误，虽是正已多而无他本可证者，故犹有阙文，锓版传之，目曰《谢宣城诗集》。其下五卷则皆当时应用之文，衰世之事，其可采者已载于本传、《文选》，余视诗劣焉，无传可也，遂置之。”

检《中国古籍善本总目》，该书宋刻已不见著录，然宋刻残本在民国年间尚能得见，为江苏宝应藏书家刘启瑞所藏，据云现存台湾。民国二十二年（1933），张元济在上海商务印书馆主持影印《四部丛刊初编》时，集部诸书中即有《谢宣城诗集》，而其所用底本，则是李盛铎所藏影宋钞本以及刘启瑞所藏宋刻残本。《张元济傅增湘论书尺牍》中，详细录有为影印该书商借底本之事。是年闰五月二日，傅增湘致信张元济，向其建议将《谢宣城诗集》影印出版，汇入《四部丛刊》：“友人刘翰臣有宋刊《谢宣城集》一部，只存上半，曾经借校，甚佳。李木老有影宋本全帙。刻下刘君欲借木翁之本影钞补足，而木翁只许借照，不愿写影，因其为日延久也。而刘君势不能专为此半部摄照。刻下侍以为此书孤本，易于销行，可否由馆中派人摄木翁之半部，将来以刘氏宋本足之，印入丛书，岂非两全之策。

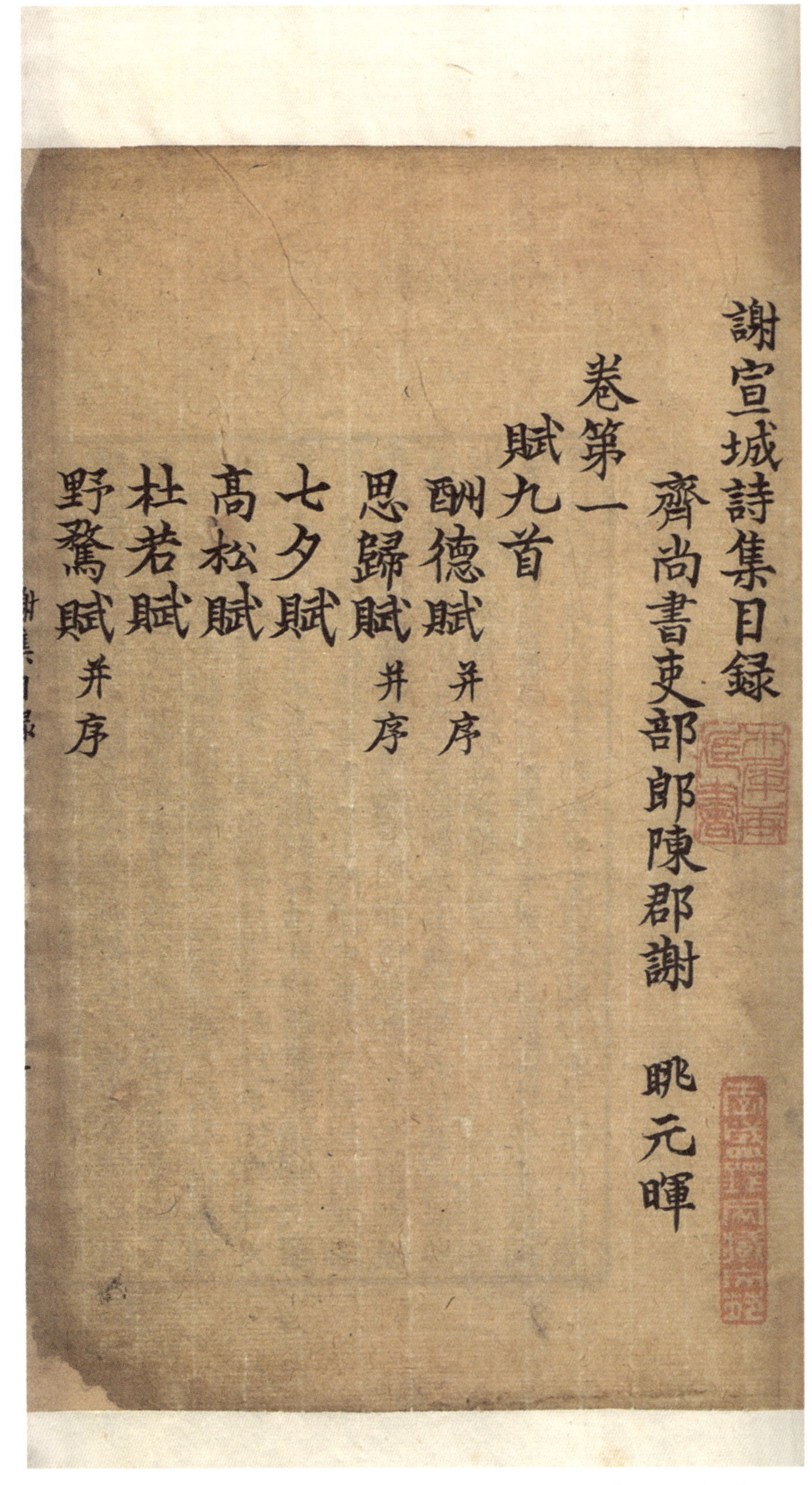

謝宣城詩集目録

齊尚書吏部郎陳郡謝　朓元暉

卷第一

賦九首

酬德賦并序

思歸賦并序

七夕賦

高松賦

杜若賦

野鶩賦并序

明天启二年钞本《谢宣城诗集》目录

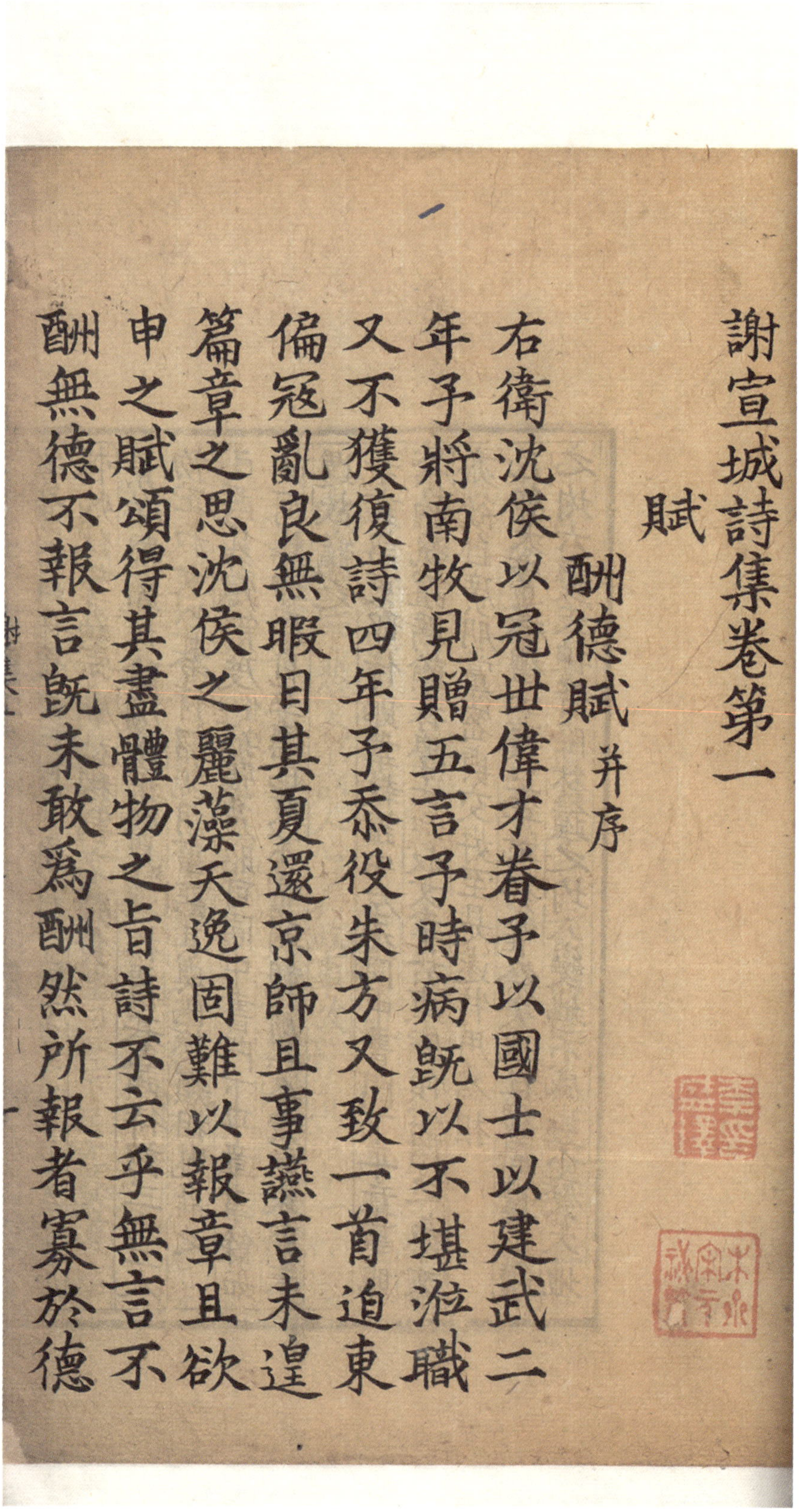

謝宣城詩集卷第一

賦

酬德賦 并序

右衛沈侯以冠世偉才眷予以國士以建武二年予將南牧見贈五言予時病既以不堪涖職又不獲復詩四年予忝役朱方又致一首追東偏冠亂良無暇日其夏還京師且事讌言未遑篇章之思沈侯之麗藻天逸固難以報章且欲申之賦頌得其盡體物之旨詩不云乎無言不酬無德不報言既未敢爲酬然所報者寡於德

明天启二年钞本《谢宣城诗集》卷首

李盛铎藏书印“木犀轩藏书”“木斋读过”“麟嘉馆印”

已询之刘君，亦愿借与馆中出版。至如何报酬，照从前侍之办法亦可。六朝人以前文集宋本存者只曹子建、陆士龙及此耳。陆集似亦可借印也。公如谓然，乞示知，并告伯恒设法去照为要。”

藏园此札很快即有回音，七月一日，张元济复信：“李木老允借出影宋抄《谢宣城集》下册与本馆照相。刘翰翁亦愿以所藏宋本上册借照，配成完璧，由本馆发行。商之同人，可以遵办。业已知照孙君。请取到后交付。但现在印刷能力远不如前，且毁去之书不及排板者，大都代以石印，尚有《百衲本廿四史》今年必须印出若干种。再加以《四库全书》之一千五百本，又须占去印力若干，故照成之后，出版不能甚快，但打样一两部，俾刘君先行配合。俟将来印成发行之日，馆中拟酬书二十部，刘李二家各得十部，或另行支配，均候卓裁。”

张元济此信甚长，此处仅截取有关《谢宣城集》部分，虽仅二百余字，却足见其珍惜寸阴。彼时东方图书馆被日本轰炸年余，艰辛百倍于前，吾每见与之相关记载、字句，皆胸中隐隐作痛。由此信，又知彼时商务印书馆影印《四部丛刊》，对于出借底本者，酬例为赠书十部。然李盛铎显然对此酬不甚满意，并托傅增湘代为转达。是年七月二十九日傅增湘致张元济信中称：“《谢宣城集》影宋本，在津谒李木师，允借出印照。回京后即由刘氏取得宋刊残本，并交伯恒，属其提前摄影（按原书尺寸），以便还之。惟酬赠十部，木师似意犹未足，或加赠十部何如(即李刘二家每人廿部)？此节总易商量也。”而吾心服张元济者，亦在于此——无论交情如何，该执着者绝不退步。张元济在八月五日的回信中，坚定而且温和地拒绝此请：“至酬书之例，向仅十部。此时成本加重，销路缩少，难于增益。主者属为代陈，并乞婉达。”

今检《木樨轩藏书题记及书录》，著录有谢朓诗集两部：一为明嘉靖黎晨刻本《谢宣城集》；另一为明末虞山毛氏汲古阁影写宋刻本，此本著录甚详：“《谢宣城诗集》五卷。齐谢朓撰。影宋抄本（明末虞山毛氏汲古阁影写宋刻本）：半叶十行，行十八字。目录标题次行低三格题‘齐尚书吏部郎谢朓元晖’，‘朓’字上空一格；三行低一格‘卷第一’；四行低二格‘赋九首’；五行低三格‘酬德赋’，傍注‘并序’二字。卷一标题次行低三格‘赋’，三行低四格‘酬德赋’。以下均同。末有绍兴丁丑（二十七年）七月东阳楼炤题，后嘉定庚辰（十三年）鄱阳洪伋识语，并半叶八行，行十五字。前后有‘东吴毛氏图书’朱文长方印，‘宋本’朱文长圆印，‘甲’朱文长方印，‘子晋书印’‘汲古得修绠’‘汲古主人’‘毛

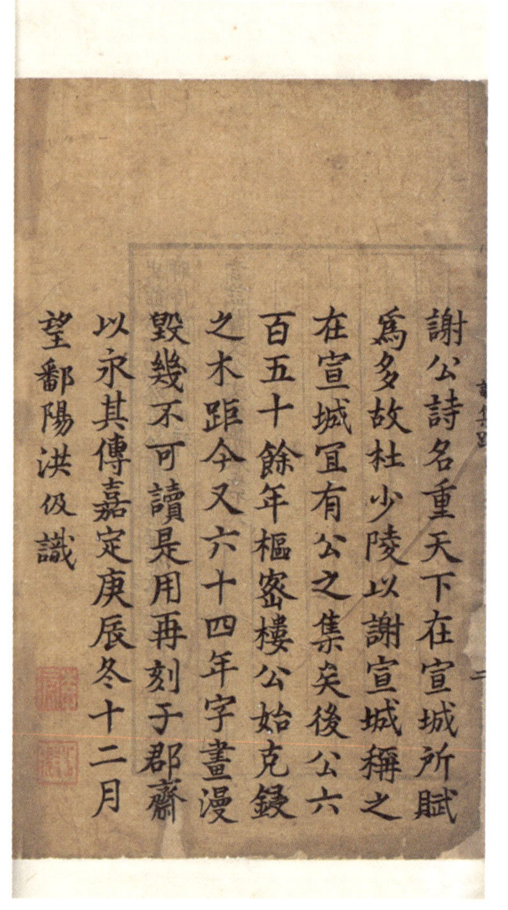

謝公詩名重天下在宣城所賦
爲多故杜少陵以謝宣城稱之
在宣城宜有公之集矣後公六
百五十餘年樞密樓公始克録
之木距今又六十四年字畫漫
毀幾不可讀是用再刻于郡齋
以永其傳嘉定庚辰冬十二月
望鄱陽洪伋識

《谢宣城诗集》洪伋识语

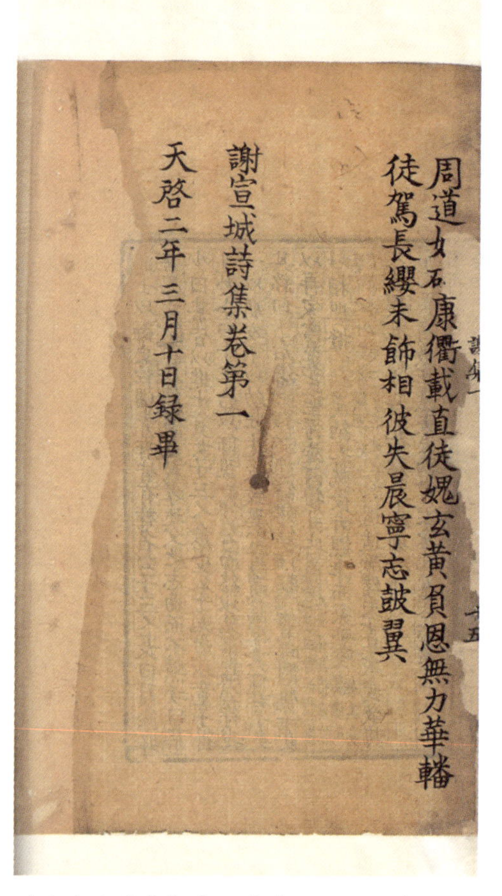

周道如砥康衢載直徒媿玄黄負恩無力華輶
徒駕長纓未飾相彼失晨寧忘鼓翼
謝宣城詩集卷第一
天啓二年三月十日録畢

《谢宣城诗集》卷一末有“天启二年”款

氏子晋’‘毛晋之印’‘汲古阁’朱文各方印。”

然此本并非李盛铎借给商务印书馆影印之底本，今检《四部丛刊》本《谢宣城诗集》，虽然牌记页亦称“景印明依宋钞本”，行格却是十行二十字，而毛晋汲古阁钞本为十行十八字。

寒斋所得钞本亦李盛铎木樨轩旧藏，除无毛晋诸印外，行格一如著录，惟作者项多“陈郡”二字，为“齐尚书吏部郎陈郡谢朓元晖”，余皆同。《木樨轩藏书题记及书录》乃张玉范先生据李盛铎手稿整理，据前言所述，李氏原稿字体、墨色不一，许多书页上方题有“初编”字样，文中勾画涂抹亦不少，故此二字之别，或是李氏初稿未及审定之故。寒斋所藏钞本亦五卷，每卷末有抄书年月，卷一末为“天启二年三月十日录毕”，卷二末为“天启二年三月十六日录毕”，卷三末为“天启二年三月廿三日录毕”，卷四末为“天启二年三月廿八日录毕”，卷五末为“天启二年四月五日录毕”，书后有楼炤题记及洪伋识语，每卷首页皆钤有

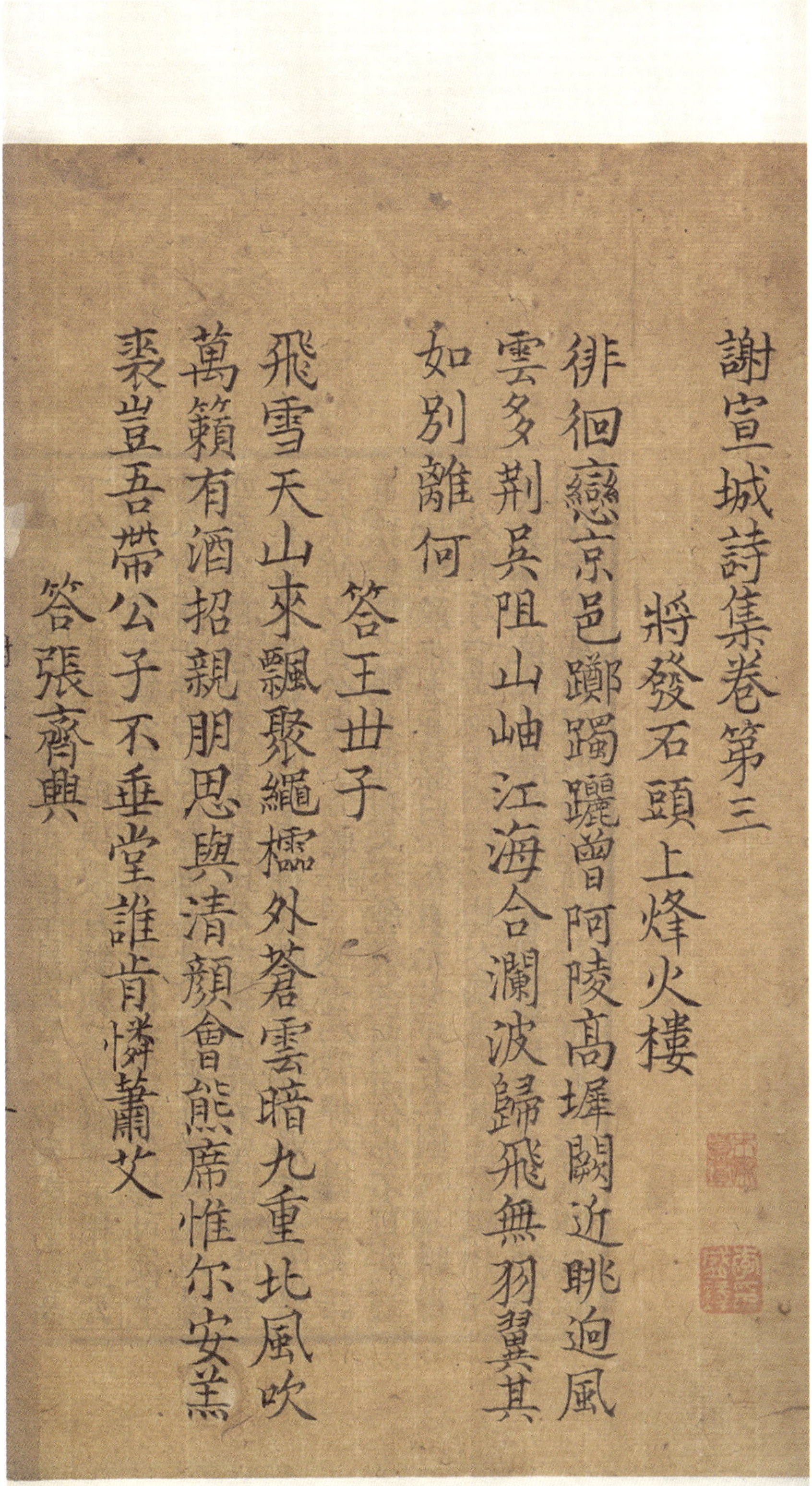

谢宣城詩集卷第三

將發石頭上烽火樓

徘徊戀京邑躑躅躧曾阿陵高墀闕近眺迴風雲多荆吳阻山岫江海合瀾波歸飛無羽翼其如別離何

答王世子

飛雪天山來飄聚繩櫺外蒼雲暗九重北風吹萬籟有酒招親朋思與清顏會態席惟尔安羔裘豈吾帶公子不垂堂誰肯憐蕭艾

答張齊興

明天启二年钞本《谢宣城诗集》卷三

李滂藏书印“李滂”“少微”

不同藏章，总计十二方之多，足见李盛铎于该书之宝爱。

李盛铎于此钞本如斯宝爱，却在《木樨轩藏书题记及书录》中未见著录，初时吾略有诧异，略一思之，既而释疑。木樨轩藏书富极，而《木樨轩藏书题记与书录》仅是据未完成之初稿整理而成，李盛铎来不及写至此本，亦在情理之中。而傅增湘也许曾为影印《谢宣城诗集》作伐之故，在《藏园群书题记》中对于该书著录甚详，不仅跋该书宋本，又跋其所知见诸本，其中影印入《四部丛刊》者，名为“明影宋本”，跋云：“今藏上海涵芬楼，旧为毛子晋、季沧苇、徐健庵递藏，曾影

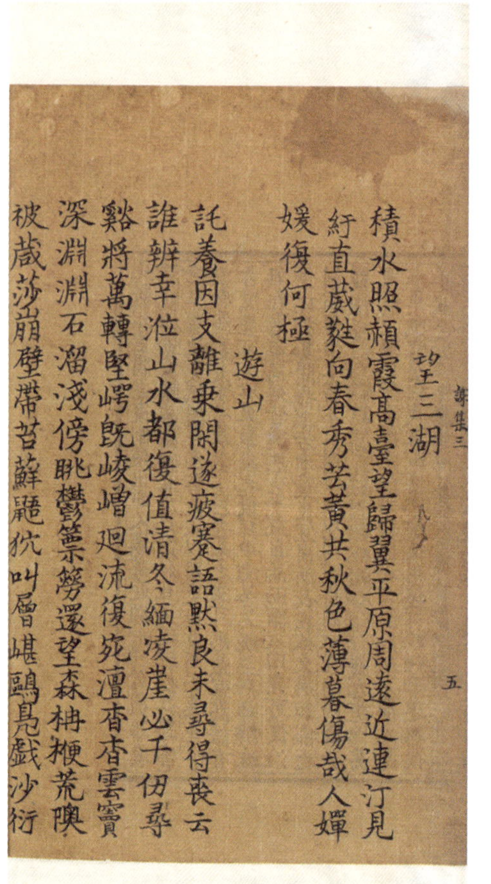

謝集三　五

望三湖

積水照赬霞高臺望歸翼平原周遠近連汀見紆直葳蕤向春秀芸黃共秋色薄暮傷哉人嬋媛復何極

遊山

託養因支離乘閑遂疲蹇語默良未尋得喪云誰辨幸涖山水都復值清冬緬凌崖必千仞尋谿將萬轉堅崿既崚嶒迴流復宛澶杳杳雲竇深淵淵石溜淺傍眺鬱篻簩還望森柟㮕荒隩被葳莎崩壁帶苔蘚鼯狖叫層嵁鷗鳧戲沙衍

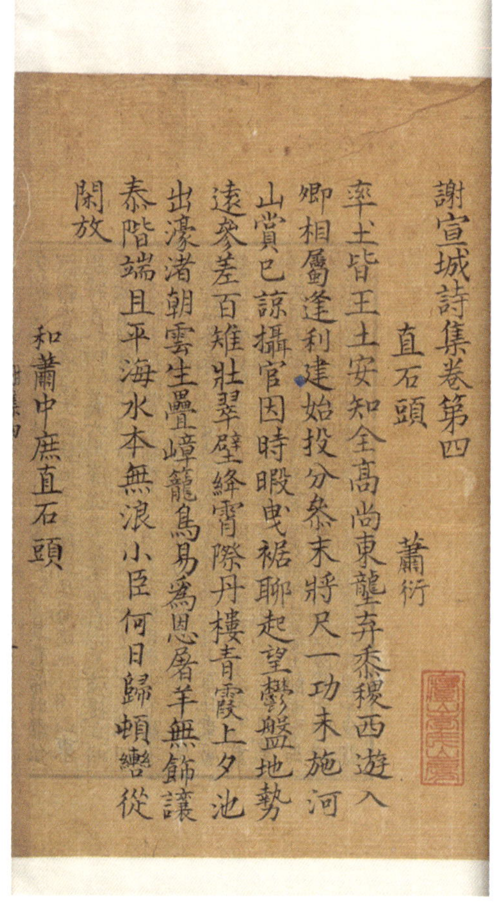

謝宣城詩集卷第四

直石頭　蕭衍

率土皆王土安知全高尚東龕弃黍稷西遊入卿相屬逢利建始投分參末將尺一功未施河山賞已諒攝官因時暇曳裾聊起望鬱盤地勢遠參差百雉壯翠壁絳霄際丹樓青霞上夕池出濠渚朝雲生疊嶂籠鳥易為恩屠羊無飾讓泰階端且平海水本無浪小臣何日歸頓轡從閑放

和蕭中庶直石頭

明天启二年钞本《谢宣城诗集》内页

李盛铎藏书印“李盛铎读书记”“德化李氏凡将阁珍藏”

印入《四部丛刊》行世。取宋本一核，其次第皆循旧式，而行款已改为十行二十字。”此本于《木樨轩藏书题记及书录》中亦未见著录。

对于李盛铎著录之本，藏园命名为“影宋本谢宣城集”，跋文分为两部分，上半部分为描述，与李盛铎著录大同小异，又称：“用薄棉纸画乌丝阑，按宋刊点画摹出，其笔墨未为精丽，在汲古影写本中尚非上选。然气息雅静，后来钱、席诸家精心仿造，顾犹未必逮此也。”此跋下半部分，则主要辨字句之异同：“……兹据影宋本以校后三卷，则异字又复迭见。即以卷三言之，如：‘其如离别何’，影宋本作‘别离’；‘江海含澜波’，影宋本作‘合澜波’；‘宸景厌昭临’，影宋本作‘照临’；‘奔璧带苔藓’，影宋本作‘奔壁’，‘会是共治情’，影宋本‘治’下注‘一作怡’；‘凉蒹乘暮晰’，影宋本作‘凉薰’；‘风振蕉蓬裂’，影宋本作‘蕉蓬’”。岂抱经所见为别一宋本耶？……”

吾读至此，遂将寒斋所藏钞本与藏园所述逐一比对，卷中字句歧异讹误处竟然与藏园所述大半相合，仅一处有异，其云“奔璧带苔藓”处，寒斋所藏钞本为“崩壁带苔藓”，而显然寒斋所藏钞本为是。种种迹象，综合思之，寒斋所得钞本当与毛晋汲古阁钞本同出一底本，傅增湘云“后来钱、

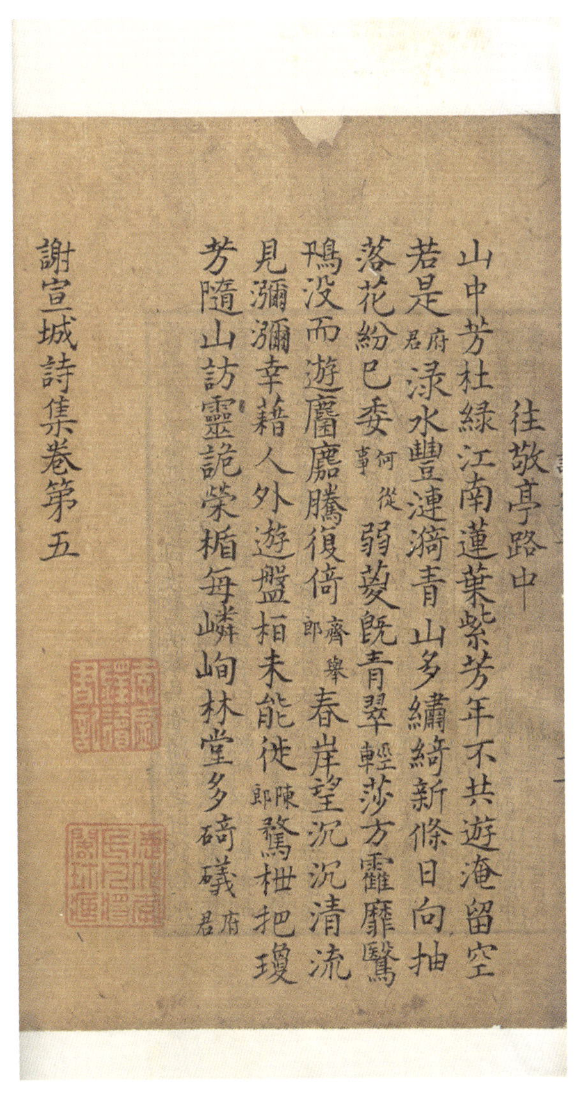

往敬亭路中

山中芳杜綠江南蓮葉紫芳年不共遊淹留空若是府君淥水豐漣漪青山多繡綺新條日向抽落花紛已委何從事弱葼既青翠輕莎方靃靡鷺鶩沒而遊麏麚騰復倚齊舉郎春岸望沉沉清流見瀰瀰幸藉人外遊盤桓未能徙陳郎鷲枏把瓊芳隨山訪靈詭榮楯每嶙峋林堂多碕礒府君

謝宣城詩集卷第五

明天启二年钞本《谢宣城诗集》卷中钤印累累

席诸家精心仿造”，此本或即钱、席诸家仿造之一，而仿造者亦藏书之家，故知“奔壁”乃“崩壁”之误，于抄录时予以修正。而此本虽非汲古阁所抄，毕竟也是明天启二年（1622）之物，故李盛铎对该书十分宝爱，钤印累累，并且每一印皆不同。此本又曾经装池，所衬书纸乃民国二十三年（1934）文禄堂所刻《音注韩文公文集》，此绝非今人手笔也。

李盛铎藏书印“李盛铎家藏文苑”“庐山李氏山房”“李盛铎印”“木斋宋元秘笈”

方功惠题记《杜诗阐》三十三卷

《杜诗阐》三十三卷　（清）卢元昌撰

清康熙二十一年（1682）序刻本　（清）方功惠题记　一函十册

钤：巴陵方氏碧琳琅馆珍藏书籍（朱方）、方功惠印（白方）、柳桥（朱方）、巴陵方氏碧琳琅馆藏书（白方）、方功惠藏书印（朱方）、拓开万古心胸（白椭）、东海扶风（白圆）、伏波之裔（半朱半白）、敬六（朱方）、蒲文玮（朱方）、扶风世家（白方）、我思古人（朱椭）、珍藏（白圆）、青天白日（朱椭）、寸心千古（白椭）、方家书库（朱方）、柔克堂（朱圆）、马伯子印（白方）

清代杜诗学研究盛况空前，现存清代杜诗注本计有一百四十多种，其中不乏出自大家者，如金圣叹《杜诗解》、钱谦益《钱注杜诗》、朱鹤龄《杜工部诗集辑注》、李长祥《杜诗编年》、顾宸《辟疆园杜诗注解》、洪仲《苦竹轩杜诗评律》、仇兆鳌《杜诗详注》及卢元昌《杜诗阐》等，诸书所注角度各有倚重，或在诗意，或在音律，或在训诂，或在编年，不一而足。

此卢元昌注《杜诗阐》三十三卷，又名《思美庐杜诗阐全集》。卢元昌（1616 — 1696）字文子，号半林居士，华亭（今上海松江）人。明诸生，入清后因受顺治十八年（1661）江南奏销案影响，一生未曾出仕，老来又遭丧子之痛，困顿一生。所著有《春秋分国左传》《思美庐稿》《半林稿》《鼓𧉮稿》《思美庐删存诗》及《杜诗阐》等。董含《三冈识略》

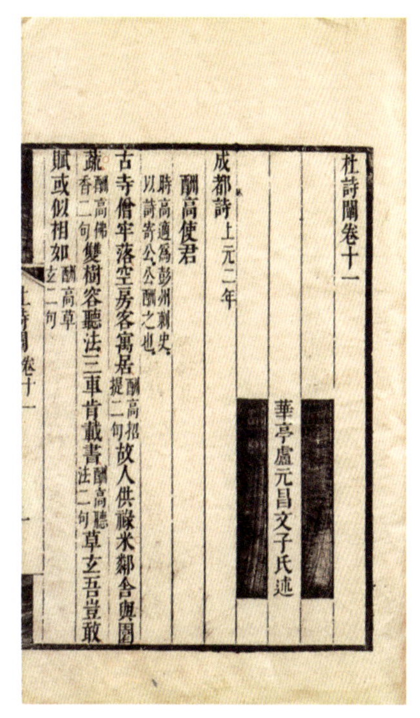

杜詩闡卷十一

華亭盧元昌文子氏述

成都詩 上元二年

酬高使君

時高適爲彭州刺史，以詩寄公，公酬之也。

古寺僧牢落，空房客寓居。酬高招提二句 故人供祿米，鄰舍與園蔬。酬高佛香二句 雙樹容聽法，三車肯載書。酬高聽法二句 草玄吾豈敢，賦或似相如。酬高草玄二句

杜詩闡卷十一

芷兰斋所藏《杜诗阐》作者项两侧尚未剜刻，仍为墨等

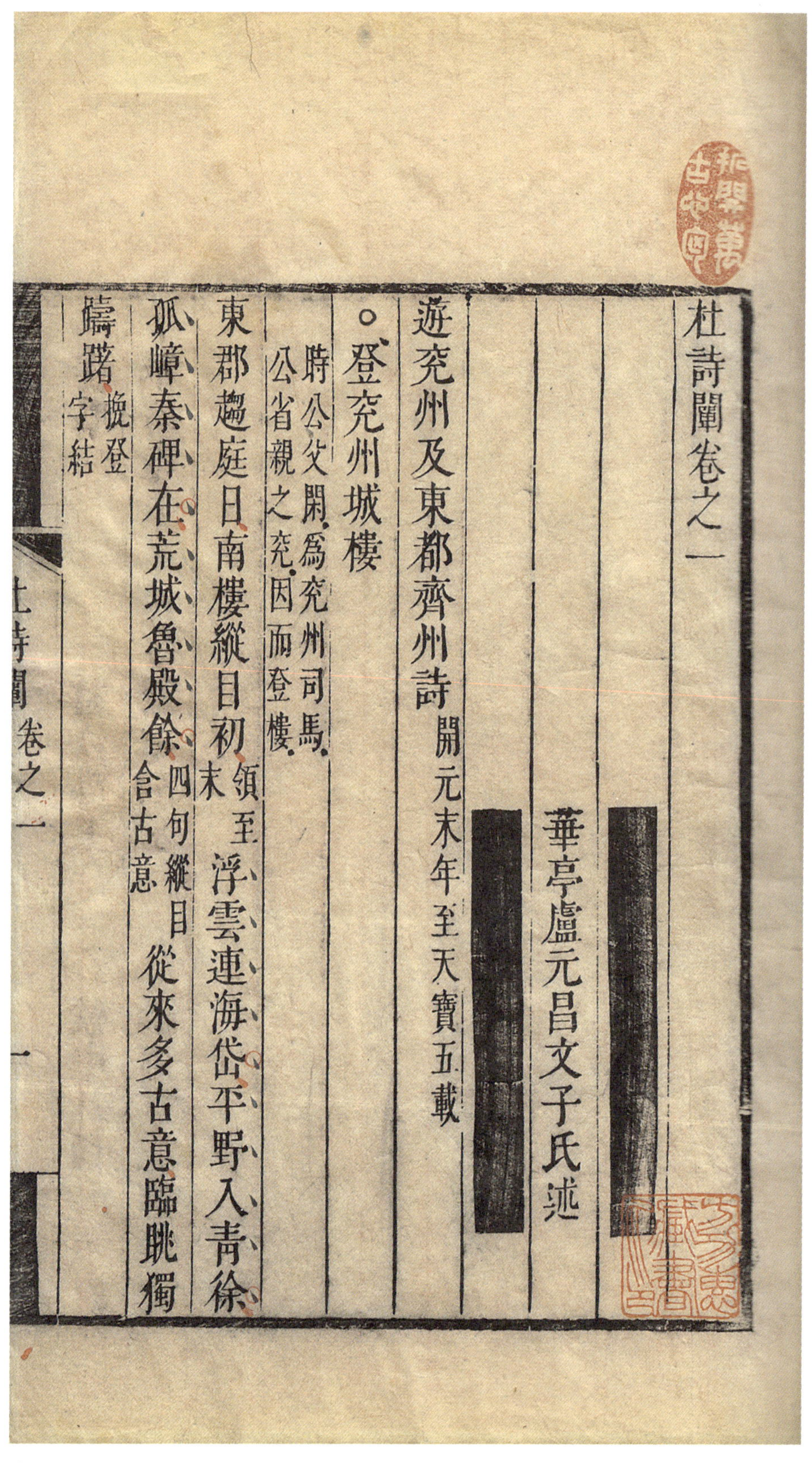

清康熙二十一年序刻本《杜诗阐》卷首

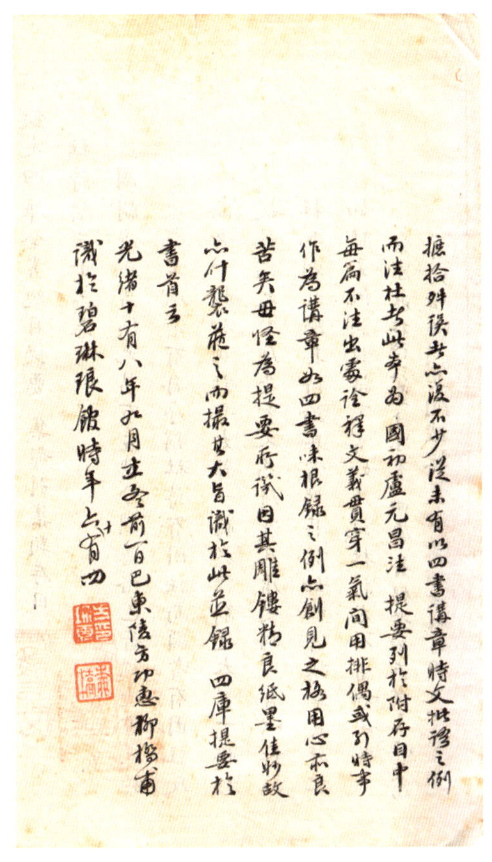
振拾舛誤者亦復不少從未有以四書講章時文批語之例
而注杜者此本為　國初盧元昌注　提要列於附存目中
每篇不注出處詮釋文義貫穿一氣間用排偶或引時事
作為講章如四書味根録之例亦創見之極用心亦良
苦矣毋怪為提要所譏因其雕鏤精良紙墨佳妙故
亦什襲藏之而撮其大旨識於此並録　四庫提要於
書首云
光緒十有八年九月立冬前一日巴東陵方功惠柳橋甫
識於碧琳琅館時年六十有四

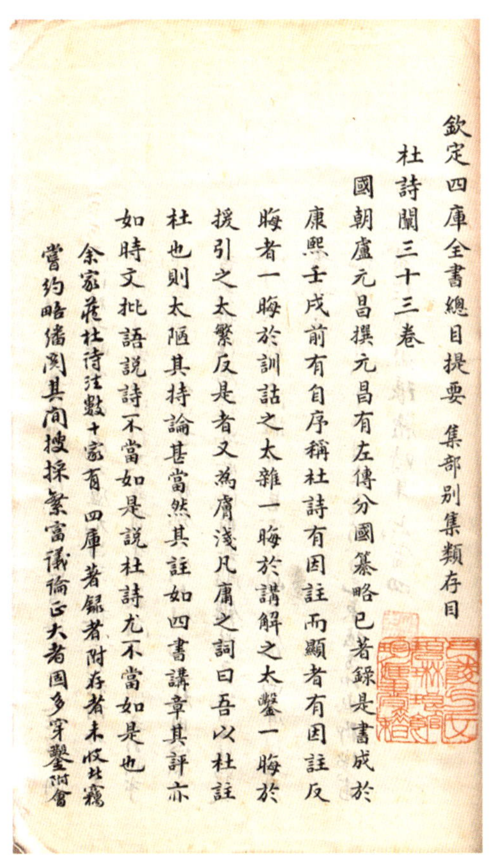
欽定四庫全書總目提要　集部别集類存目
杜詩闡三十三卷
國朝盧元昌撰元昌有左傳分國纂略已著録是書成於
康熙壬戌前有自序稱杜詩有因註而顯者有因註反
晦者一晦於訓詁之太雜一晦於講解之太鑿一晦於
援引之太繁反是者又為膚淺凡庸之詞曰吾以杜註
杜也則太陋其持論甚當然其註如四書講章其評亦
如時文批語說詩不當如是說杜詩尤不當如是也
余家藏杜詩注數十家有四庫著録者附存者未收者竊
嘗約略備閱其間搜採繁富議論正大者固多穿鑿附會

清康熙二十一年序刻本《杜诗阐》方功惠跋语

卷十补遗有记其人："卢先生元昌，晚自号半林居士，湛思经术，昼夜不辍，尤精注疏，所评月旦，倾动海内。素善饮酒，喜长啸，每当高会，浮白拊掌，千人辟易。苟非同志者，白眼睨视，不接一谈，时人往往畏而谤之。晚岁著述益富，虽病不废笔墨。"沈德潜《清诗别裁集》收有其诗作八首，兼有短评："文子衡门两版，下帷著书，选定古文，不胫而走。为诗少欢娱之词，多愁苦之言，由生平遭际使然，而颂法常在少陵，故忧伤感愤，不知其然而然也。上海陈生龙岩为余述其梗概如此。"所选诗作中有《哭箕儿》，诗云："翻教衰祖为严父，休道无儿幸有孙。白首未抛苦海累，黄昏孰问寝门温？"可谓痛心入骨。

《杜诗阐》乃卢元昌始作于康熙四年（1665），成于康熙二十一年，历时十八年，自序中有记："盖自乙巳至壬戌，凡十八年矣，何朝夕、何寒暑，不手是编？今日得授梓也，亦曰吾生之忧患多矣，藉是以忘其所苦，而得其所乐焉。"关于撰书缘由，自序中亦有交待："世称少陵诗之难读也，古今注家奚翅数十？顾有因注得显者，亦有因注反晦者，一晦于训诂之太杂，一晦于讲解之太凿，一晦于援证之太繁。反是者又为肤浅凡庸之词，曰吾以杜注杜也，则太陋，况长篇而所

方功惠藏书印“巴陵方氏碧琳琅馆珍藏书籍”“方功惠印”“柳桥”

发明者只一二言，数首而所发明者只一二首，其众所晓者及之，众所不晓者仍置焉，如是者又太简。”针对如上种种，卢元昌所采取的注疏方式为：“予于杂者芟之，使归于一；于凿者核之，使确；于繁者约之，使不多指而乱视；于陋者泽之，使雅；于简者栉比而遍识之，使不挂漏，而又加以镕铸组织之功焉。以意逆志，既又发其言中之意、意中之言，使当年幽衷苦调曲传纸上，而又旁罗博采，凡注家所未及者，约千有余条，名之曰《杜诗阐》。”

该书撰成之后，有康熙二十一年（1682）卢元昌序思美庐本，以及康熙二十五年书林本，然两本实为一版，书林本乃书坊主人王万育、孙敬南购得原版后重刷之本。据沈津先生主编《美国哈佛大学哈佛燕京图书馆藏中文善本书志》（以下简称《哈佛书志》）所著录该书，书坊主人王万育、孙敬南二人得到书版后，将原书首页作者项中“同学王日藻却非氏阅”以及“武林弟琏汉华氏订”两行剜去，仅留下中间“华亭卢元昌文子氏述”一行，同时又剜去卷一目录后刻“男智心、孙守仁仝校”字样”，并增以扉页，上刻“思美庐杜诗阐全集。康熙二十五年卢文子著。左钞选即出。书林王万育、孙敬南梓行”，再行印刷行世。

寒斋所得该书乃壬辰年秋自拍场得来，牌记页已失，卷首作者项仅“华亭卢元昌文子氏述”一行，根据《哈佛书志》所描述，寒斋所得之本似为康熙二十五年（1686）剜后重印本，然此本作者项两侧并非空白，原有“同学王日藻却非氏阅”以及“武林弟琏汉华氏订”处，为相等长度之墨等。墨等通常指此处文字待定，小者又称墨钉，早在南宋即有出现。虽然有墨等者并不一定为初刻，也有剜挖后以墨等填充原处者，以吾本与哈佛大学汉和图书馆所藏康熙二十一年刻本比勘，从字体清晰及栏线断裂程度看，显然吾本较汉和本更为初印，字锋清晰，栏线完整。因此吾本所出现之墨等，应当是文字待定，而非剜改后填充之物。而又以吾本卷十一至卷十三首页视之，墨等两侧均与栏线完全叠合，此又证其并非剜改后填充者，而是因为原版文字待定而出现者。凡此种种，皆可证寒斋所得之本，其刷印时间当在汉和图书馆所著录康熙二十一年印本之前。

如此说来，《杜诗阐》一书目前已知者，当有三个版本：一为康熙二十一年卢元昌序刻初印墨等本；二为康熙二十一年卢元昌序刻本；三为康熙二十五年书林印本。此三本中当以寒斋所藏带有墨等者为最初印。

此本曾归晚清藏书家方功惠架上。方功惠（1829—1897）字庆龄，号柳桥，湖南巴陵（今岳阳）人。自幼随父居广州，后任广东盐道知事，历番禺、顺德知县，

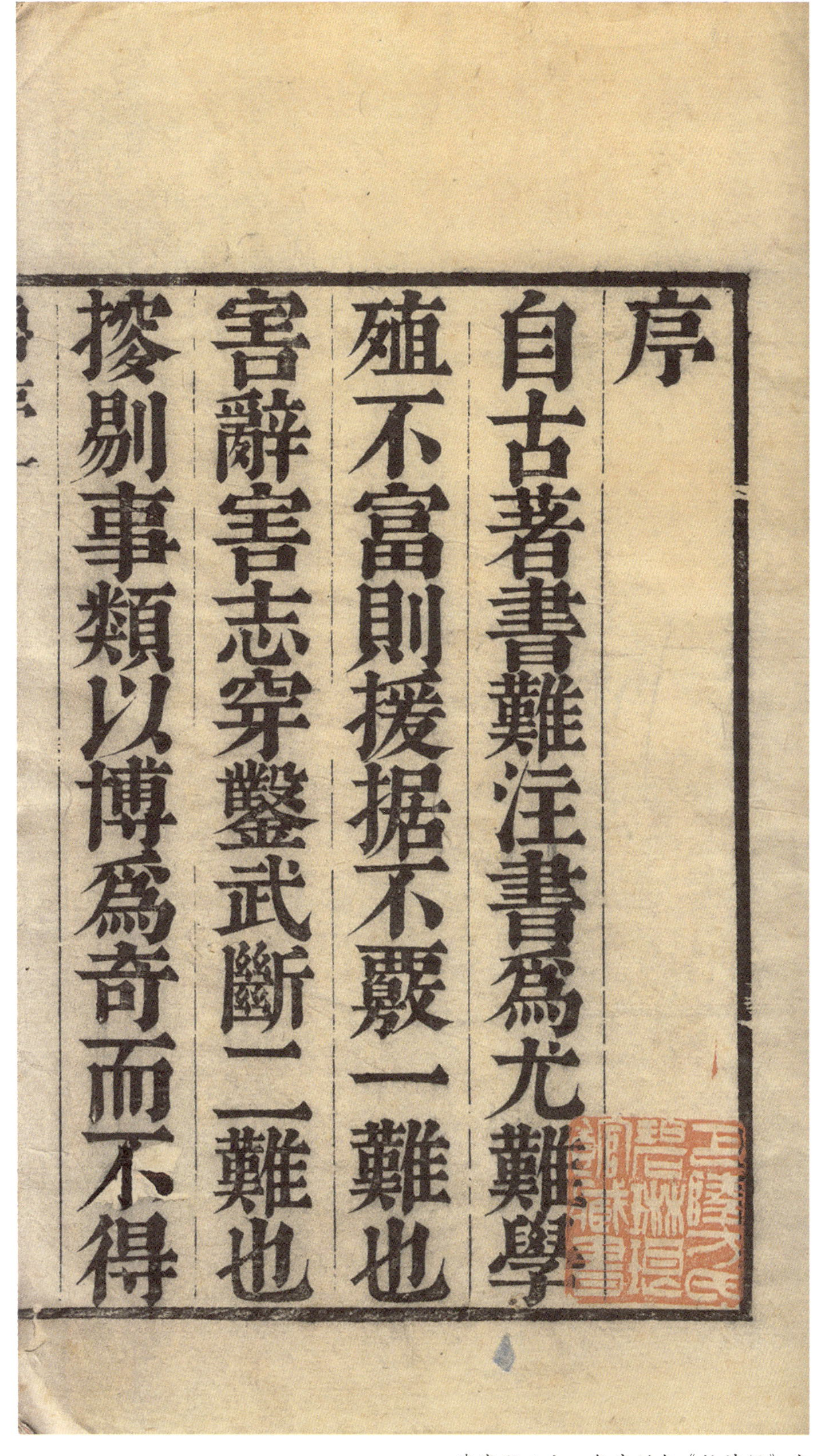
序
自古著書難注書爲尤難學
殖不富則援据不覈一難也
害辭害志穿鑿武斷二難也
摻剔事類以博爲奇而不得

清康熙二十一年序刻本《杜诗阐》序

《杜诗阐》中所钤藏书印

升潮州知府，先后在广东任职四十年。其藏书处有碧琳琅馆、十文选斋、宝书堂、玉笥山房、传经堂、芸声室、芙蓉馆等，所藏颇多精本，其中宋本近四十种，元本近六十种，有数部书目传于世，如《碧琳琅馆书目》《碧琳琅馆珍藏书目》《碧琳琅馆藏书记》《方氏书目》以及《碧琳琅馆集部书目》等。又伦明尝见有《明人集目》。此外，李希圣所撰《雁影斋题跋》，书名虽与方功惠无关，然书中所记却皆为碧琳琅馆旧藏，亦可作碧琳琅馆书目视之。

光绪二十四年（1898），方功惠去世，其孙方湘宾当年即将碧琳琅馆所藏由海路运至天津，再转运到北京，待价而沽，售前请李希圣为之鉴定、编目，遂有《雁影斋题跋》。李希圣在该书自序中称："巴陵方柳桥观察，官广东四十年，

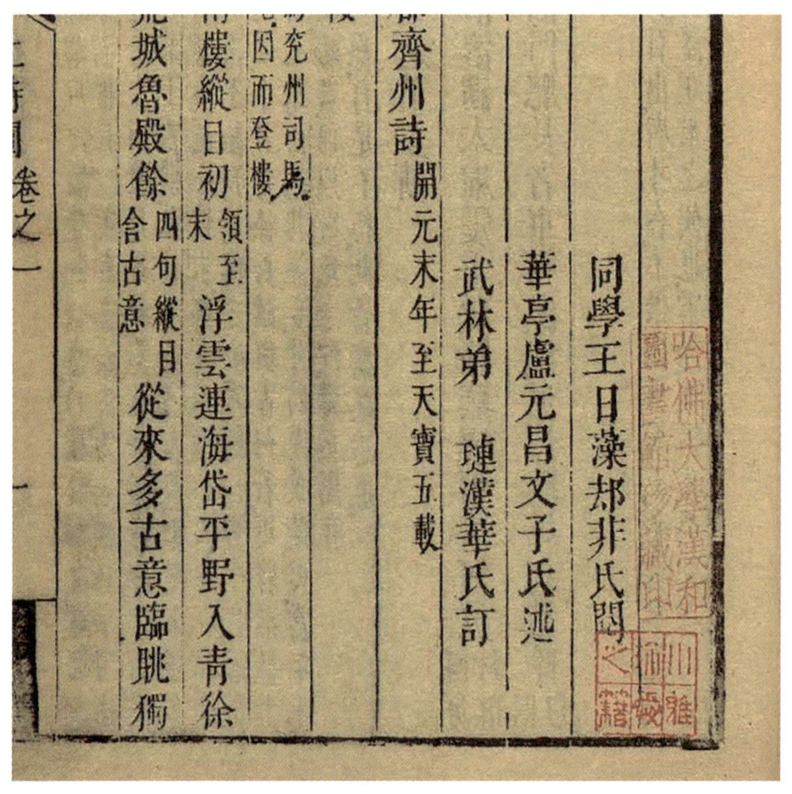

同學王日藻邦非氏閲
華亭盧元昌文子氏述
武林弟　璉漢華氏訂
齊州詩　開元末年至天寶五載
兗州司馬
因而登樓
樓縱目初末領至　浮雲連海岱平野入青徐
荒城魯殿餘　四句縱目合古意　從來多古意臨眺獨
杜詩闡卷之一

哈佛大学汉和图书馆所藏《杜诗阐》作者项三行皆已刻上文字

《杜诗阐》中所钤藏书印

好书有奇癖，闻人家善本，必多方钩致之，不可得则展转传钞，期于必备。……讫于晚年，最其所藏，为卷几盈五十万，而京师、上海诸书贾，不远数千里，奔走其门者，犹无虚日。……及其下世，则生计萧然，于是其文孙湘宾大令尽辇其书至京师……请予馆其家，为定书目。于是所谓五十万卷者，余皆得见之。”李希圣埋首书城未久，即发生庚子之变，八国联军攻入北京，京师一片混乱，方湘宾仓促间弃书南归，藏书多有散佚。乱定之后，方湘宾将大部分藏书售予琉璃厂书肆，部分赠予京师大学堂，不数年间，方功惠旧藏即散失殆尽。而此《杜诗阐》三十三卷，则几经辗转，归来寒斋。

该书曾经重新装池，每册首尾护页皆衬有万年红，内文中亦每隔数页衬有一张，此广东书装之特色，碧琳琅馆位于广州城北，经手装池者，或即方功惠。然该书到来寒斋之前，并非仅栖身碧琳琅馆一地，卷中尚有他人钤印累累，故吾不敢断言装池者，必定方功惠也。

然方功惠于该书颇为宝爱，则可知矣。卷前有其墨笔抄录《四库全书总目提要》对该书评价，以及题记一页：“余家藏杜诗注数十家，有四库著录者、附存者、未收者，窃尝约略翻阅，其间搜采繁富、议论正大者固多，穿凿附会、摭拾舛误者亦复不少，从未有以四书讲章、时文批语之例而注杜者。此本为国初卢元昌注，提要列于附存目中，每篇不注出处，诠释文义，贯穿一气，间用排偶，或引时事，作为讲章，如《四书味根录》之例，亦创见之格，用心亦良苦矣，毋怪为《提要》所讥。因其雕镂精良，纸墨佳妙，故亦什袭藏之，而撮其大旨识于此，并录《四库提要》于书首云。光绪十有八年九月立冬前一日。巴东陵方功惠柳桥甫识于碧琳琅馆，时年六十有四。”

四库馆臣对于该书颇不以为然，称该书：“其持论甚当。然其注如《四书讲章》，其评亦如时文批语。说诗不当如是，说杜诗尤不当如是也。”然而说杜诗究竟该如何，其实亦不一定该有范式。诗者，性情之所至也，说诗者，更是随兴随感而发，过于强调范式，无异拘束手脚，如何得以尽兴？

清康熙二十一年序刻本《杜诗阐》中所钤藏书印